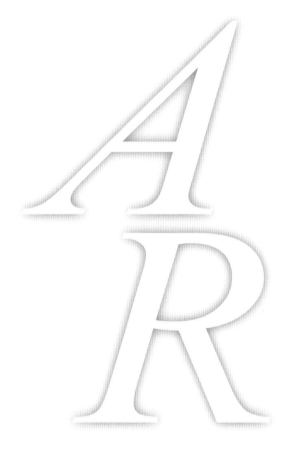

国家社会科学基金项目成果

数字档案资源生态管理策略研究

Ecological Management Strategy of Digital Archives Resources

倪代川 著

WUHAN UNIVERSITY PRESS

武汉大学出版社

图书在版编目(CIP)数据

数字档案资源生态管理策略研究/倪代川著.—武汉：武汉大学出版社,2023.10

数字时代图书馆学情报学研究论丛.第三辑

ISBN 978-7-307-23640-0

Ⅰ.数…　Ⅱ.倪…　Ⅲ.数字技术—应用—档案管理—生态管理—研究　Ⅳ.G271

中国国家版本馆 CIP 数据核字(2023)第 045850 号

责任编辑:詹　蜜　　　责任校对:李孟潇　　　版式设计:马　佳

出版发行：武汉大学出版社　　(430072　武昌　珞珈山)

　　　　　(电子邮箱：cbs22@whu.edu.cn　网址：www.wdp.com.cn)

印刷:武汉中远印务有限公司

开本:720×1000　1/16　印张:29.75　　字数:442 千字　　插页:3

版次:2023 年 10 月第 1 版　　　2023 年 10 月第 1 次印刷

ISBN 978-7-307-23640-0　　　定价:92.00 元

　　倪代川，博士，副研究馆员，研究方向为信息资源服务、数字档案馆等；现为上海大学图书馆副馆长、硕士生导师；主持国家社科基金项目2项、教育部人文社科基金项目1项，参与国家社科基金重大项目1项、重点项目2项、一般项目4项；独立出版著作2部，参与出版著作5部；发表学术论文100余篇；曾获上海市信息资源管理青年杰出成果奖、上海市哲学社会科学优秀成果一等奖、教育部第八届高等学校科学研究优秀成果奖（人文社会科学）一等奖等多项学术荣誉，著作入选国家哲学社会科学成果文库。

序　言

　　随着大数据、云计算、人工智能等信息前沿技术的发展与应用，档案资源数字化、数据化、开放化发展态势日益凸显，数字档案资源海量生成，成为新时期档案资源主体形态，也是大数据时代的记忆之源。为此，需要深化数字档案资源研究，切实提升数字档案资源信息竞争力、文化软实力和社会影响力，推动数字时代国家档案事业可持续发展。倪代川主持的国家社科基金项目"数字档案资源生态管理策略研究"，通过引入生态管理理论知识和思维方式，以数字档案资源为研究对象，以数字档案资源生态管理为研究主题，着力探索数字档案资源生态管理体系、管理方法与管理手段，重点从生态环境、生态风险、生态预警、生态安全、生态健康、生态服务、生态培育等方面系统探析数字档案资源生态管理策略及其实现机制，破解数字档案资源面临的风险威胁与现实问题，对大数据环境下国家数字档案资源建设具有重要理论意义与实践价值，主要表现在以下几个方面：

　　一是有利于完善数字档案资源理论体系。本书在分析和借鉴国内外数字档案资源理论成果基础上，运用生态学理论与知识，聚焦数字档案资源生态管理研究主题，着力研究探索数字档案资源生态管理路径、方法与手段，积极尝试构建数字档案资源生态管理体系、管理策略及其实现机制，拓展数字档案资源研究领域，完善数字档案资源理论体系。

　　二是有利于拓展数字档案资源管理思维。运用生态管理思维，

1

立足数字档案资源收集、整理、保护、利用等业务管理环节，科学构建数字档案资源生态管理策略，保障数字档案资源的真实性、完整性、可读性、安全性等，提高数字档案资源生态管理效率与效益。

三是有利于指导数字档案资源管理实践。聚焦大数据时代数字档案资源的数据化、开放化与融合化发展态势，重点从生态预警、生态安全、生态健康、生态服务、生态培育等方面探索数字档案资源生态管理实现机制，推进数字档案资源生态管理实践，促进数字档案资源的共建共享共治。

随着档案信息化建设的深入推进，数字转型、数字升级与数字崛起成为国家档案事业可持续发展的时代主题。数字档案资源作为数字档案馆生态系统核心生态因子，日渐成为国家档案资源的主体形态，是大数据时代国家档案事业可持续发展的动力之源与中坚力量。"数字档案资源生态管理策略研究"属于跨学科研究，涉及档案学、生态学、信息学、管理学等学科理论与知识，具有综合性、理论性、交叉性等特征，是目前档案学研究的重要领域，有待进一步探索和实践。

倪代川长期在档案学、图书馆学领域研究探索，重点聚焦数字档案馆生态系统研究主题，发表了系列学术论文，承担多项省部级科研项目。2015 年申报的"数字档案资源生态管理策略研究"获得国家社科基金立项资助，《数字档案资源生态管理策略研究》作为结项成果由武汉大学出版社出版，也是上海大学图书情报与档案管理学科建设重要成果之一，可喜可贺。2021 年，倪代川在前期研究基础上申报的"档案资源数据化开发利用研究"再获国家社科基金立项资助，持续跟踪数字档案资源研究前沿，着力探索大数据环境下档案资源开发利用之路。希望倪代川继续坚守学术理想，不忘学术研究初心，在学术道路上砥砺前行，多出精品，在新的起点上续写自己的学术生涯！

金波

目　录

第一章　绪论 ……………………………………………………… 1

一、研究背景 …………………………………………………… 2

　　(一)信息社会深度发展 …………………………………… 3

　　(二)生态文明快速崛起 …………………………………… 6

　　(三)信息安全日益重要 …………………………………… 8

　　(四)数字资源地位凸显 …………………………………… 12

　　(五)数字档案资源快速发展 ……………………………… 14

二、研究意义 …………………………………………………… 17

　　(一)完善数字档案资源理论体系 ………………………… 18

　　(二)拓展数字档案资源管理思维 ………………………… 19

　　(三)指导数字档案资源管理实践 ………………………… 21

三、研究现状 …………………………………………………… 22

　　(一)研究发轫 ……………………………………………… 23

　　(二)研究领域 ……………………………………………… 27

　　(三)研究评析 ……………………………………………… 45

四、研究设计 …………………………………………………… 47

　　(一)研究思路 ……………………………………………… 48

　　(二)研究框架 ……………………………………………… 48

　　(三)研究创新 ……………………………………………… 52

第二章　数字档案资源生态环境 ……………………………… 58

一、数字档案资源生成背景 ……………………………… 58

（一）网络社会全面深入融合发展 ……………………… 59

（二）数字信息资源战略普遍实施 ……………………… 60

（三）档案信息化建设持续推进 ………………………… 62

（四）数字档案馆战略逐步深入 ………………………… 63

二、数字档案资源生态环境内涵 ………………………… 65

（一）数字档案资源生态环境概念 ……………………… 66

（二）数字档案资源生态环境特征 ……………………… 67

三、数字档案资源生态环境体系 ………………………… 72

（一）数字档案资源形成环境 …………………………… 73

（二）数字档案资源管理环境 …………………………… 74

（三）数字档案资源利用环境 …………………………… 76

第三章　数字档案资源生态风险 ……………………………… 77

一、数字档案资源生态风险阐释 ………………………… 77

（一）生态风险内涵及其应用 …………………………… 78

（二）数字档案资源生态风险内涵 ……………………… 79

二、数字档案资源生态风险成因 ………………………… 81

（一）数字档案资源生态风险技术因素 ………………… 82

（二）数字档案资源生态风险管理因素 ………………… 84

（三）数字档案资源生态风险人员因素 ………………… 88

（四）数字档案资源生态风险经济因素 ………………… 91

三、数字档案资源生态风险分布 ………………………… 96

（一）数字档案资源存储载体风险 ……………………… 97

（二）数字档案资源信息内容风险 ……………………… 99

（三）数字档案资源技术应用风险 ……………………… 101

（四）数字档案资源管理制度风险 ……………………… 103

（五）数字档案资源开发利用风险 ……………………… 106

四、数字档案资源生态风险危害 ………………………… 108

（一）数字档案资源载体损坏 …………………………… 108

（二）数字档案资源信息破坏 ……………………………… 110

（三）数字档案资源管理失序 ……………………………… 111

（四）数字档案资源文化失忆 ……………………………… 114

第四章　数字档案资源生态管理 ……………………………… 119

一、生态管理及其应用 ………………………………………… 119

（一）生态管理内涵 ……………………………………… 120

（二）生态管理应用 ……………………………………… 121

（三）生态管理视域下的数字档案资源研究 …………… 126

二、数字档案资源生态管理内涵 ……………………………… 131

（一）数字档案资源生态管理概念 ……………………… 131

（二）数字档案资源生态管理释义 ……………………… 133

三、数字档案资源生态管理思维 ……………………………… 136

（一）数字档案资源绿色管理 …………………………… 136

（二）数字档案资源协同管理 …………………………… 143

（三）数字档案资源风险管理 …………………………… 147

（四）数字档案资源平衡管理 …………………………… 150

（五）数字档案资源开放管理 …………………………… 155

四、数字档案资源生态管理路径 ……………………………… 162

（一）数字档案资源生态管理研究路径 ………………… 162

（二）数字档案资源生态管理实践路径 ………………… 163

第五章　数字档案资源生态预警策略 ……………………… 167

一、数字档案资源生态危机 …………………………………… 167

（一）生态危机发轫 ……………………………………… 168

（二）数字档案资源生态危机内涵 ……………………… 170

（三）数字档案资源生态危机表现 ……………………… 171

二、数字档案资源生态预警内涵 ……………………………… 185

（一）预警与生态预警 …………………………………… 185

（二）数字档案资源生态预警概念 ……………………… 188

（三）数字档案资源生态预警内容 ……………………… 190

三、数字档案资源生态预警管理·······194

(一)数字档案资源生态预警方法······195

(二)数字档案资源生态预警系统······197

(三)数字档案资源生态预警流程······200

(四)数字档案资源生态预警机制······201

(五)数字档案资源生态预警功能······204

第六章　数字档案资源生态安全策略······210

一、数字档案资源生态安全释义······210

(一)数字档案资源生态安全内涵······211

(二)数字档案资源生态安全特征······215

二、数字档案资源生态安全背景······222

(一)生态危机与风险社会并存······222

(二)信息安全、网络安全与数据安全深度融合······224

(三)档案安全风险因子广泛分布······225

三、数字档案资源生态安全内容······228

(一)基础设施安全······230

(二)管理中枢安全······236

(三)管理业务安全······240

(四)信息内容安全······246

四、数字档案资源生态安全管理体系······260

(一)数字档案资源风险管理······261

(二)数字档案资源应急管理······262

(三)数字档案资源协同管理······264

(四)数字档案资源战略管理······265

(五)数字档案资源法治管理······266

五、数字档案资源生态安全保障机制······268

(一)制度保障机制······270

(二)技术保障机制······272

(三)组织保障机制······275

(四)人才保障机制······278

（五）经费保障机制 ………………………………………… 280

第七章　数字档案资源生态健康策略……………………… 283

一、数字档案资源生态健康 ……………………………… 283

（一）生态健康辨析 ……………………………………… 284

（二）数字档案资源生态健康解析 ……………………… 288

二、数字档案资源生态健康评价 ………………………… 292

（一）生态健康评价 ……………………………………… 292

（二）数字档案资源生态健康评价辨析 ………………… 295

（三）数字档案资源生态健康评价指标 ………………… 301

三、数字档案资源生态健康保障 ………………………… 306

（一）数字档案资源生态健康管理保障 ………………… 307

（二）数字档案资源生态健康技术保障 ………………… 313

（三）数字档案资源生态健康标准保障 ………………… 319

（四）数字档案资源生态健康经济保障 ………………… 323

第八章　数字档案资源生态服务策略……………………… 326

一、数字档案资源生态服务思维 ………………………… 326

（一）数字档案资源生态服务内涵阐释 ………………… 327

（二）数字档案资源生态服务思维解析 ………………… 332

二、数字档案资源生态服务功能 ………………………… 340

（一）促进数字档案资源共享 …………………………… 340

（二）激发社会档案信息消费 …………………………… 342

（三）提高数字档案资源生态位 ………………………… 344

三、数字档案资源生态服务方式 ………………………… 346

（一）绿色服务 …………………………………………… 347

（二）低碳服务 …………………………………………… 350

（三）众包服务 …………………………………………… 355

（四）云服务 ……………………………………………… 359

（五）智能服务 …………………………………………… 364

第九章　数字档案资源生态培育策略 ·················· 370

一、数字档案资源发展态势 ······················· 370

（一）数字档案资源数据化发展 ············· 371

（二）数字档案资源开放化发展 ············· 377

（三）数字档案资源融合化发展 ············· 384

二、数字档案资源生态培育释义 ··············· 389

（一）数字档案资源生态培育概念 ········· 390

（二）数字档案资源生态培育内涵 ········· 390

（三）数字档案资源生态培育功能 ········· 392

三、数字档案资源生态培育路径 ··············· 399

（一）生态管理思维培育 ····················· 401

（二）生态安全意识培育 ····················· 405

（三）生态环境优化培育 ····················· 408

（四）信息竞争力培育 ························· 415

（五）文化软实力培育 ························· 423

第十章　总结与展望 ·························· 434

一、研究回顾 ······························· 434

二、研究展望 ······························· 437

（一）数字档案资源数据治理研究 ········· 439

（二）数字档案资源风险管理研究 ········· 440

（三）数字档案资源战略管理研究 ········· 441

（四）数字档案资源语义开发研究 ········· 442

（五）数字档案资源数字人文研究 ········· 444

主要参考文献 ······························· 446

后记 ······························· 463

第一章　绪　　论

20世纪中叶以来，随着"第三次科技革命"的兴起，原子能技术、航天技术、通信技术、计算机技术、生物技术等快速发展，尤其是以大数据、云计算、物联网、人工智能等为代表的信息前沿技术的深度发展与融合应用，驱动着现代社会阔步走进"信息时代3.0"，信息化、数字化、网络化、智能化、智慧化等成为时代发展关键词，信息社会、数字社会、网络社会、智能社会、智慧社会等交相辉映，构筑成新时期人类经济社会发展的新画面，深刻改变着人类的生产与生活。随着社会信息化的全面发展与档案信息化的深入推进，数字转型、数字升级与数字崛起已经成为新时期国家档案事业发展的时代主题，数字档案资源逐渐成为信息时代国家档案资源体系的主体形态，不仅是数字档案馆建设的核心内容，而且成为数字档案馆生态系统的核心生态因子，在新时期国家档案事业发展中位居战略地位，是大数据环境下国家档案事业可持续发展的关键。

当前，数字档案资源建设正处于战略机遇期，一方面，现代信息技术的快速发展与档案信息化建设的全面推进为新时期国家数字档案资源建设提供了动力之源，能够进一步深化数字档案资源建设内涵与发展目标，为数字档案资源生态管理奠定技术基础与专业支撑；另一方面，数字档案资源建设在快速发展的同时也面临着存储风险凸显、管理方式粗放、资源结构失衡、特色资源贫乏、服务方式单一、资源整合成效有限等现实困境，迫切需要创新数字档案资源建设路径与管理思维，破解数字档案资源面临的风险威胁与现实难题，实现数字档案资源管理的集约化、低碳化、科学化与高效化，充分发挥数字档案资源的价值与功能。"数字档案资源生态管理策略研究"是立足于数字档案资源建设发展面临的战略机遇期而提出的时代性研究课题。本书通过引入生态管理理论知识和思维方式，充分利用现代信息技术，对新时期国家数字档案资源建设进行积极的人工干预，在全面分析数字档案资源建设管理所处的生态环境及其面临的生态风险基础上，重点从生态预警、生态安全、生态健康、生态服务、生态培育等方面系统探索数字档案资源生态管理策略及其实现机制，深化数字档案资源生态管理研究内涵，优化数字档案资源生态环境，推进数字档案资源共建共享共治，实现数字档案资源的长期安全存储和长远有效利用，增强数字档案资源信息竞争力与文化软实力，提高数字档案资源社会生态位，为新时期国家数字档案资源建设提供理论参考与决策支持。

一、研究背景

当前，信息技术融合发展日趋深入，社会信息化、网络化、智能化发展态势日益凸显，"给人们的生产、生活带来了划时代的变革，推动着人类社会进入数字化时代，'信息社会''数字城市''地球村'等概念成为时代的最强音。"①随着社会信息化发展的深度演化与档案信息化建设的全面推进，数字档案资源发展日渐呈现出数据化、开放化与融合化等发展态势，数字档案资源战略地位日益凸显，不仅是数字时代社会记忆的重要内容构成，而且成为信息社会国家数字信息资产的重要组成部分。面对大数据社会的深入发展与系统演进，档案事业发展不仅需要直面社会数字化发展的时代转型，而且面临着大数据社会蓬勃发展带来的全方位冲击，迫切需要

---

① 薛四新，彭荣，陈永生. 档案信息化应用系统建设[M]. 北京：机械工业出版社，2006：3.

进一步探讨数字档案资源研究主题，凝聚数字档案资源发展共识，破解应对数字档案资源建设面临的客观障碍与现实风险，明确新时期国家数字档案资源建设的发展目标与方向。当前，数字档案资源生态管理研究背景主要表现在以下几个方面。

（一）信息社会深度发展

目前，"全球信息化正在引发当今世界的深刻变革，重塑世界政治、经济、社会、文化和军事发展的新格局"①，"认识信息化，驾驭信息化，以信息化谋发展，也成为每一个国家在信息时代必须关注的重大主题"②，"谁在信息化上占据制高点，谁就能够掌握先机、赢得优势、赢得安全、赢得未来"③。为此，世界各国纷纷出台信息化建设战略规划，抢占信息技术发展制高点，如美国的《国家宽带计划》《大数据研究和发展倡议》《大数据研究和发展计划》等，欧盟的《欧洲数字化议程》《欧洲 2020 战略》《塑造欧洲数字未来》等，韩国的《促进信息化基本法》《促进信息化基本计划》《2025 年构想》等，日本的《高度信息网络社会形成基本法》《e-Japan 战略》《i-Japan 战略 2015》等，以及中国的《"宽带中国"战略及实施方案》《促进大数据发展行动纲要》《"互联网+"行动计划》与《国家信息化发展战略纲要》等，均从战略视角对信息化建设进行顶层设计，推进国家信息化可持续发展。

我国政府一直高度重视信息化建设，1986 年 2 月，国务院批复成立国家经济信息中心负责建设国家经济信息系统；1993 年 12 月成立了"国家经济信息化联席会议"，负责推进协调国家信息化发展工作；1994 年 5 月成立国家信息化专家组，作为国家信息化

① 中共中央办公厅，国务院办公厅. 中共中央办公厅国务院办公厅关于印发《2006—2020 年国家信息化发展战略》的通知（中办发〔2006〕11 号）[Z].

② 周宏仁. 信息化论[M]. 北京：人民出版社，2008：2.

③ 中共中央办公厅，国务院办公厅. 国家信息化发展战略纲要[N]. 人民日报，2016-7-28(1).

建设的决策参谋机构；1996 年 4 月国务院办公厅印发《关于成立国务院信息化工作领导小组的通知》(国办发〔1996〕15 号)，成立"国务院信息化工作领导小组"；1998 年 3 月成立了信息产业部信息化推进司(国家信息化办公室)，负责推进国民经济和社会服务信息化的工作；1999 年国务院发布《国务院办公厅关于成立国家信息化工作领导小组的通知》(国办发〔1999〕103 号)，成立了专门的"国家信息化工作领导小组"，全面加强对国家信息化工作的领导；2001 年 8 月中共中央、国务院决定重新组建"国家信息化领导小组"，进一步加强对推进我国信息化建设和维护国家信息安全工作的领导；2008 年 3 月国家启动大部制改革，成立"工业和信息化部"，原国家信息化领导小组的具体工作由工业和信息化部承担。与此同时，我国还积极通过制定国家信息化战略抢占全球信息化发展制高点，先后印发实施《国家信息化领导小组关于我国电子政务建设的指导意见》(中办发〔2002〕17 号)、《国家信息化领导小组关于加强信息安全保障工作的意见》(中办发〔2003〕27 号)、《中共中央办公厅、国务院办公厅关于加强信息资源开发利用工作的若干意见》(中办发〔2004〕34 号)和《国务院办公厅关于加快电子商务发展的若干意见》((国办发〔2005〕2 号)等一系列宏观政策文件，对我国信息社会可持续发展进行战略部署，有序推进国家信息化建设发展。2006 年 5 月，中共中央办公厅、国务院办公厅联合印发《2006—2020 年国家信息化发展战略》(中办发〔2006〕11 号)，这是我国信息化建设发展史上第一次制定的中长期战略性发展规划，对21 世纪初国家信息化发展规划进行了战略部署①。2015 年 8 月，国务院印发《促进大数据发展行动纲要》(国发〔2015〕50 号)，这是我国促进大数据发展的第一份权威性、系统性文件，从国家大数据发展战略高度进行顶层设计②。2016 年 7 月，中共中央办公厅、

---

①　中共中央办公厅, 国务院办公厅. 中共中央办公厅国务院办公厅关于印发《2006—2020 年国家信息化发展战略》的通知(中办发〔2006〕11 号)[Z].

②　国务院. 促进大数据发展行动纲要(国发〔2015〕50 号)[Z].

国务院办公厅联合印发《国家信息化发展战略纲要》(中办发〔2016〕48 号)，明确指出："适应和引领经济发展新常态，增强发展新动力，需要将信息化贯穿我国现代化进程始终，加快释放信息化发展的巨大潜能。"①

当前，随着大数据、云计算、物联网、区块链、人工智能等现代信息技术的融合发展与广泛应用，社会数字化、网络化、智能化发展相互渗透、相互叠加、相互交融，呈现出全面深入融合发展态势，推动着信息社会的进一步纵深发展，给人类经济社会发展带来了深远影响，深刻改变着人类的思维、生产、生活与学习方式，生动描绘出数字时代全球变革与发展转型的光明前景。信息化作为现代信息技术发展的产物，"本质上是一个推动社会转型的过程，一个从工业社会向信息社会转变的过程。"②面对网络社会、智能社会、智慧社会等信息社会的崭新社会发展形态，阿尔文·托夫勒在其经典著作《权力的转移》("未来三部曲"之一)中指出："未来生产和生活方式的核心是网络，谁控制了网络，控制了网上资源，谁就是未来世界的主人。"③当我们重温这一经典预言，能够真切感受到其所言非虚，且已成为人们生产生活中不可或缺的重要组成部分，整个人类社会已经快速步入信息社会并持续深入演化发展的阶段，驱动着信息社会正由早期人们所熟知的网络社会阶段逐步走向更为高级阶段的智能社会、智慧社会乃至当下极为火热的"元宇宙社会"。随着现代信息社会的纵深发展，万物互联已成为社会现实，"整个社会也将从人与人、人与信息连接的信息互联网时代迁移到人与人、人与物、物与物相互连接的智能互联网时代"④。毫无疑问，在信息化发展战略的全面推动下，档案事业数字化转型必

① 中共中央办公厅，国务院办公厅. 国家信息化发展战略纲要[N]. 人民日报，2016-7-28(1).

② 周宏仁. 信息化论[M]. 北京：人民出版社，2008：97.

③ [美]阿尔温·托夫勒. 权力的转移[M]. 刘红，等，译. 北京：中共中央党校出版社，1991：269.

④ 《2015 互联网+白皮书》未来互联网趋势 [EB/OL]. [2019-12-17]. https://wenku.baidu.com/view/b9caa16e84254b35effd3481.html.

将加速，数字档案资源作为数字档案馆生态系统的核心生态因子，不仅是数字档案馆建设的核心内容，而且攸关数字时代国家档案事业的健康可持续发展。数字档案资源建设发展如何更好地融入信息社会，并与信息社会保持协调发展与融合共进，以破解数字档案资源建设发展面临的风险威胁与现实难题，实现数字档案资源的生态平衡与生态健康，增强数字档案资源信息竞争力与文化软实力，扩大数字档案资源社会影响力，提高数字档案资源生态位，值得档案部门与档案工作者深入思考。随着社会数字化、网络化、智能化、智慧化发展的融合共进，信息社会发展必将日趋深化，推动着国家档案事业的数字转型、数字换代与数据崛起，不仅有利于推进新时期国家数字档案馆的建设与发展，促进数字档案馆生态系统的演化与发展，而且有利于强化国家数字档案资源建设，推动数字档案资源理论研究，深化数字档案资源研究内涵，拓展数字档案资源研究领域，通过强化数字档案资源研究中的生态学思维，从生态系统、信息生态、社会生态、组织生态、文化生态等视角科学阐释数字档案资源生态管理理念及其内涵，创新数字档案资源生态管理实践路径及其实现机制，不断提高数字档案资源管理水平与服务效益，实现数字档案资源的社会共建共治共享效益的最大化，满足大数据时代用户日益增长、日趋多元的数字档案资源利用需求。

（二）生态文明快速崛起

随着人类生态意识的普遍增强与全球生态文明的深入发展，深入分析环境污染、资源枯竭、生态破坏、生态退化、气候危机、资源短缺等引发的人类社会生态危机，引导世界"走向生态社会，实现社会与自然的内在契合，是人类社会可持续发展的迫切要求，是解决社会生态危机的必由之路"①，这不仅需要大力弘扬生态文明理念、生态文明价值与生态文明战略，提高人们的生态文明意识，

---

① 徐海红. 关于生态社会的理性思考［J］. 生态经济，2007（12）：149-152.

而且需要强化生态文明战略建设，推进全球生态协作，实现全球经济社会可持续发展。我国高度重视生态文明建设，并将生态文明建设纳入国家战略，明确生态文明与物质文明、政治文明、精神文明、社会文明一起组成中国特色社会主义文明体系。2015 年 4 月、2015 年 9 月先后出台《中共中央国务院关于加快推进生态文明建设的意见》（中发〔2015〕12 号）、《生态文明体制改革总体方案》（中发〔2015〕25 号）等战略文件，系统推进新时期国家生态文明建设，促进人类经济社会发展与生态环境之间的和谐共处、持续生存与稳定发展，开创社会主义生态文明建设新时代。

生态文明是生态哲学、生态经济学、生态伦理学、生态社会学、信息生态学、组织生态学以及生态现代化理论等生态思想的升华与发展，是人类文明发展的重要成果，涉及价值观念、道德规范、管理体制、政策法规、生产生活方式以及经济社会发展路径等全方位的范式转型。"生态文明作为一种理念提出来，是反思工业文明造成的生态危机的结果。生态文明既是人们期望的人类社会发展的全新文明形态，也是人们在不断地进行论证和丰富文化的伦理形态，这是人们通过具体的制度建构和现实发展而体现出来的过程和结果。"①当前，生态文明建设已经成为国家治国理政的重要战略，是国家治理体系与治理能力现代化的重要内容，"给档案事业带来新的机遇和挑战，带来了新的内容和新的任务，提供新的研究视角，是对档案工作者潜在能力的挖掘"②，为数字档案资源生态管理研究提供了分析路径与研究参考。数字时代，无论是档案资源形态还是档案事业发展业态都发生了质的变化，数字档案资源日渐成为信息时代档案资源的主体形态，档案事业发展正在经历着数字转换、数字换代、数字转型与数据崛起的时代变革，主动对接生态文明快速发展的时代背景，运用生态文明基本理论和思维方式，探

---

① 杜明娥，杨英姿. 生态文明与生态现代化建设模式研究［M］. 北京：人民出版社，2013：1-2.

② 加小双. 档案事业与生态文明建设的关系［J］. 办公室业务，2013（9）：221-223.

讨分析生态文明与数字档案资源之间的内在逻辑与实践关联，厘清大数据时代数字档案资源建设发展面临的生态风险及其现实威胁，破解数字档案资源健康发展的各类制约障碍和风险难题，有利于推动数字档案资源建设与生态文明建设之间的融合发展，为数字档案资源生态管理奠定理论基础与思想基础，增强数字档案资源生态治理能力，实现数字档案资源的善治，为生态文明建设注入档案文化因子，推动生态文化的形成和传播；为生态文明建设建立可溯性凭证；推动生态经济健康发展；为生态文明建设构建社会生态记忆，推动生态文明建设可持续发展①，全面提升数字档案资源信息竞争力、文化软实力与社会影响力，在国家统筹推进"五个文明"协调发展、全力建设现代化强国、实现中华民族伟大复兴的时代进程中彰显档案特色、档案亮点与档案贡献。

（三）信息安全日益重要

21 世纪以来，一方面信息技术与信息产业持续深入高速发展，推动着社会信息化、网络化、智能化的深入发展，给人们的生产、学习、工作与生活方式等带来巨大变革；另一方面在社会信息化快速发展的过程中，信息安全问题也日益突出，危害信息设备安全、信息数据安全、信息内容安全、信息行为安全等事件仍不断发生，信息安全总体形势极为严峻，事关国家安全与社会稳定，"已成为全球总体安全和综合安全最重要的非传统安全领域之一。"②当前，信息安全已经成为国家安全的重要组成部分，世界各国对此高度重视。2000 年 6 月，俄罗斯出台《国家信息安全学说》，明确国家信息安全目标、任务与实施原则；2001 年 10 月，第九次 APEC 会议发布《数字 APEC 战略》，明确提出加强信息安全、个人数据保护

---

① 加小双. 档案事业与生态文明建设的关系[J]. 办公室业务，2013 (9)：221-223.

② 王世伟. 论信息安全、网络安全、网络空间安全[J]. 中国图书馆学报，2015(2)：72-84.

和消费者信任；2007 年 3 月，欧盟通过《关于建立欧洲信息社会安全战略的决议》，发出构建信息安全社会倡议；2008 年 1 月，美国出台《保护网络空间安全国家战略》，将网络安全上升为国家战略；2010 年 3 月，美国通过《网络安全法案》，用以确保美国国内及其与国际贸易伙伴通过安全网络交流进行自由贸易；2010 年 5 月，日本发布《保护国民信息安全战略》，成为国家信息安全的战略文件；2011 年 2 月，德国出台《德国网络信息安全战略》，旨在构建全方位的网络发展战略，为德国在网络信息安全防护提供多重制度保证；2011 年 3 月，法国发布《信息系统防御和安全战略》，进一步强化自身信息安全对策；2011 年 9 月，第 66 届联合国大会通过《信息安全国际行为准则》，全力推进全球信息安全治理；2015 年 1 月，中国、俄罗斯、乌兹别克斯坦、吉尔吉斯斯坦、塔吉克斯坦、哈萨克斯坦一起向联合国大会共同提交了新版"信息安全国际行为准则"，旨在推动各国在信息空间采取建设性和负责任的行为，构建和平、安全、开放、合作的信息空间，维护国际和平与安全；2016 年 11 月，英国发布《国家网络安全战略（2016—2021）》，全面部署未来网络空间发展重点，提升网络攻击防御与反击能力，维护英国经济及公民信息安全；2018 年 4 月，美国商务部发布《提升关键基础设施网络安全的框架》，提升企业应对网络安全挑战能力；2019 年 6 月，欧盟《网络安全法案》正式施行，不仅是一部重磅网络安全顶层设计法律，而且成为新时期欧盟网络安全治理的里程碑事件，旨在有效应对随着数字化和连接性的增加而带来的与网络安全相关的各类风险威胁。

当前，作为"未来的新石油"，大数据与云计算、物联网、人工智能、区块链等信息前沿技术之间交叉渗透融合发展，呈现出万物网络化、万物数据化、万物智能化、万众互联化、万众共享化、万众便捷化等新特征，世界万物互联的全联接发展趋势日益显现，全球经济社会发展新形态和新模式逐步形成，"巨量的数据信息正以空前的规模和速度在世界范围内流动并形成连接，数据驱动正在对中国和世界的经济、政治、文化、社会、军事、外交等产生重大的影响，传统信息安全管理范式正面临挑战"①，"其风险链、风险域和风险度都有了诸多新变化，呈现出隐蔽的关联性、集群的风险性、泛在的模糊性、跨域的渗透性以及交叉的复杂性等特点。"②毫无疑问，大数据时代的到来颠覆了传统信息安全管理的范式，重构着性质、时间、空间、内容、形态等信息安全要素，开启大数据时代信息安全管理的新阶段与新形态，即"在线上与线下流动中融合、在政府与行业开放中分享、在万物与人体连接中跨域、在软件与硬件重叠中渗透、在协同与整合中汇聚，极大地增加了信息安全管理的复杂性、交织性、动态性和综合性，形成了前所未有的信息安全实践和挑战，人们对信息安全的认知正在重塑。"③

我国高度重视信息安全工作，并将其纳入国家安全的重要组成部分，2003 年 9 月，中共中央办公厅印发《国家信息化领导小组关于加强信息安全保障工作的意见》(中办发〔2003〕27 号)，明确提出加强信息安全保障工作的总体要求：即"坚持积极防御、综合防范的方针，全面提高信息安全防护能力，重点保障基础信息网络和重要信息系统安全，创建安全健康的网络环境，保障和促进信息化发展，保护公众利益，维护国家安全。"④2006 年 1 月，国家网络与信息安全协调小组发布《关于开展信息安全风险评估工作的意见》(国信办〔2006〕5 号)，明确要求："信息安全风险评估作为信息安全保障工作的基础性工作和重要环节，应贯穿于网络和信息系统建设运行的全过程。在网络与信息系统的设计、验收及运行维护阶段均应当进行信息安全风险评估。"⑤2014 年 4 月 15 日，习近平

---

① 王世伟. 论大数据时代信息安全的新特点与新要求[J]. 图书情报工作，2016(6)：5-14.

② 王世伟. 大数据与云环境下的信息安全[N]. 文汇报，2013-10-28(10).

③ 王世伟. 论大数据时代信息安全的新特点与新要求[J]. 图书情报工作，2016(6)：5-14.

④ 中共中央办公厅. 国家信息化领导小组关于加强信息安全保障工作的意见 (中办发〔2003〕27 号)[Z].

⑤ 国家网络与信息安全协调小组. 关于开展信息安全风险评估工作的意见(国信办〔2006〕5 号)[Z].

总书记在"中央国家安全委员会第一次会议"上首次提出"总体国家安全观"，将"信息安全"纳入"国家总体安全体系"①，主动应对当下社会错综复杂的各类安全挑战，构建国家总体安全保障体系，优化国家经济社会发展生态环境，保障和维护人民的切身利益。2016年11月，《中华人民共和国网络安全法》由中华人民共和国第十二届全国人民代表大会常务委员会第二十四次会议正式通过，自2017年6月1日起施行，旨在保障网络安全，维护网络空间主权和国家安全、社会公共利益，保护公民、法人和其他组织的合法权益，促进经济社会信息化健康发展。2020年10月，由中国电子技术标准化研究院组织修订的《信息安全技术 个人信息安全规范》(2020年版)正式获批发布，自2020年10月1日起正式实施，进一步增强标准指导实践的适用性，以帮助提升行业和社会的个人信息保护水平，推动个人信息保护领域技术产品、咨询服务等方面产业化进一步发展，为我国信息化产业健康发展提供坚实保障。

档案是信息资源家族的核心成员之一，是党和国家各项工作及人民群众各方面情况的原始记录。档案安全是信息安全的重要组成部分，不仅具有信息安全的共性特质，而且具有鲜明的档案个性特色。数字档案资源作为以计算机二进制代码"0""1"这一数字形态构成的基本档案形态，既是一种新型档案资源，在数字时代国家档案资源体系中位居战略地位；也是数字信息资源的重要组成部分，是国家数字信息资产的重要构成。大数据时代，数字档案资源安全风险广泛分布，涉及环境、技术、管理与人等系列因素，既包括传统环境下的档案信息存储载体安全、存储环境安全，也涉及数字环境下的档案数据安全、管理系统安全、网络环境安全等，严重制约数字档案资源的长期永久保存，对数字档案资源信息的真实性、完整性、可读性等带来了严峻挑战。当前，数字档案资源安全的传统风险与非传统风险因素日益增多，"存在诸多的不稳定、不完善与不安全，在使用与存储过程中，由于相关环境、技术条件、管理状

11

① 习近平. 坚持总体国家安全观 走中国特色国家安全道路[N]. 人民日报，2014-4-16(1).

况等因素而产生不少的风险隐患，对档案长期存取带来许多安全威胁"①，这迫切需要强化档案安全保密意识，守牢档案安全工作底线，科学构建数字档案资源风险管理体系与应对策略，防范数字档案信息失真、失效、失读、泄密、丢失等风险，"密切关注影响档案安全的各种风险因素，积极构建人防、物防、技防相结合的安全防控体系，综合运用法律、行政、技术等手段强化安全管理"②，筑牢数字档案资源安全防控体系网络，保障数字档案资源的长期安全保存与长远有效利用，提高数字档案资源风险管控能力，确保数字档案资源生态安全。

（四）数字资源地位凸显

随着信息社会的深入发展，"信息资源日益成为重要的生产要素和社会财富，信息掌握的多寡、信息能力的强弱成为衡量国家竞争力的重要标志"③。20 世纪 80 年代以来，在计算机科学技术、电子通信技术、信息网络技术等现代技术的快速发展与融合应用下，信息资源的生产、收集、保存、管理、利用与传播的方式发生了革命性的变化，驱动着"数字信息资源"这一新型信息资源形态的诞生。21 世纪以来，随着大数据、云计算、物联网、人工智能等现代信息前沿技术与人类生产生活方式的深度交汇融合，互联网快速普及，"互联网+"快速推进，社会信息化、网络化、智能化发展日趋深入，全球数字信息资源爆发增长与海量集聚，被誉为信息时代的"石油"，与能源、材料同等重要，成为世界各国竞相争夺的战略资源，数字信息资源成为"一个国家的数字资产，是学术研究信息的数字存档，一个国家的科技创新能力以及与此相

---

① 彭远明，涂昊云. 电子档案安全评价指标的制定与实现方式[J]. 档案学研究，2013(6)：65-70.

② 李明华. 在全国档案安全工作会议上的讲话[J]. 中国档案，2017 (7)：14-21.

③ 中共中央办公厅，国务院办公厅. 国家信息化发展战略纲要[N]. 人民日报，2016-7-28(1).

关的国际竞争力都依赖于快速、有效地开发与利用数字信息资源的能力。"①

20 世纪 90 年代以来，"数字信息资源建设、开发利用及其研究受到世界范围的高度重视，世界各国都把信息基础设施建设与信息资源建设作为国家信息化发展战略的两个重要组成部分。"②美国 1993 年提出实施"国家信息基础设施"（NII）行动计划，方便公众共享海量信息资源；1997 年提出"全球电子商务框架"，1999 年实施"21 世纪信息技术计划"，确保美国信息产业快速成长；2012 年奥巴马政府宣布"大数据研究和发展倡议"，推进数据集合和知识获取，提升国家创新能力和信息服务能力。加拿大 2006 年发布《加拿大国家数字信息资源战略》，旨在为公众提供普遍公平的信息存取。欧盟 2010 年推出"欧盟数字战略行动计划"，将信息化作为欧盟经济发展的主要推动力。英国 2012 年成立"数据战略委员会"，推动数据开放，拓宽有效数据来源，向社会提供有价值数据，为英国政府、机构、企业乃至个人提供服务。澳大利亚 2013 年发布《公共服务大数据战略》，强化数据开放，通过大数据战略系统提升公共服务质量，为公共服务政策支持。日本 2013 年发布《创建最尖端 IT 国家宣言》，将实施数据开放、发展大数据技术与运用作为国家战略，建成具有世界最高水准的广泛运用信息产业技术的国家。

数字信息资源作为现代国家的重要数字资产，"集中反映了一个时代文化、科技、政治、经济等领域的特征，塑造了一个民族的记忆，是国家软实力的重要表征"③。我国十分重视信息资源建设，为了充分发挥信息资源开发利用在信息化建设中的重要作用，实现

① 肖希明，黄如花，等. 数字信息资源建设与服务研究［M］. 武汉：武汉大学出版社，2008：1.

② 马恒通，贾艳艳. 探索基于宏观视角的数字信息资源研究前沿的新成果——简评《数字信息资源建设与服务研究》一书［J］. 情报科学，2010（8）：1278-1280.

③ 马费成，等. 数字信息资源规划、管理与利用研究［M］. 北京：经济科学出版社，2012：1.

经济社会全面协调可持续发展，先后印发实施《关于加强信息资源开发利用工作的若干意见》(中办发〔2004〕34 号)、《国家信息化发展战略(2006—2020)》(中办发〔2006〕11 号)、《促进大数据发展行动纲要》(国发〔2015〕50 号)、《国家信息化发展战略纲要》(中办发〔2016〕48 号)，持续推进国家信息化发展与信息资源建设，促进大数据环境下国家数字资源建设可持续发展。2020 年 10 月 29 日，中国共产党第十九届中央委员会第五次全体会议通过《中共中央关于制定国民经济和社会发展第十四个五年规划和二〇三五年远景目标的建议》，明确要求"加快数字化发展"，着重提出"发展数字经济，推进数字产业化和产业数字化，推动数字经济和实体经济深度融合，打造具有国际竞争力的数字产业集群。加强数字社会、数字政府建设，提升公共服务、社会治理等数字化智能化水平。建立数据资源产权、交易流通、跨境传输和安全保护等基础制度和标准规范，推动数据资源开发利用。扩大基础公共信息数据有序开放，建设国家数据统一共享开放平台。保障国家数据安全，加强个人信息保护。提升全民数字技能，实现信息服务全覆盖。积极参与数字领域国际规则和标准制定"①，为新时期国家数字信息资源建设发展提供了战略指引。在数字信息资源战略地位凸显的时代背景下，数字档案资源作为数字信息资源的重要组成部分，在数字信息资源家族中占据特殊地位，不仅是数字时代社会记忆的重要载体与基本形态，而且是信息社会国家数字信息资产的重要构成，制约着国家信息竞争力的高低。为此，从数字信息资源战略地位视角分析探讨数字档案资源的建设与发展，不仅有利于深化数字档案资源研究内涵，拓展数字档案资源研究领域，而且有利于丰富数字信息资源建设内容，优化国家数字信息资源结构体系，促进社会数字信息资源共建共治共享，提升大数据时代国家数字信息资源治理能力。

---

① 中共中央关于制定国民经济和社会发展第十四个五年规划和二〇三五年远景目标的建议[N]. 人民日报，2020-11-04(1).

(五)数字档案资源快速发展

随着国家档案信息化建设的快速推进,数字档案馆建设步伐持续加快,数字档案馆生态系统逐步形成壮大,并呈现出智能化发展、融合化发展与可持续发展等发展态势,代表着新时期国家档案事业发展的基本方向。当前,数字档案馆(室)快速发展,数字档案资源建设快速推进,业已成为数字时代国家档案资源的主体形态与信息社会数字记忆的基本载体,攸关人类社会文化传承与创新,事关国家信息竞争力与文化软实力的高低。据国家档案局统计,截至 2020 年底,全国各级综合档案馆馆藏档案 91789.8 万卷、件;馆藏电子档案 1387.5TB,其中,数码照片 390.2TB,数字录音、数字录像 523.5TB;馆藏档案数字化成果 19588.5TB①。

21 世纪以来,国家高度重视数字档案资源建设,将数字档案资源建设纳入国家档案现代化发展战略,持续推进数字档案资源的可持续发展。2000 年 10 月,《全国档案事业发展"十五"计划》(档发〔2000〕15 号)提出"试点接收电子档案进馆,加快现有档案的数字化进程,在档案利用服务的数字化和网络化方面取得明显进展。"②2002 年 11 月,国家档案局印发《全国档案信息化建设实施纲要》(档发〔2002〕8 号),明确提出要把"档案信息资源建设"列入国家档案事业发展规划的重要内容。③ 2006 年 12 月,《档案事业发展"十一五"规划》(档发〔2006〕4 号)提出,要"加大管理力度,全面整合各类档案资源,促进档案信息资源总量增加,质量提高,

---

① 国家档案局 . 2020 年度全国档案主管部门和档案馆基本情况摘要(二)[EB/OL][2022-3-24]. https://www. saac. gov. cn/daj/zhdt/202108/6262a796fdc3487d93bfa7005acfe2ae.shtml.

② 国家档案局,中央档案馆. 全国档案事业发展"十五"计划(档发〔2000〕15 号)[Z].

③ 国家档案局,中央档案馆. 全国档案信息化建设实施纲要(档发〔2002〕8 号)[Z].

结构优化。"①2010 年 6 月，国家档案局颁布《数字档案馆建设指南》(档办〔2010〕116 号)，指出"数字档案资源建设是数字档案馆建设的核心内容，也是一项经常性的业务工作"②。2011 年 1 月，《全国档案事业发展"十二五"规划》(档发〔2011〕1 号)将"加快推进传统载体档案数字化、电子文件接收、重要数字信息采集等数字档案资源建设"等③作为重要建设任务。2014 年 5 月，中共中央办公厅、国务院办公厅联合印发《关于加强和改进新形势下档案工作的意见》(中办发〔2014〕15 号)，对新时期国家档案事业"三个体系"建设进行战略规划，要求国家档案行政管理部门"搭建全国开放档案平台，并与政府公开信息系统对接，实现资源共享，逐步把各级国家综合档案馆已开放的档案以及各级政府的公开信息上传到平台上，真正建立起方便人民群众的档案利用体系。"④2014 年 7 月，国家档案局印发《数字档案室建设指南》(档办〔2014〕4 号)，对数字档案室的数字档案资源建设进行了全面规划，明确了数字档案室数字档案资源建设基本要求是"齐全完整"与"标准规范"⑤。2016 年 4 月，《全国档案事业发展"十三五"规划纲要》(档发〔2016〕4 号)明确提出要"全面推进档案资源存量数字化、增量电子化、利用网络化；创新档案信息化管理模式，加快与信息社会融合，以信息化为核心的档案管理现代化水平明显提升。"⑥2021 年 6 月，《"十四五"全国档案事业发展规划》明确提出要持续推进国家档案事业"增量电子化""存量数字化"发展战略，"加快档案资源数

① 国家档案局，中央档案馆. 档案事业发展"十一五"规划(档发〔2006〕4 号)[Z].

② 国家档案局. 数字档案馆建设指南(档办〔2010〕116 号)[Z].

③ 国家档案局，中央档案馆. 全国档案事业发展"十二五"规划(档发〔2011〕1 号)[Z].

④ 中共中央办公厅，国务院办公厅. 中共中央办公厅国务院办公厅印发《关于加强和改进新形势下档案工作的意见》(中办发〔2014〕15 号[Z].

⑤ 国家档案局. 数字档案室建设指南(档办〔2014〕4 号)[Z].

⑥ 国家档案局. 全国档案事业发展"十三五"规划纲要(档发〔2016〕4 号)[Z].

字转型。加强国家档案数字资源规划管理，逐步建立以档案数字资源为主导的档案资源体系。"①面对大数据时代的到来，数字档案资源建设需要直面大数据给全球经济社会发展带来的全方位冲击，聚焦数字档案资源数据化、开放化与融合化发展态势，不断优化数字档案资源结构，丰富数字档案资源内容，提高数字档案资源质量，激活数字档案资源活力，推动国家档案事业走向"数字转型""数字升级""数字换代""数字崛起"，为社会大众"提供深层次、高质量档案信息产品，不断挖掘档案的价值，努力把'死档案'变成'活信息'、把'档案库'变成'思想库'"②。

二、研究意义

当前，数字档案资源建设在备受重视与快速发展的同时，既深受传统档案资源管理模式、管理机制、管理方法、管理手段的制约，又存在着管理的分散性和系统的异构性等实际管理难题，还面临着数字档案资源的信息失真、失效、失读、泄密、丢失等现实风险威胁，以及信息污染、信息异构、信息冗余、信息烟囱、信息孤岛等安全风险普遍存在，给数字档案资源建设、存储、管理、服务、开放、安全等带来巨大挑战，严重制约数字档案资源社会功能和价值的有效发挥，难以适应快速增长的数字档案资源多元利用需求。为此，本书通过引入生态管理理论知识和思维方式，创新数字档案资源研究思维与研究领域，对新时期数字档案资源建设进行积极的人工干预，不断优化数字档案资源生态管理环境，探索构建数字档案资源生态用户管理体系、管理策略及其实现机制等，破解当前数字档案资源建设管理瓶颈，维护数字档案资源生态安全，促进

17

---

① 中办国办印发《"十四五"全国档案事业发展规划》[J]. 中国档案，2021(6)：18-23.

② 中共中央办公厅，国务院办公厅. 中共中央办公厅国务院办公厅印发《关于加强和改进新形势下档案工作的意见》(中办发〔2014〕15号[Z].

数字档案资源生态管理有序开展，推进数字档案资源共建共享共治，确保数字档案资源的长期安全存储和长远有效利用。本书研究意义主要体现如下：

（一）完善数字档案资源理论体系

20世纪90年代始，档案学界开始将生态学理论和思想引入档案学，开展档案生态研究，先后开启了档案信息生态系统、档案生态位、档案信息生态、档案文化生态、数字档案馆生态系统等跨学科研究，开辟出档案学研究新领域与新空间，为数字档案资源生态管理研究奠定了学术基础。"数字档案资源生态管理策略研究"通过引入生态学思想，借鉴相关学科理论与知识，聚焦数字档案资源生态管理研究主题，旨在探讨构建数字档案资源生态管理实践策略体系，研究探索数字档案资源生态管理路径、方法与手段，不仅是对传统档案资源理论研究的继承与发展，而且拓展了数字档案资源的研究领域，拓宽了数字档案资源研究视野和研究空间，有利于弥合数字档案资源理论研究与工作实践之间的现实隔阂，完善数字档案资源研究理论体系，这既是数字档案资源建设发展的现实需求，也是数字档案资源理论发展的客观要求，主要体现在以下方面：一是借鉴生态系统、生态管理、生态意识、生态思维等生态学知识、理论与思想等研究数字档案资源管理，对大数据时代的数字档案资源建设与发展进行深层次审视和多维度思考，明确提出数字档案资源生态管理理念，有利于克服技术的单向思维与技术决定论思潮，深化数字档案资源研究内涵，促进档案学理论发展与学术创新。二是创新性提出从数字档案资源生态预警、生态安全、生态健康、生态服务、生态培育等方面构建数字档案资源生态管理策略理论分析体系，有利于深化数字档案资源生态管理理论内涵，优化数字档案资源建设生态环境，为数字档案资源发展提供现实支持和发展动力，推进数字档案资源的社会共建共享，满足人民群众日益增长的多元档案利用需求。三是面向大数据社会发展背景，聚焦数字档案资源未来发展态势，瞄准大数据、云计算、物联网、"互联网+"、区块链、人工智能等现代信息技术发展前沿，紧跟社会数字化、网络化、信息化、智能化、智慧化等发展趋势与国家生态文明建设战略，分析数字档案资源生态管理面临的战略机遇和现实挑战，系统探究数字档案资源数据化、开放化与融合化发展态势及其发展内涵、特征与规律等，不断丰富数字档案资源理论内容，主动对接国家信息化建设发展战略，推动数字档案资源生态管理有序开展，激活社会数字档案资源信息消费，促进数字档案资源健康可持续发展。四是秉承生态思维，运用生态学的概念、理论和方法明晰数字档案资源生态培育内涵，探究数字档案资源生态培育功能与培育路径，从数字档案资源生态管理思维、生态安全意识、生态环境优化以及数字档案资源的信息竞争力、文化软实力等方面系统探索数字档案资源生态培育内容、培育措施和培育效果，凝聚数字档案资源建设发展共识，为数字档案资源生态管理奠定理论基础。

（二）拓展数字档案资源管理思维

面对电子文件、电子档案海量生成与数字信息资源管理快速推进的信息社会发展背景，"却在猛然间发现面对如此之多的未知，一方面，档案领域不断出现的新方法、新技术、新概念、新规则、新思想、新理念令人应接不暇；另一方面，知识的老化又是无情的事实，唯有发展、动态、求异的思维才能引导我们走出困境"①。数字档案资料来源广泛、保存分散、类型多样、结构多元、质量良莠不齐等现象突出；数字档案资源数据异构、系统异构问题严重，资源共享与协同管理难以实现；数字档案资源的真实性、完整性、可靠性和有效性以及安全保管、开放存取等还难以控制，数字档案资源建设面临着诸多风险威胁与现实障碍，严重制约数字档案资源的可持续发展。"数字档案资源生态管理策略研究"立足数字档案

19

---

① 冯惠玲. 序言［A］//中国首届档案学博士论坛论文集编委会. 21 世纪的社会记忆——中国首届档案学博士论坛论文集. 北京：中国人民大学出版社，2001：1.

资源数据化、开放化与融合化发展态势，创新数字档案资源管理思维，融合运用生态管理理论与知识，创造性提出数字档案资源生态管理概念，旨在运用生态管理思维，立足数字档案资源收集、整理、保存、开发、服务、利用等业务管理环节，科学构建数字档案资源生态管理策略体系，保障数字档案资源的真实性、完整性、可靠性、可读性、安全性、丰富性，提高数字档案资源生态管理效率与服务利用效益。数字档案资源生态管理思维主要体现在：一是深化数字档案资源绿色管理，以绿色管理理念为指导，聚焦数字档案资源的收集、管理、保存与利用等业务管理环节，推进数字档案资源的绿色收集、低碳管理、绿色存储与绿色利用，不断优化数字档案资源生存环境，强化数字档案资源全程管理与整体发展，坚持绿色价值取向，深化数字档案资源生态管理内涵。二是强化数字档案资源协同管理，科学运用协同学理论与知识，强化档案工作者协同思维培育，增强档案工作者的协同意识；探索数字档案资源协同管理机制，实现数字档案资源管理的主体协同、制度协同、文化协同和目标协同；推进数字档案资源管理技术协同创新，破解制约数字档案资源管理的技术壁垒、技术风险、技术难题等，提高数字档案资源生态管理效率。三是推进数字档案资源风险管理，强化风险意识，全面揭示数字档案资源风险因子、系统分析数字档案资源风险威胁，科学构建以数字档案资源生态安全战略管理机制、危机应对管理机制、安全存储管理机制、资源共享管理机制等为一体的数字档案资源风险管理机制，规避和化解数字档案资源建设与发展中的各类风险，维护数字档案资源的生态平衡和健康，保障数字档案资源存储安全和有效利用。四是探究数字档案资源平衡管理，以生态平衡理念及其应用为指导，在数字档案资源建设中科学把握数字档案资源数量与质量、结构与功能、开放与保密之间的内在关系，维护数字档案资源结构平衡、利用平衡等生态平衡，推动数字档案资源开放与共享，促进数字档案资源可持续利用。五是推动数字档案资源开放管理，加大数字档案资源开放力度，强化数字档案资源整合与优化，提高数字档案资源整合水平、整合效率与整合效益；充分利用信息技术推动数字档案资源数据挖掘，促进档案数据开放，发挥大数据环境下的档案信息资源的数据价值；完善档案法律法规，强化法治思维，为数字档案资源开发利用提供发展保障；积极利用微信、微博等社交媒体，推动数字档案资源开放获取，促进数字档案资源开放利用。

（三）指导数字档案资源管理实践

当前，国家档案事业正在"数字转型""数字升级""数字换代"道路上奋勇前进，全国档案系统形成了鲜明的"数字导向"与"数字崛起"①，不仅推动着数字档案馆（室）的蓬勃发展，而且促进着数字档案资源建设的加速推进，为新时期国家档案资源建设带来了战略机遇。"数字档案资源生态管理策略研究"从生态学视野观察和思考数字档案资源建设发展，聚焦数字档案资源生态管理主题，厘清数字档案资源生态风险因子及其现实威胁，探索数字档案资源生态管理体制、技术、方法、手段等管理体系及其实现策略，促进数字档案资源健康可持续发展。为此，本书聚焦数字档案资源发展时代背景与发展态势，一方面，立足数字档案资源生态环境、生态风险以及管理实践等时代背景，围绕数字档案资源生态管理体系构建，重点从生态预警、生态安全、生态健康、生态服务、生态培育等方面系统探索数字档案资源生态管理实践策略及其实现机制，不断深化数字档案资源生态管理研究内涵，促进数字档案资源生态管理有序开展，推进数字档案资源的共建共享与共治，增强数字档案资源管理服务能力和服务能级，守护数字时代的社会档案记忆，保护社会数字遗产，推动人类社会文明传承、交流、融合与创新，提升国家文化软实力。其中，"生态预警"与"生态培育"是数字档案资源生态管理策略体系中的前端控制，旨在通过实施"生态预警"与"生态培育"，锻炼和强化数字档案资源生态管理过程中的前端控制思维与实践，有序推进数字档案资源生态管理，优化数字档案

21

① 杨冬权. 在全国数字档案馆（室）建设推进会上的讲话[J]. 中国档案，2013(11)：16-21.

资源生态环境，推动数字档案资源可持续利用；"生态安全"与"生态健康"是数字档案资源生态管理追寻的基本目标，旨在通过构建数字档案资源生态安全保障体系，保护信息社会的"数字记忆"，确保信息时代数字档案资源的长期安全存储与长远有效利用；"生态服务"是数字档案资源生态管理的根本目的，旨在通过创新数字档案资源开发利用策略，完善数字档案资源服务体系，促进社会数字档案资源信息消费，激活数字档案资源的社会价值与功能。另一方面，聚焦大数据时代数字档案资源的数据化、开放化与融合化发展态势，加强数字档案资源"生态培育"力度，对数字档案资源建设发展实施积极的人工干预，防范数字档案资源生态风险，维护数字档案资源生态平衡，完善数字档案资源生态培育内容，重点从数字档案资源生态管理思维、生态安全意识、生态环境优化以及数字档案资源的信息竞争力、文化软实力等方面系统探索数字档案资源生态培育内容、培育措施和培育效果，凝聚数字档案资源社会发展共识，优化数字档案资源建设发展环境，维护数字档案资源的载体安全、信息安全、存储安全与利用安全等，从宏观上指导国家数字档案资源建设实践，提高数字档案资源生态管理效率与社会利用效益，不仅有利于拓展信息社会数字档案资源的社会生存发展空间，扩大数字档案资源社会影响力；而且有利于对接信息时代"'互联网+'行动计划""国家大数据战略""国家信息化发展战略"等国家战略，创新数字档案资源服务模式、服务方式与服务手段，促进社会档案信息消费，为新时期国家数字档案资源建设提供理论参考与决策支持，提升数字档案资源社会生态位。

三、研究现状

数字档案资源作为现代信息技术应用与档案信息化发展的产物，不仅在学术界备受重视，成为档案学研究前沿领域；而且也备受各国政府重视，主动将数字档案资源建设纳入国家信息化发展战略，强化国家数字档案资源建设的顶层设计与战略规划。当前，国内外档案界不仅高度重视数字档案资源建设实践，而且持续关注数字档案资源理论研究，并成为当下档案学研究的前沿领域，呈现理论与实践交融的发展态势，构筑起数字档案资源研究的全幅画面，推动着数字时代档案学研究的繁荣与深化，不仅为新时期国家档案事业可持续发展提供了理论指导与实践依据，而且对数字档案资源生态管理策略研究奠定了学术基础，提供了研究参考。

目前，数字档案资源生态管理研究尚属探索性阶段，它是在前期学术界关于档案生态、档案信息生态、数字档案馆生态系统等研究主题基础上提出的学科交叉性课题研究，国内外相关研究文献还较为有限，与数字档案资源生态管理直接相关的研究文献则更为稀少。笔者通过"中国知网"，以"档案+生态"为研究关键词，以"篇名"为检索条件，"时间范围"限定为截至"2021 年 12 月 31 日"，共检索中文文献"283 篇"，文献发表年度分布图如图 1-1：

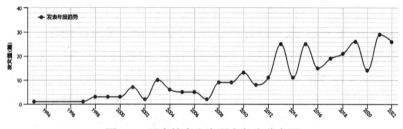

图 1-1　国内档案生态研究年度分布图

通过文献分析，国内档案生态研究主题分布广泛，既包含传统档案保护技术学领域的防虫等生态保护问题，也包括从生态学审视档案现象的学术探索；既包括传统生态文明建设领域的档案研究主题，也包括档案事业驱动生态文明建设的研究主题；既包括传统环境下档案文化生态、档案资源生态等研究主题，又包括信息社会环境的档案信息生态、数字档案馆生态系统、数字档案资源生态安全等研究主题，共同构筑档案生态研究学术图谱，主要研究状况如下：

23

（一）研究发轫

档案生态研究的开启为数字档案资源生态管理研究奠定了坚实的学术思想基础，是数字档案资源生态管理研究的思想之源。通过文献调研发现，早期档案生态研究领域主要有：

一是探讨档案及档案工作为传统自然生态建设服务的主题，相关研究文献一方面是从生态学领域中档案工作实践着眼，探索该领域档案工作的意义、价值及其实践路径等，如《应尽早建立生态资源档案及统一管理机构》（1993）、《档案工作应跟上生态农业建设的步伐》（2000）、《环境保护档案在生态城市建设中的作用探析》（2015）、《环境保护档案在生态环境治理中的作用探析》（2018）、《我国城市植物生态档案建设研究》（2020）等；另一方面主要是基于档案工作对生态文明建设的作用视角对此进行研究分析，旨在探析档案及档案工作在生态文明建设发展过程中肩负的功能和发挥的作用等，如《利用农业科技档案为生态农业建设服务》（1997）、《以史为鉴知兴替 亡羊补牢正其时——拜泉县利用档案加速生态农业建设纪实》（2000）、《利用科技档案为改善生态环境服务》（2001）、《档案工作为生态文明建设服务的几点思考》（2008）、《试论生态文明建设中生态档案制度建设的意义及功效》（2013）、《新时代背景下动物生态档案管理策略研究》（2019）等。

二是从传统档案保护视角对档案生态研究的关注，如《档案窃蠹的生态控制》（1999）、《档案库房白蚁的生态与生物防治技术》（2003）、《档案害虫生态特性防治技术》（2014）等，这些主题研究均属传统档案保护技术学范畴，体现出档案保护领域中的生态环境、生态安全、生态平衡、生态治理等生态思想，是档案生态研究的重要内容之一，旨在从生态环境保护视角分析传统档案虫害防护中的实际问题，探讨档案保护实践领域中的生态环境优化路径，确保档案业务管理环节中的生态安全。

三是从生态学视角提出档案生态学术思想，拓展档案学研究领域，为档案生态研究可持续发展提供思维导图，开启档案生态研究的学术新篇章，如吴端端的《档案的"生态位"》（2003）一文将"生态位"理论引入档案学研究并提出"档案生态位"概念，认为"档案，作为社会信息群中的一个子系统……以它的真实性、开发性、系统性、滞后性等特点区别于其他信息而在社会信息系统中独树一帜，并由此形成它独特的'生态位'——司法工作的凭证，战略决策的依据，科学研究的参考，宣传教育的凭据等"①。纵浩的《论生态档案馆》（2005）一文从低碳、环保、建筑生态视角提出建立"生态档案馆"，对生态档案馆的建筑和信息系统两个方面进行了分析②。李伟的《生态式思想与档案馆管理制度》（2005）一文从生态学视角提出了档案馆管理制度的创新路径，构建具有开放性、人性化、民主性和多样化的档案馆管理制度体系，以便在档案馆具体管理中"给予馆员更大的自主空间，让他们在工作中充分发挥个体的创造性，同时还可以通过网络性的沟通机制，实现群体间的互动生成。"③徐欣云、黄建连的《我国档案业务工作环节的生态学考察》（2009）一文从生态学视角对传统档案业务环节进行审视分析，认为传统档案业务工作是以"科学管理"为前提，却表现为对自然力的剥夺与人性的异化，由此提出引入生态式管理理念以弥补传统"科学管理"的不足，认为生态式管理追求管理的整体功效，向一切等级制挑战，它使人生发新的潜能，使档案工作可持续发展。④康蠡、周铭在《档案馆生态位：含义、模型与属性》（2011）一文中从生态位视角提出"档案馆生态位"概念，并从"态"和"势"两方面进行了分析揭示，认为档案馆生态位之"态"是指档案馆在资金、馆员数量、资源占有量、适应能力、智能水平、技术水平等方面的呈现出的客观状态，"势"是指档案馆对依存环境的现实影响力或支配力，并从资源维、能力维、时空维、方向维四个维度对档案馆

25

①　吴端端. 档案的"生态位"[J]. 中国档案，2003（7）：38.

②　纵浩. 论生态档案馆[J]. 宿州学院学报，2005（1）：103-104，142.

③　李伟. 生态式思想与档案馆管理制度[J]. 兰台世界，2005（8）：84-85.

④　徐欣云，黄建连. 我国档案业务工作环节的生态学考察[J]. 档案学通讯，2009（2）：26-29.

生态位模型进行了分析，认为档案馆生态位是一个超体积复合功能体，具有抽象性和具体性的统一、绝对性与相对性的统一、社会性与自适应性的统一、符合生命周期律等多重属性。① 康蠡、周铭、蔡青在《生态位调整：国家综合档案馆走向公共的应然选择》（2012）一文中从生态位构建与演化的视角解读国家综合档案馆公共职能欠缺的实质与根源，并从社会根源、思想根源、制度根源三个方面对国家综合档案馆生态位偏离的原因进行了分析，从调整服务面向、匡正制度安排、优化时空生态、强化服务能力四个方面提出了国家综合档案馆生态位调整的实践路径。② 周林兴在《中国档案学术生态研究》（2013）中提出"档案学术生态系统"是"由'档案学术—档案学人—学术环境'构成，它们之间不断地相互作用，并进行能量的交换，是通过学术创新促进档案学科及事业发展的一个学术子系统"，认为其构成因子主要由档案学人、档案学术及学术环境组成，并在此基础上提出了防止档案学术研究的失范行为，使得档案学术研究不仅具有学术上的意义、学科上的贡献，而且具有社会责任层面的存在价值。③ 马晴等在《档案生态系统构成要素及其关系研究》（2016）一文对档案生态系统的概念内涵、构成要素以及要素之间的相互关系进行了系统探析，提出"一个完整的档案生态系统包括档案主体要素（人或者组织）、档案客体要素（档案资源）、档案环境要素（档案生存环境）三个方面。"④何思源等在《政务云环境中的档案安全保障生态模型与策略研究》（2021）一文中从生态系统理论视角构建了档案云安全保障生态模型，并基于宏观生态模型从体制、政策、标准、市场、责任与职责、协作与沟通、评估与审计等方面提出风险应对策略，基于微观生态模型从资源分级

① 康蠡，周铭. 档案馆生态位：含义、模型与属性[J]. 山西档案，2011(6)：21-23.

② 康蠡，周铭，蔡青. 生态位调整：国家综合档案馆走向公共的应然选择[J]. 档案学通讯，2012(2)：30-33.

③ 周林兴. 中国档案学术生态研究[M]. 北京：人民出版社，2013.

④ 马晴，魏扣，郝琦. 档案生态系统构成要素及其关系研究[J]. 档案学通讯，2016(6)：20-25.

分类、意识观念、工作技能、权限配置、容灾备份、组织环境等方面提出风险应对策略，旨在为构建与网络空间安全战略相适应的档案安全保障体系提供参考。①

20世纪90年代末，档案界开始涉猎档案生态研究，尝试从生态学角度分析档案系列问题，为后期档案生态研究奠定了学术基础。当前，生态学普遍应用在人文社会科学研究中，成果凸显，在图书情报档案领域，利用生态学理论分析专业问题也不再陌生，相关概念如图书馆生态、信息生态、知识生态、情报生态以及档案生态、档案信息生态系统等被广泛提及；同时，国家各层次相关社科基金也纷纷为此研究立项，支持学术界持续、深入地开展档案生态相关研究，提出了档案信息生态、档案文化生态、数字档案馆生态系统等研究命题，拉开了档案生态研究序幕。近年来，"信息生态学理论与我国居民电子健康档案管理研究"（卞昭玲，2010）、"网络环境下国家综合档案馆生态位优化研究"（康蠡，2012）、"数字档案馆生态系统培育与管理研究"（金波，2013）、"数字档案资源生态安全研究"（聂云霞，2014）、"我国档案生态安全应急管理机制研究"（张艳欣，2014）、"档案信息生态性保护理论与实现研究"（麻新纯，2015）、"数字档案资源生态管理策略研究"（倪代川，2015）、"我国数字档案馆建设战略研究——基于生态系统的视角"（刘越男，2016）、"数字档案馆生态系统治理研究"（金波，2019）等档案生态研究课题先后被国家社科基金立项，既体现出档案生态学研究的学术生命力，也反映国家对档案生态研究的重视与支持，为开展数字档案资源生态管理研究提供了研究基础、研究动力和研究支撑。

（二）研究领域

目前，档案生态研究主要分布在档案信息生态、档案文化生

---

① 何思源，刘越男. 政务云环境中的档案安全保障生态模型与策略研究[J]. 图书馆论坛，2021（7）：68-77.

态、数字档案馆生态系统研究、数字档案资源生态研究四大领域。

1. 档案信息生态研究

档案信息生态研究主题是档案生态研究的核心领域，体现出鲜明的生态学思想，对数字档案资源生态管理研究具有直接的借鉴参考作用，是数字档案资源生态管理研究的重要学术基础。其中，代表性成果有：

薛春刚《档案信息生态系统的平衡与档案事业的可持续发展》（1998）一文首次提出"档案信息生态系统"概念，开启档案信息生态研究先河，认为"档案信息生态系统是指以实现档案信息的产生、积聚、传递、开发、利用等为目的，具有特定的结构和秩序的由各种要素组成的相互关系的总和"，具备人造系统、开放系统、动态系统的特点，认为"档案信息生态系统的动态性、开放性，决定了这只能是一种理想状态，档案信息生态系统的平衡是相对的、暂时的、动态的，不平衡是绝对的、难免的，档案信息生态系统存在于社会环境之中，无时无刻不受到外界环境的影响和制约，同时，档案信息生态系统本身的复杂性使其各种要素始终处于矛盾运动中，成为影响档案信息生态平衡的各种因素"，如档案信息污染、档案信息阻塞、档案信息超载、档案信息垄断、档案信息学理论的不完备以及人才的匮乏等，提出要"尽快建立起适应可持续发展需要的、平衡而稳定的档案信息生态系统，实现档案事业自身的可持续发展，使宝贵的档案资源对我国可持续发展战略的独特而不可替代的价值得以充分发挥。"①

葛翠玲《档案信息生态失调原因探析》（2007）一文从信息生态学视角对"档案信息生态"进行了概念界定，认为"档案信息生态是指档案信息主体（人）、档案信息、档案信息加工与管理活动以及档案信息环境相 互作用的统一"，并对我国档案信息生态出现的主体性缺失、资源分布失衡等失调问题进行了分析，从信息生态学

---

① 薛春刚. 档案信息生态系统的平衡与档案事业的可持续发展[J]. 档案与建设，1998(4)：12-14.

的角度提出了档案信息主体性的回归、档案信息资源的整合与合理配置、档案信息的开放与交流、档案信息的生产和消费的均衡调控、档案信息的净化、档案信息技术和管理的现代化、档案信息法制的健全、档案人才素质的提高等解决档案信息生态失调的对策，认为"档案学界及档案工作者不能局限于档案学、管理学体系，而有必要从信息论、系统论、控制论以及生态学等宏观学科视角对档案信息生态系统的各要素和环节进行深入、系统的研究，发现档案信息生态链的发展和运行规律，为实现我国档案信息生态的平衡和可持续发展作出新贡献。"①

张东华、姚红叶在《基于信息生态系统的档案信息资源共建共享》(2009)一文中从信息生态系统视角阐释了档案信息资源共建共享的意义，认为"基于信息生态系统的档案信息资源共建共享，目标在于把档案信息资源快捷准确地提供给利用者，最终实现档案信息资源的利用价值"；分析了基于信息生态系统的档案信息资源共建共享中存在的问题，并在此基础上提出了"强化信息生态系统的主体地位，增强档案人员的共建共享意识""整体规划信息生态系统，统一管理档案信息资源的共建共享""坚持各信息生态因子协调发展，加强档案部门与相关机构的信息共享""加强信息生态系统监管，完善档案信息资源共建共享的法律法规"等档案信息资源共建共享策略。②

种金成在《档案信息生态失衡问题研究》(2011)一文中，提出"如何有效利用最新的信息技术来解决档案信息生态领域产生的问题，已然成为档案界一个新的热点问题"，认为档案信息生态包括档案利用主体、档案信息和档案信息环境三个基本要素，并从信息生态相关概念及其失衡表现出发，对档案信息生态问题进行了归纳总结及应对策略，认为档案信息生态失衡主要表现在档案信息资源

29

① 葛翠玲. 档案信息生态失调原因探析[J]. 兰台世界，2007(14)：35-37.

② 张东华，姚红叶. 基于信息生态系统的档案信息资源共建共享[J]. 档案，2011(1)：7-9.

分布失衡、档案信息垄断、档案信息超载、档案信息侵犯、档案信息政策与立法相对滞后、档案信息人才的匮乏等方面，并在此基础上从合理配置档案信息资源、加强档案信息的共享与交流、加大档案事业投入、完善档案保管机制、加强档案信息的法律法规建设、提高档案人员的素质等方面对档案信息生态失衡问题提出了解决措施。①

陶水龙在《基于系统工程思想的档案信息生态系统研究》(2013)一文中从系统方法论与信息生态观的角度来审视档案工作中的问题，从整体、要素、结构和功能上着重研究档案信息生态系统与要素之间、要素与要素之间、档案信息生态系统与外部环境之间相互联系、相互作用、相互制约的关系，为档案信息化建设的途径和思路积极探寻，明确提出档案信息生态就是档案信息资源—人—环境之间的均衡状态，档案信息生态系统是由档案信息资源、档案信息相关者、信息技术、社会环境四个要素构成，并具有一定自我调节能力的人工系统，具有关联性、结构性和整体性特征，提出"要构建一个健康的档案信息生态系统，必须遵循自然界的生态发展规律，与外界有良好的、流畅的信息交流与互动，这也是推动整个系统不断发展的外在力量。"②

敖津京在《电子健康档案信息生态系统运行机制研究》(2014)一文中，基于信息生态学的理论与方法，从系统论的视角出发，以生态系统的平衡和可持续发展为落脚点，深入研究了电子健康档案信息生态系统的基本运行机制及其运行规律，为电子健康档案信息系统的管理和我国全民电子健康系统工程的健康、持续发展提供了参考。③

聂云霞，张加欣，甘敏在《信息生态视域下数字档案用户信息

---

① 种金成. 档案信息生态失衡问题研究[J]. 云南档案，2011(3)：53-54.

② 陶水龙. 基于系统工程思想的档案信息生态系统研究[J]. 北京档案，2013(2)：9-12.

③ 敖津京. 电子健康档案信息生态系统运行机制研究[D]. 保定：河北大学，2014.

安全保障系统构建研究》(2017)一文中从法制、技术、管理和意识四个维度提出构建基于信息生态学系统的档案用户信息安全系统模型，其中，"法制维度"旨在建立健全信息安全法律法规，维护档案用户合法权益，建立有效的数字档案用户信息安全保护体系；"技术维度"旨在加强自主核心技术研发，优化档案利用技术环境，将用户信息的滥用、泄露、篡改、丢失等安全威胁降到最低，加快网络空间技术安全环境的建设；"管理维度"旨在规范档案用户信息安全系统管理流程，规避管理短板，保证数字档案用户信息安全系统的健康运转；"意识维度"旨在提升社会信息安全意识，构筑档案用户信息安全自律氛围。①

2. 档案文化生态研究

档案文化生态研究是档案生态研究领域的另一重要内容，体现了档案生态研究主题的生命力，主要包括档案文化生态的概念探讨、传统档案文化生态的形成演变、新时期档案文化生态建设路径以及民族档案文化生态的保护等主题，对数字档案资源生态管理研究具有重要启迪价值。其中，代表性成果有：

杨道玲在《文化生态对中国传统档案文化的影响》(2003)一文中从地理环境、社会经济环境、社会政治环境三个方面分析了文化背景对传统档案文化的实际影响，认为文化生态对档案文化的影响既有积极的一面，也有消极的一面，"要充分认识到传统档案文化作为中国传统文化的一部分，是几经时代的变迁而遗留下来的'原型文化'，其中许多是档案文化的精华，充分吸收借鉴传统档案文化是我们现代档案文化建设和发展的基础"，特别是"开放档案的决策，为我们提供了与世界先进档案文化沟通的契约……我们在学习和吸收国外先进档案文化成果的同时，也应该将我国传统档案文化中先进的成分介绍和传播出去。在世界档案文化领域发出我们的声音，作为曾为世界档案文化作出过重大贡献的民族，应该为世界

31

① 聂云霞，张加欣，甘敏. 信息生态视域下数字档案用户信息安全保障系统构建研究[J]. 档案学研究，2017(1)：66-72.

档案文化的发展作出新的贡献。"①

陈愚在《文化生态与中国传统档案文化》(2015)一文中,从文化生态视角对"中国传统档案文化"进行了专题研究,摆脱了以往仅从档案事业或档案馆工作的立场研究传统档案文化的做法,详细叙述了中国传统档案文化的形成及发展史,分析论证了文化生态对中国传统档案文化造成的影响,揭示了传统档案文化在其形成区别于其他文化的特殊性的过程中文化生态因素所发挥的重要作用,并围绕自然生态条件、农耕经济文明和封建社会制度这三个主要文化生态因素分析了其对中国传统档案文化产生的影响,对新时期档案文化如何实现创新和与时俱进,以及对待传统档案文化的态度和继承问题进行了探讨。②

张东华、姚红叶在《文化生态视野下档案文化建设研究》(2012)一文中提出:"档案文化生态就是指公共文化体系构建中相互交往的文化群体,用以从事文化创造、文化传播及其他文化活动的背景和条件",分析了文化生态对档案文化建设的影响,并从档案文化建设流于表面、档案机构组织结构不协调、档案文化建设缺乏多样性、档案文化建设的制度缺失四个方面剖析了文化生态视野下档案文化建设的症结所在,在此基础上从"以塑造档案文化核心价值观作为档案文化建设的关键,以调整档案机构组织结构作为档案文化建设的重心,以丰富充实档案信息资源作为档案文化建设的落脚点,以完善档案制度作为档案文化建设的保障"四个方面提出了文化生态视野下档案文化建设的实践策略。③

程颖在《论档案文化生态系统及控制》(2012)一文中从档案文化、文化生态系统视角对"档案文化生态系统"进行了概念界定,认为"档案文化生态系统是档案文化运行与发展的外部环境,包括

① 杨道玲. 文化生态对中国传统档案文化的影响[J]. 上海档案,2003(4):36-39.

② 陈愚. 文化生态与中国传统档案文化[D]. 成都:四川大学,2005.

③ 张东华,姚红叶. 文化生态视野下档案文化建设研究[J]. 档案学研究,2012(1):35-37.

自然环境、经济形态、文化结构、政治制度等，以及与之发生互相作用的过程中形成的关系，这种关系对档案文化的生存与发展具有决定性的作用"，并对中国传统档案文化生态系统的成因进行了分析，从"建设面向世界的开放的档案文化生态系统""建设有中国特色的创新的档案文化生态系统""建设面向未来的科学的生态的档案文化生态系""建设面向现代化的系统地发展的档案文化生态系统"四个方面提出加强档案文化生态系统控制的基本途径。①

阮晶晶在《文化生态视角下传统档案文化的历史考察与展望》（2015）一文中从文化生态视角对档案文化进行了审视和分析，旨在从文化生态视角分析中国传统档案文化，从更宽阔的视野中尝试多角度、深层次、全方位地研究档案文化这一复杂的文化现象，以便从传统档案文化的历史考察中吸取养分，破解现代档案文化发展中的文化根基和核心价值观的问题，并对不同社会发展阶段档案文化的变化发展及其演化规律进行了揭示，并就现代档案文化生态系统构建的环境基础和战略规划进行了探讨，提出了现代社会文化生态环境下档案文化发展与创新的基本思路与途径。②

李健、王运彬在《传统村落档案管理路径转型——从人文引导管理到文化生态复兴》（2018）一文中从文化生态复兴视角对传统村落档案进行了研究，认为"传统村落档案作为反映村落本源的原始性记录材料，与村落文化生态体系具有天然的一致性"，当前以"政府机构+传统村落档案管理""社会组织+传统村落档案管理"等为主的人文引导管理模式引发了文化环境失序、文化内涵失真、文化表达失传等村落文化生态失衡倾向，需要从"人文引导管理"模式向以管理与规划相结合为基础，以管理与发展相结合为保证，以管理与文化自觉相结合为核心的"人文引导管理+文化生态保护"并重的管理模式转变，并在传统村落档案与村落文化生态合一的基础

33

① 程颖. 论档案文化生态系统及控制[D]. 武汉：湖北大学，2012.
② 阮晶晶. 文化生态视角下传统档案文化的历史考察与展望[D]. 武汉：湖北大学，2015.

上实现传统村落文化的生态复兴。①

　　郭胜溶、赵局建在《民族文化生态变迁视角下少数民族口述档案保护研究》(2019)一文中，对少数民族口述档案作为民族认同、历史承载的研究要义和发展现状进行了阐释，并从民族文化生态变迁视角提出了"实现档案价值，提升档案意识""调整管理机制，规范规章制度""加强多方合作，着力培养优秀人才"等少数民族口述档案存续化发展的现实路径，认为"灿烂的民族文化在生态变迁的背景下孕育了内容丰富、范围广泛的少数民族口述档案，档案工作者作为建构历史与探究社会记忆的积极动因，他们不仅在对过去的记载里探究现在的发展轨迹，同时也在现时代的需求下承担开启未来的历史重任。"②

　　杨鹏在《乡村振兴战略中的档案文化建设策略研究：以文化生态为视角》(2019)一文中从文化生态视角论述了乡村振兴战略环境下的档案文化建设策略，认为档案文化建设是乡村振兴战略实施的题中应有之义，同时也是推动战略实施的有力支撑，提出文化生态视角下的档案文化建设需要突出强调其全面性、动态性和开放性等特征，并对乡村档案文化建设在乡村文化生态中的地位和特点进行了界定和阐释，对乡村档案文化建设面临的困境进行了剖析，从乡村文化生态视角提出了档案文化建设路径，以实现乡村档案文化建设中的生态系统再造。③

　　华林、陈燕、董慧图在《生态治理视域下藏族生态伦理文化遗产档案化整理发掘研究》(2021)一文中从生态治理视角对我国遗存藏族生态伦理文化遗产进行了专题分析，认为对藏族文化遗产开展档案化整理发掘工作，有利于保护、传承与开发利用这些珍贵文化

---

　　① 李健，王运彬. 传统村落档案管理路径转型——从人文引导管理到文化生态复兴[J]. 浙江档案，2018(10)：13-15.

　　② 郭胜溶，赵局建. 民族文化生态变迁视角下少数民族口述档案保护研究[J]. 档案与建设，2019(9)：31-34，54.

　　③ 杨鹏. 乡村振兴战略中的档案文化建设策略研究：以文化生态为视角[A]//中国档案学会. 2019年全国青年档案学术论坛论文集. 中国档案学会：中国档案学会，2019：7.

遗产，对藏族生态伦理文化遗产档案化整理发掘背景进行了阐释，分析了整理发掘的意义与滞后问题，并提出档案化建设思路策略。认为借助隐性知识显性化理论模型，嵌入发掘主体、依据、对象、过程和服务对象，推动藏族生态伦理文化遗产档案化工作，对完整构建传承藏族生态记忆，全面发掘藏族生态文化遗产为涉藏地区生态治理服务有现实意义。①

3. 数字档案馆生态系统研究

21世纪以来，随着档案生态研究的深化和数字档案馆研究的推进，一些档案学者开始从生态学视角审视数字档案馆建设发展，推动着数字档案馆生态系统研究的持续开展，是数字档案资源生态管理策略研究的重要参考，代表性成果有：

张东华、鲁志华在《数字档案馆信息生态平衡及其策略研究》（2010）一文中对数字档案馆信息生态失衡的表现及原因进行了分析，将其主要表现分为数字档案信息主体性的缺失、数字档案信息资源分布不均、数字档案馆信息服务的法律风险、数字档案馆信息技术滞后等方面，并提出了保持数字档案馆信息生态平衡的基本策略，即"以人为本，重塑数字档案馆工作人员主体性地位""统筹兼顾，合理配置数字档案馆信息资源""规避法律风险，净化数字档案馆信息生态环境""加强研发，提升数字档案馆信息技术处理能力"等，认为"数字档案馆要加强信息生态系统的有效管理，构建健康有序的信息环境，保持数字档案馆信息生态平衡，促进数字档案馆信息服务工作的持续、健康发展"②。

周耀林、刘婧在《生态视角下我国数字档案馆建设探析》（2016）一文中基于生态学的视角观察与分析了数字档案馆发展中的系列问题，旨在引导我国数字档案馆建设朝着更为健康和理性的

① 华林，陈燕，董慧囡. 生态治理视域下藏族生态伦理文化遗产档案化整理发掘研究[J]. 青海民族研究，2021（3）：98-104.

② 张东华，鲁志华. 数字档案馆信息生态平衡及其策略研究[J]. 湖北档案，2010(8)：12-14.

道路发展，提出"我国数字档案馆经过十余年的建设与发展，仍存在公众档案信息需求增长与数字档案馆资源建设相对滞后、信息管理系统竞争共存与数字档案馆核心竞争力弱化、可持续发展目标明确与数字档案馆建设水平参差不齐、社会生态文明进步与数字档案馆生态文化意识淡薄的矛盾"，认为生态视角下数字档案馆具有开放性、竞争性、动态性、生态性等特点，并从生态人、生态位、生态系统、生态文明四个方面探讨了数字档案馆的建设策略，即基于生态人需求整合数字档案馆信息资源、基于生态位强化数字档案馆核心竞争力、基于生态系统提升数字档案馆建设整体水平、基于生态文明增强数字档案馆生态文化意识，为多元环境下的数字档案馆发展提供了新的平台和基点，不仅从战略上统筹数字档案馆建设，还涉及档案事业在政治、经济、文化、社会等各领域的推进与发展。①

周耀林、骆盈旭、赵跃在《数字档案馆信息生态位的优化研究》(2016)一文中从信息生态位视角探讨分析如何优化数字档案馆信息生态位，提高数字档案馆在社会组织系统中的竞争优势，认为"数字档案馆信息生态位是指在社会组织系统中，以数字档案信息的收集、整理、储存和传递为主导，通过与外部信息环境的物能流转以及其他信息人的交流互动中形成的相对地位和功能作用"；并从功能生态位、资源生态位和空间生态位三个维度对数字档案馆信息生态位进行了全面分析，认为"功能生态位"是数字档案馆在社会中所充当的角色以及所承担的社会职能，"资源生态位"是数字档案馆在社会中获取资源的能力以及占有、利用资源的状况，"空间生态位"则反映了数字档案馆所占有的物理空间及活动空间；提出数字档案馆在不断变化的信息环境中要保持竞争优势，必须在其信息生态位的优化中遵循维度原则、宽度适宜、寻求错位、同位协调、动态发展等原则，确保数字档案馆与其所处信息环境相协调，实现数字档案馆可持续发展。②

---

① 周耀林，刘婧. 生态视角下我国数字档案馆建设探析[J]. 信息资源管理学报，2016(2)：107-112.

② 周耀林，骆盈旭，赵跃. 数字档案馆信息生态位的优化研究[J]. 中国档案，2016(4)：70-71.

康蠡、周铭在《档案大数据生态系统含义、构成与结构摭探》（2017）一文中对档案大数据生态系统作出了概念界定，认为"档案大数据生态系统实际上是从生态学的角度对档案大数据主体与其所处环境之间相互关系和状态的一种隐喻，其主旨在于倡导以生态系统的视角和方法来看待和探究档案大数据现象及本质，更好地促进档案大数据的管理与应用"，提出档案大数据生态系统由档案大数据、档案大数据主体及档案大数据环境构成，其结构主要体现在系统要素的组合排列和作用范围两个层面，大数据技术和理念赋予档案大数据生态系统一系列新的特征。①

　　金波研究团队运用生态系统的概念、理论和方法系统研究了数字档案馆的结构、功能和管理运作，将数字档案馆视作为人工生态系统，明确提出"数字档案馆生态系统"概念并对其进行了界定，认为"数字档案馆生态系统是指数字档案馆空间范围内的人、数字档案资源与其生存环境相互作用而形成的统一复合体。"②其团队先后承担国家社科基金一般项目"数字档案馆生态系统研究"（08BTQ040）、国家社科基金重点项目"数字档案馆生态系统培育与管理研究"（13ATQ007）、国家社科基金重大项目"数字档案馆生态系统治理研究"（19ZDA342）等，对数字档案馆生态系统进行了持续探索，出版了《数字档案馆生态系统研究》（学习出版社，2014）学术著作，发表了《数字档案馆生态系统的建构》（2010）、《论数字档案馆生态系统管理》（2013）、《论数字档案馆生态系统的功能》（2013）、《数字档案馆生态系统发展动力探析》（2016）、《数字档案馆生态系统档案资源培育探析》（2017）、《数字档案馆生态系统智能化发展探析》（2017）、《数字档案馆生态系统主体培育研究》（2018）、《数字档案馆生态系统可持续发展态势探析》（2019）、《数字档案馆生态系统组织治理能力研究》（2020）等系列研究论文，

————————

　　① 康蠡，周铭. 档案大数据生态系统含义、构成与结构摭探［J］. 北京档案，2017(8)：11-14.
　　② 金波，汤黎华，何伟祺. 数字档案馆生态系统的建构［J］. 档案学通讯，2010(1)：53-57.

其中，"数字档案馆生态系统研究"这一国家社科基金项目研究成果 2013 年入选"国家哲学社会科学成果文库"，并先后荣获上海市档案科技一等奖(2015 年)、上海市哲学社会科学优秀成果著作类一等奖(2016 年)、教育部第八届高等学校科学研究优秀成果奖(人文社会科学)一等奖(2020 年)等学术荣誉，开辟出数字档案馆研究新领域，推动着档案学理论研究的深化，是数字档案资源生态管理研究的学术之源。金波、丁华东、倪代川合著的《数字档案馆生态系统研究》(学习出版，2014)是数字档案馆生态系统研究领域的一部力作，"代表了当前数字档案馆研究的前沿水平，拓展了数字档案馆研究的理论思维与研究空间，为'档案生态学'的建立奠定了学术基础"①，"对数字档案馆生态系统的一系列问题进行全方位探讨，为我国数字档案馆研究乃至宏观意义上的档案馆研究开辟了一片新境地，对日渐重视学科融合的档案学界具有特殊的学术价值和现实意义。"②《数字档案馆生态系统研究》旨在通过引入生态学思想，运用生态系统基本理论和思维方式，探讨和分析新形势下数字档案馆的建设与发展，以期通过系统研究使得生态学、信息学等学科理论在数字档案馆研究中得到融合运用并促进数字档案馆实践工作的开展推动档案学研究深化发展。该书在广泛吸收国内外数字档案馆最新研究成果的基础上通过引入生态学思想和理论，对数字档案馆生态位、生态系统的结构与功能、生态系统的形成与进化、数字档案信息资源的组织与建设、生态系统的运行与保障、生态系统的健康与评价以及生态系统的培育与管理等领域进行了广泛研究，对数字档案馆生态系统进行了深层次的审视和多维度的思考，初步建构了数字档案馆生态系统的研究框架，为数字档案馆生态系统治理研究提供了学术支持。提出数字档案馆生态系统是由包括数字档案馆生态系统主体、数字档案馆生态系统客体(生存环境)与

---

①　薛匡勇. 生态学视阈下的数字档案馆研究——读《数字档案馆生态系统研究》有感[J]. 北京档案，2015(8)：61.

②　康蠡，周铭. 数字档案馆生态研究的开创性力作——评《数字档案馆生态系统研究》[J]. 档案管理，2016(1)：7-10.

数字档案资源三大部分组成。其中，数字档案馆生态系统的主体是"生命体"——人（在信息生态系统也称信息人），主要由档案形成者、档案管理者、档案利用者等生态因子构成；数字档案馆生态系统的客体即"非生命体"——生存环境，主要由数字档案馆宏观环境、中观环境、微观环境等环境生态因子组成；数字档案资源是数字档案馆生态系统核心生态因子，是数字档案馆生态系统形成、演化、运行和发展的基石，是数字档案馆生态系统建设的核心内容。① 在"数字档案馆生态系统研究"基础上，其研究团队进一步开展"数字档案馆生态系统培育与管理研究"，在对数字档案馆生态系统的概念内涵、结构功能、演化发展、运行机制等进行了全面分析基础上提出数字档案馆生态系统智能化发展、融合发展与可持续发展三种发展态势，从主体人、客体环境和档案资源三个方面探讨数字档案馆生态系统培育路径，并科学构建数字档案馆生态系统培育内容体系；从战略管理、文化管理、协同管理、风险管理和生态管理五方面科学构建数字档案馆生态系统管理体系，全面增强数字档案馆生态系统管理服务能级，提升数字档案馆生态系统科学管理水平，提高数字档案馆社会生态位。目前，其团队正在全力推进国家社科基金重大项目"数字档案馆生态系统治理研究"，旨在综合运用生态学、管理学、政治学、社会学、信息学等学科知识与治理理论，加强对数字档案馆生态系统治理研究，增强数字档案馆生态系统治理能力，以破解数字档案馆生态系统健康发展的各类制约障碍和风险难题，实现数字档案馆生态系统善治，提升数字档案馆社会生态位。

4. 数字档案资源生态研究

数字档案资源是国家机构、社会组织和个人在社会活动过程中直接产生的具有一定保存价值的数字记录，它是一种新型档案信息资源，是未来国家档案资源体系的主体形态，对新时代国家档案事

① 金波，丁华东，倪代川. 数字档案馆生态系统研究［M］. 北京：学习出版社，2014.

39

业发展具有重要影响，关系到未来国家档案事业的数字化专向，关系到档案学研究的发展态势，关系到档案学科的优化升级。随着档案生态研究的逐步深化，尤其是数字档案馆生态系统研究的持续推进，学界对数字档案资源的认识日渐深化，并在数字档案馆生态系统研究基础上，基于大数据社会全面发展的时代背景，对数字档案资源生态研究给予了重点关注，逐步形成数字档案资源生态研究新领域，相关代表性文献主要分布在数字档案资源生态安全、数字档案资源生态位、数字档案资源生态培育等领域，为数字档案资源生态管理策略研究奠定了重要研究基础。代表性成果有：

张东华、姚红叶在《基于信息生态系统的档案信息资源共建共享》（2011）一文中从"增强档案信息资源共建共享的动力""夯实档案信息资源共建共享的基础""拓宽档案信息资源共建共享的范围"三个方面阐释了信息生态系统对档案信息资源共建共享的意义，从"信息生态系统主体的觉悟不高，导致共建共享意识偏差""信息生态网不完整，导致档案信息垄断""信息生态位分化程度低，导致档案信息超载""信息生态系统的人工调控不完善，导致档案信息环境不协调"四个方面分析了基于信息生态系统的档案信息资源共建共享中存在的问题，并在此基础上提出了通过"强化信息生态系统的主体地位增强档案人员的共建共享意识""整体规划信息生态系统，统一管理档案信息资源的共建共享""坚持各信息生态因子协调发展，加强档案部门与相关机构的信息共享""加强信息生态系统监管，完善档案信息资源共建共享的法律法规"等措施以实现档案信息资源共建共享的实践策略。①

张芳霖、唐霜在《社会记忆视域下的地域性档案资源生态研究》（2015）一文中提出："不同地域范围内的社会记忆，构成了我国多民族的多元文化的鲜明记忆特色。地理、水文、气候等自然差异，以及地域人文差异，造就了地域间档案资源的差异性，因此要采取更加适合的方式建设地域性档案资源生态"，认为"地域的自

---

① 张东华，姚红叶. 基于信息生态系统的档案信息资源共建共享[J]. 档案，2011(1)：7-9.

然要素和人文因素造就了档案资源的地域性，地域性档案资源具有‘档案资源—人、管理—环境’的生态结构”，从“转变视角，丰富社会记忆的层次性”“从微观入手，寻找社会记忆的特殊性”“完善结构，构筑社会记忆的系统性”三个方面分析了地域性档案资源生态结构的意义，并从资源建设、人的建设、管理建设和环境建设四个方面提出了社会记忆视域下的地域性档案资源生态建设途径。①

丁家友、聂云霞在《数字档案资源生态安全的演进路线探析》(2016)一文中从生态安全、信息生态安全、数字档案安全视角对数字档案资源生态安全演进路线进行了文献梳理和关键词网络分析，提出“从生态安全的概念入手，探寻自然界生态安全—社会生态—信息生态—数字档案资源生态之间的移植借鉴路径以及过渡发展过程中的内在逻辑，进而构建数字档案资源生态系统，阐述数字档案资源生态安全的基本概念，探索影响数字档案资源生态安全的风险因素以及数字档案资源生态安全的评估指标体系，寻求数字档案资源生态安全监测与预警的实现路径，从而构建包含法律法规、人文管理和技术支持三位一体的数字档案资源生态安全综合解决方案。”②

周林兴在《基于信息生态视域的档案信息资源开发研究》(2016)一文中从档案信息人、档案信息资源、档案信息资源开发环境等方面对信息生态视域下的档案信息资源开发进行了分析，并从维护档案信息资源的可持续利用、促成档案信息资源开发人文性趋向、协调档案信息资源开发要素的平衡发展三个方面分析了信息生态理论对档案息资源开发研究的价值；从档案信息资源建设的不足、档案信息人的主体性错位、档案信息资源开发环境欠成熟三个方面对档案信息资源开发的生态失衡问题进行了分析，从构建面向用户档案信息资源建设生态体系、准确定位档案信息人、协调档案

41

①　张芳霖，唐霜. 社会记忆视域下的地域性档案资源生态研究[J]. 档案学通讯，2015(3)：39-43.

②　丁家友，聂云霞. 数字档案资源生态安全的演进路线探析[J]. 档案学研究，2016(2)：93-100.

信息资源开发环境三个方面提出基于信息生态视域创新档案信息资源开发模式的具体建议,认为"档案信息资源开发作为我国信息化进程中重要的一部分,其赖以生存和发展的生态环境同样会受到经济、文化、社会等环境因素的影响,而且档案信息资源开发的现状也决定了从信息生态的视角探讨该问题是十分必要的。"①

聂云霞、张加欣、甘敏在《信息人生态位与数字档案资源安全的辩证分析》(2017)一文中,从信息人生态位视角分析了信息生产者、信息服务机构和信息用户生态位与数字档案资源安全的辩证关系,认为"信息人生态位与数字档案资源安全之间的关系应该是辩证的,即信息人生态位作用于数字档案资源安全,同时数字档案资源安全也反作用于信息人生态位的构成状态","必须正确看待信息人生态位和数字档案资源安全的辩证关系,规避信息人生态位定位不合理产生的负面影响,加强信息人生态位积极作用的发挥,进而促进数字档案资源生态安全系统良性循环";并从信息生产者生态位、信息服务机构生态位、信息用户生态位等信息人的多元化角度提出了数字档案资源安全建设的相关措施,一是从信息生产者生态位视角,要遵守行业自律和职业道德、正确定位,加大考核监督力度、纠正错位,提高职业技能水平、强化定位能力;二是从信息服务机构生态位角度,合理定位、明确职能分工,适时变位、进行机制革新,恰当错位、形成竞争优势;三是从信息用户生态位角度,增强档案意识,树立正确的信息生态位;增强法律意识,规约信息利用行为。②

刘秀英在《生态平衡视阈下数字档案信息资源整合研究》(2017)一文中从生态平衡理论视角对数字档案资源整合工作、整合特性、整合内容等进行了分析,论述了生态平衡视阈下数字档案资源整合的价值与原则,分析了生态平衡视阈下数字档案资源整合

---

① 周林兴. 基于信息生态视域的档案信息资源开发研究[J]. 中国档案研究,2016(00):97-109.

② 聂云霞,张加欣,甘敏. 信息人生态位与数字档案资源安全的辩证分析[J]. 山西档案,2017(1):32-38.

在生态主体层面、生态位层面、生态适应层面、生态环境层面所存在的问题，并从这四个层面对生态平衡视阈下的数字档案资源整合方法进行了探讨，基于生态平衡视阈提出了"加强数字档案信息资源整合的顶层设计，强化主体认知""完善档案资源配置，促进数字档案信息资源整合共建共享""整合信息技术、健全相关标准，增强资源整合适应能力""加强档案法治监管，净化数字档案信息资源整合环境"等数字档案整合策略。①

金波等在《数字档案馆生态系统档案资源培育探析》(2017)一文中从数字档案馆生态系统视角出发，重点从档案资源建设机制、档案资源体系、档案资源内容等方面探析数字档案馆生态系统档案资源培育，其中，"档案资源建设机制培育"主要是通过强化数字档案资源建设中的政策支持、制度设计、资源整合、组织领导等，提高档案部门对数字档案馆生态系统档案资源培育的重视；"档案资源体系培育"主要是从前端控制视角拓展数字档案馆生态系统档案资源体系建设路径，从资源结构视角深化数字档案馆生态系统档案资源体系内涵建设，从公共服务视角强化民生档案工作，增强档案资源的信息竞争力和社会影响力；"档案资源内容培育"则重点聚焦数字档案资源培育、多媒体档案资源培育、民生档案资源培育、特色档案资源培育等，不断优化馆藏档案资源结构，丰富馆藏档案资源内容。②

李思艺在《服务型政府理念下档案信息资源共享影响因素研究——基于信息生态理论的分析》(2019)一文从信息生态系统视角对档案信息资源共享进行了分析，认为"档案信息资源共享生态系统"是由信息资源共享的主客体、信息资源、信息资源共享技术、信息资源共享环境四个信息生态因子及形成信息生态因子之间相互关系的信息生态链共同构成，由信息人、信息技术、信息资源、信

① 刘秀英. 生态平衡视阈下数字档案信息资源整合研究[D]. 南昌：南昌大学，2017.

② 金波，倪代川. 数字档案馆生态系统档案资源培育探析[J]. 档案学通讯，2017(2)：49-53.

息环境等信息生态因子及其相互关系构成的信息共享生态链是影响档案信息资源共享的重要因素，"在逐渐迈向'数字中国'的进程中，面向社会的档案信息资源共享作为档案机构提供社会化服务的新要求，在完善档案治理体系和提升档案治理能力方面将发挥着重要的作用。"①

张艳欣在《我国档案生态安全应急管理机制研究》(人民出版社，2021)一书中从生态安全视角对我国档案安全应急管理主题进行了系统研究。作者以生态学理论为指导，将生态安全概念引入档案安全保护研究中，尝试建立一套完整的、可操作的档案生态安全保护策略与应急管理机制，以期提高我国档案馆档案生态安全突发事件应对能力，最大限度实现档案的生态安全。全书基于我国档案生态安全现状调研数据，重点分析档案生态安全应急管理的相关机理、运行机制和提升路径；并结合档案生态系统应急管理工作的具体特点，初步构建出档案生态系统应急管理能力成熟度模型及其评价指标体系，多维度、多层次、多视角探讨我国档案生态安全应急管理之道。②

聂云霞在《数字档案资源生态安全研究》(社会科学文献出版社，2021)一书中基于总体国家安全观视阈，借助档案学、生态学、信息生态学、国家安全学等相关理论，围绕数字档案资源生态系统本体、主体、技术与环境四个核心要素，提出数字档案资源生态安全涵盖主体安全、本体安全、技术安全与环境安全等内容，认为数字档案资源本体安全是基本前提，主体安全是核心目标，技术安全是关键支撑，环境安全是根本保障；剖析当前数字档案资源生态安全的风险与隐患、机遇与挑战，进而提出相关安全策略，对数字档案资源生态安全保障具有重要理论价值和现实意义。全书主要包括"数字档案资源生态安全的基础理论与核心内容""数字档案资

---

① 李思艺. 服务型政府理念下档案信息资源共享影响因素研究——基于信息生态理论的分析[J]. 档案与建设，2019(4)：18-22.

② 张艳欣. 我国档案生态安全应急管理机制研究[M]. 北京：人民出版社，2021.

源本体安全的建设""数字档案资源主体安全的维护""数字档案资源技术安全的保障""数字档案资源环境安全的构筑"五大部分，明确提出数字档案资源具有凭证、记忆、身份认同、社区能力构建等多元价值属性，是信息时代国家软实力和国际综合竞争力的重要表征；认为数字档案资源安全是档案工作的生命线，是国家安全体系建设的内在要求。①

(三) 研究评析

当今世界，"生态"一词已经融入人类社会的方方面面，催生出"生态环境""生态技术""生态交通""生态农业""生态工业""生态城市""生态社区""生态乡村""生态休闲""生态旅游"等生态理念与生态实践，促进了"生态哲学""生态文化学""生态管理学""生态经济学""生态政治学""生态社会学""信息生态学"等新学科领域的产生，可以说，"一个生态觉醒的新时代悄然而至；也就是说，人类正迎来生态文明的新世纪"②。在此背景下，学者们从生态学视角积极拓展档案学研究领域，提出"档案生态"研究主题，开启档案生态研究新领域，认为"档案生态问题，不言而喻，正是借用生态学理论和思想，参考其他人文社会科学的研究成果，积极地将生态思想引入档案学研究领域的专业学术研究，根本目的，是在拓宽档案学研究视野基础上，为档案事业的发展出谋划策或者是提供思维导图。"③随着生态学理论与知识在档案学研究中的广泛应用，档案学界开始逐步探讨档案信息生态系统，并逐渐聚焦数字档案馆生态系统研究，开辟出数字档案馆研究新领域与新空间，推动着档案生态研究的可持续发展，不仅促进了档案学研究领域的持续拓展，丰富档案学理论体系和研究内容，而且进一步推动着数字档

---

① 聂云霞. 数字档案资源生态安全研究[M]. 北京：社会科学文献出版社，2021.

② 叶峻. 社会生态学与协同发展论[M]. 北京：人民出版社，2012：1.

③ 倪代川，金波. 档案生态研究述评[J]. 档案管理，2011(6)：74-78.

案馆研究的发展演进，深化数字档案馆研究内涵，为数字档案资源生态管理研究奠定了专业研究基础。

当前，档案生态研究正处于发展阶段，已有的研究成果突出表现在生态学理论借鉴层面，研究主题比较分散，呈现出零星研究状态，缺乏系统深度研究层次，研究空间仍然广阔。随着档案生态研究的持续推进，未来档案生态研究将突出表现在以下方面：一是强化档案事业发展生态环境研究，需要学术界有针对性地开展专题研究，一方面从生态学的视角分析档案事业建设与发展的新问题，另一方面通过跨学科的介入拓展传统档案学研究的范围。二是深化数字档案馆生态系统研究，在现有研究基础上，一方面不断完善数字档案馆生态系统理论体系，丰富数字档案馆生态系统理论内容，拓展档案学发展空间；另一方面，面向数字档案馆建设实践，强化数字档案馆生态系统治理研究，为数字档案馆生态系统建设发展提供理论指导和决策依据。三是聚焦档案资源文化价值与功能，加强档案文化生态研究，从文化生态学视角深度探讨文化属性层面的档案及档案文化与"大文化""文明"等关联命题，不断拓展档案学研究领域，提升档案学研究深度。四是聚焦数字档案资源核心生态因子，推进数字档案资源生态管理研究，从生态管理理论与思维出发，探讨和分析数字档案资源生态管理系列主题，科学构建数字档案资源可持续发展管理保障机制。

数字档案资源作为一种新型档案资源，它是信息社会国家机构、社会组织和个人在社会活动过程中直接产生的具有一定保存价值的数字记录，已经成为档案学新的研究对象，并引发学界对这一新型档案资源开展了系列研究，如数字档案资源的收集、采集与征集，数字档案资源的整合、挖掘与开发，数字档案资源的保存、存储与备份，数字档案资源的利用、服务与传播，以及数字档案资源的共建共享与共治等被普遍关注，相关研究文献、研究成果与研究案例不胜枚举，相关科研项目与研究团队亦相继涌出，数字档案资源研究已经成为当下国内外档案学研究新的学术增长点，数字档案资源建设已经成为大数据社会国家档案事业发展的重点内容，对新时期国家档案事业可持续发展具有决定性影响，既关系到未来档案事业的发展方向及其功能发挥，又关系到信息时代档案学研究的拓展空间与发展态势。随着档案信息化的持续推进与数字档案馆建设的快速发展，以及"存量数字化""增量电子化""利用网络化"等档案资源建设战略的推进，数字档案资源海量生成聚集，日趋成为数字时代档案资源的主体形态，数字档案资源建设也相应地成为数字档案馆建设的物质基础和核心内容，成为数字档案馆运行的"货源"保障，不仅关系到数字档案馆建设的成败，而且攸关数字档案馆生态系统的健康可持续发展。数字档案资源是数字档案馆生态系统的核心生态因子已经成为档案界共识，数字档案馆如果没有优质的、丰富的、独特的、大量的数字档案信息资源，就会成为空洞的技术堆砌，就会成为"无本之木、无源之水"，失去了数字档案馆建设的意义。同时，数字档案信息资源的数量与质量也决定着数字档案馆信息资源开发的广度和深度，以及数字档案馆的服务水平和服务能力。随着信息社会的深度发展与档案信息化的持续推进，尤其是以大数据、云计算、物联网、人工智能、区块链等现代信息前沿技术的融合发展与广泛应用，数字档案资源必将继续大量生成并海量聚集，不仅是信息社会国家档案工作变革与转型的直接推动力，而且是数字时代国家档案事业可持续发展的战略基石。为此，作为数字档案馆生态系统中的核心生态因子，数字档案资源理应成为数字档案馆生态系统研究的当然对象，已有的相关学术研究成果与建设发展实践为开展"数字档案资源生态管理策略研究"奠定了坚实的学术基础与实践依据。

四、研究设计

47

当前，我国数字档案资源建设正处于战略关键期，加强数字档案资源生态管理研究是基于数字档案资源建设发展实际面临的战略机遇与风险挑战所提出的时代性、现实性课题，需要紧密围绕数字档案资源发展态势，直面数字档案资源建设发展中海量资源与价值实现之间的现实矛盾，扎实推进数字档案资源生态管理策略研究，为数字档案资源可持续发展提供理论参考与决策支持。

(一) 研究思路

本书沿着"现状分析—理论阐释与体系建构—实现机制"的思路开展研究：一是在对国内外数字档案资源建设实践调研基础上，揭示数字档案资源生成环境及其形态特征，厘清数字档案资源生态风险危害及其因子分布，为数字档案资源生态管理策略体系构建提供分析依据。二是聚焦数字档案资源生态管理主题，以生态学理论为基础，以数字档案资源价值实现为归依，融合运用生态管理理论、思想与方法，结合数字档案资源建设实践，坚持理论与实践相结合、技术与人文相结合、宏观与微观相结合等，创新数字档案资源生态管理研究思路，探析数字档案资源生态管理理论框架、实践路径与实现策略，科学构建数字档案资源生态管理理论分析体系和话语体系，深化数字档案资源生态管理研究内涵，为数字档案资源生态管理实践奠定理论基础。三是围绕数字档案资源生态管理理论框架体系，依次从生态预警、生态安全、生态健康、生态服务、生态培育等方面系统探索数字档案资源生态管理策略及其实现机制，拓展数字档案资源生态管理实践路径，有序推进数字档案资源生态管理的实施，保障数字档案资源的安全存储、安全管理与安全利用，促进数字档案资源共建共享共治，增强数字档案资源管理服务能力，在守护数字时代的档案记忆、保护信息社会的数字遗产、推动全球化时代人类社会文明传承交流与融合创新中彰显档案贡献。

(二) 研究框架

"数字档案资源生态管理策略研究"以数字档案资源可持续发展为研究目标，以数字档案资源价值实现为实践归依，聚焦数字档案资源风险威胁与生态安全主题，探索构建数字档案资源生态管理理论体系及其实现机制，破解数字档案资源建设发展中面临的风险威胁和现实难题，保障数字档案资源生态安全，维护数字档案资源生态健康，促进数字档案资源可持续发展，对接国家信息化建设战略，建设数字资源强国，延续国家数字记忆。本书主要内容及章节安排如下：

（1）数字档案资源生态环境分析。全面梳理数字档案资源生成背景及其社会影响，科学揭示数字档案资源生态环境基本内涵，阐释分析数字档案资源生态环境的技术性、复杂性、风险性和可控性等特征，重点从形成环境、管理环境与利用环境三方面建构数字档案资源生态环境体系，为数字档案资源生态管理研究奠定研究基础。

（2）数字档案资源生态风险分析。围绕风险、风险管理、风险社会等理论知识与社会背景，科学阐释数字档案资源生态风险概念与内涵，从技术、管理、人员、经济等方面系统分析数字档案资源生态风险产生的原因，全面揭示数字档案资源生态风险的造成的载体损坏、信息破坏、管理失序与文化失忆等现实危害，重点从存储载体、信息内容、技术应用、管理制度与开发利用五个方面构筑数字档案资源生态风险分布，探索数字档案资源风险管理应对策略，保障数字档案资源生态安全，为实施数字档案资源生态管理提供决策依据。

（3）数字档案资源生态管理界定。总结梳理生态管理理论的兴起与发展，科学阐释数字档案资源生态管理概念内涵；以生态文明理论为基础，从绿色管理、协同管理、风险管理、平衡管理、开放管理等方面全面揭示数字档案资源生态管理思维及其应用；以生态管理实现为归依，从生态预警、生态安全、生态健康、生态服务、生态培育等方面探索构建数字档案资源生态管理实践路径及其实现策略体系，开辟数字档案资源生态管理研究新范式。

（4）数字档案资源生态预警策略。围绕数字档案资源生态风险，从数字档案资源发展不平衡、管理不协调、利用不充分、安全不牢靠等方面探讨分析数字档案资源生态危机呈现方式及其现实影响；借鉴风险预警理论与知识，重点从预警方法、预警系统、预警流程、预警机制、预警功能等方面系统分析数字档案资源生态预警管理策略体系，积极探索数字档案资源生态管理方法与路径，不断完善数字档案资源生态风险预警的实现机制，强化对数字档案资源建设发展的风险监控与安全防范，保障数字档案资源的生态安全，促进数字档案资源建设可持续发展。

（5）数字档案资源生态安全策略。聚焦数字档案资源生态安全主题，提出数字档案资源生态安全观，全面分析数字档案资源生态安全背景，系统阐释数字档案资源生态安全特征；从基础设施、管理中枢、管理业务、信息内容等方面全面梳理数字档案资源生态安全内容体系；从风险管理、危机管理、协同管理、战略管理、制度管理、法治管理等视角探索数字档案资源生态安全应对策略；从制度、管理、技术、人才、经费等方面构建数字档案资源生态安全保障机制，夯实数字档案资源安全保障根基，织密数字档案资源生态安全防护网，筑牢数字档案资源生态安全防火墙，优化数字档案资源生存环境，维护数字档案资源生态安全。

（6）数字档案资源生态健康策略。借鉴生态健康理念与知识，探讨分析数字档案资源生态健康内涵及其特征；探索数字档案资源生态平衡、协调运行、社会共享等健康运行方式；强化生态健康评价思维，探索构建数字档案资源生态健康评价指标体系和风险评估机制，科学评估数字档案资源生态健康状态，为数字档案资源生态管理提供理论指导和决策依据；着重从管理保障、安全保障、标准保障和经济保障四个方面探索构建数字档案资源生态健康保障策略，维护数字档案资源整体安全，推动数字档案资源健康可持续发展。

（7）数字档案资源生态服务策略。聚焦数字档案资源服务利用与共建共享，以生态服务理论与思维为指导，围绕档案利用服务方式、手段与路径主题，分析数字档案资源生态服务环境，揭示数字档案资源生态服务思维，阐释数字档案资源生态服务功能，重点研究新环境下绿色服务、低碳服务、众包服务、云服务、智能服务等数字档案资源生态服务方式，着重探讨云计算、大数据、"互联网+"、人工智能等现代信息前沿技术环境下数字档案资源生态服务应用策略，提升数字档案资源生态服务能级，激发用户数字档案资源利用需求，促进社会数字档案资源信息消费，最大化发挥数字档案资源的信息价值与社会功能。

（8）数字档案资源生态培育策略。聚焦数字档案资源数据化发展、开放化发展与融合化发展等发展态势，解析网络社会环境下数字档案资源生态培育内涵与功能，重点从数字档案资源生态管理思维、生态安全意识、生态环境优化以及数字档案资源的信息竞争力、文化软实力等方面系统探索数字档案资源生态培育路径、培育内容、培育措施和培育效果，优化数字档案资源生态管理内外环境，充分发挥数字档案资源的价值与功能，提升数字档案资源社会生态位。

表 1-1　课题研究框架

章节安排	研究内容
第一章　绪论	介绍课题研究背景、研究意义、研究现状、研究思路、研究框架、研究创新等
第二章　数字档案资源生态环境	分析数字档案资源生成背景及其社会影响，阐释数字档案资源生态环境基本内涵、生态特征与生态体系，为数字档案资源生态管理研究奠定研究基础
第三章　数字档案资源生态风险	揭示数字档案资源生态风险概念内涵、风险成因、风险分布、风险危害等
第四章　数字档案资源生态管理	阐释数字档案资源生态管理概念内涵，揭示数字档案资源生态管理思维，探索构建数字档案资源生态管理实践路径及其实现策略
第五章　数字档案资源生态预警策略	解析数字档案资源生态危机呈现方式，阐释数字档案资源生态预警内涵，探析数字档案资源生态预警策略体系及其实现机制
第六章　数字档案资源生态安全策略	分析数字档案资源生态安全背景、内容与特征，探索数字档案资源生态安全应对策略与保障机制
第七章　数字档案资源生态健康策略	探讨分析数字档案资源生态健康及其评价内涵，探索构建数字档案资源生态健康评价指标体系、风险评估机制和保障策略体系

51

章节安排	研究内容
第八章　数字档案资源生态服务策略	分析数字档案资源生态服务环境，厘清数字档案资源生态服务思维，阐释数字档案资源生态服务功能，解析数字档案资源生态服务方式
第九章　数字档案资源生态培育策略	分析揭示数字档案资源建设发展态势，解析数字档案资源生态培育内涵，探索数字档案资源生态培育路径、内容、措施和效果
第十章　总结与展望	回顾课题主要研究内容，分析课题研究不足之处，探讨课题有待深化的研究领域与拓展空间

(三) 研究创新

"数字档案资源生态管理策略研究"以生态学理论与知识为研究视角和分析依据，聚焦数字档案资源建设管理实践主题，以数字档案资源价值实现为归依，围绕数字档案资源来源、管理、服务与利用等业务生命周期，创新数字档案资源管理思维，着重从生态预警、生态安全、生态健康、生态服务、生态培育等方面系统探索数字档案资源生态管理实践路径及其实现策略，丰富数字档案资源理论，深化数字档案资源研究内涵，为数字档案资源建设提供理论指导。本书研究创新之处主要体现在以下几个方面：

1. 系统分析数字档案资源生态风险

数字档案资源的产生与发展，一方面为数字时代档案事业可持续发展带来了契机，推动着国家档案事业的数字转型、数字升级、数字换代与数字崛起；另一方面在社会信息安全、网络安全、系统安全等信息社会背景下也面临着形成风险、存储风险、网络风险、管理风险、利用风险等各类生态风险，对数字档案资源的长期安全保存与长远有效利用造成了现实威胁，严重制约数字档案资源的生态安全，危及数字档案资源的生态健康，不利于数字档案资源可持续发展。本书围绕风险、风险管理、风险社会等理论知识与社会背景，一是认为风险作为现代社会的高频词，一方面反映着现代社会发展的重要特征，另一方面也促进了风险管理、风险社会研究的深入开展，对数字档案资源生态风险理论研究与实践探索具有直接的指导作用，有利于深化数字档案资源生态风险研究，提高人们对数字档案资源生态风险认识，推动数字档案资源生态管理的实施；二是科学阐释数字档案资源生态风险概念与内涵，明确提出数字档案资源生态风险是指数字档案资源在其自身的形成、收集、管理、保存、利用的过程中所承受的危险要素及其引发产生的可能损失，影响并制约数字档案资源的安全收集、安全管理、安全存储与安全利用；三是全面梳理数字档案资源生态风险原因及其现实危害，从技术、管理、人员、经济等方面系统分析数字档案资源生态风险产生的原因，全面揭示数字档案资源生态风险的造成的载体损坏、信息破坏、管理失序与文化失忆等现实危害；四是认为数字档案资源作为网络环境下形成的新型档案资源，风险始终如影随形，广泛分布在数字档案资源的归档、接收、征集、分类、整理、保管和利用等档案业务管理过程中，在数字档案资源生命周期的不同阶段均有不同体现，并重点从存储载体、信息内容、技术应用、管理制度与开发利用五个方面构筑数字档案资源生态风险分布图，探索数字档案资源风险管理应对策略，保障数字档案资源生态安全，为实施数字档案资源生态管理提供决策依据。

2. 科学解析数字档案资源生态管理范式

20 世纪 70 年代始，生态管理理念及其实践逐步兴起和发展，在自然科学与社会科学领域备受关注，在人类经济社会发展中得到广泛应用，国内外学者对生态管理及其思维进行了多角度研究和分析，催生出社会生态管理、政府生态管理、产业生态管理、文化生态管理、组织生态管理、信息生态管理以及档案生态管理等概念与理念，推动着生态管理理论的深化与发展。本书在分析传统档案资源管理模式及其现实困境基础上，综合运用生态学、管理学、信息学、社会学、文化学、计算机科学等学科理论与知识，创新研究思维，提出数字档案资源生态管理概念，认为数字档案资源生态管理是指综合运用生态管理理论、思想与方法，充分利用现代信息技术，创新数字档案资源管理思维、管理方法、管理手段，系统优化数字档案资源收集、保管、整合、利用等业务管理环境，全面协调数字档案资源的集成与共享、存储与安全、开放与保密、价值与效益等关系，科学建构融生态预警、生态安全、生态健康、生态服务、生态培育为一体的数字档案资源生态管理实践路径及其实现策略体系，破解新时期数字档案资源建设管理难题，优化数字档案资源生态环境，创新数字档案资源生态管理思维，维护数字档案资源的生态平衡和生态健康，保障数字档案资源生态安全，激活社会数字档案资源信息消费，扩大数字档案资源社会影响力，提高数字档案资源社会生态位，促进数字档案资源可持续发展。

3. 总结凝练数字档案资源生态管理思维

随着现代信息技术的快速发展，数字档案资源急剧增长，但其来源广泛、保存分散、类型多样、结构多元、内容丰富、质量良莠不齐；数字档案资源数据异构、系统异构现象严重，资源共享与协同管理难以实现；数字档案资源的真实性、完整性、可靠性和有效性以及安全保管、开放存取等方面难以控制，难以满足社会大众的数字档案资源利用需求。本书以生态系统、生态管理、生态健康、生态安全、生态平衡、生态文明等生态学理论与知识为基础，以数字档案资源为研究对象，创新数字档案资源管理研究思维，并在数字档案资源生态管理概念基础上，围绕数字档案资源收集、整理、保存、开发、服务、利用等业务管理环节，从绿色管理、协同管理、风险管理、平衡管理、开放管理等方面总结凝练出数字档案资源生态管理思维。其中，绿色管理就是以绿色管理理念为指导，通过优化数字档案资源生存环境，强化数字档案资源全程管理与整体发展，坚持绿色价值取向，提高数字档案资源利用效益，主要体现在数字档案资源的收集、管理、保存与利用等方面；协同管理旨在科学运用协同学理论与知识强化数字档案资源协同管理思维，并通过强化档案工作者协同思维培育、构建数字档案资源协同管理机制、推进数字档案资源管理技术协同创新等，深化数字档案资源生态管理内涵，提高数字档案资源生态管理效率；风险管理旨在科学构建战略管理机制、危机应对管理机制、安全存储管理机制、资源共享管理机制等为一体的数字档案资源风险管理机制，规避和化解数字档案资源建设与发展中的各类风险，保障数字档案资源安全存储和长远利用；平衡管理旨在数字档案资源建设中科学把握数字档案资源数量与质量、结构与功能、开放与保密等之间的内在关系，维护数字档案资源结构平衡、利用平衡等生态平衡，促进数字档案资源可持续发展；开放管理旨在通过充分利用现代信息技术，强化数字档案资源整合与优化，推动数字档案资源数据挖掘，完善档案法律法规，加大数字档案资源开放力度，促进数字档案资源开放利用，努力把"死档案"变成"活信息"、把"档案库"变成"思想库"。

4. 探索构建数字档案资源生态管理理论分析体系

随着现代信息技术的快速发展与档案信息化建设的持续推进，数字档案馆建设快速发展，数字档案资源海量生成，不仅被视为数字档案馆生态系统的核心生态因子，而且是国家数字档案馆建设乃至国家档案资源体系建设的核心内容，在新时期国家档案事业发展中位居战略地位，攸关数字时代国家档案事业的可持续发展。本书以数字档案资源为基本研究对象，以数字档案资源生态管理为研究主题，聚焦数字档案资源数据化、开放化与融合化发展态势，立足数字档案资源建设发展实践，创新数字档案资源研究思维，拓展数字档案资源研究空间，探索构建数字档案资源生态管理理论分析体系，为实施数字档案资源生态管理提供理论依据和决策参考。为此，本书以生态管理理论与思想为基础，综合运用生态学、管理学、社会学、信息学、文化学等学科理论与知识，对数字档案资源的形成、管理与服务等开展系统研究，提出以生态管理实现为归依，从生态预警、生态安全、生态健康、生态服务、生态培育等方面探索构建数字档案资源生态管理实践路径及其实现策略体系，开辟数字档案资源生态管理研究新范式，创新数字档案资源生态管理研究新路径，完善数字档案资源生态管理内容体系，深化数字档案

55

资源生态管理概念内涵，提高数字档案资源生态管理效率，激活数字档案资源价值，促进社会公众对数字档案资源的信息消费，满足人民群众日益增长、日趋多元的数字档案资源利用需求。其中，生态预警与生态培育是数字档案资源生态管理的前端控制，旨在通过前端控制确保数字档案资源生态管理的顺利推进，优化数字档案资源生态环境；生态安全与生态健康是数字档案资源生态管理的基本目标，旨在通过构建数字档案资源安全保障体系和健康评估体系，确保数字档案资源长期安全存储与长远有效利用；生态服务是数字档案资源生态管理的根本目的，旨在通过创新数字档案资源服务利用策略，激活社会数字档案资源信息消费，充分发挥数字档案资源社会价值与功能。

5. 解析创建数字档案资源生态培育路径

当前，数字档案资源日渐成为信息社会国家档案资源体系的主体形态，不仅是数字时代社会记忆的重要构成，而且成为国家数字信息资产的重要组成部分，为新形势下国家档案资源体系建设带来了新的机遇和挑战，需要不断强化数字档案资源生态培育力度，完善数字档案资源生态培育体系，激活社会档案资源信息消费，充分发挥数字档案资源的社会价值与功能，满足用户日益增长、日趋多元的数字档案资源利用需求。数字档案资源生态培育是一项综合性工程，涉及数字档案资源建设发展的方方面面。数字档案资源生态培育内容具有多元性特质，需要围绕国家档案事业发展目标、档案信息化发展水平与数字档案馆生态系统发展趋势，聚焦数字档案资源数据化、开放化、融合化等发展态势，对数字档案资源建设发展进行顶层设计与战略部署，进一步厘清数字档案资源生态培育目标，不断完善数字档案资源生态培育内容体系及其实践路径，为数字档案资源生态培育实践提供理论指导与行动指南。本书以生态文明理念为指导，立足数字档案资源数据化发展、开放化发展与融合化发展等发展态势，聚焦数字档案资源生态管理过程中涉及的主体、客体及生存环境等核心主题，完善数字档案资源生态培育内容体系：一是聚焦数字档案资源生态管理主体，着力探索数字档案资源管理者生态管理思维、生态安全意识等生态意识，增强数字档案资源管理者的生态思维与风险意识；二是聚焦数字档案资源生态管理客体，围绕数字档案资源价值功能，着力探索提升数字档案资源信息竞争力与文化软实力的培育内容、培育措施与培育效果等；三是聚焦数字档案资源生存环境，对数字档案资源建设发展实施积极的人工干预，防范数字档案资源生态失衡，维护数字档案资源的生态平衡，促进数字档案资源可持续发展。为此，本书重点从数字档案资源生态管理思维、生态安全意识、生态环境优化以及数字档案资源的信息竞争力、文化软实力等方面系统探索数字档案资源生态培育体系，凝聚数字档案资源建设发展共识，优化数字档案资源建设发展环境，提升数字档案资源社会生态位。

第二章　数字档案资源生态环境

20 世纪 80 年代以来，信息技术的发展和应用驱动着档案信息资源生成环境、生成方式、载体形态、信息形式、利用方式、传播媒介等产生了革命性变化，为新时期国家档案资源建设带来了新的机遇和挑战，不仅关系到传统档案工作方式的数字转型与数字升级，而且攸关数字时代国家档案事业发展的数字导向与数字崛起。为此，需要对当前数字档案资源面临的客观生存环境进行系统分析，科学揭示数字档案资源生存环境的基本内涵与主要特征，全面梳理数字档案资源生存环境结构体系与现实状况，为优化数字档案资源生态环境奠定认知基础，推进数字档案资源生态管理的有序实施，促进数字档案资源的科学开发与有效利用，激活数字档案资源的生态活力，为社会大众"提供深层次、高质量档案信息产品，不断挖掘档案价值，努力把'死档案'变成'活信息'、把'档案库'变成'思想库'"①，确保数字档案资源生态管理有序推进。

一、数字档案资源生成背景

当前，数字化的触角深入社会的各个方面，形成了越来越多的

---

① 中共中央办公厅，国务院办公厅. 中共中央办公厅国务院办公厅印发《关于加强和改进新形势下档案工作的意见》(中办发〔2014〕15 号)〔Z〕.

数字档案资源。1996 年 9 月 18 日，国家档案局成立"电子文件归档与电子档案管理研究领导小组"，对电子文件(档案)管理主题展开系统研究，拉开了我国电子文件理论研究与实践探索的序幕。21世纪以来，随着"深圳数字档案馆系统工程的研究与开发"(2000年)、"青岛数字档案馆工程"(2001 年)等数字档案馆建设项目的相继启动与持续推进，我国数字档案馆个体蓬勃发展，数字档案馆种群不断增长，呈现出国家、企业、高校、行业等四大数字档案馆种群竞相发展态势。在数字档案馆建设实践中，各地积极探索，相互借鉴，因地制宜，涌现出一批各具特色和建设经验的数字档案馆典型案例，如青岛市数字档案馆、深圳市数字档案馆、上海市数字档案馆、常州市数字档案馆、太仓市数字档案馆、浦东新区数字档案馆等，推动着数字档案馆生态系统的建设与发展，促进了国家数字档案资源的急剧增长与海量聚集，在大数据时代国家档案事业发展中位居战略地位，既是信息社会数字记忆的重要载体，也是数字时代国家信息资产的重要构成，攸关大数据时代国家政治、经济、社会与文化的可持续发展。

(一) 网络社会全面深入融合发展

当前，全球网络社会正呈现全面深入融合发展态势，深刻影响着人类社会发展的方方面面。网络社会的发展不仅推动了社会的转型与变革，而且成为数字档案资源的生成与发展的动力之源，直接快速催生出海量数字档案资源，加速了传统载体档案资源的数字化转换，促进了新时期档案工作的数字化转型，为新时期国家档案事业可持续发展创造了有利条件。随着网络社会的纵深发展，互联网逐渐普及并成为人们生产生活的重要组成部分。据"第 46 次《中国互联网络发展状况统计报告》"(2020 年 9 月 29 日，中国互联网络信息中心(CNNIC)发布)统计显示：截至 2020 年 6 月，我国网民总体规模达 9.40 亿，其中，手机网民达 9.32 亿，互联网普及率高达 67.0%；IPv6 地址数量为 50903 块/32，IPv6 地址数量达 50903 块/32，居世界第二位；IPv6 地址用户数达到 14.42 亿，IPv6 活跃用户数已达 3.62 亿；网络购物用户规模达 7.49 亿，占网民整体的比例提升至 79.7%；中国互联网行业整体向规范化、价值化发展，互联网普及持续深化，互联网产业展现出巨大的发展活力和韧性，在数字基建、数字经济、数字惠民和数字治理等方面取得了显著进展，成为我国应对新挑战、建设新经济的重要力量。①

随着"大、云、平、移"（即大数据、云计算、平台化、移动化）以及物联网、人工智能、区块链等的快速发展与深度融合，互联网必将加速普及，整个社会也将从人与人、人与信息连接的信息互联网时代迁移到人与人、人与物、物与物相互连接的智能互联网时代，这为网络环境下档案工作的变革与创新带来了战略机遇，不仅有利于推进数字档案馆、数字档案室的建设与发展，促进数字档案馆生态系统的成长与完善，而且有利于提高数字档案资源的整合水平与管理效益，实现数字档案资源的社会共享效益的最大化。如通过"互联网+"、云计算、大数据、物联网、人工智能、区块链等现代信息前沿技术与现代档案工作之间的广泛应用与深度融合，主动创新档案信息利用服务方式与方法，实现数字档案资源的在线利用、远程利用、共享利用、精准利用、智能利用、智慧利用等，满足网络环境下用户日渐增长、日益多样、日趋多元的数字档案资源利用需求。

（二）数字信息资源战略普遍实施

20 世纪 80 年代以来，随着计算机技术、通信技术、网络技术等为代表的现代信息技术快速发展和广泛应用，"数字信息资源已经成为当前国家信息资源建设的主体，是国家科技创新体系中最重要的支撑体系，是获取信息的第一途径"②，被誉为新时代的"石

---

①　中国互联网络信息中心. 第 46 次《中国互联网络发展状况统计报告》（全文）[EB/OL].［2020-12-18］. http://www. cac. gov. cn/2020-09/29/c_1602939918747816.htm.

②　毕强，陈晓美，等. 数字信息资源建设与管理[M]. 北京：科学出版社，2010：vii.

油"，并成为全球竞相争夺的战略资源。20 世纪 90 年代以后，"数字信息资源建设、开发利用及其研究受到世界范围的高度重视，世界各国都把信息基础设施建设与信息资源建设作为国家信息化发展战略的两个重要组成部分。"①美国 1993 年提出实施"国家信息基础设施(NII)"行动计划，方便公众共享海量信息资源；1997 年提出"全球电子商务框架"，1999 年实施"21 世纪信息技术计划"，确保美国信息产业快速成长；2012 年奥巴马政府宣布"大数据研究和发展倡议"(Big Data Research and Development Initiative)，推进数据集合和知识获取，提升国家创新能力和信息服务能力。加拿大 2006 年发布《加拿大国家数字信息资源战略》，旨在打造国家数字科技信息网，为社会公众提供普惠公平的信息存取与信息利用。欧盟 2010 年公布"欧盟数字战略行动计划"，将信息化作为推动欧盟经济可持续发展的基本动力。日本 2001 年实施《高度信息通信网络社会形成基本法》(《IT 基本法》)，并在政府内阁设置"高度信息通信网络推进战略本部"，协调"IT 计划"的顺利实施和系统推进；与此同时，数字信息资源长期保存问题也受到了广泛关注，联合国教科文组织制定了《保存数字化遗产宪章》和《数字化遗产保存指导方针》，并开启实施"世界记忆"项目，美国国会图书馆开展了"美国记忆"项目，欧盟制定了《数字保存项目和政策合作的行动方案》等，协同推动世界数字文化遗产保护与利用②。

我国早在 1993 年便成立了"国民经济信息化联席会议"专门机构，1996 年成立"国家信息化工作领导小组"，负责研究制定我国信息化建设的发展战略和顶层规划，并连续颁布实施《国民经济和社会信息化专项规划》《关于我国电子政务建设的指导意见》《关于加强信息安全保障工作的意见》《关于加强信息资源开发利用工作

61

---

① 马恒通，贾艳艳. 探索基于宏观视角的数字信息资源研究前沿的新成果——简评《数字信息资源建设与服务研究》一书[J]. 情报科学，2010(8)：1278-1280.

② 马费成. 数字时代不能没有"中国记忆"[N]. 中国社会科学报，2014-5-26(A04).

的若干意见》和《关于加快我国电子商务发展的若干意见》等一系列
指导性文件。同时，国家先后通过实施"'金'字工程""政府上网工
程""村村通工程"等重大信息化项目，重点建设"四大骨干网"和
"信息港"等基础设施，促进了我国社会信息化和数字社会转型的
快速发展。2006 年国家发布《国家信息化发展战略（2006—2020）》
（中办发〔2006〕11 号），将"加强信息资源的开发利用"作为国家信
息化的战略重点，要求"加强全社会信息资源管理"、"建立和完善
信息资源开发利用体系"，为国家数字档案资源建设与利用研究提
供了政策导向①；2016 年国家印发《国家信息化发展战略纲要》（中
办发〔2016〕48 号），成为规范和指导未来十年国家信息化发展的纲
领性文件②。这一系列信息化战略文件的颁布与实施，不仅推动着
国家数字信息资源的快速增长，而且促进了数字档案资源的快速发
展，并逐步成为新时期国家数字信息资产的重要组成部分。

（三）档案信息化建设持续推进

档案信息化建设是国家信息化建设的重要组成部分，加强档案
信息化建设，加快档案工作融入信息社会的步伐，是新时期国家档
案事业适应时代变革和社会发展的历史选择，是加速档案管理现代
化发展的时代要求，是提高档案信息化服务水平的必由之路③。20
世纪 80 年代以来，我国档案信息化建设开始起步，大致经历计算
机辅助档案管理阶段（20 世纪 80 年代初至 20 世纪 90 年代初）、档
案管理自动化阶段（20 世纪 90 年代初至 20 世纪 90 年代末）以及档
案全面信息化（21 世纪以来）三个阶段④。2002 年，国家档案局与

① 中共中央办公厅，国务院办公厅. 中共中央办公厅国务院办公厅关于
印发《2006—2020 年国家信息化发展战略》的通知（中办发〔2006〕11 号）〔Z〕.
② 中共中央办公厅，国务院办公厅. 国家信息化发展战略纲要〔N〕. 人
民日报，2016-7-28（1）.
③ 李国庆. 数字档案馆概论〔M〕. 北京：中国档案出版社，2003：1.
④ 金波，丁华东，倪代川. 数字档案馆生态系统研究〔M〕. 北京：学习
出版社，2014：9-10.

中央档案馆联合印发《全国档案信息化建设实施纲要》（档发〔2002〕8号），全面部署全国的档案信息化建设，制定了有关档案目录数据库、全文数据库、电子文件归档管理等数字档案资源建设的规划，吹响了国家档案信息化建设号角，开启了国家档案信息化建设大幕；《纲要》明确要求："把档案信息化纳入国家信息化建设的总格局……加快推进档案资源数字化、信息管理标准化、信息服务网络化的进程，促进档案事业持续快速健康发展，为改革开放和现代化建设服务"①；而后，全国档案信息化建设在国家档案局的统筹领导下，以《纲要》为指导，将"档案信息化建设"作为数字时代国家档案事业战略发展规划的核心内容加以推进，有力推动了国家档案现代化的发展。随着大数据、云计算、物联网、人工智能等现代信息技术的快速发展，国家档案信息化建设进入发展快车道，档案信息化基础设施日趋完善，档案信息化系统建设日益完备，数字档案馆（室）建设广泛开展，数字档案资源海量增长，档案事业数字化转型加速推进促进了数字档案馆生态系统的演变与发展，驱动着数字档案资源的广泛生成与海量增长，并日益成为新时期国家档案资源体系的主体形态。

（四）数字档案馆战略逐步深入

21世纪以来，我国高度重视数字档案馆在国家档案事业发展中的战略地位，持续推进国家数字档案馆发展规划与顶层设计。2001年《全国档案事业发展"十五"计划》（档发〔2000〕15号）提出要积极"探索档案馆电子档案接收、保管、利用的方法"②。2002年国家档案局印发《全国档案信息化建设实施纲要》（档发〔2002〕8号），提出将"在部分中心城市建设示范性数字档案馆"作为"十五"

63

---

① 国家档案局，中央档案馆. 全国档案信息化建设实施纲要（档发〔2002〕8号）[Z].

② 国家档案局，中央档案馆. 全国档案事业发展"十五"计划（档发〔2000〕15号）[Z].

全国档案信息化建设的目标和主要任务之一①。2006 年《全国档案事业发展"十一五"规划》(档发〔2006〕4 号)明确提出"建立一批电子文件中心和数字档案馆,实现档案信息资源社会共享"②。2010年国家档案局印发《数字档案馆建设指南》(档办〔2010〕116 号),明确了数字档案馆建设的目标、原则和内容,为数字档案馆建设提供了标准规范和建设依据③。2011 年《全国档案事业发展"十二五"规划》(档发〔2011〕1 号)提出"加快数字档案馆及电子文件(档案)备份中心建设,完成国家数字档案馆建设总体规划的编制工作,对电子档案进行安全有效的管理"。④ 2014 年 2 月成立"国家档案局数字档案馆(室)建设领导小组",全面统筹、规划、审核国家数字档案馆建设工作。2014 年 8 月,国家档案局印发《数字档案室建设指南》(档办〔2014〕4 号),指导全国基层机关、团体和其他社会组织的数字档案室建设工作⑤。2014 年 5 月中共中央办公厅、国务院办公厅联合印发《关于加强和改进新形势下档案工作的意见》(中办发〔2014〕15 号),要求"各地区各部门各单位要把数字档案馆(室)建设列入信息化建设整体规划,从人力、财力、物力上统筹安排,切实推进档案存储数字化和利用网络化。"⑥2014 年 12 月国家档案局印发《数字档案馆系统测试办法》(档办发〔2014〕6 号),旨在加强数字档案馆的科学建设、安全运维和绩效管理⑦。2015年 1 月国家档案局发布《数字档案馆可信数字资源长期保存需求规

---

① 国家档案局,中央档案馆. 全国档案信息化建设实施纲要(档发〔2002〕8 号)〔Z〕.

② 国家档案局,中央档案馆. 档案事业发展"十一五"规划(档发〔2006〕4 号)〔Z〕.

③ 国家档案局. 数字档案馆建设指南(档办〔2010〕116 号)〔Z〕.

④ 国家档案局,中央档案馆. 全国档案事业发展"十二五"规划(档发〔2011〕1 号)〔Z〕.

⑤ 国家档案局. 数字档案室建设指南(档办〔2014〕4 号)〔Z〕.

⑥ 中共中央办公厅,国务院办公厅. 中共中央办公厅国务院办公厅印发《关于加强和改进新形势下档案工作的意见》(中办发〔2014〕15 号)〔Z〕.

⑦ 国家档案局办公室. 数字档案馆系统测试办法(档办发〔2014〕6 号)〔Z〕.

范》《录音录像档案数字化技术规范》《纸质档案数字化技术规范（修订）》等技术标准征求意见函，进一步加强数字档案资源标准化建设，为数字档案资源建设提供规范指导。2016 年 4 月《全国档案事业发展"十三五"规划纲要》（档发〔2016〕4 号）提出"持续推进数字档案馆建设"，明确要求"到 2020 年，全国地市级以上国家综合档案馆要全部建设成具有接收立档单位电子档案、覆盖馆藏重要档案数字复制件等功能完善的数字档案馆……适时启动国家级电子（数字）档案馆系统项目建设"。① 2021 年 6 月，《"十四五"全国档案事业发展规划》明确提出要"加速数字档案馆（室）建设""加快档案资源数字转型""提升档案数字资源安全管理能力""推进档案信息资源共享平台建设"②等，为新时代数字档案馆建设发展指明了方向。随着国家数字档案馆建设战略政策的大力支持与数字档案馆建设实践项目的持续推进，我国数字档案资源建设必将迎来大发展、大繁荣的历史机遇，数字档案资源在新时期国家档案事业发展中的战略性地位也将日趋巩固，前景无限。

二、数字档案资源生态环境内涵

20 世纪 90 年代以来，随着数字化的触角深入社会的各个方面，以电子文件、电子档案、数字化档案等为代表的数字档案资源急剧增长，一方面在其信息组织、内容整合、信息传播、服务利用等方面具有无与伦比的便捷，另一方面其真实性、完整性、安全性与有效性等也受到前所未有的挑战，需要对时下急剧增长的海量数字档案资源面临的生存环境进行全面梳理，以便把握数字档案资源生存环境现状，为数字档案资源生态管理提供决策参考。当前，

---

① 国家档案局. 全国档案事业发展"十三五"规划纲要（档发〔2016〕4号）〔Z〕.
② 中办国办印发《"十四五"全国档案事业发展规划》〔J〕. 中国档案，2021（6）：18-23.

"随着数字技术、网络技术的快速发展，信息的制作、复制、传播、利用变得更加快捷方便；与此同时，不论是国家、机构还是个人，都面临着日益复杂的数字信息安全挑战与威胁"①。数字档案资源作为数字资源的重要组成部分，同样面临着数字化带来的机遇和挑战，既为档案信息资源的开发、利用与共享带来了便利，也因其自身数字化形态伴随的风险因子而面临生存挑战，迫切需要对数字档案资源生存环境内涵进行科学揭示，为实施数字档案资源生态管理提供决策依据。

（一）数字档案资源生态环境概念

众所周知，人类与环境之间关系密切，"环境是人类赖以生存和发展的物质基础。人类利用环境谋取物质资料的过程，也污染了环境，破坏了生态平衡，使环境生产力不断弱化。因此，将环境问题纳入社会发展之中，协调人类与环境之间的关系，已刻不容缓。强化环境危机意识，积极防御、采取综合措施治理环境污染和恢复生态平衡，已构成未来社会经济发展的永恒主题"②。这种基于人类生存与环境之间的关系阐释为数字档案资源生存环境内涵的揭示提供了参考。数字档案资源与其生存环境之间的紧密关系主要呈现在数字档案资源的形成、管理与服务生命周期的各具体环节之中，对数字档案资源的收管利用等产生着直接影响，是实施数字档案资源生态管理策略的首要关切。数字档案资源生态环境是指数字档案资源在其形成、管理、服务等生命周期过程中的各类环境要素的综合体，包括数字档案资源的技术环境、政策环境、制度环境、文化环境、经济环境、社会环境等，它是数字档案资源安全存储、安全管理、安全开发、安全利用的基本条件，需要在数字档案资源建设中加强环境管理，协调数字档案资源与其生存环境之间的关系，不

---

① 马海群. 数字信息资源安全的国家干预与制度建设[J]. 图书馆论坛，2010(6)：264-267.

② 张秀娟，张暴. 生存环境论纲[J]. 云梦学刊，1999(2)：15-16.

断强化安全意识，积极防御，主动应对，确保数字档案资源生存环境的生态安全、生态健康与生态平衡，促进国家档案事业协调运行与健康可持续发展。

（二）数字档案资源生态环境特征

生态学视角下的生存环境，简称生境（Habitat），"是指具体个体和群体生存地段上的生态环境，其中既包含环境对个体（群体）影响，也包括后者的反作用"①，既对生存环境进行了概要揭示，也对生存环境的价值功能进行了简要阐释，为我们分析数字档案资源生态环境提供了借鉴。生态环境是数字档案资源形成、管理、开发、服务与利用的基本条件，攸关数字档案资源的长期安全存储与长远有效利用。数字档案资源生态环境分布范围广泛、类型种类多样、价值功能多元，具有技术性、复杂性、风险性、可控性等特征。

1. 技术性

"在档案事业的发展历史中，无论是档案载体的革新还是档案内容的存储，无论是档案形态的变革还是档案利用的拓展等，技术始终如影随形，成为推动档案事业发展的重要驱动力"②。数字档案资源自其诞生之日起便与技术密切关联，正是现代信息技术的快速发展与广泛应用，促使档案信息资源的生成环境、生成方式、类型特征、传播媒介等产生了革命性变化，催生出数字档案资源这一新型档案资源形态。数字档案资源生态环境的技术性特征突出表现在数字档案资源的形成、管理与服务等领域：一是体现在数字档案资源的形成过程中。现代信息技术是数字档案资源生成的直接推动力，如计算机技术的出现与应用，变革了传统组织管理环境，既形

67

---

① 张李博. 生态学［M］. 北京：高等教育出版社，2000：13.

② 倪代川，金波. 数字档案馆生态系统发展动力探析［J］. 档案学研究，2016（4）：97-102.

成了海量的电子文件(档案),又通过传统档案资源的数字化转换产生出大量数字化档案资源。二是体现在数字档案资源的管理过程中。无论是数字档案资源的存储载体(光盘、磁盘等)还是数字档案资源的读取设备(管理信息系统软件,计算机、扫描仪、服务器硬件等),都与现代信息技术紧密关联。与此同时,数字档案资源的发展也促进了档案管理信息化水平的不断提高,档案管理方式逐渐从传统的人工管理、机械管理、实体管理等走向机器化管理、自动化管理与虚拟化管理,现代档案管理呈现出数字化、网络化与智能化发展态势。三是体现在数字档案资源的服务过程中。数字档案资源这一新型档案形态的出现,不仅促进了传统档案管理范式的变革与转换,而且便利了现代档案信息资源的开发利用,有利于档案资源利用方式的创新,满足用户个性化、数字化、便捷化等多元档案利用需求。随着"互联网+"战略的深层推进,通过现代信息网络技术的研发与应用,档案资源服务方式创新成为新形势下推进档案管理现代化的必然选择,如民生档案资源的远程利用、档案机构的微信公众号平台的竞相开通,不仅创新了新技术环境下档案信息资源的在线利用、远程利用、共享利用、精准利用、个性利用以及智能利用、智慧利用等服务方式,而且激活了公众数字档案资源的多元利用需求,真正实现"把'死档案'变成'活信息'、把'档案库'变成'思想库',更好为各级党委和政府决策、管理提供参考"①。

2. 复杂性

随着国家数字档案资源建设战略的持续推进,数字档案资源不仅海量剧增,成为国家档案资源体系的主体形态;而且面临着载体安全、存储安全、信息安全、系统安全、网路安全、管理安全、传播安全与利用安全等各类风险威胁,对数字档案资源的可持续发展产生深远影响。当前,数字档案资源生态环境的复杂性主要体现在

---

① 中共中央办公厅,国务院办公厅. 中共中央办公厅国务院办公厅印发《关于加强和改进新形势下档案工作的意见》(中办发〔2014〕15 号[Z].

以下方面：一是数字档案资源生存环境涉及面广。数字档案资源生存环境涵盖范围广，既包括数字档案资源的存储环境，也包括数字档案资源的利用环境；既包括鲜明的技术环境，也包括现实的社会环境；既包括数字档案资源管理、服务等所必须的软件环境，也包括数字档案资源存储、管理、服务等所依赖的硬件环境。二是数字档案资源生存环境要求高。数字档案资源作为新型数字化档案形态，其对档案信息存储的安全性与信息内容的可读性均具有较高要求，尤其是数字档案资源存储载体、信息系统、信息化机房等对运行环境要求更严，既包括标准规范方面，也包括安全防范要求等；与此同时，不同类型、不同种类的数字档案资源，其生存环境差异明显，迫切需要相应的软件与硬件支持，确保数字档案资源的安全存储、安全管理与安全利用等。三是数字档案资源生存环境变化快。数字化环境下，数字档案资源面临的生存环境变化快的特征十分突出，尤其是现代信息技术发展更新速度快，给数字档案资源生存环境带来了直接影响，如档案信息存储载体的转换升级、档案信息内容的安全管理、档案信息管理系统的维护、档案信息资源的开发利用、档案信息资源的共建共享等，均相应地呈现出变化快的特点。

3. 风险性

风险性作为数字档案资源生态环境的突出特点，在数字档案资源整个生命周期内，其风险因子广泛分布，安全威胁无处不在，不仅体现在其先天的载体安全与信息可读性等方面，而且广泛存在于其存储、整合、开发、传播、利用等后天管理业务环节之中，严重影响数字档案资源生存环境的安全性。一方面数字档案资源自身具有先天的风险性特征，如存储载体的脆弱性、信息内容的易逝性、管理环境的复杂性、信息失密威胁高等现实风险；另一方面数字档案资源风险分布广泛，信息内容风险、存储载体风险、信息安全风险、网络系统风险、服务利用风险等风险因子普遍存在，给数字档案资源生态管理带来严峻挑战，管理生态风险凸显，严重制约数字档案资源的安全收集、安全存储、安全开发、安全转换、安全传

69

播、安全服务与安全利用等，对数字档案资源的真实性、齐全性、完整性以及长期安全保存与长远有效利用等构成重大挑战。风险与安全是一对孪生姐妹，正是因为风险的广泛分布，人们对安全的需求则体现得尤为迫切。马海群在《数字信息资源安全的国家干预与制度建设》一文中明确指出："面对日益扩大且复杂化的数字信息安全威胁，国家必须加强宏观规划与科学管理，并从制度建设上提供根本保障"①。国家档案局原局长杨冬权指出，"档案部门必须把确保档案安全作为基本任务和第一要务，作为档案工作的生命线"②。数字档案资源既是国家数字信息资产的重要组成部分，又是国家档案资源体系的核心构成，其安全性涉及的领域广、因素多，迫切需要强化数字档案资源的风险管理、预警管理、危机管理、应急管理、协同管理、战略管理、制度管理等视角对数字档案资源生态安全问题进行深入研究，充分利用各种管理方法和技术手段，采用信息加密、身份确认、权限控制等措施维护数字档案信息的安全，避免失密、泄密等现象的发生；与此同时，还需要进一步加强顶层设计，科学构建集数字档案资源存储介质、信息系统、网络平台、管理制度等于一体的综合安全防护保障体系，确保数字档案资源存储介质长期可用、信息设备安全有效、系统软件安全可用、信息内容易篡改或窃取等，为数字档案资源安全存储、安全管理、安全转换、安全传播与安全利用等构建有效的风险防控与安全保障机制，主动担负为国家保管数字档案资源、为人类社会延续历史记忆、为社会公众提供数字档案资源服务这一历史责任和时代使命。

4. 可控性

生态环境作为数字档案资源赖以生存的客观条件，尽管其充满

---

① 马海群. 数字信息资源安全的国家干预与制度建设[J]. 图书馆论坛，2010(6)：264-267.

② 杨冬权. 在全国档案局长馆长会议上的讲话[N]. 中国档案报，2010-12-24(1).

着复杂性、技术性与风险性特征，但我们也应看到其可控性特征的客观存在；与此同时，我们相信，随着现代档案治理水平的提高，在技术防御与治理管控的协同作用下，数字档案资源的信息治理、数据治理等治理能力显著提升，数字档案资源生存环境的可控性特征明显，能够通过运用技术、制度、文化等档案管理方法、手段、策略对其进行积极的人工干预，确保数字档案资源生存环境的生态健康，推动数字档案资源可持续发展。众所周知，平衡与失衡是生态学关注的核心主题，一般而言，"生态平衡是生态系统的组成、结构相对稳定、功能得到发挥、物质与能量的流入与流出协调一致，有机体与环境协调一致"①。数字档案资源生存环境同样也面临着生态学视域下的平衡与失衡问题，对数字档案资源管理产生直接影响。金波等对数字档案馆生态系统进行了深入研究，提出了数字档案馆生态系统平衡与失衡及其表现与调适等，认为数字档案馆生态系统生态平衡是指"在一定的时空条件下，数字档案馆生态系统中各种生态因子相对稳定、协调互补，系统整体结构优化、功能良好，形成有效输入和输出关系的一种动态均衡状态，呈现出可持续发展的良好势头"②。实际上，数字档案馆生态系统作为一种人工生态系统，其生态平衡不仅能够控制，而且其平衡也在很大程度上取决于人的控制；数字档案资源生存环境面临的生态平衡问题，不仅与数字档案馆生态系统平衡密切相关，而且需要充分发挥档案人的主观能动性，积极采取技术、制度、文化等手段对数字档案资源的形成环境、管理环境、服务环境等进行人工干预，降低数字档案资源生存环境的风险系数，确保数字档案资源生存环境的安全可靠，维护数字档案资源生态环境的健康平衡，保障数字档案资源的安全存储、安全整合、安全开发、安全转换、安全服务、安全传播与安全利用等。

71

---

① 张秀娟，张暴，生存环境论纲[J]. 云梦学刊，1999(2)：15-16.
② 金波，丁华东，倪代川. 数字档案馆生态系统研究[M]. 北京：学习出版社，2014：324.

☰三、数字档案资源生态环境体系

数字档案资源生态环境是数字档案资源形成、管理、服务等所依赖的技术环境、政策环境、制度环境、文化环境、经济环境、社会环境等各类环境要素的总称，不仅在环境内容外延上覆盖范围广，而且对数字档案资源建设发展制约程度深，具有鲜明的技术性、复杂性、风险性、可控性等特征，需要对数字档案资源生存环境结构体系进行系统梳理，全面掌握数字档案资源生存环境现状，积极推进数字档案资源环境治理，协调数字档案资源与其生存环境之间的关系，通过实施生态环境综合治理，确保数字档案资源生存环境的安全可靠，保障数字档案资源的安全收集、安全存储、安全管理、安全开发与安全利用等，推动数字时代国家档案事业的可持续发展。

数字档案资源生态环境覆盖范围广，内容丰富多样，视角不同，其结构体系则表现各异。一是从数字档案资源生命周期视角观察，其生存环境覆盖范围广，涵盖了数字档案资源的形成、收集、整理、保管、迁移、利用等具体阶段，形成了各阶段各具特色的形成环境、收集环境、整理环境、保管环境、迁移环境、利用环境等；二是从数字档案资源生存环境的日常呈现观察，其生存环境内容丰富多样，既包括数字档案资源生存所依赖的信息技术环境，数字档案资源管理所依赖的管理制度环境，又包括数字档案资源开发利用所面临的政治环境、经济环境、文化环境、社会环境等。总体观察，数字档案资源具有相对稳定的生存环境体系结构，对数字档案资源建设发展具有直接影响，攸关数字档案资源的安全存储与有效利用。在此，本书以数字信息资源生命周期理论为分析视角，对数字档案资源所依赖的生存环境进行系统分析和全面总结，以进一步增强人们对数字档案资源生存环境的总体认知，不断强化人们的数字档案资源风险意识、安全意识、价值意识以及服务意识等，推进数字档案资源建设可持续发展。从数字信息资源生命周期视角对数字档案资源生态环境进行揭示与分析，有利于人们更好地认识和保护数字档案资源生态环境，为数字档案资源生态管理奠定健康发展环境。

（一）数字档案资源形成环境

形成环境专指数字档案资源的来源环境，它对数字档案资源的来源和生成具有直接影响，关系到数字档案资源的类型、质量与数量。毫无疑问，数字档案资源的形成是在计算机技术、电子通信技术、信息网络技术、信息系统技术等现代信息前沿技术快速发展与广泛应用的直接推动下产生的，充分体现了现代信息科技革命发展的时代特点。

2013年10月，国家档案局在江苏太仓成功召开"全国数字档案馆（室）建设推进会"，会议明确提出实施"存量数字化""增量电子化"战略，推动数字时代国家数字档案资源建设的可持续发展，以适应快速发展、深度变革的数字化社会①。这正是当前国家数字档案资源建设来源的主流渠道，其中，"存量数字化"是指对纸质档案、音像档案等传统载体档案进行数字化；"增量电子化"是指在办公自动化条件下，各单位形成的应归档的电子文件及时归档，并按规定向有关档案馆移交，使档案馆新接收进馆的档案全部为电子档案。为此，我们可以依此将数字档案资源的形成环境相应地分为传统与现代两方面，即传统馆藏档案资源的数字化转换环境与网络环境下直接由电子文件归档形成的数字档案资源生成环境。前者主要涉及档案保存机构传统馆藏档案资源数字化转换过程中涉及的相关制度环境、技术环境、馆藏环境等；后者在体现档案保存机构在直接收集数字化档案资源过程中涉及的网络环境、制度环境以及档案信息系统平台环境等。当前，各级档案部门应积极贯彻落实国家《数字档案馆建设指南》《数字档案室建设指南》《企业数字档案馆

73

---

① 李明华. 中国的数字档案资源的建设［J］. 中国档案，2016（10）：14-15.

(室)指南》等政策文件要求，既要对电子文件的形成、收集、积累、鉴定、归档以及电子档案的移交、存储、利用、备份等实行全过程管理，确保实现归档的电子文件收集齐全、整理有序、命名科学、格式规范，推动办公自动化环境下增量档案的电子化管理，实现齐全完整、真实可靠、标准规范的数字档案资源建设目标；又要各单位向档案馆移交传统载体档案资源时，必须移交档案资源数字化副本，并对馆藏利用频繁的档案资源、需要重点保护与抢救的历史档案资源以及与公民利益直接相关的民生档案资源，确保民生档案资源的数字化利用①。

（二）数字档案资源管理环境

管理环境是针对数字档案资源形成后的保管、整合、存储而言，集中体现在档案馆(室)等对馆藏数字档案资源的日常管理环境，关系到数字档案资源的管理质量与管理效果，不仅对数字档案资源的安全保存具有根本影响，而且对后期数字档案资源利用具有直接作用。

随着档案信息化建设的深层推进与国家《数字档案馆建设指南》《数字档案室建设指南》等政策文件的颁布实施，数字档案资源不仅在数量上急剧增长，而且在质量上也逐步优化，数字档案资源类型日趋多样，数字档案资源结构日趋完善，数字档案资源内容日趋丰富，数字档案资源价值日趋多元；与此同时，数字档案资源管理环境也日趋复杂，需要对其进行科学揭示和系统分析，不断提高数字档案资源的建设质量与效果。数字档案资源管理环境复杂，涉及面广，涉及内容多，对数字档案资源的安全存储、安全保管与安全获取等具有直接影响。一般来说，作为数字档案馆(室)建设核心内容的数字档案资源，其面临的管理环境直接关系到数字档案资源的长期存储安全与长远有效利用，是数字档案资源风险管理的基

---

①　李明华. 中国的数字档案资源的建设[J]. 中国档案，2016(10)：14-15.

本前提，涉及数字档案资源信息存储环境、数字档案资源管理保障环境、数字档案馆信息系统运行环境、数字档案馆管理制度环境等，对数字档案资源的管理文化、管理机制、管理体系与管理制度等具有直接影响。我国高度重视数字档案资源建设，先后颁布"一系列有关电子文件归档与管理、电子档案移交与接收、传统载体数字化、数字档案馆（室）建设等管理规范和技术标准，规范并引导各级各类档案馆（室）运用现代信息技术对数字档案信息进行采集、存储、管理，并通过各种网络平台提供公共档案信息服务和共享利用。"①如《电子文件归档与管理规范》（2002）、《电子公文归档管理暂行办法》（2003）、《公务电子邮件归档与管理规则》（2005）、《电子文件归档光盘技术要求和应用规范》（2008）、《缩微胶片数字化技术规范》（2009）、《数字档案馆建设指南》（2010）、《电子档案移交与接收办法》（2012）、《数码照片归档与管理规范》（2014）、《数字档案馆系统测试办法》（2014）、《档案信息系统运行维护规范》（2014）、《档案数字化外包安全管理规范》（2014）、《档案信息系统安全保护基本要求》（2016）、《电子档案管理系统基本功能规定》（2017）、《档案行业网络与信息安全信息通报工作规范》（2017）、《国家重点档案文件级目录数据验收办法（试行）》（2017）、《录音录像电子档案元数据规范》（2018）、《录音录像档案数字化规范》（2018）、《档案移动服务平台建设指南》（2019）、《档案数据硬磁盘离线存储管理规范》（2019）、《纸质档案数字复制件光学字符识别（OCR）工作规范》（2020）、《档案数据存储用 LTO 磁带应用规范》（2020）、《档案服务外包工作规范第 2 部分：档案数字化服务》（2020）、《政务服务事项电子文件归档规范》（2020）、《基于文档型非关系型数据库的档案数据存储规范》（2020）等标准规范相继颁布实施，不仅对电子文件的形成归档、移交接收、存储保管、服务利用等作出明确规定，而且有利于优化数字档案资源管理环境，促进数字档案资源管理科学化、规范化、标准化。

①　李明华. 中国的数字档案资源的建设[J]. 中国档案，2016（10）：14-15.

（三）数字档案资源利用环境

利用环境是数字档案资源生态环境的重要组成部分，对数字档案资源生态管理具有直接推动作用，关系到数字档案资源生态管理效益的好坏。作为数字档案馆生态系统核心因子的数字档案资源，各级各类档案部门对其高度重视，已经成为数字时代国家档案工作的重点领域和重要内容。数字档案资源利用环境的好坏，攸关国家档案事业的可持续发展，不仅关系数字档案资源的价值实现，增强数字档案资源的信息竞争力，而且有利于促进数字档案馆生态系统建设，提高数字档案馆的社会影响力。数字档案资源利用环境是数字档案资源价值实现的重要保障，对数字档案馆的价值实现与功能拓展具有直接推动作用，主要体现在三个方面：

一是数字档案资源保存机构的空间服务环境，既包括数字档案资源服务的物理实体空间环境，也包括数字档案资源服务的网络虚拟空间环境，它们共同构筑成数字档案资源的空间服务载体，是满足用户数字档案资源利用需求的基本空间场所，需要从用户体验、用户需求视角不断优化数字档案资源服务的物理空间与虚拟空间环境，满足新形势下用户在线化、便捷化、个性化、精准化、多元化等档案利用需求。二是数字档案资源利用制度环境，包括数字档案资源的利用指南、利用规则、利用标准、利用要求与利用方法等，它们是数字档案资源制度管理的基本要求，是档案利用制度化、规范化、标准化的根本保障，有利于推进新形势下的档案资源的开放利用，保障人们的档案利用权利与权益，激发社会大众的档案利用需求。三是数字档案资源服务体系环境，包括数字档案资源的服务方式、服务路径、服务体验、服务评估与服务反馈等，这是数字档案资源价值实现的桥梁，在数字档案资源管理中占据核心地位，反映了数字档案馆建设的成效，是数字档案馆价值实现与功能拓展的实践之路。

第三章　数字档案资源生态风险

随着现代信息技术的快速发展与档案信息化建设的持续推进，数字档案资源已经成为现代档案资源体系的主体形态，并呈现出指数级增长态势，深刻影响着档案事业的未来发展。数字档案资源的产生与发展，一方面为国家档案事业可持续发展带来了契机，有利于优化国家档案资源体系结构，提高档案资源整合效率效益，促进档案信息服务创新，提升档案资源共建共享水平；另一方面也面临着来源风险、形成风险、存储风险、系统风险、网络风险、管理风险、传播风险、利用风险等各类风险威胁，需要系统分析数字档案资源面临的各类生态风险特征及其现实危害，积极探索数字档案资源风险管理应对策略与风险预警机制，保障数字档案资源的长期安全保存与长远有效利用。

一、数字档案资源生态风险阐释

"风险是可以预见的危险，探究风险的目的在于识别、判断、警示风险的存在，分析、推究造成风险的原因，并有针对性地提供防范、规避风险的对策。"①风险作为现代社会的高频词，一方面反

---

① 冯惠玲，王健. 电子政务建设中的文件管理风险探析[J]. 中国行政管理，2005(4)：62-66.

映着现代社会发展的重要特征，另一方面也促进了风险管理、风险社会研究的深入开展，对数字档案资源生态风险理论研究与实践探索具有直接指导作用，有利于深化数字档案资源生态风险研究内涵，揭示数字档案资源生态风险状况，提高档案部门与档案工作者的生态风险认识，推动数字档案资源生态管理，保障数字档案资源的长期存储与有效利用。

（一）生态风险内涵及其应用

生态风险一词源于环境生态学，"特指对非人类的生物体、种群和生态系统造成的风险"，它是指"具有不确定性的事件（如环境污染）或灾害对生态系统及其组分可能产生的不利作用，具有不确定性、危害性、客观性、复杂性和动态性等特点。"①生态风险不是自然界自发形成的，而且由于人类在漫长的进化与发展过程中，没有认真处理好与自然的关系，导致了人与自然关系的失谐，已经成为当今社会面临的最为主要的社会风险之一，一旦发生将会给自然界和人类社会带来巨大灾难②。20 世纪 90 年代以来，"随着全球化浪潮的冲击，生态风险开始在全球范围内播撒，生态风险呈现为无间断性和常态化，生态风险和食品安全成为人们经常谈论的话题，生态风险成为了人们生活的常态。"③

当前，生态风险理念日趋普及，在人文社会科学领域得到广泛应用，如社会生态风险、政治生态风险、文化生态风险、企业生态风险、金融生态风险、城市生态风险等概念不胜枚举，不仅拓展了生态风险理论的应用空间，而且进一步深化了生态风险理念的时代内涵，兼具理论的解释性与实践的指导性。随着现代信息技术的快

---

①　[美]Glenn W. Suter Ⅱ. 生态风险评价（第 2 版）[M]. 尹大强，林志芬，刘树深，等，译. 北京：高等教育出版社，2011：3.

②　李世书. 生态风险发生根源与防范对策的伦理文化分析[J]. 信阳师范学院学报（哲学社会科学版），2016(3)：1-6.

③　薛晓源. 生态风险、生态启蒙与生态理性——关于生态文明研究的战略思考[J]. 马克思主义与现实，2009(1)：20-25.

速发展，数字档案馆作为信息时代保存数字记忆即数字档案资源的重要场所，数字档案资源建设在国家数字档案馆建设中备受重视，成为新时期国家档案事业可持续发展的关键要素；然而，如果在数字档案馆建设过程中忽略或没有足够重视风险管理，那么数字档案馆建设将犹如"空中楼阁"，缺少可靠支撑，对数字档案资源生态安全将会带来严重制约和负面影响；同时，信息技术的"双刃剑"效应也给数字档案馆建设带来了许多未知的风险威胁，对数字档案资源的生态安全带来严峻挑战，唯有实施风险管理，有效识别评估客观存在的可能风险，并提出切实有效的风险应对措施，建立完善科学的风险管理应对策略体系，才能保障数字档案资源建设的有序推进，维护数字档案资源的生态平衡，确保数字档案资源生态健康与生态活力。

（二）数字档案资源生态风险内涵

数字档案资源生态风险概念的提出，旨在运用生态学思想对当下数字档案资源生存与发展面临的各类风险及其危害进行理论阐释，以便进一步厘清数字档案资源风险概念内涵，增强数字档案资源风险意识。从词源结构观察，"数字档案资源生态风险"包含三个关键词，即"数字档案资源""生态"与"风险"，其中，"数字档案资源"是这一概念的主体，"生态"体现着这一概念的生态思想，"风险"是指数字档案资源自身面临的现实或潜在的危险与危害。数字档案资源生态风险正是从生态学视角分析数字档案资源自身面临的来自政治、经济、社会、文化等领域的生态风险及其成因。何谓"数字档案资源生态风险"？一方面，我们要立足数字档案资源客体，在数字档案资源作为一种新型数字化形态档案资源认识基础上分析其自身面临的风险；另一方面，需要准确把握生态前提，从生态学视角对数字档案资源自身面临的风险因子进行系统揭示与分析。为此，我们可以对"数字档案资源生态风险"进行如此界定：数字档案资源生态风险是指数字档案资源在其自身的形成、收集、管理、保存与利用过程中所承受的危险要素及其引发产生的可能损失，影响并制约数字档案资源的长期安全存储与长远有效利用。数字档案资源生态风险概念的核心在于运用生态学理论和思想来阐释数字档案资源风险及其防控策略，为数字档案资源风险管理提供理论指导，促进数字档案资源安全收集、安全管理、安全存储与安全利用，保障数字档案资源的生态安全。随着生态风险理念的形成与发展，数字档案资源生态风险概念应运而生，既是对数字档案资源风险概念的传承，也体现着对数字档案资源风险认识的深化。数字档案资源生态风险概念内涵主要体现为：

一是数字档案资源生态风险要素分布广泛，在数字档案资源的形成、收集、管理、保存、利用等全生命周期范围内，均面临着制约数字档案资源生态安全的现实风险与潜在风险等各类风险因子，危及数字档案资源自身的长期安全存储与长远有效利用。

二是数字档案资源生态风险要素具有客观的危害性，它不仅在数字档案资源全生命周期范围内广泛分布，而且对数字档案资源的形成、收集、管理、保存与利用等各业务环节均产生负面影响，给数字档案资源建设发展带来各类风险威胁与现实危害，严重制约数字档案资源的生态安全。对此，需要做到"心中有数"，科学应对，有的放矢，最大程度降低风险威胁和风险危害。

三是数字档案资源生态风险危害具有综合性、关联性与系统性特征，不仅受制于多重风险要素的制约，而且各种危害之间又具有紧密的内在联系，往往造成危害的"多米诺骨牌效应"，持续放大风险危害范围与强度，对数字档案资源生态安全带来不利影响，需要全面、综合、系统思考和构建数字档案资源风险预警机制和生态安全保障体系，确保数字档案资源的生态安全。

四是数字档案资源生态风险危害具有指向性特征，其危害聚焦数字档案资源的安全存储与有效利用两大核心主题，一方面给数字档案资源的存储安全带来诸多不利因素，甚至造成数字档案资源存储安全失控，制约数字档案资源的长期安全存储；另一方面严重制约数字档案资源的长远有效利用，限制数字档案资源价值实现和功能发挥。

五是数字档案资源生态风险具有深刻的生态学内涵，需要从生态系统视角深化对数字档案资源风险内涵及其危害的理论认识，科学探究数字档案资源生态管理实践策略及其实现机制，以便有效应对数字档案资源各类生态风险的不确定性及其可能损失，最大程度降低数字档案资源风险损失和风险危害。

信息时代，数字档案资源海量生成，并成为数字档案馆建设的核心内容，是数字档案馆生态系统的核心生态因子，既是国家信息资源体系的重要组成部分，也是国家重要的数字信息资产；与此同时，数字档案资源自身也面临着来自收集、保管、存储与利用等方面的现实风险，对数字档案资源的生态安全具有直接影响，攸关数字档案资源信息竞争力的强弱与社会影响力的发挥。为此，需要对数字档案资源面临的生态风险来源及其成因进行系统分析，厘清影响数字档案资源生态安全的各种风险因子，为数字档案资源生态管理奠定基础。数字档案资源生态风险管理是一项复杂的系统工程，需要在风险识别与评估基础上，强化生态平衡观念和风险防范意识，积极采用科学的风险应对防范策略，规避和化解数字档案资源建设发展过程中的各类风险威胁，确保数字档案资源的长期安全存储和长远有效利用。

二、数字档案资源生态风险成因

众所周知，自然因素一直是传统档案安全的重要影响因素，特别是档案库房安全，深受地理、气象等自然环境影响与制约，面对如台风、洪灾、火灾、海啸、地震、火山爆发等自然灾害，不仅对档案馆建筑安全带来了严峻挑战，极易造成档案馆建筑实体的损坏，而且直接影响档案馆人员、设备、馆藏、财产等安全，对档案安全造成重大风险隐患。这些自然因素不仅对传统馆藏档案资源安全造成重大影响，而且对数字时代中的数字档案资源安全同样带来现实威胁，对数字档案资源存储载体、网络平台、实体库房等造成直接影响，危及数字档案资源整体生态安全，档案部门需要树立风险意识，科学应对档案风险隐患，"消除和化解档案安全管理中的风险与隐患，确保档案的绝对安全"①。数字档案资源生态风险理念的提出，既是对数字档案资源风险概念的传承，也体现着对数字档案资源风险认识的深化。数字档案资源生态风险的核心在于运用生态学理论和思想来阐释数字档案资源风险及其防控，为数字档案资源风险管理提供理论指导，确保数字档案资源安全收集、安全存储、安全保管与安全利用，维护数字档案资源的整体生态安全。笔者以为，强化数字档案资源生态风险管理，首要前提便是厘清数字档案资源生态风险成因，以便在实施数字档案资源风险管理的过程中做到"有的放矢"，确保风险管理功能的有效发挥。数字档案资源生态风险的产生原因主要体现在技术、管理、人员、经济等方面。

(一)数字档案资源生态风险技术因素

"技术是一把双刃剑"，技术生态风险在现代科学技术研究创新和项目研究成果应用实践中普遍存在。技术因素是"影响生态环境质量最积极最活跃的可变因素，它既是生态风险的引起者，又是生态风险防治的重要因素，它决定了生态环境质量的变化状况及趋势。"②从技术生态风险视角观察，技术在推动社会发展的同时，也会带来一定风险，不仅是社会可持续发展的动力之源，而且会引发新的生态风险，必须经受技术生态风险的考验。为此，需要牢固树立技术生态风险意识，"使人们感受到技术生态风险的压力，从而树立对技术生态风险高度警觉的意识，化压力为动力"，在技术研究创新和技术成果应用过程中主动引入技术生态风险防控机制，防范技术风险的出现及其引发的风险危害。

"20世纪以来，技术的进步主宰着图书馆的发展，技术的每一

---

① 彭远明. 档案全过程安全管理中的风险控制研究[J]. 档案学研究，2017(1)：57-60.

② 周新成，曾广波. 论技术生态风险的预警管理及预控对策[J]. 科技进步与对策，2011(24)：160-164.

次革新都使得文献形态及图书馆的服务模式发生变化。"①同样，在档案事业发展历史进程中，"无论是档案载体的革新还是档案内容的存储，无论是档案形态的变革还是档案利用的拓展等，技术始终如影随形，成为推动档案事业发展的重要驱动力"②，不仅促进了档案载体形态的变革与档案管理方式的革新，而且推动了档案利用服务模式、服务方式、服务手段的创新，催生出数字档案馆（室）等新型档案机构的形成，推动着数字档案资源的广泛生成与海量增长，日渐成为数字时代国家记忆生态系统的重要部分；同时，数字档案资源风险也普遍存在，广泛分布在数字档案资源的收集、保管、存储与利用的全过程之中，技术性特征明显。在数字档案资源的形成过程中，信息技术作为数字档案资源形成的直接推动力，不仅催生着数字档案资源的出现，而且对数字档案资源自身安全造成重要影响，既为数字档案资源收集、保管、存储与利用带来了客观便利，有利于数字档案资源的数字化采集与多元化整合，促进数字档案资源的共建共享；也需要充分利用现代信息技术优势，科学应对数字档案资源载体脆弱性、信息易逝性与失密威胁高等技术性风险，不断强化数字档案资源安全管理的战略思维、系统思维、法治思维和底线思维，"抓好各方面各环节管理，确保档案资源不流失，确保档案库房不受意外灾害或人为破坏，确保档案实体不丢失、不损毁，确保档案数据、信息系统及网络始终可用可控，确保档案开放利用、编研出版、宣传展览等，始终坚持正确政治方向和舆论导向，坚决杜绝各种安全事故、失泄密事故和重大工作差错，决不给国家安全工作添乱子、埋隐患、帮倒忙"③，确保数字档案资源的安全存储、安全开发、安全传播与安全利用。

2013年10月，"全国数字档案馆（室）建设推进会"在江苏太

---

① 陈传夫，陈义. 图书馆转型及其风险前瞻[J]. 中国图书馆学报，2017（4）：32-50.

② 倪代川，金波. 数字档案馆生态系统发展动力探析[J]. 档案学研究，2016（4）：97-102.

③ 李明华. 在全国档案安全工作会议上的讲话[J]. 中国档案，2017（7）：14-21.

仓召开，会议明确提出"存量数字化、增量电子化"的国家数字档案资源建设战略，既要积极推进传统载体档案的数字化工作，又要稳步推动办公自动化条件下增量档案的电子化管理，以实现齐全完整、标准规范的数字档案资源建设目标①。现代信息技术的快速发展，一方面催生出作为新型档案机构即数字档案馆的出现，有利于促进档案信息服务创新，推动传统档案工作的现代化转型，更好地满足用户日益增长、日趋多元的数字档案资源利用需求；另一方面又给数字档案馆带来前所未有的风险威胁，病毒侵袭、黑客攻击、失密泄密、非法获取以及程序缺陷等屡见不鲜，对新时期档案信息安全造成重大威胁；同时，数字档案资源技术风险亦日渐凸显，不仅对数字档案资源自身的生态安全产生直接影响，而且攸关国家档案事业的可持续，对当前国家着力"建立覆盖人民群众的档案资源体系，建立方便人民群众的档案利用体系，建立确保档案安全保密的档案安全体系"与"档案治理体系"（简称"四个体系"）等具有重要影响，迫切需要强化风险意识，完善数字档案资源风险管理机制，提升档案机构风险管理治理能力，使数字档案馆在技术采纳、融合应用、科技研发与创新过程中自觉秉承风险意识，主动管控技术风险，增强数字档案馆风险防御能力和风险治理能力。

（二）数字档案资源生态风险管理因素

管理风险是指"管理运作过程中因信息不对称、管理不善、判断失误等影响管理的水平"，具体体现在构成管理体系的每个细节上，包含管理者的素质、组织结构、企业文化、管理过程等。② 风险在现代组织管理中普遍存在，规避风险是现代风险管理的基本要求。2010 年，杨冬权在"全国档案安全体系建设工作会议"上指出：

---

① 陈娜娜. 党的十八大以来档案资源体系建设纪实[J]. 中国档案，2017(10)：14-15.

② MBA 智库百科. 管理风险[EB/OL]. [2018-11-23]. http://wiki. mbalib.com/wiki/%E7%AE%A1%E7%90%86%E9%A3%8E%E9%99%A9.

"确保档案安全，是党和人民对档案工作者的基本要求，是档案工作者的基本职责和天大责任。"①当前，信息网络技术的发展应用不仅改变了人类对信息资源的获取、传递、保管、存储、开发和利用的传统方式，而且成为现代档案信息资源生存发展的基本环境，数字档案资源作为数字时代档案信息资源的主体形态。随着数字档案资源的海量剧增，确保数字档案资源的生态安全已经成为新时期国家"档案安全体系"（即"建立确保档案安全保密的档案安全体系"）建设的重要内容，是数字时代国家档案安全的基本要求。为此，需要科学揭示数字档案资源管理风险的基本内涵，厘清数字档案资源管理风险因子分布，为数字档案资源风险管理策略研究奠定基础。数字档案资源生态风险产生的管理因素主要体现在数字档案资源的管理主体、管理机制、管理制度与管理策略等方面。

一是数字档案资源管理主体风险。数字档案资源管理主体风险主要体现数字档案资源管理中涉及的人力资源管理风险方面，即档案管理者在数字档案资源管理中可能产生的各类相关风险。作为数字档案资源管理主体的档案管理者，在数字档案资源建设发展中肩负责任重大，发挥着重要作用，既包括正面的促进作用，也包括一定的负面风险危害。档案管理者的信息素养、技术素养、专业能力、风险意识、责任意识以及职业精神等，都对数字档案资源管理产生直接影响，危及数字档案资源的生态安全。当前，"在从纸质环境向电子环境的转变过程中，文件、档案人员应该逐步从幕后走向前台，从后端走向前端，从局部走向全程，从保管走向监管，从信息管理走向知识管理，在理论和实践的互动中建立新的工作方式和机制。"②数字档案资源管理正面临着这一全新的管理环境，需要主动对接数字档案资源生态安全要求，立足"理念正确、制度规范、技术可行"原则，强化档案管理者的综合管理素养培育，在理

85

---

① 杨冬权. 在全国档案安全体系建设工作会议上的讲话[J]. 档案学研究，2010(3)：4-12.

② 冯惠玲，王健. 电子政务建设中的文件管理风险探析[J]. 中国行政管理，2005(4)：62-66.

念层面上树立正确的数字档案资源管理理念和风险认识，增强数字档案资源风险管理意识，对数字档案资源生命周期内的风险分布具有清晰的认识；在制度层面上建立健全数字档案资源风险管理规章制度，提升档案管理者的数字档案资源风险管理能力，保障数字档案资源管理的整体性、系统性、连续性与合法性；在技术层面实施科学有效数字档案资源管理技术与方法，确保技术的系统性、协调性与先进性，保障数字档案资源的长期安全存储与长远有效利用。

二是数字档案资源管理机制风险。管理机制一般是指管理系统的结构及其运行机理，主要表现为运行机制、动力机制与约束机制等，其本质上是管理系统的内在联系、功能及运行原理，是决定管理功效的核心问题。① 随着社会信息化与档案信息化的发展，数字档案资源急剧增长，不仅是数字档案馆建设的核心内容，而且也是一项经常性的业务工作，如电子文件接收、档案数字化转换、档案资源整理加工、档案资源库建设等数字档案资源管理工作已经成为各级档案部门工作的重要内容。当前，数字档案资源管理还处于成长探索阶段，尚未形成成熟的管理模式与方法，相关管理技术、管理方法、管理手段以及管理经验等相对薄弱，数字档案资源管理机制尚不健全，难以适应快速增长的数字档案资源发展态势。为此，需要深化数字档案资源管理研究与探索，建立健全数字档案资源管理机制，提升数字档案资源管理效率与效益，充分发挥数字档案资源的价值，尤其是大数据环境下档案信息资源的数据价值。实际上，从管理学视角观察，优化组织管理机制是现代组织机构发展的基本选项。相应地，数字档案资源管理成为档案部门不可忽视的"蓝海"，应当主动而为，树立数字档案资源安全意识与风险意识，充分认识数字档案资源管理的重要性与必要性，树立数字档案资源管理意识与责任意识，确保数字档案资源收集得齐全与完整，维护数字档案资源的存储安全与利用安全。

三是数字档案资源管理制度风险。冯惠玲等在"电子政务建设

---

① MBA 智库百科. 管理机制 [EB/OL]. [2018-11-23]. http://wiki. mbalib.com/wiki/%E7%AE%A1%E7%90%86%E6%9C%BA%E5%88%B6.

中的文件管理风险探析"一文中指出,"如果这些管理性措施缺位或不完全到位,仅靠信息安全技术本身不足以保证系统内电子文件的现实安全,更难以确认电子文件的长久真实。"①在电子文件风险因素中,文件管理制度因素是其重要内容之一,具体表现在文件管理制度的不健全、不配套、不合理与不执行等不完善方面。② 建立健全数字档案资源管理制度是数字档案资源管理的基本要求,制度管理不仅是数字档案资源管理的内在要求,是推进数字档案资源科学化管理的重要保障;与此同时,制度自身的优劣对数字档案资源管理产生切实影响,好的制度不仅能够提升数字档案资源管理效率,而且能够为数字档案资源存储安全与有效利用提供制度保障;相反,倘若制定的制度不当甚至制度缺位,则会给数字档案资源管理带来责任不明、权益失衡、操作失灵等现实风险,会对数字档案资源带来潜在危害。数字档案资源作为一种新型档案资源,具有信息易逝性、载体脆弱性、系统依赖性、存储复杂性、失密威胁高等特征,为数字档案资源管理带来诸多潜在风险,一旦出现安全故障,潜在危害与损失难以估量,需要建立健全数字档案资源管理制度,从制度建构视角科学设计数字档案资源的收集、保管、存储与利用等管理制度,为数字档案资源安全管理构筑坚实的制度防火墙,提高数字档案资源管理效率,实现数字档案资源管理集约化、科学化与规范化。

四是数字档案资源管理策略风险。面对数字档案资源的快速发展与海量剧增,档案部门必须主动而为、积极作为,系统探究网络环境下的数字档案资源管理方式与方法,科学构建数字档案资源生态管理策略体系,保障数字档案资源的长期安全存储与长远有效利用。现代信息技术的快速发展与广泛应用,不仅为数字档案资源管理带来了技术支持,提高了数字档案资源的管理效率与效益,而且

---

① 冯惠玲,王健. 电子政务建设中的文件管理风险探析[J]. 中国行政管理,2005(4):62-66.

② 冯惠玲,王健,等. 电子文件风险管理[M]. 北京:中国人民大学出版社,2008:23.

有利于促进数字档案资源的整合与开发，推动数字档案资源的共建共享，更好地发挥数字档案资源的价值与功能；与此同时，在数字档案资源管理实践中，我们必须保持清醒头脑，深刻认识技术的二重性与双刃剑效应，在认同技术为数字档案资源管理带来便利的同时，也要警惕技术为数字档案资源管理带来的潜在威胁，防止在技术的驱动下激活技术的"危害性"，造成数字档案资源管理潜在风险的放大。为此，需要从顶层设计、面向资源、面向服务等视角系统构建数字档案资源风险防控与安全保障机制，强化战略思维、系统思维、法治思维和底线思维，破解数字档案资源管理中"无序与有序""异构与统一""分散与集成""孤立与互通"等之间的现实矛盾，探讨建立科学有效的数字档案资源整合策略、模式、体制与机制，力争将原本离散、无序、多元、异构的数字档案资源通过逻辑方式或物理方式组织成一个有机整体，实现数字档案资源的集成管理与共享服务，推进数字档案资源的共建共享共治。

(三)数字档案资源生态风险人员因素

人是数字档案馆生态系统的主体，主要包括档案管理者、形成者与利用者等生态因子，他们"掌控着数字档案馆生态系统的一切活动，直接决定着数字档案馆的生存与发展"①。周耀林在分析档案文献遗产保存的人为因素时指出，"人的活动对档案的寿命可以产生积极的影响，也可以产生消极的影响。后者如由于管理不善，档案失窃、被污染；档案在转移过程中的磨损；档案在利用过程中的被涂改、撕碎、摩擦受损；由于战争及人为的火灾造成档案的大量焚毁、失落等。"②冯惠玲等在分析电子文件风险中的人员因素时明确指出，"可能威胁到文件管理质量的人员因素包括观念淡薄、

---

① 金波，丁华东，倪代川. 数字档案馆生态系统研究[M]. 北京：学习出版社，2014：124.

② 周耀林. 档案文献遗产保护理论与实践[M]. 武汉：武汉大学出版社，2008：147.

落后，技能缺乏，人才不足，非法内部用户四大类。"①

数字档案资源生态安全因素不仅包括档案信息资源在形成、存储、保管、整合、开发、传播与利用等过程中的完整性、真实性、可用性、保密性和抗抵赖性等，同时还需要考虑包括数字档案资源信息管理系统的预警、保护、检测、响应和恢复等风险应对能力。在数字档案资源的形成、保管与利用的过程中，人的主体性作用不可小觑；数字档案资源风险的产生，不仅与技术、管理等因素密切相关，而且与档案管理者、形成者、利用者等休戚相关，他们均对数字档案资源的生态安全产生直接影响，需要直面应对，系统分析数字档案资源生态风险产生的人员因素，对数字档案资源形成者、管理者与利用者的潜在风险及其危害进行科学揭示。人作为数字档案资源生态管理的主体，不仅是数字档案资源生态管理中各种因素、关系的协调者，而且是防范数字档案资源生态风险产生、应对数字档案资源风险威胁的直接责任人。数字档案资源生态风险中的人员因素主要体现在以下三个方面：

一是数字档案资源形成过程中的人员因素，突出表现在数字档案资源形成者方面。形成者是数字档案资源生成的直接责任人，其风险观念与风险意识对数字档案资源安全具有能动性影响。如果数字档案资源形成者档案风险意识薄弱，必将对数字档案资源特征、价值等缺乏认识，对数字档案资源风险估计不足，严重影响数字档案资源的形成质量，制约数字档案馆的建设与发展。倘若数字档案资源归档不齐全、不完整，数字档案资源操作不规范，甚至直接造成相关数字档案资源的损坏、丢失等，这势必直接影响后续数字档案资源的业务管理及其开发利用工作，严重削弱数字档案资源的实际应用价值，严重制约数字档案馆社会功能的有效发挥。

二是数字档案资源管理过程中的人员因素，突出表现在数字档案馆管理者方面。管理者是数字档案馆管理与运行的直接参与者，对数字档案资源保管、存储、利用等产生直接影响，攸关数字档案

① 冯惠玲，王健，等.电子文件风险管理[M].北京：中国人民大学出版社，2008：25.

89

资源的长期安全存储与有效利用。一般来说，除了在数字档案资源管理过程中出现的人为破坏外，在传统档案资源的数字化转换与数字档案资源的整合集成、编研开发、利用服务以及共建共享等数字档案资源管理实践中，数字档案馆管理者自身的队伍状况、档案意识、法律意识、信息素养、技术技能、信息伦理以及风险意识等均与数字档案资源生态风险休戚相关，一旦数字档案馆管理人才缺乏、档案管理者档案意识薄弱、信息素养低、技术技能缺乏，严重制约数字档案资源的安全整合、安全存储、安全备份、安全开发、安全利用等，阻碍数字档案资源价值的最大化实现与数字档案馆功能的最大化发挥。如在数字档案资源管理信息系统的管理过程中，一旦档案管理者的信息素养、信息技能与信息伦理等欠缺，将会直接造成难以估量的信息系统管理风险，甚至造成档案泄密、失密、损坏等重大档案信息安全事故。

三是数字档案资源利用过程中的人员因素，突出表现在数字档案资源利用者方面。利用者即用户是数字档案馆的直接服务对象，他们直接面对档案部门并直接利用数字档案资源，不仅对数字档案资源的形成质量、管理水平具有发言权，而且在利用数字档案资源过程中同样存在潜在风险，对数字档案资源自身乃至数字档案馆整体等产生直接影响。实际上，这里的利用者可以分为两个层面，一方面是指合法利用者，即通过法定渠道并履行法定手续的档案利用者，他们是数字档案信息资源的利用主体，其档案信息利用安全与保密意识、档案信息利用权利与责任意识、档案信息利用伦理与道德意识以及其信息素养与技术技能等均对数字档案资源安全产生重要影响，不仅容易造成数字档案资源的信息泄密与失密，而且也会对数字档案资源自身的信息安全与载体安全产生潜在威胁，造成数字档案资源自身的真实性、准确性、完整性、可读性、可用性等质量缺损及其连带的历史文化损失、政治经济损失等；另一方面是指非法利用者，即通过病毒入侵、黑客攻击、外部泄密、软件漏洞等方式非法获取数字档案资源的利用者，这种利用行为不仅非法，而且对数字档案资源安全利用产生重大威胁，轻则造成档案信息的一般泄密，重则造成档案信息的永久消失。

（四）数字档案资源生态风险经济因素

众所周知，数字档案馆建设是一项"烧钱工程"，无论是数字档案馆建设中的软硬件投入与配备，还是数字档案资源建设，都需要大量资金的持续投入；无论是传统档案资源的数字化转换，还是数字档案资源自身的存储、保管与利用，都需要持续的资金投入，维持数字档案资源的长期安全存储与长远有效利用。一旦出现"资金匮乏、不愿投入、不当投入"①等状况，均会对数字档案资源管理带来现实风险。数字档案资源生态风险产生的经济因素突出体现在数字档案馆的资金投入方面，具体表现在以下方面：

一是档案部门所处行政区域经济实力方面。经济环境是影响数字档案馆生态系统生态平衡的重要环境因子，对数字档案资源建设产生重要影响。经济环境集中体现为档案部门所在区域的经济实力方面。众所周知，"数字档案馆技术要求高，更新速度快，涉及范围广，建设费用主要涵盖基础设施、数字档案信息资源存储、电子文件管理系统、多媒体档案管理系统、数字档案管理系统、档案网站、人力资源等方面，相对于传统档案馆，投入十分巨大"，是名副其实的"烧钱工程"②。可见，区域经济实力对其所在区域数字档案馆的数字档案资源建设具有直接的影响，是数字档案资源生态风险的重要制约因子之一，一旦"资金得不到保证，数字档案馆建设就变成纸上谈兵，数字档案馆生态系统便会因缺少财力支持而失衡"③，数字档案资源建设就会面临资金投入风险，资金投入面临匮乏，缺乏资金支持保障，既不能持续推进传统档案资源数字化转换，也不能为数字档案资源日常管理提供有效资金保障，不仅影响

91

---

① 冯惠玲，王健，等. 电子文件风险管理[M]. 北京：中国人民大学出版社，2008：28-29.

② 金波，丁华东，倪代川. 数字档案馆生态系统研究[M]. 北京：学习出版社，2014：277.

③ 金波，丁华东，倪代川. 数字档案馆生态系统研究[M]. 北京：学习出版社，2014：357.

数字档案资源建设的持续推进，而且还可能使既定的数字档案资源建设规划得不到有效落实，进而造成严重制约数字档案馆生态系统整体的建设与发展。如青岛市自 2001 年开始持续投入数字档案馆项目建设，工程投资总额达到 414 万元，分两期实施，至 2003 年 8 月各建设项目基本完成；2008 年，根据青岛市档案信息化发展要求，青岛市档案馆又投资 500 万元实施"电子公文和档案资源共享工程"①；据统计，青岛市数字档案馆建设工作从 2000 年开始筹划，到 2009 年底历时 10 年，投资约 1410 余万元，先后完成青岛市数字档案馆（2001—2003 年）、青岛市数字（电子）文件中心（2004 年）、电子公文和档案信息共享系统（2008—2009 年）三个项目（阶段）建设，逐步实现了馆藏档案数字化、机关文书档案在线移交及全文数字化、电子公文和档案信息网络共享三个阶段性目标②；2013 年，青岛市档案馆又提出《青岛市智慧档案馆建设方案》并获得了青岛市政府批准，列入市财力投资计划，旨在运用云计算、物联网和移动互联网等新技术综合管理档案实体信息、档案内容和档案业务信息。如今，青岛市数字档案馆已经建成局域网核心业务平台、电子档案管理和信息服务平台、互联网档案信息服务平台、档案信息移动服务平台等五大业务平台，建立了档案目录数据库、档案全文数据库、照片档案数据库、音视频档案数据库等多个档案信息资源数据库，实现了全域档案信息资源共享和各级档案馆网上联动服务，建立了包括在线备份、近线备份、离线备份及异地备份在内的数据安全机制，数字档案馆建设稳步发展，取得了显著的经济效益和社会效益③。可见，与数字档案馆建设相同，数字档案资源建设在一定程度上正是"烧钱工程"，与所处区域经济环境息息相关，离不开当地政府财政资金的持续投入，一旦资金断

---

①　于新华. 信息社会呼唤数字档案——建设全国首家数字档案馆的实践与体会[N]. 中国档案报，2009-6-22（1）.

②　孙立徽，何畏，郭懿峰. 青岛市档案局数字档案馆建设情况考察报告[J]. 云南档案，2010（4）：10-12.

③　展玉婷. 青岛市数字档案馆信息资源建设研究[D]. 济南：山东大学，2018：23-24.

供，往往会造成工程萎缩甚至中断，给数字档案资源建设发展带来诸多不确定性，严重制约数字档案资源建设的可持续发展。

二是档案部门所处政府部门对数字档案馆建设投入的政策支持方面。政府的重视对数字档案资源建设至关重要，可以为数字档案资源生态安全提供政策保障。数字档案馆建设对资金投入高度依赖，不仅需要强有力的经济实力作为后盾，而且也离不开政府部门对数字档案馆建设的重视，需要政府部门充分认识数字档案馆建设的重要性，将数字档案馆建设纳入政府国民经济与社会发展规划，从政策层面为数字档案馆建设给予政府支持，一旦离开了政府的重视，数字档案资源建设将面临投入不足乃至投入缺乏等现实风险。为此，各级档案行政管理部门需要将数字档案馆建设纳入档案事业发展规划，从战略层面系统规划数字档案馆建设与发展，为数字档案馆生态系统可持续发展提供政策指引，如国家档案局 2010 年印发《数字档案馆建设指南》、2014 年印发《数字档案室建设指南》《数字档案馆系统测试办法》、2015 年颁布《电子档案移交管理办法》、2016 年实施《数字档案室建设评价办法》、2017 年印发《企业数字档案馆(室)建设指南》、2019 年印发《档案移动服务平台建设指南》等一系列法律法规与标准规范，为国家数字档案馆建设提供行动指南，有力推动着数字档案资源的持续积累、整合集成与开发利用等。2013 年 10 月，"全国数字档案馆(室)建设推进会"在江苏太仓召开，会议提出了实施"存量数字化、增量电子化"战略，积极应对风起云涌的数字化、网络化、智能化浪潮给档案工作带来的新挑战。① 2020 年，新修订的《中华人民共和国档案法》(2020年 6 月 20 日第十三届全国人民代表大会常务委员会第十九次会议修订)对数字档案馆建设给予了特别关注，在不同条款中均从法律层面对数字档案馆建设给出了法治保障，其中，第三条明确规定："各级人民政府应当加强档案工作，把档案事业纳入国民经济和社会发展规划，将档案事业发展经费列入政府预算，确保档案事业发

---

① 陈娜娜. 党的十八大以来档案资源体系建设纪实[J]. 中国档案，2017(10)：14-15.

展与国民经济和社会发展水平相适应",并相应地对数字档案馆建设也给予高度重视,明确提出要求"各级人民政府应当将档案信息化纳入信息化发展规划,保障电子档案、传统载体档案数字化成果等档案数字资源的安全保存和有效利用"(第三十五条)、"国家鼓励和支持档案馆和机关、团体、企业事业单位以及其他组织推进传统载体档案数字化。已经实现数字化的,应当对档案原件妥善保管"(第三十八条)、"档案馆负责档案数字资源的收集、保存和提供利用。有条件的档案馆应当建设数字档案馆"(第四十条)、"国家推进档案信息资源共享服务平台建设,推动档案数字资源跨区域、跨部门共享利用"(第四十一条)①等,为新时期国家数字档案馆建设提供了有力法律依据与法治保障,推动国家档案治理体系和治理能力现代化。

三是档案馆(室)对数字档案资源建设经费的投入规划方面。除了上述区域经济实力与政府部门对档案事业的财力投入与政策支持外,档案馆(室)自身对数字档案资源建设资金投入支持的力度也是数字档案资源生态风险产生的另一重要经济因素,这涉及到档案部门的具体经费预算编制规划,直接反映出档案馆(室)自身对本馆数字档案资源建设的重视程度,如青岛市在数字档案馆建设过程中,始终聚焦数字档案资源建设,并初步形成了数字资源建设中的"青岛模式"现象,即"以档案存量数字化、增量电子化、资源共享化为核心,运用计算机、数字化、互联网等信息技术研究开发数字档案馆系统,以局域网、政务网和互联网三大核心业务平台为基础,搭建数字档案资源采集、管理和服务平台,并利用数据挖掘、知识管理等技术对数字档案信息资源进行深度开发,以充分发挥数字档案资源的价值,实现资源的共建共享。"②档案馆(室)作为数字档案资源建设的承担者,直接决定着其数字档案资源建设的投入

---

① 《中华人民共和国档案法》(1987 年通过,1996 年第一次修正,2016年第二次修正,2020 年修订)[Z].

② 展玉婷.青岛市数字档案馆信息资源建设研究[D].济南:山东大学,2018:24.

规划与支持力度，一方面可以通过持续、系统、稳定的数字档案资源资金投入支持，不断强化数字档案资源建设资金支持力度，推进馆藏档案资源数字化转化、电子档案资源的收集管理、数字档案资源数据库建设等，确保数字档案资源建设的系统演进与持续壮大；另一方面档案馆(室)对数字档案资源建设投入力度的大小直接关系着数字档案资源的数量与质量，如档案资源体系结构完善与否、档案资源内容丰富程度、档案资源质量规范与否以及档案资源规模的大小等均对资金投入高度依赖，需要档案部门投入相当的财力支持方能推进数字档案资源建设的可持续发展；一旦资金支持削弱，档案馆(室)的数字档案资源建设则将明显受限，直接激活数字档案资源生态风险的产生运行，对数字档案馆建设势必造成重大负面影响。江苏省常州市高度重视档案信息化建设投入，2014年成功创建首家省5A级数字档案馆，2016年"全国示范数字档案馆"顺利通过国家档案局验收，全新的馆藏档案业务系统和虚拟档案室系统、库房智能化管理系统、民生档案利用系统、"常州档案"门户网站、数字档案馆控制中心、带有元数据的电子文件在线归档和长期保存系统等一系列信息化系统相继建成并投入使用；在馆藏档案数字化方面持续投入，据统计，2006年至2010年投入70余万元，对部分重要、珍贵、利用频繁的档案进行数字化；2011年至2014年累计投入690.6万元开展了大规模的馆藏档案数字化工作，累计数字化纸质档案36684495页，照片档案29016张，多媒体档案13560分钟，并建立各类数据库83个，目录数据共10426746条，其中涉及民生的专题数据库有19个，馆内保存的数字档案资源达到197TB，整体数字化比例达81.6%。① 众所周知，"档案资源建设规划是有效管理和开发利用国家档案资源的前提和基础……只有落实档案资源建设规划，档案资源建设、档案服务才有了根基，'面向公众需求'进行档案资源建设和服务便不会成为

---

① 缪秋君，王文兰.让档案插上腾飞的翅膀——常州市档案馆创建"全国示范数字档案馆"工作纪实[J].档案与建设，2017(4)：73-75.

一句空话。"①为此，面对信息社会的快速发展和档案信息化建设的快速推进，档案馆(室)需要在数字档案馆建设过程中抓住"数字档案资源"这一"牛鼻子"，不断强化数字档案资源建设规划，明确数字档案资源建设重点项目，切实增强经费支持保障，加大资金投入力度，多方筹措馆藏数字档案资源建设经费，不断提高数字档案资源建设水平，通过主动作为，合理规避并破解数字档案资源建设中的经济风险，为数字档案资源建设构建科学有效的经费支持保障机制，确保"有米可炊"，推进数字档案资源建设可持续发展。

三、数字档案资源生态风险分布

　　数字档案资源作为网络环境下形成的新型档案资源，无论是在数字档案资源的形成与收集中，还是在数字档案资源的保存与管理中，抑或在数字档案资源的服务与利用时，风险始终与数字档案资源"如影随形"，广泛分布在数字档案资源的归档、接收、征集、分类、保管和利用等业务管理过程中，在数字档案资源管理生命周期的不同阶段均有不同体现。当前，数字档案资源的生成环境越来越广，形式种类越来越多，资源数量越来越大，广泛分布于国家机关、社会组织和个人等各类公私活动中，并在人类活动过程中发挥着越来越重要的凭证和参考作用，是当代数字信息资源的重要构成，成为国家重要数字信息资产，攸关国家的信息竞争力与文化软实力。与此同时，数字档案资源自身面临的风险及其危害也不容小觑，不仅危及数字档案资自身的生态安全，对数字档案资源的长期存储与有效利用带来负面效应，而且严重制约数字档案资源价值功能的实现，直接影响数字档案资源在现代经济社会发展中的作用发挥与功能拓展。当前，"数字档案信息的在线保护是信息化时代给档案保护工作提出的新挑战，并给档案的长远利用带来了许多管理

---

　　①　周耀林，赵跃，等．面向公众需求的档案资源建设与服务研究［M］．武汉：武汉大学出版社，2017：175-176.

和技术上的问题，并非一朝一夕依靠若干项新技术新方法就能得到彻底解决，这一领域的探索和创新将会是档案界在 21 世纪的核心课题和任务。"①为此，档案部门与档案工作者需要树立风险意识，深化数字档案资源生态风险认识，厘清数字档案资源生态风险分布，为数字档案资源生态管理提供参考。当前，数字档案资源生态风险主要分布在存储载体、信息内容、技术应用、管理制度与开发利用等五方面：

（一）数字档案资源存储载体风险

随着人类社会的发展与记录材料的演变，档案信息存储载体经历了由甲骨、金石、简牍、缣帛、纸张等传统载体到胶片、磁带、光盘、磁盘等现代载体的历史转变。当前，数字档案资源存储载体主要有软盘、硬盘、光盘、磁带、U 盘等，其中，U 盘主要用于临时存储与信息传递，硬盘主要用于在线大容量存储，而光盘、磁带主要应用于脱机保存。数字档案资源存储载体主要存在三种可能导致档案信息丢失的风险②：即无法抗拒的自然灾害、人为有意破坏或者密码丢失、存储介质的损坏等；其中，存储介质受损主要有质本身的质量和寿命、保存环境状态的恶劣、操作不当的刮伤破坏等三方面原因造成。从存储载体视角分析数字档案资源生态风险状况，首先要明确"存储不仅是设备本身，也不仅是技术本身，还包含了更加复杂的系统化的全局观念和新颖的管理理念"③，这就要求我们应当从战略高度去认识和分析数字档案资源存储载体风险，不仅要对数字档案资源存储载体面临的风险危害有一定的认识高度

① 陈永生. 档案长远利用的多重挑战及安全保护措施（下）[J]. 北京档案，2007(4)：16-19.

② 陈永生. 档案长远利用的多重挑战及安全保护措施（下）[J]. 北京档案，2007(4)：16-19.

③ ［新加坡］G. Somasundaram，［美］Alok Shrivastava. 信息存储与管理（第 2 版）：数字信息的存储、管理和保护[M]. 马衡，赵甲，译. 北京：人民邮电出版社，2013：1.

和深度，而且要对数字档案资源存储载体风险分布有全面的了解和把握，以便掌控数字档案资源存储载体风险的现实分布状况与客观危害表现。当前，数字档案资源存储载体风险主要分布在载体寿命、载体环境、载体迁移三个方面，这是数字档案资源载体风险的核心部分，其具体风险状况表现如下：

一是存储载体寿命风险。载体寿命是指对数字档案资源存储载体所保存档案信息数据的有效保存时间长度，"一般载体寿命是取其物理寿命与技术寿命中时间较短的数值。其中，技术寿命是该技术被淘汰的时间，物理寿命是通过人工老化试验估算的时间。"①数字档案资源存储载体作为新型档案载体，包括磁带、磁盘以及光盘等，其制成材料主要是化学合成材料和磁性材料，给档案安全带来新的挑战。与传统纸质载体相比，数字档案资源存储载体具有明显的脆弱性，物理寿命相对较短，且极易遭受光线、磁场、灰尘、温度以及湿度等自然环境的直接影响。为此，在数字档案资源建设管理过程中，档案部门应根据数字档案资源的不同用途而选择采用合适的载体，务必要选用那些口碑良好且符合存储标准的优质载体，确保存储载体质量与寿命能够有效满足数字档案资源的管理利用需求，防止因为载体的寿命风险对数字档案资源管理与利用产生危害。

二是存储载体环境风险。数字档案资源载体是现代科学技术应用于档案工作领域的直接产物，具有信息存储的高密度性、载体的脆弱性、保管费用的高昂性以及对信息系统的依赖性等特征，不仅对信息存储载体环境的要求高，而且对自然灾害、病毒与黑客的攻击、技术失误、不当操作等造成的危害抵御能力也不强，很容易导致数字档案资源信息内容的损坏甚至永久丢失，造成"社会失忆"。为此，在数字档案资源存储过程中，需要对数字档案资源载体环境危害具有清晰的认识，并有针对性地采取有效防护预警措施，确保数字档案资源存储载体所处环境的安全。

---

① 冯惠玲，刘越男，等. 电子文件管理教程(第2版)［M］. 北京：中国人民大学出版社，2017：237.

三是存储载体迁移风险。数字档案资源存储载体虽然具有高密度性、信息与载体的可分离性以及信息备份的便捷性等优势，但也面临着信息的非人工识读性与对信息技术和新系统的依赖性等客观特性，是数字档案资源存储载体风险的重要源头之一。"计算机存储介质无论其物理寿命多长，其相关技术都会无可避免地过时，因而未来定期更新电子文件载体是必不可少的操作。"①为此，在数字档案资源管理中，需要根据存储载体的客观状况与现实要求，科学地推进数字档案资源载体迁移，破解技术异构、系统异构、平台异构等现实威胁，防止载体过时与数字档案信息的不可读，确保数字档案信息的长期可读、可用与可信。

（二）数字档案资源信息内容风险

随着大数据时代的到来，数字档案资源建设面临的风险隐患将不断增加，面临的风险形势也日趋严峻复杂，"不建设好档案安全体系，今天的电子文件和数字档案在若干年后将无法读取，信息空白的惨剧将无法避免。"②数字档案资源信息内容风险指的就是由于遭受内外风险导致数字档案资源信息内容受损，制约数字档案资源信息内容的真实性、完整性、可读性与保密性。数字档案资源信息内容风险主要分布如下③：

一是数字档案资源信息内容真实性遭到破坏风险。真实性是档案价值的核心，是数字档案资源价值的生命线。如果数字档案的原始性遭到破坏，就无法客观地反映事实原始面貌，那无疑对档案的价值造成致命危害。例如，1996年，加拿大调查委员会举行了一场关于本国士兵在索马里驻军情况的听证会。当委员会的成员们在

---

① 冯惠玲，刘越男，等. 电子文件管理教程（第2版）[M]. 北京：中国人民大学出版社，2017：236.

② 杨冬权. 在全国档案安全体系建设工作会议上的讲话[J]. 档案学研究，2010(3)：4-12.

③ 黄敏敏. 数字档案馆风险预警研究[D]. 上海：上海大学，2017：24-25.

观看国防部门的一个数据库中的文件运行的时候，发现了一些诸如空白的不正常的情况，成员们一致觉得这些记录失去了其真实性，不能向未来的研究人员提供利用。

二是数字档案资源信息内容完整性风险。完整性既是数字档案资源信息内容安全的重要内容，也是数字档案资源信息内容风险的关键要素。如果数字档案资源信息内容的完整性遭到破坏，就会导致档案信息的无法利用，不仅会削弱用户数字档案资源利用的积极性，而且会严重影响数字档案资源的利用价值。例如，1990 年联邦德国与民主德国统一之后(即"两德统一")，联邦档案馆接管了原德国政府 30 多万个职员的个人信息数据，这些数据包含了政府职员的个人职业生涯信息，可以帮助人们了解原东德政府的职员的活动情况，可惜这些数字档案信息并不完整，许多电子档案丢失了其支持性文件而无法为人们所用。联邦档案馆后来花费了很多时间、人力、物力和财力才得以恢复。

三是数字档案资源信息内容可读性。可读性是对数字档案资源信息内容的基本要求，不仅影响到数字档案资源信息内容质量的优劣，而且关系到数字档案资源信息的长期安全存储与长远有效利用。数字档案信息内容的不可读将直接影响到档案信息的利用保存价值，如在数字档案资源管理过程中，可能出现压缩后的电子文件(档案)在经过解压之后打不开，还有就是打开之后发现是空白或者乱码的情况，相同情况的也会出现在文件传输、转存和迁移之后。例如，1990 年美国在一份众议院报告中披露了政府机关数字档案资源因档案信息记录格式异构问题造成信息内容无法识读的案例，包括了公共突发法律审查委员会的文件(档案)、防止吸食毒品委员会的文件(档案)等。这些数字档案信息都是因为无法进行识别而丧失了其利用保存价值。

四是数字档案资源信息内容保密性风险。保密性是数字档案资源另一重要属性，是档案保密性的直接体现，是数字时代国家档案资源保密安全体系建设的重要内容。如果数字档案资源的保密性受到威胁，那么后果将不堪设想。如果不涉及国家机密，但是数字档案馆保存的公众隐私文件被剽窃，那么公众的隐私会被侵犯，该档案就失去了其保存的价值；如果是涉及国家机密的文件，那对国家来说无疑是一场灾难。据统计，2006 年，我国有上千万个 IP 地址的主机被"间谍软件"程序攻击；"间谍软件"导致美国很多军事部门的机密数据信息暴露在网络上。因此，当涉及国家机密的文件的保密性受到威胁时，表面上影响的是国家安全防御机制的有效运行，实际上影响的是国家总体安全。

（三）数字档案资源技术应用风险

当前，"技术双刃剑"效应已经成为时代共识，它"既给人类带来进步与繁荣，又给文明世界带来许多令人担忧的问题，现代技术问题成为当代人类面临的重要问题。"①随着现代信息技术的快速发展与广泛应用，它在为数字档案资源管理带来便捷高效的同时，也为数字档案资源管理带来了不容小觑的安全隐患，给数字档案资源安全管理带来了严重挑战，需要对此具有清晰认识。无论是数字档案资源的存储载体风险，还是数字档案资源的信息内容风险，均与技术密切相关，既包括技术应用的适应性问题，也包括技术自身的安全性问题。

技术风险在数字档案馆建设中广泛存在，对数字档案资源安全造成重要影响，如数字档案馆技术架构的好坏、档案信息管理系统软件的成熟度、档案管理软件提供方的技术能力以及相关技术应用能力与经验等，均会给数字档案资源安全带来直接影响。2010 年 6 月，国家档案局印发《数字档案馆建设指南》（档办〔2010〕116 号），明确提出"数字档案馆的安全包括数字档案数据的安全和信息系统及其网络平台的安全。数据安全就是要保证数字档案信息的可靠、可用、不泄密、不被非法更改等。系统及其网络平台安全就是要保持系统软硬件的稳定性、可靠性、可控性"。② 当前，随着数字档

---

① 张成岗. 技术风险的现代性反思[J]. 华东师范大学学报（哲学社会科学版），2007(4)：32-38.

② 国家档案局. 数字档案馆建设指南（档办〔2010〕116 号）[Z].

案资源的海量生成，尤其是在档案数字化过程中，"数字档案长期保存的要求与计算机设备隔代不兼容的矛盾依旧突出，锁定既定的设备制定一系列保管措施的做法一直无法化解这对矛盾，数据丢失的风险依然存在"①，迫切需要建立风险应对机制，"借助现代科技手段，积极推进科技创新和成果转化，不断提高档案安全工作的科技含量和现代化水平"②，确保数字档案资源数据格式、系统运行、存储环境、开发利用等规范可控，规避数字档案资源技术风险危害，确保数字档案资源长期安全保存和长远有效利用。当前，数字档案资源技术应用风险主要是由软硬件配置、系统运行环境、维护不当等引起的风险，造成数字档案信息被篡改、伪造、窃取、丢失、泄密等重大威胁。数字档案资源技术应用风险突出表现为：

一是信息存储技术风险。安全存储是档案信息数据存储、数据备份、数据转换、异地存储等数字档案资源生态管理的内在要求，关系到数字档案资源的长期安全保存与长远有效利用，一旦信息存储硬件设备遭受意外损坏、存储介质老化、失效甚至遭遇自然灾害威胁等，都会极易造成数字档案资源信息内容的丢失、数据信息的损坏等现实风险。为此，数字档案资源信息存储对存储软硬件设备要求非常高，不仅涉及到网络存储硬件设备即存储介质的稳定性与可用性，而且涉及到应用系统软件设备的可靠性与可读性，直接影响数字档案资源信息的长期安全存储和长远有效利用。

二是系统运行环境风险。数字档案资源管理对管理信息系统运行环境要求极为苛刻，直接攸关数字档案资源的物理实体安全与信息内容安全，既涉及到包括如网络布线、网络联接、局域网和广域网环境的构建等网络基础建设环境，也包括交换机、路由器等网络硬件设备配备环境，还涉及防尘、防震、防火、防潮、防水、防磁干扰以及适宜的温、湿度环境等物理环境，一旦达不到相应标准上

---

①　谈胜祥. 档案数字化风险警示与对策[J]. 中国档案，2016(4)：62-63.

②　李明华. 在全国档案安全工作会议上的讲话[J]. 中国档案，2017(7)：14-21.

要求，均会对系统安全运行带来严重威胁；与此同时，数字档案资源管理系统环境也对系统兼容有较高要求，突出表现为数字档案信息管理系统不能很好地与其他信息管理系统相兼容，造成数字档案资源数据信息的损坏与丢失等。

三是网络平台技术风险。主要表现为网络配置风险、传输介质风险、稳定运行风险等，特别是网络配置的质量低劣、功能欠缺、性能落后、配合不当等，均会导致网络系统功能无法充分发挥作用、软件无法运行，或运行不稳定，直接影响到网络系统及其应用的正常运转，从而制约网络运行和数据传输的速度，甚至造成部分或全部数据的出错或丢失，对数字档案资源信息内容的管理、利用与传输等造成现实威胁，危及数字档案资源在系统平台中的安全运行。

四是软件应用技术风险。软件是网络系统安全运行的灵魂，是数字档案信息系统得以正常、安全运行的前提条件。网络环境下，数字档案信息时刻面临各种有意或无意破坏的软件应用风险，主要表现为由于软件选择、软件设计、功能设置、升级更新、参数配置等造成的软件运行失衡或安全漏洞，使其容易遭受到入侵、删改、篡改、删除等攻击破坏，为数字档案资源管理、服务与利用等带来安全隐患和风险威胁。

（四）数字档案资源管理制度风险

制度是现代社会运行的基石，不仅是社会法治化管理的基础，而且是各行各业健康有序运行的基本保障。"任何制度都存在于一定的制度系统之中，都在与其他制度的互动中实现自身的目标，一旦环境中的某些制度与其发生冲突，就会使制度的结局或结果偏离预期而出现风险。"①数字档案资源管理过程中，不仅面临上述存储载体风险、信息内容风险与技术应用风险，而且也面临着管理制度风险，对数字档案资源的长期保存、信息读取、信息安全、整合挖

103

---

① 李文祥. 论制度风险[J]. 中共长春市委党校党报，2008（5）：13-17.

掘、开发利用等产生直接影响，需要切实增强档案工作者制度管理意识，强化数字档案资源制度建设，推进数字档案资源管理的规范化、标准化与科学化。

"对于电子文件管理而言，技术转型和制度转型应该是同步向前的。如果将技术变革视作工具性变革的话，那么制度的变革则是更为根本的变革。"①随着数字档案馆建设的快速推进，制度建设还不能适应快速增长的数字档案资源管理需求，需要进一步强化数字档案资源制度管理，全面揭示数字档案资源管理面临的制度风险，为数字档案资源风险管理奠定制度基础，保障数字档案资源长期安全存储和长远有效利用。数字档案资源管理制度风险主要表现为：

一是数字档案资源管理制度体系不健全。随着数字档案资源的急剧增长，"以数字档案为鲜明特征的现代档案安全危机给档案保护带来了一轮又一轮的冲击"②，数字档案资源面临着管理手段、管理方式、管理模式的转型考验，对数字档案资源的长期存储与有效利用产生深远影响，迫切需要树立制度管理意识，强化制度体系建设，围绕数字档案资源建设与发展，建立健全数字档案资源制度管理机制，优化数字档案资源管理制度体系，消解网络环境下数字档案资源管理面临的危机与挑战。当前，数字档案资源管理制度风险主要表现为制度建设滞后、制度内容缺乏、制度体系不健全，迫切需要强化制度体系建设，聚焦数字档案资源制度顶层设计，从宏观上规划新形势下国家数字档案资源管理的制度设计，推进数字档案资源管理制度的修订、完善、补充与替代，健全数字档案资源管理制度体系，确保数字档案资源管理"有法可依"，科学应对数字档案资源管理风险，使制度成为数字档案资源管理的规则之光、智慧之光与理性之光，为数字档案资源管理规范化、标准化与科学化奠定制度基础。

---

① 冯惠玲. 论电子文件的风险管理[J]. 档案学通讯, 2005(3)：8-11.

② 陈永生. 档案长远利用的多重挑战及安全保护措施(上)[J]. 北京档案，2007(3)：21-24.

二是数字档案资源管理制度内容不科学。"制度不应该是一成不变的，它应该随着环境的变化而发生改变，而这种制度的发展也就是社会的发展"①。数字社会瞬息万变，新事物、新现象、新问题层出不穷，社会发展日趋多元，人们的生活方式、工作方式、学习方式、娱乐方式甚至思维方式等均产生显著变革，不仅需要制定新制度适应新社会，而且需要完善旧制度应对新发展，对现存相关制度内容进行及时更新，确保制度内容适应数字档案资源实际管理需求。如数字档案资源管理中的知识产权保护问题，这不仅是传统档案资源开发利用中知识产权保护问题的继续，而且反映出网络环境下档案知识产权问题的新变革，需要重新审视传统档案知识产权保护相关制度内容，及时更新档案知识产权制度内容，践行"知识产权制度通常都标志着现代化文明程度，利用法律和制度对知识产权进行适当的尊重和保护"②理念，适应数字档案资源管理环境下的知识产权保护新要求。

　　三是数字档案资源管理制度执行不到位。数字档案资源制度管理不仅要高度重视"建章立制"，而且要狠抓"贯彻落实"，不能仅停留在制度建构层面的"有法可依"，还需要积极贯彻"一分部署、九分落实"的管理理念，推进数字档案资源管理的"执法必严"。当前，数字档案资源管理需要在建立健全规章制度基础上，强化数字档案资源各类管理规章制度的贯彻落实，"加强对规章制度执行情况的监督检查，建立起长效机制，确保规章制度落到实处"③，增强数字档案资源管理制度的执行力，使得管理制度不至于仅仅流于形式，而是要通过制度的付诸实施来提高数字档案资源管理的制度保障能力，增强数字档案资源治理能力，促进数字档案资源可持续发展。

---

　　①　谭希培，李仲陶. 论我国网络社会信息管理制度创新[J]. 湖南文理学院学报(社会科学版)，2003(6)：65-69.

　　②　曾素梅. 基于知识产权的制度风险与法律控制分析[J]. 人民论坛，2015(11)：124-126.

　　③　王良城. 档案安全保障体系建设基本任务探析[J]. 中国档案，2010(4)：18-19.

(五)数字档案资源开发利用风险

随着档案信息化的深入推进,档案利用工作方式、手段与模式等均发生重大变革,不仅有效促进了数字时代档案利用服务工作的创新发展,更好地满足人民群众日益增长的多元数字档案资源利用需求,而且也进一步放大了档案利用过程中的生态风险,特别是网络环境下的数字档案资源开发利用风险尤为突出,究其原因,一方面源于"技术的双刃剑"效应在网络社会中的突出表现,使得数字档案资源利用风险广泛分布,如数字档案资源的整合挖掘、编纂加工、传播共享等,均面临着数字档案资源的数据损坏、数据丢失、数据篡改、数据销毁等风险;另一方面数字档案资源利用还同样面临着档案信息内容的保密与开放利用之间的现实矛盾,并且在网络社会环境下表现得为更为突出,面临来自黑客攻击、数据窃听、非法访问、病毒侵袭、假冒身份、权限扩散、操作失误等各种各样的泄密风险,需要引起高度重视。

网络社会,数字档案资源利用风险普遍存在,在数字档案资源管理过程中,规避数字档案资源利用风险,维护数字档案资源的利用安全,确保数字档案资源数据安全,不仅是数字档案资源生态安全的根本要求,而且是数字档案资源利用安全的核心内容。数字档案资源管理过程中,档案数据安全风险无处不在,档案数据安全集中表现在网络级安全、数据级安全与应用级安全三个层面①。随着数字档案馆生态系统的形成与发展,数字档案资源利用逐渐成为现代档案资源利用的主要方式,需要秉承"安全第一"原则,树立"安全意识",全面分析数字档案资源开发利用风险因子,为维护数字档案资源利用安全奠定基础。当前,数字档案资源开发利用风险主要表现为:

一是档案人员安全意识风险。数字档案资源利用过程中,档案

---

① 薛四新,王玉,孙宇华.数字档案安全应用研究[J].档案学研究,2003(3):44-46.

人员的安全风险意识尤为重要，不仅关系到数字档案资源的利用安全，确保数字档案资源网络安全连接和信息安全传输，防止因数字档案资源利用中产生档案信息泄密而造成档案利用风险危害；而且攸关数字档案资源安全利用保障体系的构建，需要从制度层面完善数字档案资源利用制度和技术标准，建立健全数字档案资源安全利用制度，确保用户数字档案资源利用安全，激活社会数字档案资源信息消费，充分发挥数字档案资源价值功能。

二是档案数据安全风险。2016 年 4 月，《全国档案事业发展"十三五"规划纲要》（档发〔2016〕4 号）明确提出，档案事业发展要"坚持安全第一、守牢底线。把档案安全摆放在档案工作头等重要位置，坚持实体安全与信息安全并重，切实提升安全保障能力，牢牢守住档案安全底线。"①数据安全是数字档案资源利用的内在要求，必须将档案数据安全放在第一位，全面分析数字档案资源利用中存在的载体风险、信息风险、传播风险、管理风险、制度风险等安全风险因子，建立健全档案数据安全管理制度和相关标准体系，科学构建人防、物防、技防"三位一体"的数字档案资源安全利用保障体系，确保档案信息内容、档案信息数据及档案网络设施的安全可靠与有效利用。

三是档案信息泄密风险。数字档案资源开发利用过程中，开放与保密、安全与泄密之间的矛盾始终存在，必须"正确处理开放与保密的关系，搞好新中国成立后的档案降密、解密工作，加快中华人民共和国成立后档案开放的速度；切实处理好开放档案与被控制档案的关系，做到该开放的开放，该控制的控制"②机密性是数字档案资源利用的基本属性之一，"确保电子文件信息的机密性"与"维护电子文件的完整性""确保电子文件信息的真实性""保障电子文件的可用性"一起共同构筑成电子文件安全管理的基本目标③，

107

①　国家档案局. 全国档案事业发展"十三五"规划纲要（档发〔2016〕4号）[Z].

②　冯惠玲，刘越男，等. 电子文件管理教程（第 2 版）[M]. 北京：中国人民大学出版社，2017：406.

③　冯惠玲，刘越男，等. 电子文件管理教程（第 2 版）[M]. 北京：中国人民大学出版社，2017：406.

也是数字档案资源利用安全的内在要求。随着数字档案馆建设的深入推进，数字化利用不仅将成为档案利用的主要方式，而且也面临着各类泄密风险，需要建立健全数字档案资源利用安全保密管理体制，从制度、技术、人员等多个角度采取有效措施，保证机密或含有敏感信息的数字档案资源不被窃取，或者窃取者即使非法获取到数字档案资源也不能了解其真实含义，确保数字档案资源利用安全。

四、数字档案资源生态风险危害

安全是档案工作的底线，是档案事业可持续发展的根基。数字档案资源安全与风险相伴相生、如影随形，确保安全是数字档案资源生态管理的根本要求，防范风险是数字档案资源生态管理的实践路径。从风险管理视角分析数字档案资源生态安全，不仅有利于全面揭示数字档案资源生态风险危害，深刻把握数字档案资源生态管理内涵，而且有利于强化风险意识与风险管理管理思维，确保数字档案资源安全收集、安全存储、安全保管与安全利用，有效防范并科学应对数字档案资源生态风险及其危害。当前，数字档案资源在海量剧增的过程中，其形成、收集、整理、鉴定、保存、管理、利用等业务管理过程中风险要素广泛分布，面临着各类现实风险与潜在风险，对数字档案资源自身的长期安全存储与长远有效利用产生直接影响，加剧数字档案资源生态风险危害，需要科学阐释数字档案资源生态风险危害，增强风险意识，提高风险管理能力。数字档案资源生态风险危害主要体现在以下几个方面：

（一）数字档案资源载体损坏

一直以来，档案信息对竹简、缣帛、纸张、胶卷、胶片等传统档案信息载体依附性很强，离开了载体，档案信息则无法读取，一旦载体遭遇损坏，依附在载体上的档案信息则会相应的遭遇危害，轻则造成信息内容的不全，重则导致档案信息的永久消失。信息时代，数字档案资源载体出现了革命性变化，形成了包括软盘、光盘、磁盘、硬盘、闪存盘、存储卡等在内的新型档案信息载体，不仅大大提升了档案信息存储容量，而且为档案信息资源备份、传输、开发、利用与共享等带来了极大便利。数字档案资源语境下，"载体安全则主要指电子档案存储载体和软硬件系统等运行环境稳定、存续，不被盗取、破坏，可以支持电子档案存储和读取。载体安全是实体安全和信息安全的基础前提，如果载体遭到破坏，也意味着档案实体会遭到损坏。"①面对数字档案资源载体寿命短、存储介质脆弱、存储环境要求高以及数字档案馆库房安全隐患多等现实风险，数字档案资源载体遭遇损坏的风险凸显，既对数字档案资源载体自身安全带来了巨大挑战，也对数字档案资源生态安全造成重大冲击。随着大数据、云计算技术的发展与应用，云存储（Cloud Storage）逐渐成为信息时代数字档案资源在线存储（Online storage）模式，它不是指某一个具体的设备，而是一个由众多存储设备和服务器构成的集合体，包括公共云存储、私有云存储、混合云存储等。云存储在节省投资费用、简化管理、远程访问、备份、归档和灾难恢复方面具有一定优势的同时，也面临着诸如云存储服务提供商的差异性、云存储平台的安全性、云存储下的数字档案信息的安全性以及云存储技术标准、云存储投资成本等现实风险。②

当前，载体安全不仅是数字档案馆安全保障体系建设的重要目标，而且应当成为数字档案资源生态管理重要内容与基本要求，面对数字档案资源载体风险及其危害，档案部门需要科学构建的数字档案资源存储载体安全保障体系，采取有效措施和管理手段应对载体安全隐患，防范数字档案资源载体安全风险，保持数字档案资源

---

① 陈永生，苏焕宁，等. 电子政务系统中的档案管理：安全保障[J]. 档案学研究，2015(4)：29-30.

② 周耀林，王艳明. 电子文件管理概论[M]. 武汉：武汉大学出版社，2016：163.

载体的稳定性、可靠性与可控性，确保数字档案资源的长期安全存储与有效利用。数字档案资源存储载体的选择需要遵循以下原则①：一是存储载体要尽量符合国际与国家标准；二是相关软硬件有发展前途且具有多个供应渠道；三是存储载体内在性能稳定且耐久性得到公认；四是存储载体保护方便；五是存储载体及其记录所必备的软硬件价格适中；六是载体质变现象易检测等。

（二）数字档案资源信息破坏

信息安全是数字时代国家档案安全的重要内容，是数字档案资源生态安全的核心要求，攸关数字档案资源信息内容的齐全完整、准确可靠与可读可用等。数字档案资源信息安全集中体现在信息内容的原始性、真实性、完整性、保密性与可用性等方面②，具有易消失性和易修改性等特点，安全风险大，其信息内容安全是数字档案资源生态安全的核心。

数字时代，"网络、计算机存储器和信息系统是数字化档案信息生存的基础，也是引发安全问题的风险基地。黑客攻击、病毒蔓延、信息窃取、技术落后、制度不健全、管理不规范、措施不到位、治理不及时是产生不安全因素的根源"③，给数字档案资源信息内容安全带来了不可忽视的风险隐患，既包括来自传统载体的损坏导致的信息内容无法读取，也包括信息系统环境的破坏导致信息内容的丢失、泄密、失真、失密等信息破坏，具有隐秘性大、渗透性广、动态性强、综合性高等特点。在数字档案馆建设中，需要高度重视数字档案资源信息安全，综合运用现代技术、管理方法、法律法规、标准规范等进行综合管理，不断加强数字档案资源信息安

---

①　丁海滨，赵淑梅. 电子文件基础管理［M］. 北京：中国档案出版社，2007：218.

②　聂云霞，张加欣，甘敏."互联网+"背景下数字档案资源安全研究［J］. 浙江档案，2016（6）：22-25.

③　陈永生，薛四新，数字化档案信息的安全保障体系研究［J］. 档案学通讯，2005（4）：51-54.

全制度建设，提高档案工作者的档案风险意识与档案安全责任意识；增强数字档案资源管理信息系统的安全防范能力，确保数字档案资源建设管理系统中软硬件系统的稳定、可靠；构建科学有效的信息网络安全管理与风险防范预警管理体系，维护数字档案资源管理信息系统网络安全，确保数字档案资源生态安全。

（三）数字档案资源管理失序

当前，"大数据时代在不断改造传统产业的同时，也对传统档案管理模式提出了挑战。"①面对现代信息技术的深度融合应用与社会发展的加速转型变革，数字档案资源管理也面临着客观的管理难题，"与纸质档案相比，数字档案正处于'成长'的危机之中，随时都有可能因某种技术、经济、政治或法律等原因使这种危机爆发为获取数字档案信息的严重阻碍"，如"数字档案长期保存的价值问题""数字档案的长期存取问题""数字档案数字化后的失真问题""数字档案管理中的安全问题""数字档案管理中的诸多技术问题""数字档案长期保存的标准化问题"以及"数字档案管理中的法规问题"等②，为数字档案资源生态安全带来诸多隐患，造成数字档案资源管理失序。数字档案资源管理失序指的是在数字档案资源管理的过程中，由于数字档案资源管理主体的风险意识薄弱，且其管理方法、管理模式、管理体制、管理机制、管理制度、管理标准等与海量剧增、类型多样、格式多元的数字档案资源之间产生现实矛盾，导致数字档案资源管理效率低下、效益不佳、效果不好甚至产生管理混乱等极端情况，严重影响数字档案资源管理效率效益，制约数字档案馆生态系统的可持续发展。当前，数字档案资源管理失序主要表现为：

---

① 杨冬权. 在全国数字档案馆（室）建设推进会上的讲话[J]. 中国档案，2013（11）：16-21.

② 赵豪迈. 数字档案长期保存研究[M]. 西安：陕西师范大学出版总社，2015：4-11.

一是数字档案资源管理不善，突出表现为管理不科学、不规范。数字档案资源作为信息时代中的新型档案资源，不仅类型多样，来源广泛，增长快速，而且缺乏现成的有效管理经验，一方面其管理模式、管理方式、管理方法等都处在摸索阶段，管理科学性有限，还不能很好适应新形势下数字档案资源的建设发展需求；另一方面作为代表未来档案资源发展趋势的数字档案资源，还面临着格式标准不一致、管理模式单一、服务方式创新不够，数字档案资源管理的规范化、标准化有待进一步提高。

二是数字档案资源整合不充分，突出表现为不集成、不及时。整合是数字档案资源管理的内在要求，是数字档案资源利用的基本前提，有利于提升数字档案资源信息质量，丰富数字档案资源开发内容，激活数字档案资源信息消费，促进数字档案资源服务创新。在数字档案资源建设管理实践中，资源整合既是数字档案馆建设的重要内容，也是数字档案资源生态管理的内在要求，攸关数字档案资源价值及其功能的有效实现。一方面，数字档案资源海量剧增，呈现形式多样，类型结构多元，资源分布不均衡，集约化程度不够，集成管理有待提升，迫切需要深化整合，创新数字档案资源整合方式，提高数字档案资源整合水平；另一方面，数字档案资源生成速度快、分布范围广，载体脆弱性明显，信息内容易消逝、易损坏、易篡改，需要加强数字档案资源管理的时效性，及时应对海量剧增的数字档案资源潜在风险，确保数字档案资源的及时收集、归档、保管、整合与利用，激活数字档案资源社会价值，促进数字档案资源共享利用，提升数字档案资源管理效益。

三是数字档案资源管理制度不完善，突出表现为规章制度不健全、制度管理流于形式等。当前，数字档案资源在制度层面仍面临着现实风险，数字档案资源制度建设还不能适应快速增长的数字档案资源管理需求，人们对数字档案资源管理内涵的认识有待深化，对数字档案资源的管理规律有待挖掘，对数字档案资源的管理保障有待加强，需要进一步完善数字档案资源管理体制机制与制度内容体系，强化数字档案资源管理的规章制度建设，丰富数字档案资源管理制度内容，为数字档案资源制度管理奠定制度基础，确保数字档案资源管理的规范化、标准化与科学化。与此同时，数字档案资源制度管理不能仅仅停留在制度建构层面的"有法可依"，还需要贯彻"一分部署、九分落实"理念，推进"执法必严"，强化数字档案资源管理规章制度的实际落实，使得制度不至于仅仅流于形式，而是要通过制度的实践落实提高数字档案资源管理的制度保障能力。

四是档案管理人员管理能力欠缺，突出表现为风险意识薄弱、风险管理能力不足。数字档案资源管理面临着诸多风险，需要档案管理人员切实提高管理能力，自觉树立风险意识，强化数字档案资源风险管理，保障数字档案资源安全收集、安全存储、安全管理与安全利用。档案管理人员一旦"缺乏风险管理意识，数字档案馆可能面临各种各样的威胁，不在人为控制之内的自然灾害可以导致数字档案馆设施瘫痪、数据被毁，管理人员的操作失误可能引起档案数据的丢失，各种对数字档案馆的蓄意攻击也会引起档案的受损、被盗等"[1]，严重危害数字档案资源的生态安全。随着数字档案馆建设的全面推进，数字档案资源快速增长，已经成为数字档案馆建设的核心内容。数字档案资源安全成为数字档案馆安全的重要内核，需要进一步增强档案工作者的风险意识与安全责任，提升数字档案资源风险管理能力。一方面档案管理人员要有风险自觉意识，充分认识现代社会的风险特征，深度理解数字档案资源风险内涵、风险分布与风险危害；另一方面要主动而为，聚焦数字档案资源安全，全面提升自身的风险管理能力，既要能够运用风险管理思想与理论，科学构建数字档案资源风险评估指标、评估机制与评估方法，又要善于在数字档案资源管理实践中推进实施风险管理，有效揭示数字档案资源风险实际危害与潜在威胁，科学预测数字档案资源风险呈现方式与危害程度，客观评估数字档案资源风险状况。

113

---

① 陈永生. 档案长远利用的多重挑战及安全保护措施(上)[J]. 北京档案，2007(3)：21-24.

（四）数字档案资源文化失忆

21 世纪初，冯惠玲在《21 世纪的社会记忆——中国首届档案学博士论坛论文集》的"序言"中指出："当 22 世纪的人们回顾 21世纪的历史时，他们看到的将是'数字记忆'、'电子记忆'，保持这份记忆的真实与完整，是我们矢志不渝的目标。"①随着信息社会的深层发展，数字化成为档案信息资源建设的发展方向必，数字档案资源将成为国家档案资源体系的主体形态，不仅是数字信息资源的重要组成部分与国家数字信息资产的重要构成，而且是人类社会记忆的重要载体与民族文化传承的重要纽带，攸关人类文明和民族文化的传承与发展。数字档案资源作为网络社会环境下档案信息资源的主体形态，一方面具有数字化带来的天然优势，有利于档案信息资源的整合与加工、传播与共享，以及用户对档案信息资源的获取与利用；另一方面也面临着网络环境下的风险危害，如计算机病毒泛滥、网络黑客入侵、信息管理系统故障、档案信息载体脆弱、档案信息网络泄密等，给数字档案资源的管理与利用带来现实危害，极易造成数字档案资源载体与信息的损毁或消逝，不仅攸关数字档案资源的安全存储与安全利用，而且事关档案记忆遗产的传承与创新；既关系到对文化记忆的生产与再生产，也关系到文化记忆的延续与传承，造成社会文化失忆，突出表现在以下两个方面：

一是对数字档案资源作为重要历史文化遗产的损害。当前，从文化遗产视角认识和深化档案资源价值已经在档案界备受重视，形成了"档案文献遗产"这一重要研究领域，如周耀林、彭远明等从文献遗产视角对档案文献遗产进行了专题研究，彭远明认为："档案文献遗产是一种具有突出的普遍价值的珍贵档案，一般具有国际级、国家级的文化价值，具备入选《世界记忆名录》、地区或国家

---

① 冯惠玲. 序言［A］//中国首届档案学博士论坛论文集编委会. 21 世纪的社会记忆——中国首届档案学博士论坛论文集. 北京：中国人民大学出版社，2001：2.

级《文献遗产名录》(如《中国档案文献遗产名录》)条件，珍稀的、急需保护的档案或文献遗产"①。周耀林认为："'中国档案文献遗产工程'的开展，不仅有助于弘扬和保护我国优秀的民族文献遗产，而且使档案文献遗产保护受到更多的关注，取得了有目共睹的成绩。"②与此同时，国内档案界也积极参与《世界记忆名录》《中国档案文献遗产名录》等申报工作，推动档案文献遗产的研究、保护与开发，在国家档案事业发展中具有重要影响。2002 年 3 月—2015 年 5 月，国家档案局先后组织评定了 4 批共 142 件档案文献入选《中国档案文献遗产名录》，这些珍贵档案文献已经成为我国档案资源中的重要历史文化遗产资源③，"这些档案文献遗产维系着中华民族文明的根脉，真实地再现了中华文明，具有极其重要的价值和内涵。"④如"中国第一历史档案馆"是保管明清档案的中心馆库、研究明清历史的重要基地，藏有明清两代中央机关和少数地方机关档案，保管的明清历史档案共 74 个全宗，1000 余万件(册)，其中明代档案 3000 多件，其余绝大多数为清代档案；馆藏档案中，汉文档案约占 80%，满文档案约占 20%，蒙文档案 5 万多件(册)，还有少量其他民族文字的档案以及英、法、德、俄、日等外国文字的档案，是进行明清史研究和社会各方面利用档案资料的中心⑤；"中国第二历史档案馆"是专门从事民国档案的收集、保管、保护、整理、编目、接待利用和编研出版等工作，集中典藏民国时期(1912—1949)历届中央政府及直属机构档案的中央级国家档案馆，

---

① 彭远明. 中国档案文献遗产研究 [M]. 北京：军事科学出版社，2014：4.

② 周耀林，宁优. "世界记忆工程"背景下"中国档案文献遗产工程"的推进 [J]. 信息资源管理学报，2014(3)：36-44.

③ 周耀林，宁优. "世界记忆工程"背景下"中国档案文献遗产工程"的推进 [J]. 信息资源管理学报，2014(3)：36-44.

④ 彭远明. 中国档案文献遗产研究 [M]. 北京：军事科学出版社，2014：1.

⑤ 中国第一历史档案馆 [EB/OL]. [2018-11-30]. http://www.lsdag.com/nets/lsdag/page/article/Article_296_1.shtml? hv=.

档案卷帙浩繁，共收藏有 1354 个全宗(保管单位)，基本馆藏 258 万余卷(宗)以及民国时期图书期刊资料 7 万余册。其中，"南京临时政府和南方革命政权档案"近 700 卷、"民国北京市政府档案" 112 个全宗、"南京国民政府档案" 1010 个全宗、"日伪政权档案" 158 个全宗以及"特藏档案" 64 个全宗件①。

数字档案资源内容丰富，尤其是传统历史档案资源的数字化转换及数字化整合，使得数字档案资源中蕴含着相当体量的历史文化遗产资源，是历史文化遗产的重要组成部分，既需要提高认识，强化对这些档案类历史文化遗产资源的保护管理，又要鼓励创新，深化这些档案类历史文化遗产资源的开发利用。但是，我们也应清醒地认识到，数字档案资源作为一种具有鲜明时代性、技术性特征的新型档案资源，尽管其具有相对传统档案资源的便捷性、便利性等优势，但也面临着现代信息技术所伴生的"双刃剑"危害，危及数字档案资源生态安全。为此，对那些作为重要历史文化遗产的数字档案资源，需要高度重视数字档案资源生态风险危害，科学梳理作为历史文化遗产的数字档案资源分布、种类与内容，系统研究风险危害产生的原因与危害表现等，从制度与技术双重层面构建相应的安全保障机制，确保这类数字档案资源的安全，防止造成重要历史文化遗产资源的损害，避免造成不可挽回的文化失忆损失；同时，要在强化保护的基础上，充分利用现代技术手段，积极推进档案文化遗产资源的开发利用，为全面呈现历史文化记忆、保护历史文化遗产、提高国家文化软实力等作出"档案贡献"。

二是对数字档案资源作为重要文化资源内容的危害。"数字档案信息资源的开发与利用是数字档案馆生态系统中最为活跃的生态因子，是数字档案馆输出档案信息、提供档案信息服务、发挥档案信息价值、产生档案社会影响力的关键。"②数字档案馆作为保存数

---

① 中国第二历史档案馆[EB/OL].[2018-11-30]. http://www.shac.net. cn/dagjs/gcmgda/.

② 金波，丁华东，倪代川. 数字档案馆生态系统研究[M]. 北京：学习出版社，2014：235.

字档案资源的基地，不仅肩负着保存档案历史文化资源的重任，是档案文化资源保存、保护、管理与开发的核心主体，而且具有重要的社会文化功能，能够为人民群众的文化学习、文化创造、文明建设等提供优质文化资源，满足用户日益增长多元的档案文化利用需求。

"档案是文化的一部分，而且是重要的一部分，相当于'根'或'核'的那一部分。"①数字档案资源的优势在于开发利用，数字档案馆建设为档案资源文化开发提供了契机，有利于推进档案文化服务创新，拓展档案文化服务空间，深化档案文化服务内涵，"充分发挥档案的历史凭证作用，深度挖掘档案，主动发出声音，揭穿谎言、澄清真相、弘扬主旋律、传播正能量"②，激活数字档案资源文化价值。当前，数字档案资源自身也面临着载体脆弱、信息易逝、系统依赖、管理复杂等现实风险，极易对人类社会记忆造成失真、失效、失读、泄密、丢失等危害，既可能造成数字档案资源内容损毁甚至消逝，导致数字档案资源在内容上的文化失忆，也可能对数字档案文化资源内容的传播、利用等产生不利影响，制约数字档案资源文化价值的实现。"在新媒体环境下，档案机构与社交平台之间的合作，档案机构与互联网企业之间的合作，档案机构与其他文化产业实体之间的合作等模式不断涌现，这些新的现象、理念和模式为推动文化资源的整体开发利用提供了新的动力。"③为此，数字档案馆应主动加强同文化部门、媒体机构、信息公司以及高等院校等组织机构协同合作，通过独立自主、联合协同、第三方外包、社会众包等形式，广泛开发档案文化产品与文创作品，积极提供出版物、复制品、创意品等形式的档案文化衍生品，增强用户档案文化资源利用的互动性、趣味性与体验性；通过档案网站、微

① 杨冬权. 谈档案与文化建设——在 2012 年全国档案工作者年会上的讲话[J]. 档案学研究，2012(6)：21-25.

② 李明华. 在全国档案局长馆长会议上的工作报告[N]. 中国档案报，2017-1-5(2).

③ 张卫东，孙振嘉. 馆际合作视阈下我国档案文化资源整合路径研究[J]. 档案学通讯，2017(4)：63-67.

博、微信、App 等多元途径，提供档案文化资源的实时利用、远程利用、移动利用、场景利用等，实现档案文化的在线化、便捷化、智慧化传播，"加强理念创新、手段创新，充分运用新技术，利用档案报刊等媒体，特别是新兴媒体，有效传播优秀档案文化，扩大档案工作的社会影响力"①。

①　国家档案局.全国档案事业发展"十三五"规划纲要（档发〔2016〕4号）〔Z〕.

第四章　数字档案资源生态管理

　　20 世纪 70 年代始，生态管理（Ecosystem Management, Eco-management）逐步进入学者们的研究视野，并开始从生态学视角研究探析人类与环境、人类与社会以及人类与人类之间的系列主题，主张"运用生态学、经济学和社会学等跨学科的原理和现代科学技术来管理人类行动对生态环境的影响，力图平衡发展和生态环境保护之间的冲突，最终实现经济、社会和生态环境的协调可持续发展。"①随着生态管理理念的兴起和发展，生态管理内涵不断扩展，不仅在生物学、生态学、环境科学、资源科学等自然科学领域得到应用，而且在管理学、经济学、社会学、系统科学等社会科学领域被广为关注，并逐渐步入档案学研究领域，成为档案学研究的新视野、新理念、新方法，开辟数字档案馆生态系统研究新领域，为数字档案资源生态管理研究奠定了学术基础。

一、生态管理及其应用

　　当前，生态管理理论与思想在自然科学与社会科学领域均得到广泛关注，在人类经济社会发展各方面得到广泛应用，国内外学者

---

　　①　潘祥武，张德贤，王琪. 生态管理：传统项目管理应对挑战的新选择[J]. 管理现代化，2002(5)：39-43.

已经对生态管理进行了多角度研究和分析，推动着生态管理理论的深化与发展，为数字档案资源生态管理研究提供了理论借鉴。

（一）生态管理内涵

生态管理（Eco-management），也称为生态系统管理（Ecosystem Management），20世纪70年代起源于美国，20世纪90年代成为学界关注的热点，其核心主题是通过运用生态学、经济学和社会学等跨学科理论知识与现代科学技术来研究分析人类行为实践与社会生态环境之间的关系，聚焦人类社会发展与生态环境保护之间的平衡，实现人类经济社会和生态环境之间的协调可持续发展。生态管理作为一种新型管理范式，体现着深刻的生态管理思维，具有深刻的理论内涵与广泛的应用价值，对人类经济社会发展具有重要影响。1993年，德鲁克出版《生态愿景》（The Ecological Vision：Reflections on the American Condition），并对自己进行定位："我不是一名经济学家……也算不上社会学家……我自认为是一个'社会生态学家'，我关注的是人类自己创造的社会环境，就像自然生态学家研究生态环境一样。"①冯文龙在《生态管理：21世纪管理新趋势》一文中指出，"生态管理建立在'生态人'的基本假设上，是人在自然最有序进化和发展过程中理性思考和个性感悟的基础上将生态意识应用到管理工作中并按生态规律来进行管理"，它是管理史上的一次深刻革命，旨在运用生态学的思维范例来刷新、指导组织管理理念的变革，是以人为本，反映着"生态人"的世界观，强调经济与生态的平衡、可持续发展、整体性和系统性、公众广泛参与、管理范式转变等，突出表现在管理主体的生态化、管理效益的生态化、产品设计的生态化、产品生产的生态化、营销的生态化等方面②。宋维明认为，生态管理模式有两大特点："第一是打破传统的从领导到下

---

①　慈玉鹏. 德鲁克的"社会生态学"［J］. 新远见，2012(4)：70-75.

②　冯文龙. 生态管理：21世纪管理新趋势［J］. 成都大学学报（社会科学版），2003(4)：22-23.

级的直线型管理思维，而以整体性、系统性与民主性为管理理念；第二是在管理过程中，除了考虑'物'与'人'的因素之外，还把'自然环境'因素纳入思考范畴，追求人与自然环境的和谐，实现'绿色管理'。生态管理模式的主要特点是使整个管理系统中的每一个元素都发挥作用，每个元素相互影响，都是'生态链'中不可缺失的一环，个体与整体休戚与共。"①

随着生态管理的应用和发展，其内涵得到进一步延伸，相继涌现出低碳管理、绿色管理、协同管理、平衡管理、风险管理等生态管理思维，不仅体现着对传统生态环境的自然关怀，聚焦人类社会生存发展与自然生态环境之间的现实冲突，强调对自然生态环境的系统保护，维护自然生态系统的平衡与健康；而且蕴含着深刻的人文关怀，要求人们在追求生态管理的过程中，要在经济社会发展过程中不可片面追求经济增长而忽略社会效益和环境效益，要自觉维护经济效益、社会效益和环境效益的相统一，推动人类社会与自然环境之间的协调可持续发展。

（二）生态管理应用

生态管理思维是生态管理理念的集中体现，认为"生态系统是自然-社会-经济复合而成的系统，对于它的管理与调控，必须在遵循生态学原理的同时，受到社会、经济规律的调节和制约"，需要通过生态管理思维达到"维持依赖于自然资源的社会经济修通之间的一种平衡。"②随着生态管理的应用与发展，生态管理思维成为人们从事经济社会发展工作的重要指导思想，其内涵突出表现在四方面："一是它强调经济与生态的可持续发展。二是它将传统的直线型管理转向一种渐进式管理。三是生态管理强调整体性和系统性，要求认知到所有生命之间的相互依存和生态系统内各组成部分彼此

121

---

① 宋维明.《政府生态管理》序[J]. 中国行政管理，2008(4)：128.

② 杨京平. 生态系统管理与技术[M]. 北京：化学化工出版社，2004：10-12.

间的复杂影响，用整体论和系统论的思想来指导经济和政治事务，谋求社会经济系统和自然生态系统协调、稳定和持续的发展。四是生态管理强调更多公众和利益相关者更广泛地参与，它是一种民主的而非保守的管理方式。"①随着生态管理研究的深入，其外延从早期的纯生态学领域逐渐扩展至环境保护、社会发展以及人类生存等各领域，并与经济学、管理学、社会学、环境科学、资源科学等学科深度融合，在人类经济社会发展领域中应用广泛，形成了社会生态管理、政府生态管理、城市生态管理、产业生态管理、文化生态管理、组织生态管理、信息生态管理以及档案生态管理等研究领域，进一步拓展了生态管理的理论内涵与应用空间。

1. 社会生态管理

社会生态管理（Social Ecological Management）是在生态社会的演进发展中逐渐确立的。"社会生态学说，融合了生态学、生理学、哲学和社会科学的原理，着重研究人类社会中，人作为个体和个体之间，人类个体与各种形式的社会组织之间，社会组织与组织之间，以及人类社会与自然资源和环境之间的关系。"②社会生态管理就是在"生态观的指导下，把生态规律引入社会管理科学，将管理学和生态学有机结合，在管理活动中遵循生态规律、体现生态精神。"③社会生态管理主张以生态系统的视角来思考人类社会实践活动，强调人类社会实践活动遵循生态系统规律和自然规律，追求人与自然、人与社会的和谐发展，最终实现社会可持续发展目标。

2. 政府生态管理

政府生态管理（Government Ecological Management）是政府部门

---

① 曹如中. 企业生态化管理：一种全新的管理范式[J]. 管理科学文摘，2006（1）：29-30.

② 金建方. 社会生态通论（第二版）[M]. 天津：南开大学出版社，2012：1-2.

③ 何兆清. 德鲁克社会生态管理思想研究[D]. 武汉：湖北大学，2013：6.

的基本职能之一，主要是协调生态环境和经济社会发展之间的关系，使经济社会和生态环境协调发展。① 政府生态管理"不能仅仅把它归入部门行政的范畴，它涉及政府公共管理的全域、全程和全部思维模式，是整个行政管理系统和所有环节的生态化"；"政府生态管理的核心问题，是政府职能配置要实现科学、全面、准确的制度性安排"，旨在"构建符合生态规律的政府行政管理体制、机制、法治、职能和管理方式。"②

3. 城市生态管理

城市生态管理（Urban Ecological Management）作为生态管理的重要应用分支，它将城市视作为"一个以人类行为为主导、自然生态系统为依托、生态过程所驱动的社会-经济-自然复合生态系统"③，旨在"从技术革新、体制改革和行为诱导入手，调节系统的结构与功能，促进全市社会、经济、自然的协调发展，物质、能量、信息的高效利用，技术和自然的充分融合，人的创造力和生产力得到最大限度的发挥。"④城市生态管理是一种人类生存环境可持续发展的管理方式，它强调经济与生态的平衡发展，突出表现在五个方面，即"面向生态环境承载力要规划先行，面向资源环境禀赋要优化升级产业结构，面向高效、节约利用资源要进行政策引导与调控，面向生态环境保护要完善措施与标准，面向更广泛参与要积极探索多元组织模式。"⑤

4. 产业生态管理

产业生态管理（Industrial Ecological Management）是在 20 世纪 80 年代末迅速发展起来的，旨在强调经济与生态的平衡可持续发

① 江楠. 政府生态管理创新刍议[J]. 人民论坛，2012(29)：38-39.
② 宋维明.《政府生态管理》序[J]. 中国行政管理，2008(4)：128.
③ 王如松，李锋. 论城市生态管理[J]. 中国城市林业，2006(2)：8-13.
④ 王如松，李锋. 论城市生态管理[J]. 中国城市林业，2006(2)：8-13.
⑤ 张倩，邓祥征，周青. 城市生态管理概念、模式与资源利用效率[J]. 中国人口·资源与环境，2015(6)：142-153.

展，是一种科学管理范式，是对传统产业管理模式的创新。"产业生态管理是以生态学的理论观点研究工业生产全过程，研究生产中的资源、产品及废物的代谢规律和耦合调控方法，探讨促进资源的有效利用和环境的正面影响的管理手段。产业生态管理的实质是变环境投入为生态产出，将生态资产转化为经济资产，生态基础设施转化为生产基础设施，生态服务功能转化为社会服务功能。"[①]

5. 组织生态管理

组织生态学（Organizational Ecology）是生态学发展的重要分支，它是"借鉴生物学、生态学、社会学等学科的知识，结合新制度经济学和产业经济学等学科的理论来研究组织个体的发展以及组织之间、组织与环境之间的相互关系"[②]的一种交叉学科；组织生态管理是运用生态学、社会学、管理学等学科理论与知识，研究组织个体之间、组织与组织之间、组织与生态环境之间的关系，旨在平衡组织发展和生态环境保护之间的冲突，探寻维护组织生态系统生态平衡的方法与路径，促进组织生态系统的健康平衡发展。

6. 文化生态管理

文化生态（Cultural Ecology）理论产生于 20 世纪 50 年代，人类学家开始关注生物与环境之间的相互关系，以及从生态学角度研究文化和社会的关系[③]。1955 年，美国人类学家朱利安·斯图尔德（Juliar Haynes Steward，1902—1972）在《文化变迁论》（Theory of Culture Change）一书中首次提出"文化生态学"。文化生态学主要研究"某一环境背景中人类的行为和文化，考察人类如何与其周围环境相适应以及环境如何在一定程度上塑造着文化；或者说，人类文

---

① 林云莲. 产业生态管理：一种可持续发展的管理新范式[J]. 科学管理研究，2006(1)：33-35.

② 彭璧玉. 组织生态学理论述评[J]. 经济学家，2006(5). 111-117.

③ 张洪波. 文化生态学理论及其对我国城市可持续发展的启示[J]. 现代城市研究，2009(10)：85-90.

化如何在其环境背景中取得发展，而人类的谋生方法又在如何影响其文化的其他方面"①。

7. 信息生态管理

信息生态(Information Ecology)起源于 20 世纪 80 年代，主张以生态学理论、知识、思维与方法来探讨人与信息环境之间的关系。1997 年，美国著名学者托马斯·达文波特在《信息生态学：掌握信息与知识环境》一书中提出"信息生态学"概念，将生态理念引入信息管理中，开辟了信息管理的新领域②。"信息生态学是研究人类生存的信息环境、社会及组织(企业、学校、机构)与信息环境相互作用的过程及其规律的科学；也是人类用以指导、协调信息社会自身发展与整个自然界(自然、资源与环境)关系的科学。"③"信息生态理论提供了一种观察、分析和处理组织内和组织间信息产生、组织和利用的方法论，可以和已有的信息管理理论和工具很好地结合，进而丰富信息管理的理论和方法，指导信息管理实践。"④"不仅对信息管理学科发展有重要意义，而且对我们研究信息社会发展规律，探索社会信息化、城市信息化、企业信息化的发展进程都具有重要指导意义。"⑤信息生态管理(Information Ecological Management)是以生态管理理论为基础，以信息生态系统为管理对象，协调信息社会发展中的人与信息环境之间的关系，为信息生态系统的健康运行与协调发展构建良好的信息生态环境，促进信息社会的持续深入

---

① 黄育馥. 20 世纪兴起的跨学科研究领域——文化生态学[J]. 国外社会科学，1999(6)：19-25.

② Thomas H Davenport. Information Ecology：Mastering The Information and Knowledge[M]. Oxford：Oxford university press，1997.

③ 蒋录全，邹志仁. 信息生态学——企业信息管理的新范式[J]. 图书情报知识，2001(3)：2-6.

④ 靖继鹏. 信息生态理论研究发展前瞻[J]. 图书情报工作，2009(4)：5-7.

⑤ 蒋录全. 信息生态与社会可持续发展[M]. 北京：北京图书馆出版社，2003：3-4.

发展。

（三）生态管理视域下的数字档案资源研究

目前，"生态"概念深入人心并引发了其与社会各要素、各领域的相结合的生态化浪潮，生态学视域下的世界是将"整个自然界包括人类在内，看作是一个有机联系的整体，分析其中的个体与环境的相互作用、相互影响的辩证关系，揭示个体与其环境的协同进化的过程。"①生态管理正是在此背景下应运而生，它是生态学理论与管理学理论之间通过交叉融合形成的创新性理论，旨在应用生态学的思维范例来刷新、指导组织管理理念的变革，不仅被视为管理史上的深刻革命，而且强调经济发展与生态环境间的平衡、可持续发展、整体性和系统性，个体与整体关系密切、休戚与共，在学术领域得到广泛应用，形成了上述的社会生态管理、政府生态管理、城市生态管理、产业生态管理、文化生态管理、组织生态管理、信息生态管理等学科交叉研究新领域，为数字档案资源生态管理研究奠定了重要理论基础。

1. 档案生态研究的持续推进

20 世纪 90 年代以来，生态学理论逐步渗透入档案学研究领域，催生出"档案生态"研究新领域，促进了档案学研究空间的拓展。档案生态（Archives ecology）理念的提出，旨在"将生态思想引入档案学研究领域，其根本目的是在拓展档案学研究视野基础上，为档案事业的发展出谋划策或者是提供思维导图。"②金波等运用生态系统概念、理论和方法对数字档案馆的结构、功能和管理运作等进行了深入研究，首次提出"数字档案馆生态系统"概念，认为"数字档案馆生态系统是指数字档案馆空间范围内的人与其生存环境相

① 曹孟勤，徐海红. 生态社会的来临[M]. 南京：南京师范大学出版社，2010：213.
② 倪代川，金波，档案生态研究述评[J]. 档案管理，2011(6)：74-78.

互作用而形成的统一复合体"①，并对数字档案馆生态系统内涵、管理、培育与建设理论进行了系统探索与分析，开辟数字档案馆生态系统研究新领域，并正在推进国家社科基金重大项目"数字档案馆生态系统治理研究"（编号 19ZDA342），旨在以数字档案馆生态系统为研究对象，以数字档案馆生态系统治理为研究主题，从国家治理视角进一步深化数字档案馆生态系统理论研究，系统探析数字档案馆生态系统的治理体系、治理路径、治理机制与治理策略等，提升数字档案馆生态系统治理能力，为数字档案馆生态系统的协调运行与可持续发展提供理论指导和决策依据。

目前，数字档案馆生态系统研究已经成为档案学研究领域的重要内容，不仅拓展了传统数字档案馆研究空间，而且丰富现代档案学研究内涵，为进一步深化大数据环境下的数字档案资源研究提供了学术支撑。在数字档案馆生态系统领域下，"数字档案资源"被视作数字档案馆生态系统核心生态因子已经成为学界共识，其"数量与质量决定着数字档案馆信息资源开发的广度和深度，也决定了数字档案馆的服务内容和服务水平"②；与此同时，"数字档案馆生态系统运行、建设都是围绕着数字档案信息资源的生成、接收、组织、存储、保管、开发利用等展开的。"③为此，从生态学视角提出数字档案资源生态管理概念，既有传统生态学理论、生态管理理论的学术基础，也有来自前期数字档案馆生态系统理论研究的内在支持，为开展数字档案资源生态管理研究奠定了重要研究基础，有利于增强数字档案资源生态管理研究的学术认同，凝聚数字档案资源生态管理研究的学术共识，推动数字档案资源生态管理研究可持续发展。

① 金波，汤黎华，何伟祺. 数字档案馆生态系统的建构[J]. 档案学通讯，2010(1)：53-57.

② 金波，汤黎华，何伟祺. 数字档案馆生态系统的建构[J]. 档案学通讯，2010(1)：53-57.

③ 金波，丁华东，倪代川. 数字档案馆生态系统研究[M]. 北京：学习出版社，2014：130.

2. 数字档案资源生态管理理念

数字档案资源是当前国家档案资源建设战略的重要内容，是国家档案资源体系的主体形态，被誉为数字档案馆生态系统的核心生态因子，在大数据时代的国家档案事业可持续发展中位居战略地位。从生态管理视角探析数字档案资源建设管理，既体现了生态管理理论的应用价值和应用空间，也有利于拓展数字档案资源研究思维，推进数字档案资源生态管理研究，一方面，生态管理理论与思维为数字档案资源生态管理概念的提出提供了学术依据，为数字档案资源生态管理内涵辨析提供学术支撑，有利于深化数字档案资源生态管理理论内涵；无论是从生态管理视角观察和分析数字档案资源管理，还是从核心生态因子角度分析数字档案资源在数字档案馆生态系统乃至人数据时代国家档案事业生态系统中的地位和作用，阐释数字档案资源生态位内涵，均能为增强大数据背景下数字档案资源生态竞争力提供理论支撑；另一方面，档案学界正持续推进数字档案馆生态系统研究，相关研究成果也为数字档案资源生态管理策略研究提供了学术动力，为深化数字档案资源生态管理理论内涵、完善数字档案资源生态管理理论体系等提供了理论支持，有利于进一步拓宽数字档案资源研究视域，丰富数字档案资源研究内容，深化数字档案资源研究的理论内涵。

当前，生态管理理论研究领域正不断拓展，生态管理理论应用领域正快速扩展，这不仅深化了传统生态管理研究的理论内涵，丰富了生态管理理论内容体系，而且通过学科交叉融合又进一步拓宽了生态管理理论的应用空间，为数字档案资源生态管理研究提供了理论借鉴，有利于强化数字档案资源建设管理中的生态管理思维，以便从生态学视角为数字档案资源建设发展提供理论指导，厘清数字档案资源建设发展过程中面临的生态环境、生态风险、生态危机与生态挑战，科学界定数字档案资源生态管理概念内涵，科学阐释数字档案资源生态管理理念意蕴，探索构建数字档案资源生态管理体系，对生态预警、生态安全、生态健康、生态服务、生态培育等数字档案资源生态管理实践策略进行系统思考和探析，有效完善数字档案资源生态管理理论分析体系，通过生态管理理论、知识、思维、理念等与数字档案资源建设管理之间的深度融合，催生出兼具生态管理理论特质与档案特色的数字档案资源生态管理理论体系，为数字档案资源生态管理实践提供理论指导和决策参考。探讨分析大数据环境下的数字档案资源生态管理主题，既需要深入理解和洞察生态管理理论内涵及其应用现状，从理论上把握生态管理理论及其应用给人类经济社会发展诸方面带来的理论冲击和现实影响，也需要深入思考并验证生态管理理论及其思维对数字档案资源建设发展带来的理论借鉴和实践参考，进而将生态管理理论与知识融合应用于数字档案资源建设实践领域，推动数字档案资源生态管理理论研究的深化，增强数字档案资源生态管理概念的理论性及其实践性，彰显数字档案资源生态管理生命力。

3. 数字档案资源生态管理研究领域

当前，生态管理在管理学、经济学、社会学、信息学、文化学等学科领域中的融合应用以及在现代经济社会发展中的广泛实践，不仅体现出生态管理理论的强大生命力，而且为数字档案资源生态管理理念的提出及其应用探索提供了理论借鉴和实践参考。众所周知，生态管理理论强调与环境之间的生态适应性、个体与整体之间的生态关联、管理要素之间的生态交流、管理效果方面的生态效益，具有绿色、协同、平衡、开放、可持续等生态特质，既为数字档案资源生态管理概念的提出提供了学术参考，也为阐释数字档案资源生态管理内涵奠定了理论基础。随着信息社会的深入发展，以大数据、云计算、人工智能等为代表的信息前沿技术广泛应用，驱动着国家档案事业发展的数字转型、数字升级与数字崛起，推动着大数据环境下档案形态与业态的数字化变革，数字档案资源面临的政治环境、经济环境、社会环境、文化环境等综合生态环境发生了显著变化，数字档案资源的核心生态因子地位日益强化，是国家不可或缺的重要战略性数字信息资源。为此，需要进一步深化数字档案资源研究，创新数字档案资源研究思维，拓展数字档案资源研究领域，完善数字档案资源理论体系，丰富数字档案资源理论内容，适应快速发展的数字档案资源建设实践，为国家数字档案资源可持续发展提供理论指导。"数字档案资源生态管理策略研究"正是基于学术创新与学科交叉而提出的综合性研究，旨在从生态学视角拓展数字档案资源研究领域，创新数字档案资源研究思维，为新时期数字档案资源建设发展提供理论参考。

生态管理理论及其应用既为数字档案资源研究提供了理论借鉴，也为数字档案资源生态管理概念提出提供了学术支撑；与此同时，我们还需要在数字档案资源生态管理概念提出的基础上，进一步阐释分析数字档案资源生态管理概念自身的科学内涵及其实践策略，为数字档案资源生态管理理论研究及其实践路径提供分析依据和决策支持，增强生态管理、生态思维、生态健康、生态服务等理论与知识对数字档案资源建设管理研究及其实践的指导性、适用性和科学性，提高数字档案资源生态管理概念的解释力和生命力。"生态学研究给我们的启示是，自然世界是一个有机的生态系统，其中的各个要素相互影响和相互作用，尤其是物质、信息和能量在生产者、消费者和分解之间形成的良性循环，从而保持着系统的平衡和稳定，维护着自然界的繁荣和进化。破坏了生态系统的平衡性，就会使生态环境的结构功能失调而发生生态危机"，"所谓用生态学的观点和方法审视人类社会与自然世界的关系，也就是承认了人类社会与自然世界之间的整体性、平衡性、相互作用性和相互依存性"①。笔者以为，在生态学理论及其应用的驱动下，数字档案资源生态管理研究领域极为宽广，需要我们在深入理解和把握生态管理理论知识基础上进一步创新研究思维，从生态学视角深度审视数字档案资源、社会环境、数字档案资源形成者、管理者与利用者等之间相互关系及其内在关联，并从生态管理视角科学界定数字档案资源生态管理内涵，厘清数字档案资源生态管理思维，分析数字档案资源生态管理理论体系，如档案资源建设发展的生态环境结构组成及其现实状况、数字档案资源生态风险状况及其实际分布、数

---

① 曹孟勤，徐海红. 生态社会的来临[M]. 南京：南京师范大学出版社，2010：218-223.

字档案资源面临的生态危机及其影响、数字档案资源生态预警理念及其实践策略、数字档案资源生态安全内容及其管理保障机制、数字档案资源生态健康评价及其实践保障、数字档案资源生态服务思维及其实践路径以及数字档案资源生态培育功能及其实现策略等，亟待探索分析，以便丰富数字档案资源生态管理内容，优化数字档案资源生态管理体系，推动数字档案资源生态管理研究的可持续发展，不断增强数字档案资源生态管理理论的解释力和实践的指导力。

二、数字档案资源生态管理内涵

数字档案资源生态管理，既是生态管理理论与思想在数字档案资源管理中的应用与发展，也是对数字档案馆生态系统管理理念及其思维的继承与深化，旨在综合运用生态管理理论、思想与方法，充分利用现代信息技术，协调数字档案资源各利益相关者，为数字档案资源建设创建良好的生态环境，为国家档案事业可持续发展提供优质的数字档案资源，不仅有利于促进数字档案馆生态系统的生态平衡发展和健康协调运行，而且有利于提高数字档案资源生态管理效率和社会利用效益，更好地发挥数字档案资源的信息价值与社会功能，增强数字档案资源的信息竞争力、文化软实力与社会影响力，提高数字档案资源社会生态位，满足用户日益增长日趋多元的数字档案资源利用需求。

（一）数字档案资源生态管理概念

131

生态管理的提出与应用，既是传统管理理念的变革，也是一种管理方法的改进，不仅体现了人们对社会生态问题的关注，而且体现了人们在管理认识层面的思维创新，体现出将生态意识贯彻于管理实践中，按照生态管理规律推进组织管理，使管理工作逐步走向生态文明新境界。20世纪90年代末，档案界开始关注档案生态研究，尝试从生态学角度分析档案系列问题，初步提出了档案生态相关命题，开启了档案生态学研究的先河。① 近年来，金波研究团队运用生态学理论开展数字档案馆研究，拉开数字档案馆生态系统研究序幕，对数字档案馆生态系统理论及其建设实践进行了深入探索与系统分析，提出"数字档案馆生态系统是指数字档案馆空间范围内的人与其生存环境相互作用而形成的统一复合体"②，认为"数字档案馆生态系统就是用生态系统的概念、理论和方法研究数字档案馆的结构、功能和管理运作"③，认为"通过生态管理，能够为数字档案馆生态系统营造良好的环境氛围，实现数字档案馆与社会政治、经济、文化等之间和谐发展，保障数字档案馆生态系统的协调运行和持续发展。"④

当前，"数字化浪潮对现代档案管理带来了深刻的影响，以数字信息作为存储对象不仅导致了档案保管方法和技术的变化，从本质上说，导致了记录和读取社会活动方式的变化"⑤，驱动着数字档案资源管理的变革与转型。数字档案资源生态管理概念的提出，便是尝试从生态学视角进一步审视和阐释数字档案资源管理现象，旨在运用生态学、信息学、管理学、档案学等学科理论与方法，秉承生态管理理念与思维，充分利用现代信息网络技术，系统优化数字档案资源收集、保管、整合、利用等业务管理环境，全面协调数字档案资源的集成与共享、存储与安全、开放与保密、价值与效益等之间的相互关系，为新时期数字档案资源建设营造良好的生态环境，促进数字档案资源建设与社会政治、经济、文化等之间的融合

①　倪代川，金波. 档案生态研究述评[J]. 档案管理，2011(6)：74-78.

②　金波，汤黎华，何伟祺. 数字档案馆生态系统的建构[J]. 档案学通讯，2010(1)：53-57.

③　金波，丁华东，倪代川. 数字档案馆生态系统研究[M]. 北京：学习出版社，2014：121.

④　金波，丁华东，倪代川. 数字档案馆生态系统研究[M]. 北京：学习出版社，2014：204-205.

⑤　李明华. 中国的数字档案资源建设[J]. 中国档案，2016(10)：14-15.

发展，确保数字档案资源的长期安全存储与长远有效利用，促进数字档案资源建设可持续发展。

（二）数字档案资源生态管理释义

现代社会，人们十分关注生态问题，"生态"已经成为当下的"高频词"，不仅涵盖传统生态学意义上的生态环境、生态危机、生态保护、生态治理等环境生态，而且包括广泛应用于社会科学领域的生态思想、生态思维、生态批评、生态建构等社会生态。随着档案信息化的全面推进，数字档案资源大量生成，"为新时期国家档案资源建设带来了新的机遇与挑战，不仅关系到档案工作的转型发展，更关系到档案事业的未来生存。"①数字档案资源来源广、种类多、形态多样、增长迅速，是未来国家档案资源的主体形态，是当前数字档案馆建设的核心内容，在新时期国家档案事业发展全局中位居战略地位。为此，需要着力创新数字档案资源管理方式、管理手段、管理措施，提高数字档案资源生态管理效率，增强数字档案资源生态管理效益，更好地发挥数字档案资源的价值与功能。

数字档案资源生态管理，旨在运用生态管理理论、思想与方法，创新数字档案资源管理思维、管理方法、管理手段，以数字档案资源生态安全与共享利用为目标，立足数字档案资源来源、管理、服务与利用等信息生命周期，聚焦数字档案资源的生态预警、生态安全、生态健康、生态服务与生态培育等实践路径，科学建构数字档案资源生态管理实践应对策略，破解数字档案资源建设管理实际难题，优化数字档案资源生态环境，提升数字档案资源生态管理效率，激活数字档案资源社会价值，促进社会数字档案资源信息消费，推进数字时代国家档案资源体系建设战略的稳步实施。数字档案资源生态管理内涵主要体现为：

133

---

① 金波，倪代川. 数字档案馆生态系统档案资源培育探析［J］. 档案学通讯，2017（2）：49-53.

1. 突出数字档案资源生态环境的优化

与传统形态档案资源相比，数字档案资源所处生态环境相对复杂，一方面数字档案资源载体相对脆弱，其长期安全存储问题有待进一步研究和检验；另一方面数字档案资源的信息读取具有高度的依赖性，对系统平台要求高，安全风险大；与此同时，数字档案资源还具有信息易逝性、系统异构性、载体异构性、利用保密性等特征，为数字档案资源管理与利用带来了严峻挑战，迫切需要创新档案管理思维，破解数字档案资源面临的收集、保管、开发、利用等管理难题。数字档案资源生态管理聚焦生存环境主题，主张从数字档案资源生命周期管理视角，树立系统、整体、长远理念，优化数字档案资源建设发展环境，保障数字档案资源的生态安全、生态健康与生态服务，促进数字档案资源健康可持续发展。

2. 强调数字档案资源管理创新

随着现代信息技术的应用发展，数字档案资源快速生成并海量剧增，数字档案资源管理逐渐成为摆在国家档案事业可持续发展中的现实问题，需要全体档案工作者自觉秉承创新意识，激发创新思维，研究和探索新环境下数字档案资源的长期存储与安全利用，适应大数据社会深入发展态势下的数字档案资源管理新模式，提高数字档案资源管理效率和利用效益，满足信息社会环境下人民群众日益增长的数字档案资源利用新需求。

3. 坚持数字档案资源管理中的生态思维

生态思维聚焦人与环境之间的和谐共处与协调发展，既不造成环境的损害，又可以提高人的主动性，满足人的多元发展需求。数字档案资源管理中的生态思维，既是对传统生态管理理念与价值的认同与应用，推动数字档案资源管理的生态化，夯实数字档案资源管理的生态质性与内涵，提高数字档案资源生态管理效率与利用效益；又能够使档案人更为深刻地理解生态管理内涵，自觉运用生态管理理念与方式开展数字档案资源管理实践，为数字档案馆的建设发展提供优质档案资源保障。

4. 重视现代信息技术的融合应用

现代信息技术的发展与应用，既改变了传统档案工作的基本业态，又促进了国家档案事业的数字化发展与转型，有利于实现信息社会环境下档案事业发展的范式转换，推进档案事业发展的数字化转型。数字档案资源生态管理，需要充分利用现代信息技术，"一方面通过技术的力量实现各类档案信息资源的数字化集聚，使数字档案馆成为名副其实的原生信息资源的聚集地；另一方面通过技术的应用，系统整合各类档案信息资源，形成科学有序的数字档案信息资源库，充分发挥数字档案信息资源的信息竞争力，提高数字档案馆的信息生态位。"[①]

5. 突出数字档案资源生态安全要求

安全是数字档案资源生态管理追寻的内在目标和基本要求。数字档案资源作为一种新型档案资源，在其形成、收集、传递、处理、存储、传播、利用等生命周期中面临着各类风险威胁，需要通过整体思维、战略思维、底线思维以及风险思维等为指导，积极推进实施数字档案资源生态管理策略，保障数字档案资源的载体安全、库房安全、硬件设备安全等实体安全，维护数字档案资源信息内容的原始性、真实性、完整性、保密性与可用性等信息安全。作为承担为国家保管数字档案资源、为社会延续历史记忆、为公众提供档案信息服务等功能的数字档案馆，必须承担这一历史责任和光荣使命。

6. 促进数字档案资源的社会利用

数字档案资源生态管理根本目的是在优化数字档案资源生态环境基础上，创新数字档案资源管理手段、管理方式，深化数字档案

---

① 倪代川. 金波. 数字档案馆生态系统生存环境培育探析[J]. 档案学通讯，2017(4)：73-77.

资源开发，为社会大众"提供深层次、高质量档案信息产品，不断挖掘档案的价值，努力把'死档案'变成'活信息'、把'档案库'变成'思想库'"①，增强数字档案资源服务的主动性、针对性、丰富性与精准性，促进社会数字档案资源信息消费，激活数字档案资源社会价值，提高数字档案资源利用效益，满足新时期用户日益增长的数字档案资源利用需求。

三、数字档案资源生态管理思维

生态思维作为"人类对人与自然关系的反省与认识，表达了对人类生存现实的关切。生态思维的实现为解决当代人类面临的一个矛盾冲突，即人类生产实践活动的无限性与人类生存环境附载能力有限性的矛盾提供了路向。"②随着现代信息技术的快速发展，档案信息记录方式发生着深刻变革，电子文件大量生成，数字档案资源急剧增长，但其来源广泛、保存分散、类型多样、结构多元、内容丰富、质量良莠不齐；数字档案资源数据异构、系统异构现象严重，资源共享与协同管理难以实现；数字档案的真实性、完整性、可靠性和有效性以及安全保管、开放存取等方面难以控制，数字档案馆建设面临诸多现实障碍，难以满足社会大众的数字档案资源利用需求。数字档案资源生态管理思维主要体现在绿色管理、协同管理、风险管理、平衡管理与开放管理等方面。

(一)数字档案资源绿色管理

20 世纪 70 年代以来，随着《人类环境宣言》(1977 年，瑞典斯

---

① 中共中央办公厅，国务院办公厅. 中共中央办公厅国务院办公厅印发《关于加强和改进新形势下档案工作的意见》(中办发〔2014〕15 号[Z].

② 王妍. 生态思维方式的当代建构[J]. 北华大学学报(社会科学版)，2009(3)：111-114.

德哥尔摩会议)、《21 世纪议程》《里约宣言》(1992 年 6 月 14 日，巴西里约热内卢，联合国环境与发展大会)的相继问世，全球兴起了绿色环保、绿色运动、绿色革命等绿色思潮、绿色意识，并向人类生活各个领域渗透，绿色管理意识日趋增强。绿色管理是"适应经济发展的生态化趋势而产生的一种新兴管理理念"①，既是"以生态人假设为前提，强调人与自然的协调发展，是人类管理科学发展的一次新的飞跃"②，也是社会生态意识日趋增强的现实体现，反映了社会生态管理基本内涵，突出生态环境保护理念，主张实现经济效益、社会效益、环境保护效益的有机统一，要求"除了考虑'物'与'人'的因素之外，还把'自然环境'因素纳入思考范畴，追求人与自然环境的和谐，实现'绿色管理'。"③

"绿水青山就是金山银山"，绿色是生命的象征、大自然的底色。2016 年 4 月，国家档案局印发《全国档案事业发展"十三五"规划纲要》(档发〔2016〕4 号)，提出"档案工作要树立创新、协调、绿色、开放、共享的新发展理念，主动适应经济发展新常态，抓住机遇、改革创新，为全面建成小康社会作出应有贡献"，并要求"全面加强各项基础业务建设，推动绿色环保型档案馆库建设"④。2017 年 8 月 17 日，"全国绿色档案馆建设研讨会"在河北石家庄召开，会议明确提出"绿色档案馆建设要坚持绿色价值取向"，它以智能、高效、环保、节能、健康为基本特征，以绿色档案馆建筑、绿色工作设备、绿色工作环境、绿色工作方式为基本内涵⑤。随着

① 刘承伟. 绿色管理：21 世纪企业管理研究的新领域[J]. 齐鲁学刊，2001(4)：130-134.

② 邓可旺. 绿色管理：正向我们走来[N]. 经济日报，2000-9-20(13).

③ 吴月蓉. 高校图书馆生态管理模式初探[J]. 中国出版，2009(Z1)：35-37.

④ 国家档案局. 全国档案事业发展"十三五"规划纲要(档发〔2016〕4 号)[Z].

⑤ 全国绿色档案馆建设研讨会在石家庄圆满召开——中国档案学会会议系列报道之三[EB/OL]. [2018-10-22]. http://www.hebei.gov.cn/hebei/11937442/10757006/10757248/13942517/index.html.

社会绿色管理意识的增强，人们对绿色管理内涵价值的认识逐渐加深，信息资源绿色管理理念逐渐形成，它是以"绿色管理理念为基础，综合考虑信息资源的特性而进行的崭新的、环保的、合乎自然的、可持续发展的信息资源管理理念。它的核心是指以绿色管理的理念来引导与控制信息资源管理各个环节，实现信息资源效益与社会环境效益的有机统一。"①作为信息资源家族的重要成员，"档案工作要综合考虑经济、环境发展，保持协调，更要坚持绿色工作思维方式，绿色工作方式"②，不断拓展数字档案资源生态管理思维，深化数字档案资源生态管理内涵。数字档案资源绿色管理就是以绿色管理理念为指导，通过优化数字档案资源生存环境，强化数字档案资源全程管理与整体发展，坚持绿色价值取向，提高数字档案资源管理效率与利用效益，主要体现在数字档案资源的收集、管理、保存与利用等诸方面。

1. 数字档案资源的绿色收集

数字档案资源来源广泛、形态多样、功能多元，分布在社会各个领域，是国家机构、社会组织和个人在社会活动过程中形成的具有一定价值的各类数字记录，是信息社会国家档案信息资源的主体形态，不仅是数字时代社会记忆的重要载体，而且是人类社会的重要数字遗产。数字档案资源的绿色收集，旨在通过加强数字档案资源收集方法、收集手段、收集途径等的绿色管理与控制，确保数字档案资源内容的绿色性，为数字档案资源的绿色利用奠定基础。为此，在数字档案资源绿色管理过程中，首先需要在数字档案资源的收集环节强化绿色管理思维，充分利用现代信息技术手段与管理方法，实现对数字档案资源的"绿色收集"。一方面通过加强数字档案资源收集的制度建设，不断完善数字档案资源收集制度，深化数

---

① 肖杏林. 论信息化过程中信息资源的绿色管理[J]. 中国科技资源导刊，2012(3)：57-60.

② 全国绿色档案馆建设研讨会在石家庄圆满召开[EB/OL].［2018-10-22］. http://www.bjroit.com/ratzx/20170821_486.html#here.

字档案资源的归档管理，树立数字档案资源"全程管理"理念与"前端控制"原则，对数字档案资源的形成机构及其兼职档案员等进行专业培训，不断完善数字档案资源建设机制，确保数字档案资源收集的科学化、标准化与现代化；通过充分利用现代信息技术，积极探索数字档案资源的在线收集、自动收集、智能收集等，不断创新数字档案资源的收集方法、收集手段，拓展数字档案资源的收集路径，提高数字档案资源的收集效率，实现数字档案资源收集的现代化、高效化与智能化；另一方面要围绕数字档案资源的有效性、时效性、可靠性，强化数字档案资源收集的绿色评价与监控，确保数字档案资源收集的数字化、规范化与制度化，保障数字档案资源信息的真实、齐全、准确、可读与可用，实现数字档案资源内容的绿色化，避免数字档案资源的"信息泛滥""信息浪费""信息超载""信息污染""信息疾病"等，不断优化数字档案资源结构，提高数字档案资源质量，深化数字档案资源的绿色内涵，推动建立覆盖人民群众的档案资源体系，促进数字档案资源的统一集中存储与集约化管理，为数字档案资源绿色管理奠定坚实基础。

2. 数字档案资源的低碳管理

低碳管理是指"以低能耗、低污染、低排放为基础的管理模式；其实质是资源高效利用、追求低碳 GDP（国内生产总值）的问题；核心是资源技术和减排技术创新、产业结构和制度创新以及人类生存发展观念的根本性转变。"①随着社会生态意识的增强，低碳管理不仅在经济社会发展中得到广泛应用，低碳经济、低碳生活、低碳行动、低碳发展成为企业发展的内在选择，而且成为数字档案馆生态管理的重要内容，集中体现在档案管理成本和档案利用成本的节约方面，旨在提升档案工作效率，节约档案管理利用成本，降低管理利用能耗，"通过运用信息技术、网络技术、通信技术、数字技术等现代技术手段，提供便捷、快速、高效的档案信息利用，实现'一站式'检索、在线利用、全天候服务，避免用户奔波之苦，

139

---

① 陈军. 低碳管理［M］. 北京：海洋出版社，2010：28.

减少交通成本；通过网络，可以打破时空限制，随时随地利用档案信息资源，实现档案信息资源共享。"①低碳管理作为数字档案资源绿色管理的重要内容，既体现在数字档案资源整理、鉴定、检索、统计等档案工作环节之中，也体现在当前对绿色档案馆的创建要求上。"数字档案信息存储密度高，同纸质档案相比，大幅度节省存储空间，减少存储库房；否则，档案馆盖得再大，也难以承受知识、信息爆炸带来的存储压力。"②当前，我国数字档案资源采取集中统一管理模式，它是"对数字档案管理全过程的统一领导和集中管理控制，旨在保证数字档案资源的来源可靠、脉络清晰、真实有效和长期集中保存。"③这是数字档案资源低碳管理的重要体现，通过实施数字档案资源的集中统一管理，有利于优化数字档案资源管理流程，提高数字档案资源管理效率，打造数字档案资源'一站式'系统平台，降低数字档案资源管理成本；同时，绿色档案馆的创建更为数字档案资源低碳管理带来了契机，是数字档案资源绿色管理的直接体现与内在要求。"档案馆承载着人类文明进程的历史记录，其建筑应该在科学发展观的指导下融入'绿色'理念"④，"数字档案馆建筑设计要遵循'适用、经济、美观'的原则，利用低耗能、低污染的材料建造数字档案馆，与周边环境和谐共处；通过库房智能化管理、低碳管理，提升用电效率，降低库房管理成本。"⑤绿色档案馆内涵主要体现在："绿色档案馆建筑注意通过材料降低档案馆的能耗，档案馆面积既要符合档案保管和利用，更要

---

①　金波，丁华东，倪代川. 数字档案馆生态系统研究［M］. 北京：学习出版社，2014：410.

②　倪代川，金波. 论数字档案馆生态系统管理［J］. 档案管理，2013（2）：13-15.

③　赵豪迈. 数字档案集中管理研究［M］. 西安：陕西师范大学出版总社，2016：38.

④　邹伟农. "绿色档案建筑"国际研讨会在沪召开［N］. 中国档案报，2011-4-25（1）.

⑤　倪代川，金波. 论数字档案馆生态系统管理［J］. 档案管理，2013（2）：13-15.

符合经济发展需要，不能盲目追求档案馆面积，造成过大或者过小。绿色工作设备，保证档案库房的温、湿度。创建适合档案和档案工作者的绿色工作环境，注重档案库房的消毒、消防和空气质量。档案工作者更要有厉行节约的绿色工作方式。"①

3. 数字档案资源的绿色存储

数字档案资源作为一种新型档案信息资源，不仅是当前数字档案馆建设的核心内容，而且是新时期国家档案资源体系的主体形态，是信息社会国家重要数字信息资产之一。数字档案资源绿色存储，不仅是数字档案资源绿色管理的内在要求，而且是数字档案资源自身特征的实践反映。数字档案资源绿色存储，一方面体现在数字档案资源自身的数字化形态特征，决定了其数字化存储方式。"数字保存是指对数字资源的长期保存，其对象是数字资源，其目的是实现用户对数字资源的有效访问。"②数字档案资源的数字化保存，既是数字档案资源自身的数字化形态特征所决定，也是数字档案资源绿色存储的必然要求。随着数字存储技术的发展，数字化保存已经成为数字档案资源存储的基本形式，既有利于节约档案资源存储空间，实现数字档案资源的集中统一存储，便于对数字档案资源的统一集中管理，提高数字档案资源的管理效率；也有利于数字档案资源的长期存储，可以通过数字备份、数字迁移、数字拷贝等信息技术手段，有效提高数字档案资源的备份效率，破解长期困扰档案资源长期存储及其备份的管理难题；另一方面通过实施数字化保存，便于数字档案资源的信息获取、信息处理、信息加工、信息转换等，有利于提高数字档案资源管理效率和水平，优化数字档案资源管理流程，方便数字档案资源的整合加工，实现数字在档案资源的在线检索、全文检索、智能检索，提高数字档案资源的信息管

---

① 全国绿色档案馆建设研讨会在石家庄圆满召开——中国档案学会会议系列报道之三［EB/OL］.［2018-18-22］. http://www.hebei.gov.cn/hebei/11937442/10757006/10757248/13942517/index.html.

② 臧国全. 论数字保存［J］. 现代情报，2007(8)：50-52.

理、知识管理、数据管理的内涵，为数字档案资源开发利用奠定基础，打造数字档案资源"一站式"服务平台，实现数字档案资源服务的多元化、个性化、精准化、智能化。

4. 数字档案资源的绿色利用

当前，绿色利用已经成为社会生态管理的重要思维导向，"自然资源绿色利用""企业绿色创新""土地资源的绿色利用"等成为社会发展重要议题与战略选择。随着社会生态意识的觉醒，"合理开发利用现有自然资源并保持生态环境良性循环，走可持续发展道路并推动绿色经济转型，已经成为世界上大多数国家或地区的普遍共识"①，有利于推动自然资源绿色利用的范式转型，促进从资源节约、环境保护的角度建立一种新的经济形态和生产方式。数字档案资源的绿色利用，旨在将生态管理视野下的绿色理念融入数字档案馆开发利用环节，保障数字档案资源的利用安全，满足用户的多元档案利用需求，不断深化数字档案资源利用内涵，提高数字档案资源利用效益。为此，在现代社会绿色环保、低碳降耗的生态潮流中，需要充分利用现代信息技术与管理方法，积极推进数字档案资源绿色利用，消解传统档案利用环节中存在的"高能量、高消耗、高开支、高浪费"的非低碳行为及其带来的风险，实现数字档案资源可持续性利用，达到数字档案资源利用的政治效益、经济效益、社会效益、文化效益、生态效益之间的有机统一。数字档案资源绿色利用，一方面要深化档案咨询服务、阅览室阅览、制发档案证明、档案外借、举办档案展览、档案编研等传统档案服务内涵，创新传统档案服务路径与方式，使得传统档案服务的优势得以承继，促进社会数字档案资源信息消费，更好地发挥传统档案服务的社会功能；另一方面要充分利用现代信息技术，既要"重点加强数字档案、民生档案和特色档案信息资源建设，建立广泛覆盖人民群众的档案信息资源体系，实现档案信息资源多样化、特色化、民族化，

---

① 邵学峰，胡冰. 套牢、地方官员预期与自然资源绿色利用方式转型[J]. 经济体制改革，2017（1）：191-195.

满足社会对档案信息资源的多样化需求"①；又要创新数字档案资源利用方式，拓展数字档案资源利用空间，主动开辟在线阅览室，为用户提供数字档案资源的在线检索、在线阅览、在线传递、在线下载、在线打印，突破传统实地档案阅览服务的时空限制，创新数字档案资源服务方式，拓展数字档案资源利用空间；深化网上展览服务，充分利用现代信息传媒技术，创建多元化、体验化、互动化、主题化的在线档案展览，并通过网站、微信、微博、小程序等推动档案网上展览的多途径传播，扩大数字档案资源的社会影响力；强化在线参考咨询服务，树立"以人为本"服务理念，强化数字档案资源绿色利用意识，积极利用现代技术手段，构建用户利用信息库，实现人工在线问答与机器在线智能回答相辅相成的网络咨询服务，使用户足不出户就能获取到所需档案利用信息，减少来回奔波之苦，缓解社会交通压力，节约用户时间成本，提高数字档案资源利用效率与效益；深化数字档案资源数字化开发，充分利用数字档案资源的易复制、易传播、易迁移、易存储等优势，通过综合运用大数据、云计算、物联网、人工智能等现代信息技术，深度挖掘数字档案资源内容信息，围绕数字档案资源开发主题，系统整合数字档案资源内容，利用大数据获取、存储、处理分析或可视化等有效手段，将大规模数字档案资源数据中隐藏的信息、数据、知识等挖掘并呈现出来，突破传统档案资源开发对档案载体的安全性、档案内容的完整性、档案文件之间的联系性等带来的损害，提高数字档案资源开发产品的集约化、专题化、可视化与多元化，为社会大众提供数字档案资源"绿色产品"，充分发挥大数据时代数字档案资源的信息价值、数据价值、知识价值与文化价值。

143

（二）数字档案资源协同管理

1971 年，德国科学家赫尔曼·哈肯（Hermann Haken）与其学生

①　金波，丁华东，倪代川. 数字档案馆生态系统研究［M］. 北京：学习出版社，2014：411.

格拉哈姆(R·Graham)联合发表《协同学:一门协作的科学》一文,首次提出协同理念并进行了初步探索①;1977 年、1983 年先后出版《协同学导论》《高等协同学》,至此,协同学的理论框架初步形成②。协同理论(Synergetics)主要研究"各种完全不同的系统在远离平衡时通过子系统之间的协同合作,从无序态转变为有序态的共同规律。"③目前,协同理论在自然科学和社会科学各领域得到广泛应用,协同管理在学术界受到高度关注,"有的学者强调协同管理是运用协同学自组织原理,通过协同运行机制,形成自组织系统,使系统利益最大化;有的学者强调协同管理是通过协同活动达到协同效果;有的学者强调协同管理是对系统进行管理,实现系统协调并产生协同效应;有的学者强调协同管理是对合作进行管理",究其本质而言,协同管理是"协同管理主体通过协同管理职能,对协同活动进行管理,取得协同效应的过程"④,它是"基于协同学理论的基本思想,通过整合各种资源,协调组织内外相关人员的各种活动,实现优化任务目标的过程","可以实现系统内部各组织、个人之间的高效互动,不仅可以提升资源的利用效率,而且在整个过程中使资源得以激活,能够迅速地在应用中产生新的效应。"⑤

　　档案事业发展同样需要践行协同管理理念,协调档案事业与社会环境之间的关系,推进档案事业的可持续发展。"档案事业是整个社会大系统中的一个不可缺少的子系统,它与政治、经济、科学技术、文化等社会环境有着普遍的联系。彼此之间相互作用、相互

　　① 〔德〕H. Haken,〔德〕R Graham. Synergetik—die Lehre vom Zusammenwirken〔J〕. Umschau. 1971(6):191.

　　② 〔德〕H. Haken. 高等协同学〔M〕. 郭治安,译. 北京:科学出版社,1989:20.

　　③ 〔德〕H. Haken. 高等协同学〔M〕. 郭治安,译. 北京:科学出版社,1989:20.

　　④ 娄策群,娄冬,程彩虹. 网络信息生态链协同管理概念解析〔J〕. 情报科学,2017(3):17-23.

　　⑤ 牛晓山. 浅谈信息技术环境下档案的协同管理〔J〕. 人力资源管理,2015(8):128-128.

影响。建设有中国特色的社会主义档案事业，必须从我国的国情出发，正确处理档案事业与其他各项事业之间的关系，统筹兼顾，协调发展。"①随着社会信息化、网络化、智能化的快速发展，数字档案资源不仅是数字档案馆生态系统的核心生态因子，而且是数字档案馆建设的核心内容，攸关新时期国家档案事业"四个体系"建设战略的成败，需要科学运用协同管理理论与知识，强化数字档案资源协同管理思维，推进数字档案资源可持续发展。当前，数字档案资源协同管理需要从以下三方面重点推进。

1. 强化档案工作者协同思维培育

档案工作者肩负着数字档案资源管理重任，需要加强协同思维培育，不断强化档案工作者的协同意识，使其掌握协同理论与知识，增强协同管理能力，提升数字档案资源管理效率，深化数字档案资源价值内涵。为此，需要积极推进协同思维培育，一方面强化档案工作者协同学理论与知识规训，通过理论教学、实践教学等方式方法，提高档案工作者的协同理论水平，提升档案工作者的协同管理能力。另一方面要从信息生命周期视角充分认识数字档案资源的形成、保存、管理、利用等业务环节，树立"全程管理""前端控制"等档案管理理念，对数字档案资源实行全生命周期管理，消除"档案信息孤岛"及其危害，既要在数字档案资源的业务管理环节中秉承协同管理思维，优化数字档案资源管理程序，保障数字档案资源的真实、齐全、完整、安全与可用；又要加强数字档案资源主体间(即档案资源形成者、管理者、利用者)的协同，充分发挥档案人的主观能动性，不断完善数字档案资源结构，丰富数字档案资源结内容，优化数字档案资源生存环境，推进数字档案资源健康可持续发展。

2. 构建数字档案资源协同管理机制

随着社会信息化的快速发展与档案信息化建设的持续推进，数

145

---

① 李财富. 档案事业与社会环境之间的关系[J]. 档案，1992(5)：12-14.

字档案资源海量剧增，且来源广泛、类型多样、内容丰富、价值多元，"数字档案馆资源建设需要总体把握、多方配合、通力合作，做好协调工作，避免数字档案信息资源收集不全、保管分散、管理混乱等。"①为此，需要"围绕数字档案馆档案信息资源管理与利用，加强档案形成者、档案管理者、档案利用者之间的联系，建立有效的协同合作机制，实现档案信息资源的有效收集、科学管理和充分利用"②，促进数字档案资源主体间的沟通、协调与信息交换，杜绝数字档案资源"管理孤岛"现象发生，夯实数字档案资源协同管理平台，完善数字档案资源协同管理制度，规范数字档案资源管理流程，促进数字档案资源建设有序发展，优化数字档案馆信息生态位，"使数字档案馆的信息服务更加科学、全面、有序，使数字档案馆更加具备适应信息环境并维持自身发展的竞争力。"③如安徽省档案馆主动对接《长江三角洲区域一体化发展规划纲要》要求，积极推进"数字档案资源共享平台建设"，建立全域档案信息共享平台，实现跨区查档，并积极推进各市县档案馆部门与"安徽省数字档案资源共享平台"之间的联通对接，在全省实现各级综合档案部门互联互通，真正实现"异地查档、跨馆出证"，明确提出要尽量多地将档案利用平台接入"一网通办"系统，接入"行政服务中心窗口"，接入乡镇、街道"便民服务大厅"，充分发挥网络作用，实现"让档案信息多跑路、让人民群众少跑腿"，为档案工作实现长江三角洲一体化发展提供了坚强的保障④。数字档案资源协同管理机制的构建，旨在通过实施主体协同、制度协同、文化协同和目标协同等，激活数字档案资源生态管理系统中的各种元素，促进数字

① 金波，丁华东，倪代川. 数字档案馆生态系统研究［M］. 北京：学习出版社，2014：237.

② 金波，丁华东，倪代川. 数字档案馆生态系统研究［M］. 北京：学习出版社，2014：406.

③ 周耀林，骆盈旭，赵跃. 数字档案馆信息生态位的优化研究［J］. 中国档案，2016(4)：70-71.

④ 黄玉明. 关于在深化改革中加强档案工作的几点思考——以安徽省各级档案馆为例［J］. 档案学研究，2020(1)：41-45.

档案资源生态管理元素之间的协调互动，推进数字档案资源生态管理机制的优化与创新，保障数字档案资源建设的良性运行与健康发展。

3. 强化数字档案资源管理中的技术协同

技术不仅是数字档案资源的形成与发展的直接推动力，而且在数字档案资源管理中也发挥着重要作用，无论是数字档案资源的收集与保存，还是数字档案资源的开发与利用，技术始终如影随形，如"数字档案信息资源组织可以借助信息技术，全面揭示档案信息间的内在逻辑联系，对档案信息进行深度加工、整理和提炼，使之有序化，便于档案信息的保管、传播和利用。"①当前，数字档案资源自身发展还面临着信息描述不规范、数据结构不标准、管理系统不兼容、利用平台不便捷等一些突出问题，需要充分利用现代信息技术，强化数字档案资源管理中的技术协同，推进数字档案资源管理系统平台的协同，实现数字档案资源管理系统与系统、人与系统以及人与人之间的协同互动；推进数字档案资源的数据结构标准协同，促进数字档案资源数据结构的标准化与规范化；推进数字档案管理技术协同研发与创新，推进数字档案资源管理技术协同创新，破解制约数字档案资源管理的技术壁垒、技术风险、技术难题等，提高数字档案资源生态管理效率。

（三）数字档案资源风险管理

风险无处不在，树立风险意识，加强风险管理，提高风险治理水平，已经成为人们应对风险社会挑战的基本共识。"风险问题研究的理论范式转换，体现了人们对'风险问题'的认识已经从最初的'现实关注'提升到了一种全面的、系统的整体'理论自觉'。"②1986年，德国学者乌尔里希·贝克提出"风险社会"概念③，影响

---

① 金波，丁华东，倪代川. 数字档案馆生态系统研究[M]. 北京：学习出版社，2014：215.

② 刘岩. 风险社会理论新探[M]. 北京：中国社会科学出版社，2008：13.

③ 刘岩. 风险社会理论新探[M]. 北京：中国社会科学出版社，2008：39.

极为广泛。"风险的概念直接与反思性现代化概念相关。风险可以被界定为系统地处理现代化自身引致的风险和不安全感的方式"。①一般来说，风险是由潜在的损失、损失的大小、潜在损失发生的不确定性这三种因素构成的，本质上反映了风险的基本内涵，是现代风险理论的基本概念框架②。风险管理是指"经济单位对组织运营中要面临的可能危害组织利益的不确定性，采用各种方法进行识别、度量、控制，并在此基础上有效地处置风险，以最低成本实现最大安全保障的科学管理方法。"③风险管理是现代管理学家族的重要分支，它源于人们为了避免事件发生的不良后果及其造成的各种损失，通过科学管理来降低风险成本、规避各类风险，在经济社会发展各领域得到广泛应用。

数字档案资源风险管理指的是在对数字档案资源进行风险识别、风险评估的基础上，积极采用相应的风险应对策略，规避和化解数字档案资源建设与发展中的各类风险威胁，确保数字档案资源的真实、齐全、准确、可读、可用。当前，数字档案资源潜在安全风险因素量大面广，面临着形成风险、收集风险、存储风险、保管风险、利用风险等各种风险因子威胁，严重制约数字档案资源生态安全，档案部门"必须借助各种数字信息保护技术，熟悉各种数字存储介质的特性和质量，以管理制度和技术保障来维护数字档案的长久可读和完整可靠"，"必须放眼长远，采取有效的应对措施，尽力抢救和保护珍贵历史档案，并切实解决数字档案信息的安全保障问题。"④为此，需要强化数字档案资源风险管理，时刻紧绷数字档案资源安全主线，在风险识别与评估基础上，正确认识数字档案资源档案风险存在的客观性，强化生态平衡观念和风险防范意识，

---

① 乌尔里希·贝克. 风险社会[M]. 何博闻, 译. 北京：译林出版社, 2004：19.

② 汪忠, 黄瑞华. 国外风险管理研究的理论、方法及其进展[J]. 外国经济与管理, 2005(2)：25-31.

③ 谢非. 风险管理原理与方法[M]. 重庆：重庆大学出版社, 2013：9.

④ 陈永生. 档案长远利用的多重挑战及安全保护措施(上)[J]. 北京档案, 2007(3)：21-24.

突破单一的安全观和风险观，综合运用生态安全理论、信息网络技术、现代管理理论、法治管理思维等系统构建数字档案资源风险管理机制，积极采用科学的风险应对策略与风险管理措施，规避和化解各类风险，确保数字档案资源的长期安全存储和长远有效利用。风险管理作为数字档案资源生态管理思维的重要内容，既符合数字档案资源生态安全观的内在要求，也是新时期数字档案资源建设发展的必然选择，需要从以下方面重点推进：

1. 全面揭示数字档案资源风险因子

"在当今高风险社会背景下，严峻的档案安全形势，不容乐观的档案风险管理现状，以及亟待发展的档案学理论体系，都在客观上决定了加强档案风险管理的必要性。"①数字档案资源作为信息社会环境下生成的新型档案资源，需要系统分析其生命周期各阶段特征，广泛调研数字档案资源安全隐患状况，综合考量现代信息安全、网络安全、大数据以及档案保护等技术前沿和发展趋势，全面分析威胁数字档案资源生成与发展过程中的形成风险、存储风险、网络风险、管理风险、利用风险以及威胁数字档案信息的长期保存与可读等各种风险因子，揭示数字档案资源风险特征。

2. 系统分析数字档案资源风险威胁

数字档案资源风险管理要树立风险意识，强化档案安全理念，由于"缺乏风险管理意识，数字档案馆可能面临各种各样的威胁，不在人为控制之内的自然灾害可以导致数字档案馆设施瘫痪、数据被毁，管理人员的操作失误可能引起档案数据的丢失，各种对数字档案馆的蓄意攻击也会引起档案的受损、被盗等。"②为此，需要在揭示数字档案资源风险因子分布的基础上，运用风险管理思想与理

---

① 向立文，欧阳华. 论加强档案风险管理的必要性与可行性[J]. 档案学通讯，2015(4)：68-71.

② 陈永生. 档案长远利用的多重挑战及安全保护措施(上)[J]. 北京档案，2007(3)：21-24.

论，探索构建数字档案资源风险评估指标体系，建立数字档案资源风险评估机制，对数字档案资源进行风险分析与评估，系统各类风险因子对数字档案资源的生存与发展带来的实际危害与潜在威胁，并对风险因子的危险程度进行科学测评，综合评价数字档案资源风险状况。

3. 科学构建数字档案资源风险管理机制

当前，"以数字档案为鲜明特征的现代档案安全危机给档案保护带来了一轮又一轮的冲击，因此风险管理、危机管理的思想被引入了档案领域。"①数字档案资源风险管理需要紧密围绕数字档案资源生态安全保障，分析数字档案资源风险管理原理、风险管理决策、风险管理应对等，综合运用生态、技术、制度、文化等管理思维，探索构建以数字档案资源生态安全战略管理机制、危机应对管理机制、安全存储管理机制、资源共享管理机制以及文化传承管理机制为一体的数字档案资源风险管理机制，维护数字档案资源的生态平衡和健康，保障数字档案资源长期安全存储和长远有效利用。

（四）数字档案资源平衡管理

生态平衡是生态学理论的重要内容，是生态系统健康运行的内在要求。1949 年，美国学者威廉·福格特在《生存之路》中提出生态平衡（Ecological Balance）概念②。"生态系统在长期发展过程中，各因素或各成分之间建立起了相互协调与补偿关系，使整个自然各部分的结构及功能均处于相互适应与协调的动态平衡中，这就是我们所说的生态平衡"③。随着生态学理论的快速发展与研究的持续

---

① 陈永生. 档案长远利用的多重挑战及安全保护措施（上）[J]. 北京档案，2007(3)：21-24.

② 陈贻安. "生态平衡观"与"生态发展观"[J]. 北京交通管理干部学院学报，1997(2)：42-49.

③ 曹凑贵. 生态学概论[M]. 北京：高等教育出版社，2002：282-286.

深化，人们从不同学科视角对生态平衡理念与内涵进行了多元阐释与揭示，既体现出人们对生态平衡理解的深化，也反映出生态平衡理论的强大生命力，有利于我们从生态平衡视角进一步探索数字档案资源生态管理理念与方法，拓展数字档案资源生态管理思维，深化字档案资源生态管理内涵。张真继、张润彤等从网络社会生态学视角指出，"网络社会生态平衡，是指在一定的时间和相对稳定的条件下，网络社会生态系统内各部分（网络信息、环境、人）的结构与功能处于相互适应与协调的动态平衡状态，它是网络社会生态系统的一种良好状态"①。靖继鹏从信息生态学视角指出，"信息生态系统内部具有一定的自我恢复功能，但由于信息生态系统是一个人工系统，所以人类的积极干预是使信息生态系统在失衡——平衡之间变化的主导力量"。② 张四新从图书馆生态系统视角提出："从满足人类社会多方面的文化需求来看，图书馆系统的生态平衡不只是某个单一系统的自然状态的稳定与平衡，还意味着多种系统的配合与协调，是人类根据自身利益的需要而干预自然生态过程的社会性活动的结果，是人类为了自身的利益而谋求和建立的一种适应性的人工平衡状态。"③金波等认为，数字档案馆生态系统的生态平衡可以理解为："在一定的时空条件下，数字档案馆生态系统中各种生态因子相对稳定、协调互补，系统整体结构优化、功能良好，形成有效输入和输出关系的一种动态均衡状态，呈现出可持续发展的良好势头。"④

信息时代，数字档案资源海量生成、广泛分布、类型多样，已经成为国家档案资源体系的重要组成部分，是数字档案馆建设的核心内容，对国家政治、经济、社会与文化发展具有重要支撑作用。

---

① 张真继，张润彤，等. 网络社会生态学[M]. 北京：电子工业出版社，2008：308.

② 靖继鹏. 信息生态理论研究发展前瞻[J]. 图书情报工作，2009（4）：5-7.

③ 张四新. 论图书馆系统的生态平衡[J]. 图书馆，2007（2）：59-61.

④ 金波，丁华东，倪代川. 数字档案馆生态系统研究[M]. 北京：学习出版社，2014：324.

数字档案资源平衡管理是指在数字档案资源建设中，以生态平衡理念及其应用为指导，立足国家档案事业发展战略，围绕社会公众档案信息利用需求，在数字档案馆建设发展中科学把握数字档案资源数量与质量、结构与功能、开放与保密之间的内在关系，不断优化数字档案资源体系与结构，丰富数字档案资源内容与种类，推动数字档案资源开放与共享，保障数字档案资源安全与保密，主动维护数字档案资源生态平衡，促进数字档案馆可持续发展。数字档案资源平衡管理，应重点从档案资源结构平衡与利用平衡两方面协同推进：

1. 数字档案资源结构平衡

数字档案资源结构是检验数字档案资源质量的关键指标，是数字档案馆建设成效的重要表征。当前，数字档案资源快速生成，不仅是数字时代社会记忆的重要构成，而且成为国家信息资产的重要组成部分，在国家和社会经济发展中作用巨大，截至 2020 年底，全国各级综合档案馆馆藏电子档案 1387.5TB，其中，数码照片390.2TB，数字录音、数字录像 523.5TB；馆藏档案数字化成果19588.5TB。① 近年来，青岛市档案馆围绕加强档案资源建设采取了一系列措施，通过采取拓宽数字档案资源建设渠道、加大数字档案资源征集力度、面向海外征集珍贵档案资源、强化数字档案资源的网络在线采集、积极实施"城市记忆工程"等，全面加强青岛市数字档案资源资源建设，各种民生档案资源、照片档案资源、音像档案资源、实物档案资源均大幅度增加，实现了馆藏档案资源结构的优化，为服务社会、服务公众奠定了坚实基础②。为此，在数字档案馆建设过程中，需要主动思考馆藏档案资源结构面临的平衡问

---

① 国家档案局 .2020 年度全国档案主管部门和档案馆基本情况摘要（二）［EB/OL］［2022-3-11］. https://www. saac. gov. cn/daj/zhdt/202108/6262a796fdc3487d93bfa7005acfe2ae.shtml.

② 潘积仁. 档案资源建设：原则 实践 策略[J]. 中国档案，2009（7）：16-18.

题，秉承资源生态平衡理念与思想，主动树立"大档案观"，加强馆藏历史档案资源、民生档案资源、专题档案资源等特色档案资源建设，完善数字档案资源收集归档制度，拓展数字档案资源来源渠道，优化数字档案资源空间布局，科学处理传统档案资源、数字档案资源以及网络档案资源之间关系，不断丰富馆藏数字档案资源内容，提高数字档案资源质量，逐步建立起内容丰富、结构合理、载体多样、特色鲜明的档案资源体系，加大对档案工作的支持保障力度，激活数字档案资源的社会价值，增强数字档案资源的信息竞争力、文化软实力与社会影响力。

2. 数字档案资源利用平衡

利用是档案工作的中心任务，对整个档案工作具有检验和促进作用，是档案业务管理工作诸环节中最富有活力的一个环节①。数字档案资源利用是网络环境下档案提供利用工作的重要内容，既是数字档案资源价值实现的重要途径，也是数字档案馆社会功能实现的重要媒介。"数字档案馆信息生态平衡是相对的，非平衡的信息生态失衡是在所难免的，如果数字档案馆信息生态系统出现混乱与不协调，则容易导致数字档案馆信息服务中断或失去控制。"②当前，数字档案资源利用平衡需要重点处理好以下三对关系：

第一，档案开放利用与安全保密之间的平衡。数字档案资源开放利用的过程中往往会出现档案信息开放与档案信息安全保密之间的失衡现象，一方面因为强调保密而对数字档案资源管理控制过严，导致档案信息被档案部门垄断封闭管理，数字档案资源得不到有效利用，造成社会对档案部门产生不满；另一方面也会因为强调开放而产生对档案资源信息安全疏于管理现象，造成数字档案资源安全得不到有效维护与保障，导致数字档案资源管理与利用中产生

153

---

① 陈智为，邓绍兴，刘越男. 档案管理新(第三版)[M]. 北京：中国人民大学出版社，2008：377-379.

② 张东华，鲁志华. 数字档案馆信息生态平衡及其策略研究[J]. 湖北档案，2010(8)：12-14.

信息泄密，影响国家安全和社会组织、个人的合法权益。为此，需要在数字档案资源提供利用的过程中，注意保持档案信息开放与保密之间的平衡，既要打破传统"保密保险、开放危险"的惯性思维，创新利用方式、利用手段，推进数字档案资源的开放利用，发挥数字档案资源的社会价值；又要强化安全保密思维，构建数字档案资源安全保密机制，有效维护数字档案资源的开放利用安全，做到该保密的不泄密，该开放的主动提供利用，最大程度发挥数字档案资源的社会价值与数字档案馆的社会功能。

第二，档案信息服务对象之间的平衡。传统环境下，档案信息服务主要面对政府机关与企事业单位等"组织机构"，主要表现为组织利用，而且集中体现在以政府利用为主"官方利用"方面，政治性相对突出。随着社会的转型发展与信息社会的深入演进，公民的信息权利意识逐步觉醒，社会大众的档案意识显著增强，档案事业也面临着创新驱动转型发展，数字档案资源的社会利用、大众利用、个人利用等"民间利用"成为新时期档案利用的新领域，不仅丰富完善了传统档案利用服务体系，而且为数字档案资源利用拓展了空间，有利于创新数字档案资源利用模式、利用方式与利用手段，扩大数字档案资源的社会影响力与信息竞争力。为此，数字档案馆需要重视档案信息服务对象之间的平衡，在保持传统"官方服务"的同时，要大力拓展"民间服务"，推动新时期数字档案馆公共服务转型，发挥数字档案资源的公共性价值，提高数字档案资源管理效率与利用效益。

第三，数字档案资源利用方式的平衡。数字档案资源广泛产生于社会各个领域，但服务理念、服务方式、服务手段仍相对滞后，难以实现数字档案资源的社会共享，与日益增长的社会档案信息利用需求相距甚远。数字环境下，档案利用方式面临着数字化利用转型的现实，迫切需要充分利用现代信息技术与数字档案资源形态优势，不断创新档案利用手段、方法与策略，优化现代档案利用服务体系，促进数字档案资源深度开发，推进档案资源数字化利用，满足网络环境下用户日益增长的多元化、个性化、精准化、数字化、智能化的档案信息利用需求。为此，需要在数字档案资源利用工作中注重档案利用方式的平衡，既要充分利用现代信息技术，深入贯彻"互联网+"战略，更好发挥档案借阅、档案复制、档案展览等传统档案利用方式功能；又要主动创新网络环境下的数字档案资源在线利用、远程利用、精准利用、个性利用、智能利用等现代档案利用方式，提升数字档案资源利用的参与感、体验感、互动感，拓展现代档案信息服务空间，提升数字档案资源社会生态位。

(五)数字档案资源开放管理

档案是人类历史与文化的直接记录，是人类社会发展过程中不可或缺的重要信息资源，在国家和社会经济发展中作用巨大，"档案日益成为国家基础性战略资源；档案工作领域更加广泛、内容更加丰富、需求更加多样，地位和作用越来越重要"①。2003 年 5 月 26 日，时任浙江省委书记的习近平同志在视察浙江省档案局(馆)时明确提出："档案工作是一项基础性工作，经验得以总结，规律得以认识，历史得以延续，各项事业的发展，都离不开档案。在全面建设小康社会的进程中，档案工作显得越来越重要。"②档案馆蕴藏着丰富的档案信息资源，面向社会开放馆藏档案资源是发挥档案资源潜在价值、实现档案资源共建共享的必由路径，已经成为国内外档案界档案资源开放利用的基本共识。"开放档案原则的提出和实施，堪称世界档案史上具有划时代意义的一场革命。在开放档案原则下，利用档案不再是一种特权，而是全体公民都应充分享受的权利，体现了对公民民主权利的尊重。"③法国历史学家郎格鲁认为开放档案原则的确立，"改变了档案馆的性质，使档案馆从旧制度下的机密机构，变成为社会全体公民的利益和权利服务的公开机

① 国家档案局. 全国档案事业发展"十三五"规划纲要(档发〔2016〕4号)〔Z〕.

② 省委书记、省人大常委会主任习近平同志在考察省档案局省档案馆时的讲话〔J〕. 浙江档案，2003(6)：5.

③ 陈永生. 档案开放利用情况的数据分析——档案充分利用问题研究之二〔J〕. 档案学研究，2007(4)：15-17.

构，开创了档案利用的崭新时代。"①1996 年，国际档案理事会在美国华盛顿以"档案馆向学术界开放"为主题召开特别大会，全面探讨档案开放利用问题并达成两点共识："一是要求取消对档案自由利用的限制；二是呼吁就档案利用开展国际性合作。这次大会得到了欧美档案学界的高度评价，它标志着档案开放和利用的研究在国际范围内进入了新的时期。"②2012 年，第十七届国际档案大会发布由国际档案理事会起草的《档案利用原则》，"旨在为档案工作者提供一个衡量其现行利用政策与实践以及重新制定利用政策时的权威国际基准。文件指明了公众利用档案的权利，也明确了档案工作者提供档案及其信息利用的责任；既适用于政府档案，也适用于非政府档案。"③

随着社会信息化深入发展与档案信息化快速推进，数字档案馆建设步伐加快，数字档案资源海量剧增，已经成为数字信息资源的重要组成部分，其价值潜能日益增强，成为国家的重要数字信息资产。数字档案资源广泛产生于社会各个领域，在急剧增长的同时面临着来源分散、管理滞后、整合有限、互联互通不足，服务理念、服务方式、服务手段仍相对滞后，缺乏有效的利用服务机制等，与日益增长的社会档案信息利用需求之间存在现实差距，馆藏数字档案资源大部分仍是"睡美人"状态，处于"养在深闺人未识"，社会大众还难以对数字档案资源进行有效利用，海量数字档案资源的整体效益与价值难以有效实现。"开放档案既是思想观念上的革新，又是档案馆工作上的巨大变革。"④为此，需要强化数字档案资源整合与优化，加大数字档案资源开放力度，"加

①　韩玉梅. 外国现代档案管理教程[M]. 北京：中国人民大学出版社，1995：177.

②　黄霄羽. 国际档案大会关于档案开放和利用的研讨[J]. 中国档案，1996(8)：37-38.

③　李音，张轶哲. 国际档案理事会权威对外发布的《档案利用原则》[N]. 中国档案报，2012-10-19(3).

④　陈智为，邓绍兴，刘越男. 档案管理学(第三版)[M]. 北京：中国人民大学出版社，2008：400.

强对档案信息的分析研究、综合加工、深度开发，提供深层次、高质量档案信息产品，不断挖掘档案的价值，努力把'死档案'变成'活信息'、把'档案库'变成'思想库'，更好为各级党委和政府决策、管理提供参考。"①数字档案资源开放管理需重点从以下三个方面系统推进：

1. 加大数字资源整合力度，提升数字档案资源价值内涵

"当前，我国信息资源开发利用不足与无序滥用的现象并存，要加强顶层设计和系统规划，完善制度体系，全面提升信息采集、处理、传输、利用、安全能力，构筑国家信息优势。"②随着电子文件的快速增长与传统档案资源的数字化转换，档案馆数字档案资源增长迅速，成为馆藏档案资源体系的重要组成部分，有利于丰富馆藏档案资源内容，推动档案工作创新。与此同时，数字档案资源也为传统档案工作带来了新的挑战，数字档案馆不仅存在信息系统设计各异、数字档案信息异构现象，而且馆藏数字档案资源尚缺乏科学的整理和鉴定，众多数字档案资源仍处于无序、混杂状态，未能达到数字档案馆信息存储和管理的要求，难以实现数字档案资源的共建共享。为此，需要强化馆藏数字档案资源的整合优化工作，为数字档案资源开放利用创造条件，一方面要"重点加强数字档案馆规范化、标准化建设，提高数字档案馆建设效率，避免数字档案馆重复开发，实现数字档案信息资源共享，保持信息生态平衡"③；另一方面要"注重对档案资源进行深度开发，通过整合、加工、编研，努力从浩如烟海的档案资料中筛选最有价值的东西，使档案服务实现由个别查找向系统分析提升，由简单汇总向专题研究、综合

157

---

① 中共中央办公厅，国务院办公厅. 中共中央办公厅国务院办公厅印发《关于加强和改进新形势下档案工作的意见》(中办发〔2014〕15号)〔Z〕.

② 中共中央办公厅，国务院办公厅，国家信息化发展战略纲要〔N〕. 人民日报，2016-7-28(1).

③ 倪代川，金波. 论数字档案馆生态系统管理〔J〕. 档案管理，2013(2)：13-15.

研究提升"①，提升数字档案资源价值内涵。当前，数字档案资源整合需要围绕数字档案资源开放利用主题，主动面向用户需求，科学整合数字档案资源，推动"数字资源整合模式从静态的参考服务向动态的嵌入利益相关服务转变；从关注资源整合的技术到关注用户的需求、行为习惯、认知和体验"②，提高数字档案资源整合水平、整合效率与整合效益，提升数字档案资源价值内涵，为数字档案资源开放利用奠定基础。

2. 充分利用信息技术，推动数字档案资源开放利用

信息时代，"档案工作者要有现代的眼光和思维，牢固树立信息化是档案事业发展的必由之路的思想，以档案信息化推动档案管理工作的现代化"③，紧密跟踪现代信息技术的发展与应用，充分利用信息技术优势，主动创新数字档案馆利用与服务，全面推进数字档案资源社会开放，激活数字档案资源利用活力，系统提升数字档案馆服务能级，"把档案库建成党和国家的'思想库'"④。"档案开放不仅是社会利用的前提条件，而且可对社会利用起着重要的导向作用。不管怎么说，没有高开放率作为前提和先导，要追求高利用率和实现对档案的充分利用，那肯定是不可能的。"⑤与此同时，我们必须明白，"一份档案开放，并不意味着在目录上记录'开放'二字就结束了，对于开放的档案，要采用信息化技术，通过网络公布目录信息和全文信息并编辑出版档案文化产品，增值档

① 张斌. 构建档案思想库提升档案工作服务能力[J]. 档案与建设，2013(1)：4.

② 肖静萍，朱一丽. 面向用户的数字档案资源整合：国外研究及借鉴[J]. 档案学研究，2017(2)：98-101.

③ 杨冬权. 在学习习近平同志考察浙江省档案局(馆)时讲话座谈会上的发言[J]. 中国档案，2014(10)：14-16.

④ 张斌. 构建档案思想库提升档案工作服务能力[J]. 档案与建设，2013(1)：4.

⑤ 陈永生. 档案开放利用情况的数据分析——档案充分利用问题研究之二[J]. 档案学研究，2007(4)：15-17.

案开放效应。"①数字档案资源作为新型档案资源形态，具有档案资源存储的数字化和档案利用服务的网络化的先天优势，有利于推动档案资源的开放利用，一方面可以通过数据挖掘、数据分析等信息技术，演化数字档案资源内容开发，丰富数字档案资源开发产品，创新数字档案资源开发方式，提升数字档案资源开发质量，激活社会档案信息资源消费，实现网络环境下档案信息服务的个性化、精准化与智能化。另一方面在"大数据环境下，随着公民对政府数据及公共数据开放需求的不断深入，档案数据开放已经势在必行"②，《全国档案事业发展"十三五"规划纲要》明确提出：要"建立开放档案信息资源社会化共享服务平台，制定档案数据开放计划，落实数据开放与维护的责任；优先推动与民生保障服务相关的档案数据开放"③；《"十四五"全国档案事业发展规划》也明确要求，"各省（自治区、直辖市）综合档案馆加强本区域档案信息资源共享平台建设，实现本区域各级综合档案馆互联互通，推动共享平台向机关等单位延伸，促进档案信息资源馆际、馆室共建互通，推进档案信息资源跨层级跨部门共享利用。"④为此，需要充分利用信息技术，深度挖掘数字档案资源的数据价值，促进档案资源数据化开放利用，充分发挥大数据环境下的档案信息资源的数据价值。

3. 积极完善法律法规，保障数字档案资源开放利用

"开放档案，是在新的历史时期，党和国家赋予档案馆的一项光荣而又艰巨的任务，它既是社会客观需要，又是档案馆工作发展

①　赵屹. 档案馆的现在与未来［M］. 上海：世界图书出版公司，2015：215.

②　马海群. 档案数据开放的发展路径及政策框架构建研究［J］. 档案学通讯，2017（3）：50-56.

③　国家档案局. 全国档案事业发展"十三五"规划纲要（档发〔2016〕4号）［Z］.

④　中办国办印发《"十四五"全国档案事业发展规划》［J］. 中国档案，2021（6）：18-23.

的需要。"①《中华人民共和国档案法》(2020 年修订) 第 27 条规定:"县级以上各级档案馆的档案,应当自形成之日起满二十五年向社会开放。经济、教育、科技、文化等类档案,可以少于二十五年向社会开放;涉及国家安全或者重大利益以及其他到期不宜开放的档案,可以多于二十五年向社会开放。国家鼓励和支持其他档案馆向社会开放档案。"②数字档案资源的开放利用不仅需要现代信息技术的支持,同样需要完善相关法律法规,从法律制度层面为数字档案资源开放保驾护航,"树立维护公民利用档案权利的服务理念,向公众充分展示馆藏,公平、公正地对待每一位利用者",③ 推动数字档案资源安全有序开放,既要保障公民档案利用的合法权利,又要自觉维护国家利益不受损。为此,需要强化法治思维,落实制度管理,使数字档案资源开放利用在法治轨道上有序推进,一方面通过完善数字档案资源相关法律法规,从法治层面强化数字档案资源开放利用的顶层设计,明确公民数字档案资源开放利用的权利界限,保障公民合法利用数字档案资源,提高数字档案资源利用效益,发挥数字档案资源社会价值;另一方面要在法治轨道上进一步强化制度设计,从制度管理视角为公众利用数字档案资源构建有效的制度保障机制,既要确保数字档案资源的安全利用,防止数字档案资源开放利用过程中的泄密、失密等风险;又要保障用户档案利用权利,促进数字档案资源开放利用的制度化,推动数字档案资源的社会共享,满足社会大众对数字档案资源的多元化利用需求。

4. 积极利用社交媒体,促进数字档案资源开放获取

"档案馆走向开放是历史的必然,对于档案馆而言,全方位的开放档案不仅仅是社会对公民的给予,更是一种获得,是推动档案

---

① 陈智为,邓绍兴,刘越男. 档案管理学(第三版) [M]. 北京:中国人民大学出版社,2008:402-403.

② 《中华人民共和国档案法》(1987 年通过,1996 年第一次修正,2016 年第二次修正,2020 年修订) [Z].

③ 王改娇. 公民利用档案的权利研究[J]. 档案学通讯,2006(3):43-45.

自身发展的能量源泉。"①为此，我们"既要在指导思想上打破以往过分强调档案机要性、保密性特点而导致信息开放领域狭小受限的束缚，又要采取各种有效措施，努力发挥档案所具有的公益性和公共性优势，服务于领域广阔的社会需要。"②随着 Web2.0 技术的快速发展与广泛应用，社交媒体在国内外档案界备受重视并被普遍应用，"无论是机构的借力创新，还是社交媒体的主动出击，都反映了当下国际档案界技术发展的新潮流——应用社交媒体创新档案服务。"③2012 年，冯惠玲在"全国档案工作者年会"上作《社交媒体与档案社会化》主题演讲，认为"社会化媒体的广泛应用将变革档案管理的平台、理念、对象、管理方式和主体，引发档案资源来源、结构和构建方式的调整，推动档案社会化的进程。"④当前，"开放数据是未来社会发展的趋势。从政府到普通民众，借助互联网这一工具，用户产生的数据和档案将越来越多，所涉及的范围也将逐渐扩展到社会生活的方方面面，因而用户参与到不受限制的数据整理过程中，多形式、多层次、多方面参与共建共享网络在线资源，是未来档案信息资源整合和利用的主要方式。"⑤与此同时，以微信、微博、移动终端（两微一端）为核心的社交媒体蓬勃发展、应用广泛，有力推动了数字档案资源的开放利用，一方面，"档案馆应用社交媒体创新档案服务，很好满足了公众需求，增强了工作积极性，为档案馆与公众的交流合作搭建了有效平台。"⑥，档案机

① 黄霄羽. 社会转型期档案利用政策研究[M]. 北京：光明日报出版社，2011：88.

② 赵屹. 档案馆的现在与未来[M]. 上海：世界图书出版公司，2015：215.

③ 黄霄羽. 查问题立规范现珍藏增趣味舞动社交媒体——2015 年国际档案界回眸[J]. 中国档案，2016(2)：67-69.

④ 王兰成，黄永勤. 大数据背景下档案社会化媒体信息的挖掘与利用探析[J]. 档案学研究，2015(6)：73-76.

⑤ 肖静萍，朱一丽. 面向用户的数字档案资源整合：国外研究及借鉴[J]. 档案学研究，2017(2)：98-101.

⑥ 黄霄羽. 国外典型档案馆应用社交媒体创新档案服务的实践特点[J]. 档案学通讯，2016(3)：87-93.

构应当树立社交媒体意识，大胆尝试利用社交媒体新技术，以数字档案资源建设为基础，通过大众化服务与个性化服务的结合，创新数字档案资源服务方式①，多方面、多层次、多途径、多维度、多形式地传播数字档案资源，创新数字档案资源利用方式，提高数字档案资源传播效率与利用效果。另一方面，"对档案馆而言，应用社交媒体提升了档案馆形象，转变了其服务方式，实现了馆藏资源线上开放，反过来又推动了社交媒体的规范使用"②，有利于提高数字档案资源的开放程度和利用率，"为档案馆加强自身与公众的互动与交流，引导公众参与数字档案资源建设提供了绝佳的渠道"③，既有利于数字档案馆通过社交媒体展示馆藏数字档案资源，激活数字档案资源价值，也有利于通过社交媒体促进公众积极参与数字档案馆管理与服务，促进社会大众数字档案资源"信息消费"。

四、数字档案资源生态管理路径

"数字档案资源生态管理策略研究"立足国家数字档案资源建设，运用生态管理理论、思想与方法，充分利用现代信息网络技术，创新数字档案资源管理理论与实践，为数字档案资源建设营造良好的生态环境，推进数字档案资源的共建共享共治，保障数字档案资源的长期安全存储和长远有效利用。

(一)数字档案资源生态管理研究路径

"数字档案资源生态管理策略研究"遵循科学研究规律，创新

① 周耀林，路江曼. 论社交媒体下档案服务的创新[J]. 档案学通讯，2014(6)：45-49.
② 黄霄羽. 国外典型档案馆应用社交媒体创新档案服务的实践特点[J]. 档案学通讯，2016(3)：87-93.
③ 蒋冠. 国家综合档案馆数字档案资源建设策略探析[J]. 档案学研究，2017(3)：48-53.

研究思维，主要基于以下研究路径展开研究框架设计和研究实施路径：

一是通过理论借鉴创新数字档案资源研究思维，旨在引入生态学理论和思想，从生态预警、生态安全、生态健康、生态服务、生态培育等方面全面探索数字档案资源生态管理，科学构建数字档案资源生态管理策略体系及其实现方式，保障数字档案资源的长期安全保存和长远有效利用，为数字时代档案资源的安全存储和长远利用积极探索。

二是聚焦数字档案资源生态安全这一重要内容，全面分析信息时代威胁数字档案资源生态安全的各类风险因子及其生态环境，并从数字档案资源的形成、存储、管理、利用等信息生命周期视角全面探索数字档案资源生态安全内容及其保障路径，为数字档案资源生态预警、生态健康以及生态培育提供决策依据。

三是围绕数字档案资源的价值实现，不断完善并实施数字档案资源生态管理策略体系及其实现方式，推动大数据社会环境下数字档案资源的共建共享共治，促进数字档案资源在国家政治、经济、文化、社会、生态等诸方面的价值实现，增强数字档案资源的信息竞争力、文化软实力和社会影响力，提高数字档案资源社会生态位。

（二）数字档案资源生态管理实践路径

"数字档案资源生态管理策略研究"旨在以"数字档案资源"为研究对象，以"数字档案资源生态管理"为研究主题，综合运用档案学、生态学、管理学、信息学、社会学、文化学、计算机科学等学科理论与知识，创新数字档案资源管理研究思维，聚焦数字档案资源的集成与共享、长期存储与安全保障、价值实现与效益发挥等内容，围绕数字档案资源的来源、管理、服务与利用等生命周期阶段，在全面分析数字档案资源生态风险因子分布基础上，着力探索构建信息社会环境下数字档案资源生态管理策略体系，重点从生态预警、生态安全、生态健康、生态服务与生态培育五个方面全面推

163

进数字档案资源生态管理实践，不断完善数字档案资源生态管理实践策略及其实现机制，为国家数字档案资源建设提供理论参考与决策支持。其中：生态预警与生态培育是数字档案资源生态管理的前端控制，旨在全面厘清数字档案资源生态风险基础上，通过生态预警、生态培育对数字档案资源建设管理等进行前端控制，防范数字档案资源风险威胁及其危机，优化数字档案资源生态环境，确保数字档案资源生态管理的顺利推进，提高数字档案资源生态管理效益。生态安全与生态健康是数字档案资源生态管理的基本目标，旨在通过科学构建数字档案资源生态安全保障体系和生态健康评估体系，打造数字档案资源生态安全防护网和生态健康评估机制，确保数字档案资源长期安全存储与长远有效利用，推动数字档案资源健康可持续发展。生态服务是数字档案资源生态管理的根本目的，旨在通过创新数字档案资源服务利用策略，满足数字环境下的用户数字档案资源利用需求，激活社会数字档案资源信息消费，充分发挥数字档案资源社会价值与功能，提高数字档案资源社会生态位。

为此，需要科学构筑数字档案资源生态管理策略体系，创新数字档案资源生态管理路径，完善数字档案资源生态管理内容，深化数字档案资源生态管理内涵，提高数字档案资源生态管理效率，促进公众数字档案信息消费，满足人民群众日益增长的多元数字档案资源利用需求。本书聚焦数字档案资源生态管理内涵，重点从生态预警、生态安全、生态健康、生态服务、生态培育等方面系统探索数字档案资源生态管理实践路径及其实现策略，具体参见"图4-1"。

(1)数字档案资源生态预警策略。围绕数字档案资源生态风险，从数字档案资源发展不平衡、管理不协调、利用不充分、安全不牢靠等方面探讨分析数字档案资源生态危机的呈现方式及其现实影响；借鉴风险预警理论与知识，重点从预警方法、预警系统、预警流程、预警机制、预警功能等方面系统分析数字档案资源生态预警管理策略体系，积极探索数字档案资源生态管理方法与路径，不断完善数字档案资源生态风险预警的实现机制，加强对数字档案资源建设发展的风险监控与安全防范，保障数字档案资源的生态安全，促进数字档案资源建设可持续发展。

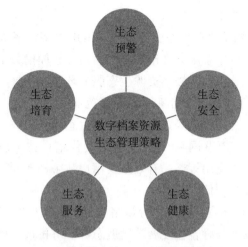

图 4-1　数字档案资源生态管理实践路径

（2）数字档案资源生态安全策略。聚焦数字档案资源生态安全主题，提出数字档案资源生态安全观，全面分析数字档案资源生态安全背景，系统阐释数字档案资源生态安全特征；从基础设施、管理中枢、管理业务、信息内容等方面全面梳理数字档案资源生态安全内容体系；从风险管理、危机管理、协同管理、战略管理、制度管理、法治管理等视角探索数字档案资源生态安全应对策略；从制度、管理、技术、人才、经费等方面构建数字档案资源生态安全保障机制，夯实数字档案资源安全根基，织密数字档案资源生态安全防护网，筑牢数字档案资源生态安全防火墙，优化数字档案资源生存环境，维护数字档案资源生态安全。

（3）数字档案资源生态健康策略。立足生态学理论与思想，借鉴生态健康理念与知识，探讨分析数字档案资源生态健康内涵及其特征；探索数字档案资源生态平衡、协调运行、社会共享等健康运行方式；强化生态健康评价思维，探索构建数字档案资源生态健康评价指标体系与风险评估机制，科学评估数字档案资源生态健康状态，为数字档案资源生态管理提供理论指导和决策依据；从管理保障、安全保障、标准保障和经济保障四个方面探索构建数字档案资源生态健康保障策略，维护数字档案资源整体安全，推动数字档案资源健康可持续发展。

（4）数字档案资源生态服务策略。聚焦数字档案资源服务利用与共建共享，以生态服务理论与思维为指导，厘清数字档案资源生态服务思维，分析数字档案资源生态服务环境，阐释数字档案资源生态服务功能，重点研究新环境下绿色服务、低碳服务、众包服务、云服务、智能服务等数字档案资源生态服务方式，着重探讨云计算、大数据、互联网+、人工智能等现代信息技术环境下数字档案资源生态服务应用策略，有效激发用户数字档案利用需求，促进社会数字档案资源信息消费。

（5）数字档案资源生态培育策略。聚焦数字档案资源数据化发展、开放化发展与融合化发展等发展态势，解析数字档案资源生态培育内涵与功能，重点从数字档案资源生态管理思维、生态安全意识、生态环境优化以及数字档案资源的信息竞争力、文化软实力等方面系统探索数字档案资源生态培育路径、培育内容、培育措施和培育效果，优化数字档案资源生态管理环境，充分发挥数字档案资源的价值与功能，提升数字档案资源社会生态位。

第五章　数字档案资源生态预警策略

当前，数字档案资源建设面临着战略机遇，一方面，大数据、物联网、人工智能等现代信息技术的飞速发展，驱动着档案信息化深层发展，促进了数字档案资源的快速增长与海量聚集；另一方面，档案资源存量数字化、增量电子化、利用网络化战略稳步推进，数字档案资源战略地位日趋突出，不仅是国家数字记忆的重要载体，而且成为国家基础性战略资源之一。与此同时，数字档案资源建设在快速发展的同时，也面临着形成风险、存储风险、网络风险、管理风险、利用风险等各类风险威胁，深刻影响着数字档案资源的安全收集、安全管理、安全存储与安全利用。为此，需要立足数字档案资源生态风险与生态危机，从风险预警视角积极探索数字档案资源生态管理方法与路径，科学构建数字档案资源生态预警管理策略体系，不断完善数字档案资源生态风险预警的实现机制，深入贯彻落实国家档案资源存量数字化、增量电子化、利用网络化战略要求，有序推进建立覆盖人民群众的档案资源体系战略的稳步实施，促进国家数字档案资源建设可持续发展。

167

一、数字档案资源生态危机

随着现代信息技术的广泛应用、社会信息化的全面推进与网络社会的深入发展，档案信息化进程快速推进，数字档案馆建设广泛开展，数字档案资源快速增长，并在国家档案事业发展中位居战略地位。与此同时，数字档案资源生态危机也广泛分布，正面临着发展不平衡、管理不协同、利用不充分、安全不牢靠等现实矛盾，严重制约国家档案事业的整体发展，难以满足新时期用户日益增长、日趋多元的数字档案资源利用需求。

（一）生态危机发轫

"20 世纪后半叶以来，一个幽灵在地球上四处游荡，人们采取了很多方法试图赶走它，但是几十年过去了，这个幽灵不仅没有被赶走，反而变本加厉地吞噬着人类的文明成果，越来越难对付了，这个幽灵就是生态危机。"①随着《增长的极限》（麻省理工学院丹尼斯·米都斯，1972 年）、《2000 年的地球》（美国政府，1988 年）、《联合国人类环境宣言》（联合国第一次人类环境会议，1972 年召开）、《内罗毕宣言》（联合国环境规划署特别会议，1982 年）、《里约热内卢环境与发展宣言》（联合国环境与发展会议，1992 年）等纲领性文件发布，人们对生态危机问题日益关注，从不同角度对生态危机问题给了分析预测和深入研究，使可持续发展战略和全人类必须共同行动保护地球生态环境等成为全球共识。②

生态危机是生态学重要术语之一，它是由人类盲目和过度的生产活动所引起，是生态失调的恶性发展的结果，对生态环境造成严重破坏，严重威胁人类的生存与发展，"生态危机"一旦形成，必将在较长时期内难以恢复③。当前，生态危机不只是个人抑或单个国家/地区的危机，而是全球性的危机，已经成为人类社会日益严峻的灾难，不仅给自然生态环境造成重大破坏，而且使人类文明发

---

①　孙大伟. 生态危机的第三维反思［M］. 北京：社会科学文献出版社，2016：1.

②　陶庭马. 生态危机根源论［D］. 苏州：苏州大学，2011：20.

③　百度百科. 生态危机［EB/OL］.［2018-5-4］. https://baike.baidu.com/item/生态危机/1255069.

展陷入困境，给人类社会发展造成诸多现实威胁和重大危害。随着生态危机的演化发展，人们对生态危机的认识也逐渐加深，不仅全面了解生态危机的广泛表现形式，如人口危机、环境危机、粮食危机、能源危机等，给人类社会带来各类灾难；而且深刻认识生态危机的本质特征，明确"生态危机本质上是人的危机、生态观念的危机。公民生态意识的缺乏，是现代生态危机的深层次根源。"①

20世纪60年代以来，随着人类对日益恶化的生态危机和生存危机认识的加深，人们日益重视揭示生态危机的思想文化根源，积极探究"人类的思想、文化、科技、生产和生活方式、社会发展模式如何影响，甚至决定了人类对自然的恶劣态度和竭泽而渔式的行为，如何导致环境的恶化和生态的危机"，导致生态哲学、生态伦理学、生态史学、生态政治学、生态马克思主义、生态社会学、生态经济学、生态美学等生态思潮层出不穷，"生态的思考（ecological thinking）和生态的理解（ecological understanding）成为普遍采纳的思维方式"，"重审人类文化，进行文化批判，从生态的角度探讨问题，成为人文和社会科学研究的重要趋势"，"生态思潮的目的是思想文化变革，进而推动生活方式、生产方式、科学研究和发展模式的变革，建立新的与自然和谐相处的文明。"②生态危机不仅具有生态学学科内涵，聚焦人类社会生存环境及其现实灾难，而且具有认识论视域下的哲学意蕴，是生态思潮的重要呈现方式和思维载体，本质上是人的危机、生态观念的危机，反映着人们对社会和谐发展与人类命运共同体实现的美好期待。由此，为我们界定数字档案资源生态危机提供了理论指导，既可以从数字档案资源风险视角分析数字档案资源生态危机的现实表现与基本特征，也可以从认识论视角揭示数字档案资源生态危机的产生之源与防范之策。为此，本书以生态危机学科内涵及其理论意蕴为基础，对数字档案资源生态危机进行概念界定，揭示数字档案资源生态危机时代

169

① 仇竹妮，赵继伦. 增强全民生态意识[N]. 人民日报，2013-8-20(7).
② 王诺. 生态危机的思想文化根源——当代西方生态思潮的核心问题[J]. 南京大学学报(哲学·人文科学·社会科学)，2006(4)：37-46.

特征与理论内涵，为数字档案资源生态预警研究提供分析依据与理论支撑。

(二)数字档案资源生态危机内涵

20世纪90年代以来，随着信息网络技术的快速发展与广泛应用，"档案馆也正从'纸与铁'的时代加速迈入'数与网'的数字时代"①，数字档案馆应运而生，成为"一种新型的档案管理模式，是档案专业的重要知识领域，是未来档案管理的方向，关系到档案馆在档案事业中主体地位及其功能的发挥。"②当前，存量档案资源数字化转换加速，增量档案资源数字化形态普遍，数字档案资源正广泛生成并海量集聚，逐渐成为数字时代档案资源的主体形态，一方面，因其先天性的信息化管理优势而广受欢迎，具有收集在线化、存储数字化、开发多元化、利用网络化等便捷性特征，是当前数字档案馆建设的核心内容，在国家档案事业发展中位居战略地位；另一方面，也因其先天性的风险性而遭受危机，面临着易损毁、易消失、易篡改、易攻击、易侵袭等诸多安全威胁，对数字档案馆生态系统的协调运行与健康发展具有直接影响；同时，在数字档案资源建设过程中，也存在着不平衡、不协调、不充分、不安全的客观状况，并逐步发展演化为数字档案资源生态危机，制约着数字档案资源建设的整体推进和有序发展。

数字档案资源生态危机是指数字档案资源生存环境被严重破坏，使得数字档案资源收集、整理、保存与利用等受到严峻威胁，严重制约数字档案资源的载体安全、信息安全、管理安全、利用安全与传播安全等，攸关数字档案资源的长期安全存储与长远有效利用。数字档案资源生态危机是数字档案资源生态失调的恶性发展结

---

① 回顾五年来历史性成就 找准新时代服务切入点 对标党的十九大报告看党的十八大以来档案事业发展成就[N]. 中国档案报，2017-12-25(2).

② 金波，丁华东. 电子文件管理学[M]. 上海：上海大学出版社，2015：332.

果，既是数字档案资源生态风险的现实表现，也是数字档案资源生态安全的直接威胁，体现着数字档案资源生态预警的实践需求，主要是由数字档案资源建设发展过程中的安全意识薄弱、技术应用不适、管理体系失调、服务创新不足等所致，突出体现在数字档案资源发展不平衡、管理不协同、利用不充分与安全不牢靠等方面。数字档案资源生态危机概念的提出，既是生态危机理论在数字档案资源研究中的具体应用，体现着生态危机学科内涵的理论性与辐射性，对审视和分析数字档案资源建设发展实践具有重要理论借鉴意义；也是生态危机思潮对数字档案资源管理的理性指导，体现着生态危机认识论视域下的哲学意蕴与批判思维，对揭示阐释数字档案资源生态危机的现实表现以及科学构建数字档案资源生态危机应对策略等具有实践指导价值。

（三）数字档案资源生态危机表现

当前，随着档案信息化的深层发展与数字档案馆建设的广泛推进，数字档案资源在取得快速发展的同时，也面临着发展不平衡、管理不协同、利用不充分与安全不牢靠等现实危机，严重制约数字档案资源的生态安全。目前，数字档案资源生态危机主要表现在以下四个方面。

1. 数字档案资源发展不平衡

2016 年 4 月，国家档案局印发《全国档案事业发展"十三五"规划纲要》（档发〔2016〕4 号），明确提出要"有效推进档案资源体系建设"，并从"丰富和优化档案馆藏""加强机关单位档案形成管理""促进企业档案工作深入发展""加强对项目档案的监督管理""完善农业农村和城市社区档案管理"等五个方面全面规划了具体实施路径①，这既为新时期数字档案资源建设指明了发展方向，也为数字

---

① 国家档案局. 全国档案事业发展"十三五"规划纲要（档发〔2016〕4号）[Z].

档案资源体系构建明确了实施路径，有利于推进新时期建立覆盖人民群众的档案资源体系战略的实施；同时，《数字档案馆建设指南》《数字档案室建设指南》《电子档案移交与接收办法》《电子文件归档与电子档案管理规范》《档案移动服务平台建设指南》等一批政策文件和技术规范的相继发布，不仅"推动着数字档案资源建设不断加速，各级各类档案馆(室)在转型升级之路上阔步前行"，而且有利于"引导各级各类档案馆(室)运用现代信息技术对数字档案信息进行采集、存储、管理，以期尽快建立健全数字档案资源体系"。①

当前，尽管数字档案馆在国家档案信息化建设的持续推进下已经取得了显著成效，数字档案馆个体、种群、群落与整体生态系统均获得了快速发展，但也面临着发展不平衡的现实状况，数字档案馆"建设主体单一，区域建设不平衡，资源特色欠缺"等特征明显，直接导致数字档案资源建设发展不平衡；同时，"全国档案数字化工作总体开展不平衡，截至2014年，全国3319个国家综合档案馆以卷为保管单位的2.7亿卷档案已数字化4500多万卷，数字化率为17%；以件为保管单位的2.5亿件档案已数字化5000万件，档案数字化率为20%"②。2019年11月，国家档案局黄丽华在韩国参加"联合国教科文组织世界记忆项目第二次区域间会议——'保护和利用数字遗产大会'"上作题为《中国档案数字化的策略与实施及电子档案管理情况介绍》的主旨报告，对我国档案数字化最新进展进行了介绍，认为"经过20年的努力，中国档案数字化取得了显著成果。在中央一级，中国第一历史档案馆已完成800万件约8000万页档案数字化工作，占馆藏资源总数的80%。在省一级，浙江省档案馆完成近6000万页，占馆藏资源总数超过70%；云南省档案馆完成1.12亿页，占馆藏资源总数的80%；青岛市档案馆

---

① 陈娜娜. 党的十八大以来档案资源体系建设纪实[J]. 中国档案，2017(10)：14-15.

② 李明华. 中国的数字档案资源的建设[J]. 中国档案，2016(10)：14-15.

馆藏档案基本全部实现数字化。在县（市）一级，上海 17 个区县档案馆档案数字化已超过 80%，部分区已完成全部馆藏档案数字化。"①据国家档案局统计显示：截至 2020 年底，全国各级综合档案馆馆藏档案 91789.8 万卷、件；馆藏电子档案 1387.5TB，其中，数码照片 390.2TB，数字录音、数字录像 523.5TB；馆藏档案数字化成果 19588.5TB；通过省级及以上档案主管部门认证的数字档案馆达 323 个。② 与海量的传统档案资源总量相比，全国档案数字化道路仍然任重道远，需要不断深化对新时代社会主要矛盾转换的认识，着力解决数字档案资源建设中面临的发展不平衡不充分问题，促进数字档案资源生态管理有序推进。

数字档案资源建设在快速发展的同时，也同样面临着生态失衡现象，数字档案资源发展不平衡现象一直存在，不仅是数字档案资源建设中的客观现状，而且严重制约着数字档案资源管理，深刻影响数字档案资源价值的实现。一方面，"长期以来，我国数字档案馆信息资源呈现区域差距扩大、城乡差距明显的特征。数字档案馆信息资源主要分布在东部沿海发达地区和一些大城市，中小城市数字档案馆信息资源显得非常薄弱。"③另一方面，数字档案资源来源广泛、种类繁多、类型多样，"由于生成环境存在技术系统异构、数据结构异构、业务流程异构、服务平台异构等问题，各系统、各单位、各部门的档案资源管理条块分割、各自为政、彼此孤立，形成一个'信息孤岛''信息烟囱''信息沙滩'，难以实现档案资源的共建共享和价值充分发挥。"④为此，需要强化数字档案资源生态

① 黄丽华. 中国档案数字化的策略与实施及电子档案管理情况[N]. 中国档案报，2020-2-6(3).

② 国家档案局. 2020 年度全国档案主管部门和档案馆基本情况摘要（二）[EB/OL]. [2022-3-24]. https://www.saac.gov.cn/daj/zhdt/202108/6262a796fdc3487d93bfa7005acfe2ae.shtml.

③ 张东华，鲁志华. 数字档案馆信息生态平衡及其策略研究[J]. 湖北档案，2010(8)：12-14.

④ 金波，倪代川. 数字档案馆生态系统档案资源培育探析[J]. 档案学通讯，2017(2)：49-53.

调控、防范、调节和控制数字档案资源生态失衡，一方面要围绕数字档案资源发展态势，强化数字档案资源建设规划及其顶层设计，深入贯彻落实新时期国家档案事业"四个体系"建设战略，扩大数字档案资源收集范围，践行"应收尽收、应管尽管"原则，丰富馆藏数字档案资源总量、内容和结构，打造优质数字档案资源体系，满足数字时代人民群众的数字档案资源利用需求；另一方面要深刻认识数字档案资源建设是一项"烧钱工程"，无论是传统档案资源的数字化加工转换，还是数字档案资源的存储利用，均投入巨大，需要档案部门积极拓展经费筹措渠道，加大对数字档案资源建设的投入力度，优化数字档案资源建设环境，实现档案人、数字档案资源与生存环境三者之间健康有序与持续和谐发展。

2. 数字档案资源管理不协同

随着社会数字化、网络化、智能化等之间的融合发展，国家档案事业"数字升级""数字换代""数字转型"发展态势明显，数字档案资源日益成为国家战略性信息资源。为此，国家高度重视数字档案资源的建设与管理，依托数字档案馆建设载体，强化数字档案资源建设的顶层设计，对我国数字档案资源建设进行科学规划、合理布局与有序推进，从战略层面促进数字档案资源管理的规范化、科学化与现代化。2014年2月，中共中央办公厅、国务院办公厅联合印发《关于加强和改进新形势下档案工作的意见》（中办发〔2014〕15号），明确要求"档案行政管理部门要统筹规划，支持和鼓励打破部门和条块分割，整合同一单位内不同部门、同一地区各档案馆（室）及不同地区档案馆（室）的档案资源，推动档案资源科学配置和高效利用。"①

协同理论及其思想由德国科学家赫尔曼·哈肯（Haken H）首创。协同管理是指"运用协同学自组织原理，通过建立'竞争—合作—协调'的协同运行机制，把系统中价值链形成过程的各要素组

---

① 中共中央办公厅，国务院办公厅. 中共中央办公厅国务院办公厅印发《关于加强和改进新形势下档案工作的意见》（中办发〔2014〕15号〔Z〕.

成一个紧密的'自组织'体系，共同实现统一的目标，使系统利益最大化的管理体系。"①当前，协同理论及其思想应用广泛，如在数字档案馆领域，已经提出数字档案馆生态系统协同管理理念，认为它是指"通过协调数字档案馆生态系统各生态因子之间的关系，建立协同运行机制，实现数字档案馆生态系统的健康协调运行和持续发展。"②数字档案资源管理不仅是传统档案资源管理在数字时代中的自然延续，而且是以现代信息技术为技术支撑，以数字档案资源为管理对象，以管理现代化为指导思想的专业管理实践活动，具有复杂性、系统性与整体性特征，是数字档案馆生态系统可持续发展的内在基础。为此，需要强化数字档案资源协同管理，调动各方力量，提高数字档案资源管理水平，激活数字档案资源生态活力，充分发挥数字档案资源价值，不断拓展数字档案馆社会功能。遗憾的是，在数字档案馆建设实践中，数字档案资源管理仍然面临着管理不协同的现实风险，严重制约数字档案资源可持续发展，具体表现为："一是大量数字档案信息资源未能收集进馆，或未能及时纳入数字档案馆的控制系统内，处于无法管理或无法控制状态；二是进入数字档案馆的数字档案信息资源缺乏科学的整理和鉴定，处于无序、混杂状态，未能达到数字档案馆信息存储和管理的要求；三是数字档案信息资源无法被社会用户广泛合理地使用，档案信息不能及时地分解和消费。"③

　　当前，档案部门需要紧密跟踪信息社会发展态势，加强对数字档案资源建设的组织领导，强化数字档案资源建设的顶层设计和战略发展，深化数字档案资源协调管理，协调各种资源，调动各种生态因子，使各生态因子之间密切协作、互动开放，既要促进数字档案资源形成者、管理者与利用者之间的主体协同，形成档案形成

　　①　杜栋. 协同、协同管理与协同管理系统[J]. 现代管理科学，2008（2）：92-94.

　　②　金波，丁华东，倪代川. 数字档案馆生态系统研究[M]. 北京：学习出版社，2014：405-406.

　　③　金波，丁华东，倪代川. 数字档案馆生态系统研究[M]. 北京：学习出版社，2014：334.

者、管理者与利用者共同参与、相互配合、相互协调的"多主体"数字档案资源协同管理合作机制，优化数字档案资源结构，丰富数字档案资源内容，提高数字档案资源管理效率，保障数字档案资源的有效收集、科学管理和充分利用；又要促进数字档案资源与其生存环境之间的协同，通过全面系统协同，不断优化数字档案资源生态环境，主动从生存环境中汲取营养、获取能量，实现数字档案资源与社会、政治、经济、文化、科技等社会环境以及地质、气候、生物等自然环境之间的均衡发展与和谐共生，充分发挥数字档案资源社会价值，提高数字档案资源的信息竞争力与社会影响力，不断提升数字档案资源信息生态位。为此，需要积极实施数字档案资源协同管理，及时为社会提供高效数字档案信息服务，满足用户日益增长、日渐多样、日趋多元的数字档案资源利用需求，一方面，"档案行政管理部门要统筹规划，支持和鼓励打破部门和条块分割，整合同一单位内不同部门、同一地区各档案馆(室)及不同地区档案馆(室)的档案资源，推动档案资源科学配置和高效利用"①；另一方面，各级档案部门要通过"建立档案事业发展保障体系、提高档案资源管理能力、提高档案公共服务能力、建立强大的专业人才队伍"等途径，拓展数字档案资源建设空间，为数字档案资源可持续发展创造良好的生态环境，不断增强国家对数字档案资源的控制力，保障国家档案资源建设战略的持续推进。

3. 数字档案资源利用不充分

利用工作在整个档案工作中占据突出地位，是档案工作的中心任务，是最重要的一项工作，是档案工作诸环节中最富有活力的一个环节，直接体现整个档案工作的作用。② 从档案利用效率与效益观察，"档案的形成和保存需要付出相应的成本和代价，藏而不用

---

① 中共中央办公厅，国务院办公厅. 中共中央办公厅国务院办公厅印发《关于加强和改进新形势下档案工作的意见》(中办发〔2014〕15 号〔Z〕.

② 陈智为，邓绍兴，刘越男. 档案管理学(第三版)〔M〕. 北京：中国人民大学出版社，2008：377-379.

就会造成人力、物力和财力的极大浪费，用得不充分也会得不偿失。"同时，从信息的可共享性角度看，"档案作为一种信息具有共享性，利用共享不充分在事实上也是一种浪费。""只有充分利用档案，分享档案信息，才是合乎规律之举；也只有充分利用档案，分享档案信息，才能更好地实现人们利用档案的目的。"①为此，档案资源能否充分发挥价值，关键在于档案资源能否向用户开放提供利用，这是档案资源价值实现的核心所在。

当前，国家档案资源利用情况并不乐观。陈永生在《档案已供利用情况的数据分析——档案充分利用问题研究之三》②一文中，对"1994—2003 年"10 年的全国档案利用数据进行了系统分析，总体情况表现如下：一是从档案利用人次情况观察，数据分析结果显示："1994—2003 年 10 年中，档案利用人次处于 2014519 人次（1996 年）到 3688225 人次（2003 年）这样一个区间。也就是说，在档案利用人次最少的 1996 年，利用档案的人（含次）数只占当年总人口数的 0.165%；在档案利用人次最多的 2003 年，利用档案的人（含次）数也只占当年总人口数的 0.285%。'0.165% ~ 0.285%'，这绝对是一个令人感到十分惊讶的比例，因为它意味着馆藏档案利用与 99% 以上的人不相关。"二是从档案利用的卷/件次情况观察，数据分析结果显示："在 1994—2003 年 10 年中，档案利用卷、件次处于 8035863 卷件次（1998 年）到 11614799 卷件次（2003 年）这样一个区间。也就是说，在档案利用卷、件次最少的 1998 年，利用档案的卷、件次数只占当年馆藏档案总数的 5.13%；在档案利用卷、件次最多的 2003 年，利用档案的卷、件次数由于馆藏档案数量的增长反而只占当年馆藏档案总数的 5.10%。'5.10% ~ 5.13%'，这绝对也是一个令人感到十分惊讶的比例，因为它意味着档案利用与 90% 以上的馆藏档案不相关。"三是从档案

---

① 陈永生. 档案可供利用情况的数据分析——档案充分利用问题研究之一[J]. 档案学研究，2007(3)：17-22.

② 陈永生. 档案已供利用情况的数据分析——档案充分利用问题研究之三[J]. 档案学研究，2007(5)：20-25.

利用的人次与利用卷/件次的相关性观察，数据分析结果显示，"从1994年到2003年的10年里，共有28118109人次共利用档案97641158卷件次，平均每人次利用档案3.47卷、件次。"由此，他对全国档案利用率进行了综合分析，数据分析显示："1994—2003年"10年档案平均利用率仅为5.09%，馆藏档案资源的利用率仍然很低，档案资源远未得到充分利用，具体参见"表5-1"。

表5-1　1994—2003年各级各类档案馆馆藏档案利用率情况表①

时间	馆藏数量（卷）	馆藏数量（件）	利用数量（卷、件、次）	利用率
1994	108652086	21704641	10308536	7.91%
1995	117571629	25234654	8833584	6.19%
1996	119528520	21607469	8728603	6.18%
1997	132033851	21134687	9132564	5.96%
1998	137886780	18856016	8035863	5.13%
1999	158382692	22424316	9967332	5.51%
2000	171329484	24418045	9443674	4.82%
2001	179846012	23724728	10404445	5.11%
2002	191361256	26553848	11171758	5.13%
2003	199533597	28059422	11614799	5.10%

　　根据国家档案局官网提供的"2006—2020"年的"全国档案行政管理部门和档案馆基本情况摘要"信息，我们再以"馆藏数量""开放档案""利用档案""开放率"与"利用率"等作为统计指标，制作形成"2006—2020年国家综合档案馆馆藏开放率与利用率情况表"，具体参见"表5-2"。从统计信息中可以看出，"2006—2020年"15

---

　　① 陈永生. 档案已供利用情况的数据分析——档案充分利用问题研究之三[J]. 档案学研究，2007(5)：20-25.

年，国家综合档案馆馆藏档案资源持续增长，从 2006 年的 21656.5 万卷/件增长到 2020 年的 91789.8 万卷/件；档案开放力度持续推进，从 2006 年的 5746.3 万卷/件增长到 2020 年的 14584.5 万卷/件。与此同时，档案资源的开放率则相对滞后，呈现出缓慢下降趋势，从 2006 年的 26.53%降至 2020 年 15.89%；档案资源利用率表现相对稳定，以所有馆藏档案数量为基数，档案利用率表现明显较弱，平均维持在 3%左右，而以开放档案资源数量为基数，档案资源利用率表现则略好，平均维持在 14%～20%。这一统计结果与陈永生在《档案已供利用情况的数据分析——档案充分利用问题研究之三》一文中的分析结论基本一致，即"总的来说，我国各级各类档案馆馆藏档案的利用率是很低的。这表明，我国丰富的档案资源远远未能得到充分的利用。"①

表 5-2　2006—2020 年国家综合档案馆馆藏开放率与利用率情况表②

时间	馆藏数量（万卷、万件）	开放档案（万卷、万件）	利用档案（万卷、万件次）	开放率	利用率（占所有档案）	利用率（占开放档案）
2006	21656.5	5746.3	1166.4	26.53%	5.39%	20.30%
2007	23675.3	5875.3	1244.9	24.82%	5.26%	21.19%
2008	25051.0	6072.2	1257.4	24.24%	5.02%	20.71%
2009	28089.2	6687.4	1308	23.81%	4.66%	19.56%
2010	32198.6	7428.6	1417.3	23.07%	4.40%	19.08%
2011	35445.5	7828.4	1564.5	22.09%	4.41%	19.98%
2012	40547.7	8254.6	1521.1	20.36%	3.75%	18.43%

179

① 陈永生. 档案已供利用情况的数据分析——档案充分利用问题研究之三[J]. 档案学研究，2007(5)：20-25.

② 国家档案局. 全国档案行政管理部门和档案馆基本情况摘要[EB/OL]. [2022-4-23]. https://www.saac.gov.cn/daj/zhdt/lmlist.shtml.

续表

时间	馆藏数量（万卷、万件）	开放档案（万卷、万件）	利用档案（万卷、万件次）	开放率	利用率（占所有档案）	利用率（占开放档案）
2013	42454.5	8900.5	1477.8	20.96%	3.48%	16.60%
2014	53470.3	9179.7	1688.8	17.17%	3.16%	18.40%
2015	58641.7	9266.3	1978.3	15.80%	3.37%	21.35%
2016	65062.5	9707.9	2033.7	14.92%	3.13%	20.95%
2017	65371.1	10151.7	2078	15.53%	3.18%	20.47%
2018	75051.1	11222.1	1819.1	14.95%	2.40%	16.21%
2019	82850.7	13171.6	2140	15.90%	2.60%	16.20%
2020	91789.8	14584.5	2064.4	15.89%	2.25%	14.15%

令人欣喜的是，"截至 2020 年底，全国各级国家综合档案馆馆藏档案 91789.8 万卷、件。……照片档案 2401.0 万张"①与此同时，我们看 2020 年全国档案资源利用总体情况，据统计，"2020 年度，全国各级国家综合档案馆开放 14584.5 万卷、件……2020 年度，全国各级国家综合档案馆接待利用者 647.2 万人次，提供利用档案 2064.4 万卷、件次；接待政府公开信息利用者 14.1 万人次，提供政府公开信息 22.8 万件次；接待资料利用者 19.1 万人次，提供利用资料 39.8 万册次"②我们借鉴陈永生在《档案已供利用情况的数据分析——档案充分利用问题研究之三》一文的分析思

① 2020 年度全国档案行政管理部门和档案馆基本情况摘要（二）［EB/OL］.［2022-4-23］. https://www.saac.gov.cn/daj/zhdt/202108/6262a796fdc348 7d93bfa7005acfe2ae.shtml.

② 2020 年度全国档案行政管理部门和档案馆基本情况摘要（三）［EB/OL］.［2022-4-23］. https://www.saac.gov.cn/daj/zhdt/202108/6eaf713bece94d 3d939559f881c50713.shtml.

路，得出 2020 年全国档案利用情况结果如下：2020 年全国档案馆藏馆藏档案开放率为 15.89%，利用率(占所有档案)为 2.25%，利用率(占开放档案)为 14.15%，每人利用档案平均为 3.18 卷/件。一般来说，"无论是档案利用人次还是卷、件次，都是应随着经济的发展和社会的进步而不断地增长。也只有这样，档案的利用才是符合历史发展规律的，才谈得上合理。"①虽然 2020 年的档案利用情况与陈永生统计的数据已经相隔 10 余年，无论是档案利用人次、利用卷件/次占比还是人均档案利用情况，数据分析结果仍然不容乐观，档案利用显然并不充分。就数字档案资源而言，随着档案信息化的推进，数字档案馆建设步伐加快，数字档案资源快速累积，逐渐成为档案资源的主体形态，是数字档案馆建设的核心内容；同时，数字档案资源利用业已成为现代档案利用的重要方式，是未来档案利用转型的必然趋势。正如陈永生教授所言："档案增长数量惊人，但经费增长的数量更加惊人，如果这两个惊人的增长数量带动不了档案利用数量的明显增长的话，那么，世人对此会有什么感想呢?"②为此，各级档案机构需要充分了解国家信息化发展战略，应势而动，乘势而为，深入研究数字环境下档案工作模式、基础设施、法规政策、标准规范等方面的转型升级，全力推进电子文件归档、电子档案管理等数字档案资源的移交接收和长期保存等工作，逐步实现以信息化为核心的档案管理现代化，不断夯实数字档案资源利用基础工作，为用户提供便捷化、个性化、智能化的数字档案资源利用环境，满足用户日益增长的多元数字档案资源利用需求，提高数字档案资源利用率与利用效益。

4. 数字档案资源安全不牢靠

目前，我们正处在信息社会深入发展的新阶段，数字化、网络

① 陈永生. 档案已供利用情况的数据分析——档案充分利用问题研究之三[J]. 档案学研究，2007(5)：20-25.
② 陈永生. 档案可供利用情况的数据分析——档案充分利用问题研究之一[J]. 档案学研究，2007(3)：17-22.

化、信息化融合发展，不仅深刻改变着人们的生存方式，而且使得数字信息成为人们生活、工作中接收处理、组织管理、开发利用、交流共享主要信息形态，"信息安全正迎来大数据时代和云计算环境的新风险和新挑战，这一新环境下的信息安全尽管与以往的信息安全有着历史的逻辑承续，但形成了一些新的特点，其风险链、风险域和风险度都有了诸多新变化，呈现出隐蔽的关联性、集群的风险性、泛在的模糊性、跨域的渗透性以及交叉的复杂性等特点"①；然而，与传统文献信息资源相比，数字档案资源"在信息内容的承载、传输和持久保存方面存在着一系列与生俱来的问题"②，数字信息安全极为脆弱，"如果得不到有效的维护和管理，很容易被盗取、篡改和破坏，或因数字技术的飞速进步、存储设备的过时、读取设备的淘汰而变得不能被读取、被理解和被应用。"③随着现代信息技术的快速发展，"信息安全正迎来大数据时代和云计算环境的新风险和新挑战……呈现出隐蔽的关联性、集群的风险性、泛在的模糊性、跨域的渗透性以及交叉的复杂性等特点"④，数字信息安全正面临着来自政治、经济、文化、技术以及人为因素、自然灾害等各方面的安全威胁，对数字信息内容的可存活性、真实完整性和可理解性构成了严峻挑战。数字档案资源作为数字信息资源的重要组成部分，同样面临着安全考验。安全问题不仅是当前数字档案馆建设的内在要求，而且是数字档案资源的生命线，贯穿于数字档案资源信息生命全周期。

"档案安全是档案工作的底线，是档案事业的根基。党中央、国务院高度重视档案安全，始终强调要把维护档案安全作为档案工

① 王世伟. 大数据与云环境下的信息安全[N]. 文汇报，2013-10-28（10）.

② 张智雄，等. 数字资源长期保存技术的研究与实践[M]. 北京：国家图书馆出版社，2015：7.

③ 张智雄，等. 数字资源长期保存技术的研究与实践[M]. 北京：国家图书馆出版社，2015：1.

④ 王世伟. 大数据与云环境下的信息安全[N]. 文汇报，2013-10-28（10）.

作不可动摇的一条原则。"①随着全球化发展的深层演进与"互联网+"应用的蓬勃发展，档案数字化转换快速推进，电子档案迅速增长，数字档案资源海量聚集，在国家档案事业发展中位居战略地位；与此同时，国家正在全面推进档案资源存量数字化、增量电子化、服务网络化发建设战略，档案信息化管理模式不断创新，并与信息社会全面融合，档案信息化发展与数字化利用已经成为数字时代档案事业发展的必然趋势。"网络环境中，数字档案信息安全风险内容更为丰富，除了传统纸质档案数字化过程中存在档案保密安全、失真、失窃等风险，还包括数字档案保存和利用过程中产生如数字档案的真实性、完整性和准确性、知识产权保护，以及个人信息安全保护与侵权等方面的风险。"②当前，"云计算、大数据和移动网络技术的发展，给信息安全、隐私保护和数字记忆留存带来挑战"③，给数字时代的档案安全带来了严峻挑战，数字档案资源安全隐患日益复杂，面临着载体风险、信息风险、管理风险、制度风险、技术风险等严峻挑战，对数字档案资源生态安全带来严重威胁，攸关数字档案信息资源的长期安全存储和长远有效利用。

2016 年 4 月，《全国档案事业发展"十三五"规划纲要》明确提出"档案安全高效化"发展目标，要求各级档案部门在档案事业发展中"确保档案安全的基本条件和应急、灾备机制更加完善，人防、物防、技防'三位一体'的安全防范体系更加健全，档案网络和信息系统风险管理能力全面提升"等。④ 2021 年 6 月，《"十四五"全国档案事业发展规划》明确提出"档案安全防线得到新加强"

① 李明华. 在全国档案安全工作会议上的讲话[J]. 中国档案，2017 (6)：14-21.

② 聂云霞、方璐、曾松. 数字档案信息安全风险与防范策略探讨[J]. 档案与建设，2017(4)：4-8.

③ 国家档案局. 全国档案事业发展"十三五"规划纲要(档发〔2016〕4 号)[Z].

④ 国家档案局. 全国档案事业发展"十三五"规划纲要(档发〔2016〕4 号)[Z].

发展目标，提出要实现"档案安全管理制度和工作机制更加完善，档案库房和设施设备齐全、安全可靠，人防、物防、技防三位一体安全防范体系更加完备，档案安全风险评估管控、隐患排查治理成效和应急管理能力明显提升"等具体目标①。为此，档案部门"要把档案安全融入各项工作，无论是传统的档案收集、保管、利用，还是档案数字化与档案信息系统的建设、运维、使用，无论是制定规章制度、标准规范，还是开展执法检查、业务考核，都要增强档案安全意识，把确保档案安全、维护档案安全的要求贯穿其中。"②同时，各级档案部门在工作中要自觉秉承档案风险意识，牢记档案安全责任，任何时候都不能以牺牲档案安全为代价，要"把构建风险分级管控和隐患排查治理双重预防机制作为进一步做好档案安全工作的重要抓手，筑牢档案安全防控体系，严防因风险发酵演变、隐患累积叠加而导致档案安全事故"③，系统分析数字档案资源生态风险特征及其危害，"完善落实档案库房安全管理制度，加强档案库房的安全管理和检查；严格执行国家保密制度，完善档案信息公开发布保密审查程序；建立档案数据安全管理制度，保障安全高效可信应用；加强档案信息资源在公开共享等环节的安全评估与保护；加强对涉密信息系统、涉密计算机和涉密载体管理，强化涉密人员保密意识；建立健全人防、物防、技防'三位一体'的档案安全防范体系。改善档案库房环境，加强档案保护修复；以容灾为目标，制订相关标准和规范，开展数字档案资源异地异质备份；制定数字档案馆应急处理预案，加强演练，提高应对突发事件的应急指挥和处置能力"等④，科学探索数字档案资源风险管理应对策略，

---

①　中办国办印发《"十四五"全国档案事业发展规划》[J]. 中国档案，2021(6)：18-23.

②　李明华. 在全国档案安全工作会议上的讲话[J]. 中国档案，2017(6)：14-21.

③　李明华. 在全国档案安全工作会议上的讲话[J]. 中国档案，2017(6)：14-21.

④　国家档案局. 全国档案事业发展"十三五"规划纲要(档发〔2016〕4号)[Z].

全面保障数字档案资源的生态安全。

二、数字档案资源生态预警内涵

当前，随着国家"存量数字化""增量电子化""利用网络化"等档案资源建设战略的持续推进，数字档案资源不仅在数量及其规模上快速累积，而且在国家档案事业发展中位居战略地位，维护数字档案资源生态安全，确保数字档案资源有效利用，不仅是数字档案资源建设的基本要求，而且是新时期国家数字档案资源建设的根本原则，需要对数字档案资源安全、风险、管理、利用等具有清醒认识，树立风险意识，牢记安全使命，从预警视角系统分析数字档案资源生态预警内涵，为构建数字档案资源生态预警指标体系，完善数字档案资源生态预警管理及其实现机制等提供理论指导，提高数字档案资源生态预警的自觉性、科学性与针对性，增强数字档案资源风险抵御能力，为数字档案资源生态管理提供决策依据，提高数字档案资源生态管理效率与利用效益。

（一）预警与生态预警

预警是对尚未发生的风险或危机采取的预防性应对手段、方式与方法等，起源于军事领域，随后广泛应用于政治、社会、经济、文化与自然等各领域。生态预警是预警的重要组成部分，旨在防范生态风险，抵御生态危机，维护生态安全。随着生态安全、平衡、健康、批评、伦理、文化等生态理论、理念与思维的深层发展，生态预警理念也进一步拓展，逐步跨越传统自然生态空间，在社会生态、经济生态、文化生态、城市生态等领域广泛应用，对数字档案资源生态预警理念的提出具有借鉴意义，有利于科学界定数字档案资源生态预警内涵，丰富数字档案资源生态预警理论体系，完善数字档案资源生态预警管理及其实现机制。

1. 预警

"预警"一词最早源于军事领域，旨在通过采取预警准备与应对，避免和减少军事损失。如古代的烽火台便是军事预警的重要方式，通过前方点燃烽火台通知敌情，迅速告知军民敌人来犯信息并及时采取防范应对措施；随着现代军事的发展，军事预警在预警雷达、预警飞机、侦察卫星等领域得到广泛应用，大大提高了现代军事预警能力。从词源学观察，预警理念由来已久，从古人诗词中就可见，比如《晋书·王敦传》中有"杜渐防萌，慎之在始"；《礼记·中庸》中有"凡事预则立，不预则废"；《周易·既济》中有"君子以思患而预防之"等。"预"一般表示预先、事先之意，表明事情发生之前；"警"意在警惕、警示、警报等，表明要对可能发生的危险保持警惕、发出警示、做好警戒等。"无论是古代还是现代其基本内涵都是一样的，那就是预先发现敌人进攻的征兆，预先发出警示警报，提前作好应战的准备，以避免和减少因仓促应战而造成的损失。"①一般来说，预警是指"围绕被研究对象的发展动态所展开的一整套监测、评价、预测和政策选择的理论和方法体系。"②预警与风险是相辅相成的，是风险管理的重要手段，通常是指"该领域可能发生危害其正常运行的事件(通常被称为危机事件)，有关部门在事件发生之前，及时了解掌握有关征兆，并通过分析判断，以确定危机发生的可能程度，并据此向有关部门或社会公众发出警报，以便提前作好准备并加以应对"。③

2. 生态预警及其应用

随着生态危机问题的日益严峻，人们面临着各类生态威胁，生

---

① 赵喜顺，王占国，赵骥. 社会预警的内涵与外延[J]. 中共四川省委省级机关党校学报，2005(4)：40-43.

② 陈军飞，王慧敏. 城市生态系统诊断预警体系研究[J]. 城市问题，2005(6)：5-10.

③ 赵喜顺，王占国，赵骥. 社会预警的内涵与外延[J]. 中共四川省委省级机关党校学报，2005(4)：40-43.

态安全已经成为全社会普遍关注与关心的焦点，主要包含两重含义："其一是生态系统自身是否安全，即其自身结构是否受到破坏；其二是生态系统对于人类是否安全，即生态系统所提供的服务是否满足人类的生存需要。"①当前，生态安全与政治安全、经济安全和军事安全一样成为国家安全的重要组成部分。在此背景下，预警已经突破传统军事领域，生态预警应运而生，成为维护生态安全的重要手段。一般来说，生态预警是指"在对自然环境演化规律和人类活动对生态环境的作用机理深刻认识的基础上，构建一种能对各种可能出现的警情具有预防和纠正功能，并对同质性警源导致的事故具有免疫功能的自组织体制，从而达到人类对自然资源和环境优化利用的目的"②，旨在维护生态系统的健康与安全。

目前，生态预警理念业已跨越传统自然生态领域，被广泛应用于经济、社会、文化等众多领域，有关生态预警研究已经成为学术研究新方向，如社会生态预警、产业生态预警、金融生态危机预警、城市生态预警以及国家生态安全预警等。其中，社会生态预警是指"在社会顺境状态下，在对社会负变量监测和评估的基础上，对社会运行接近负向质变的临界值的程度所作出的不确定性的早期预报。其实质是对社会安全运行的稳定性程度的评判，其目的和作用是识警防患，超前预控。"③"社会预警管理的主旨在于维护社会稳定。社会稳定是指整个社会处于稳固、安定、和谐的状态，它包括政治稳定、经济稳定、治安稳定和社会心理稳定等方面，是经济、社会、政治、文化等诸多因素综合作用的结果。"④产业结构生态预警是指"采用一系列科学的预警方法技术、指标体系、预警模型和信号系统，对产业结构的生态环境影响进行监测，对监测结果

---

① 郭中伟. 建设国家生态安全预警系统与维护体系——面对严重的生态危机的对策[J]. 科技导报，2001(1)：54-56.

② 董伟，张向晖，等. 生态安全预警进展研究[J]. 环境科学与技术，2007(12)：97-100.

③ 阎耀军. 论社会预警的概念及概念体系[J]. 理论与现代化，2002(5)：28-31.

④ 陈秋玲. 社会风险预警研究[M]. 北京：经济管理出版社，2010：6.

获得的警情、警兆发布警示，寻找警源，并采取有效措施控制甚至化解警情出现的全过程。"①城市生态系统预警是"以自然、社会、经济协调发展为核心，以自然生态环境系统的稳定性、社会分配的公平性、经济发展的持续性为内容，以整个可持续发展巨系统运行过程为对象，在生态理论、突变论、协同论、系统论等理论指导下，采用一系列科学的预警方法技术、指标体系、预警模型和信号系统，对城市生态系统发展运行过程进行监测，对监测结果获得的警性、警兆发布警示。"②金融生态危机预警是指"以现实金融活动为内容，以整个金融生态系统为对象，在一定金融经济理论指导下，采取一系列科学的预警方法技术、指标体系、预警模型和信号系统，对金融生态危机进行监测，对监测结果获得的警情、警兆发布警示，并进行预警协同管理的决策支持系统。"③国家生态安全预警旨在通过建立国家生态安全维护体系，"以国家生态安全预警系统为基础，形成一个包括生态安全监测与预警、决策与技术支持，预带和维护一体化的，具有应变能力的'生态安全维护体系'，使生态安全维护形成定性与定量目标明确，具有充分技术、人力和物力保障，以养护和保育为主、兼有处理突发事件能力的体系。"④

(二)数字档案资源生态预警概念

信息社会，数字档案资源不仅是数字档案馆建设的核心内容，而且是国家档案资源体系建设的关键要素，既需要通过"增量电子化"战略，强化数字环境中产生的电子文件资源的归档与管理，又

①　赵雪雁. 产业结构生态预警研究——以甘肃省为例[J]. 干旱区地理，2007(1)：128-134.

②　陈军飞、王慧敏. 城市生态系统诊断预警体系研究[J]. 城市问题，2005(6)：5-10.

③　程春梅. 中国金融生态危机预警研究[D]. 沈阳：辽宁工程技术大学博士学位论文，2011：31.

④　郭中伟. 建设国家生态安全预警系统与维护体系——面对严重的生态危机的对策[J]. 科技导报，2001(1)：54-56.

要持续推进"存量数字化"战略，加强海量传统档案资源的数字化转换、开发与利用，还要积极实施"利用网络化"战略，主动对接大数据、互联网与人工智能等现代信息前沿技术，创新档案信息服务方式、手段与内容，激活社会数字档案资源信息消费，充分发挥数字档案资源价值与作用。为此，档案部门、档案人员需要自觉树立风险意识与安全责任意识，科学防范数字档案资源各类风险危害，确保数字档案资源安全保存、安全管理与安全利用。生态预警理论及其应用，不仅使我们充分认识到生态预警的理论内涵及其应用的广阔空间，而且为我们开展数字档案资源生态预警探索提供了科学借鉴，有利于从风险防范视角深化数字档案资源生态预警研究，通过构建数字档案资源生态预警理论体系，厘清数字档案资源生态预警理论内涵，优化数字档案资源生态预警机制，完善数字档案资源生态预警策略，拓宽数字档案资源生态管理思路及其实现路径，推进数字档案资源生态预警的有序实施。

档案机构不仅承担着收集、保管档案资源的基本职责，而且承担着档案资源的整合开发与提供利用职责，这是档案资源价值实现、档案工作作用发挥与档案机构功能拓展的基础。其中，档案资源是档案工作系统的核心因子，无论是档案的收集与保管，还是档案的开发与利用，所有档案管理业务工作均是围绕档案资源这一核心而渐次展开的，档案资源建设的优劣直接关系到国家档案事业发展的好坏。2016年，《全国档案事业发展"十三五"规划纲要》(档发〔2016〕4号)提出"确保档案实体与信息安全"的建设目标，并从档案库房安全管理、档案信息公开发布安全审查、档案人员保密意识、档案数据安全管理、档案信息资源安全共享、档案安全防范体系、档案异质异地备份、档案管理信息系统安全以及数字档案馆应急处理预案等方面提出具体要求①。当前，国家高度重视数字档案资源建设，要求各级档案部门认真贯彻落实《数字档案馆建设指南》《数字档案室建设指南》等要求，自觉树立风险意识，牢记安全

189

---

① 国家档案局. 全国档案事业发展"十三五"规划纲要(档发〔2016〕4号)[Z].

责任，通过"对管理过程中有可能出现的风险采取超前或预先防范的管理方式，一旦在监控中发现又出现风险的征兆，及时发出信号采取应急行动，以最大限度控制不利后果的发生。"①

数字档案资源生态预警是指充分利用现代信息技术、管理理论与方法等，对数字档案资源建设过程中可能出现的各类风险因子进行预先监测，对数字档案资源安全可能造成威胁的各项风险因素进行有效识别与合理评估，科学构建数字档案资源风险预警管理体系与机制，有效防范数字档案资源风险危害的发生及其扩展，并能够针对突发、紧急等危害数字档案资源安全的风险及时采取科学应对措施，最大限度地控制数字档案资源风险危害结果的发生与扩展，优化数字档案资源生存环境，维护数字档案资源生态安全。

（三）数字档案资源生态预警内容

众所周知，在传统生态学视野下，"生态安全系统状态的变化有一个从量变到质变的过程。为了确保生态安全，必须对生态安全系统进行全方位的、动态的监测，建立生态安全预警系统，预先发出生态安全危机警报，为相关决策部门提供决策依据。"②数字档案资源具有先天的载体脆弱性、信息的易逝性以及读取的依赖性等特征，且其收集、保管、利用等对管理信息信息系统高度依赖，深受现代信息管理系统安全隐患困扰，很容易受到来自网络黑客、计算机病毒、系统漏洞、网络爬虫等侵袭，对数字档案资源造成重大安全隐患，严重制约数字档案资源的安全管理与有效利用。

档案安全具有高度的综合性、复杂性、系统性等特点，涉及档案形成、接收、整理、保管、利用等业务环节，任何一个环节一旦出现问题，都会直接影响到档案自身的安全。当前，做好数字档案

---

①　冯惠玲，王健，等. 电子文件风险管理[M]. 北京：中国人民大学出版社，2008：96.

②　王韩民. 生态安全系统评价与预警研究[J]. 环境保护，2003（11）：30-34.

资源生态预警，必须要严格贯彻落实"预防为主"的档案安全管理思想，着力提高数字档案资源管理中的化解风险、防范事故的能力。随着大数据、云计算、物联网、人工智能等现代信息技术的发展，数字档案资源安全将愈来愈复杂，面临着越来越严峻的风险挑战。数字档案资源生态预警概念内涵正是建立在数字档案资源生态安全基础上的，其核心是通过对危及数字档案资源生态安全的各类风险因子进行有效监控，对数字档案资源生态风险因素进行有效识别，对数字档案资源生态风险危害进行有效应对，确保数字档案资源安全收集、安全保管、安全存储与安全利用。为此，必须强化数字档案资源生态预警管理，重点从收集、保管、存储与利用等数字档案资源生命周期主要环节实施预警管理，确保数字档案资源的整体安全。当前，数字档案资源生态预警内容主要包括：

1. 数字档案资源收集安全预警

收集是数字档案资源建设管理的起点，是数字档案资源生命周期的前端，既包括收集传统档案资源数字化转换形成的数字档案资源，也包括信息社会环境下直接形成的电子档案等数字档案资源，还包括通过网络在线采集的各类数字档案资源。齐全、完整、有序是数字档案资源收集工作的基本要求，不仅关系到数字档案资源内容体系的完善与质量的优劣，而且关系到数字档案资源管理后续各个环节，有利于从源头上确保数字档案资源的真实性、完整性与可用性。为此，加强数字档案资源生态预警，首先需要积极贯彻前端控制思想和生命周期理论，对数字档案资源的收集工作进行有效安全预警，具体包括数字档案资源收集制度是否健全、收集工作程序是否完善、收集制度是否得到有效落实、数字档案资源元数据是否同步收集、数据格式是否符合国家有关专业标准规范等，并围绕数字档案资源收集工作，按照风险预警理论与思维，科学设计数字档案资源收集环节安全预警指标，为数字档案资源收集的安全预警提供实践指导。

191

2. 数字档案资源载体安全预警

载体安全是档案安全的基础与前提，一旦档案载体遭到破坏或损毁，也即意味着档案实体会遭到损坏，档案信息安全也就无从谈起。数字档案资源对载体高度依赖，载体安全是数字档案资源安全的重要内容。档案载体历经几千年的时代变迁，从甲骨、青铜器、石刻、简牍、简帛、纸张等传统载体到胶片、光盘、磁盘、磁带等新型载体，"其寿命呈现了递减的趋势，尤其是现代记录数字信息的载体寿命远远不及金石、竹简、纸张等传统档案信息记录载体，即使保存条件再好也无法阻止数字信息记录载体有限的生命。"①当前，数字档案资源存储载体主要有光盘、磁盘、磁带等，它们是数字时代新型档案载体，既具有相比传统载体更优的存储密度优势，如"光盘、闪存、移动硬盘以及其他多媒体记录载体，将图、文、声、像等集于一体生动地再现了真实历史记录，这无一不体现着档案载体与科学技术发展的同步性"②；也具有相对传统载体较为脆弱性的一面，特别是在载体生命周期、载体稳定性、技术兼容性以及存储环境等方面具有明显的脆弱性特征，对数字档案资源的存储安全具有直接影响。为此，需要高度重视载体安全，通过加强数字档案资源载体安全预警，确保数字档案资源载体的稳定性、可控性与可读性，维护数字档案资源的实体安全与信息安全。数字档案资源载体安全预警，主要包括对载体使用年限监测、载体信息迁移频次、载体使用频次、载体存储环境以及载体技术性能指标样态等进行实时前端监控，从实体安全视角全面监测数字档案资源载体安全性能状态，确保数字档案资源信息的可读与可用。

3. 数字档案资源管理系统安全预警

数字档案资源首先是数字化形态，它是以计算机"0""1"二进制代码形式存储于各类数字记录载体中的，并高度依赖于计算机信息系统方可进行信息读取与利用。当前，数字档案馆建设快速推进，档案信息管理信息系统（包括系统软件与应用软件）作为数字档案馆的中枢神经，数字档案资源管理对其极为依赖，一旦其管理

①　邓君. 档案载体演变规律研究［J］. 档案学通讯，2011(4)：78-81.
②　邓君. 档案载体演变规律研究［J］. 档案学通讯，2011(4)：78-81.

信息系统出现故障，其安全隐患不可小觑，尤其是网络环境下的软硬件管理系统漏洞、病毒侵袭、黑客攻击、设备与系统风险等均直接关涉数字档案资源的信息安全，会造成数字档案信息的损坏、丢失与泄密等。需要强化管理系统安全预警，对数字档案资源信息管理系统进行网络安全、系统安全、操作安全等方面进行实时监测，确保数字档案资源管理信息系统运行稳定、可靠与安全。

4. 数字档案资源信息内容安全预警

信息内容安全是数字档案资源安全的核心，随着信息网络技术的发展，数字档案资源信息内容安全问题凸显，如何保障其信息内容安全已经成为非常紧迫和严峻的时代课题。当前，数字档案资源信息内容安全主要包括：维护信息内容的原始性与真实性，保障信息内容的完整性，维护信息内容的保密性，保证信息的可用性等。① 为此，需要加强信息内容安全预警，对数字档案资源信息内容进行实时监管，实时掌控数字档案信息内容安全状态，及时发现数字档案资源信息内容风险隐患与安全威胁，确保数字档案资源信息内容的真实、完整、可读、保密与可用。

5. 数字档案资源利用安全预警

档案利用主要体现为档案馆向档案利用者提供档案信息服务，主动开发档案信息资源，满足档案利用者利用需求，它是整个档案工作的中心环节和根本目的。提供利用作为传统档案业务管理的核心环节，既是数字档案资源价值实现的基本路径，也是数字档案资源功能发挥的重要载体，是数字时代档案馆公共服务能力强弱的直接体现，对档案馆的社会形象及其信息竞争力、文化软实力、社会影响力等具有重要影响。众所周知，档案利用与安全一直是档案管理中的一对重要矛盾，而且对档案利用工作产生着不少负面影响，档案部门在实际工作中往往以安全保密为理由，限制档案资源的开

193

---

① 聂云霞，张加欣，甘敏."互联网+"背景下数字档案资源安全研究[J]. 浙江档案，2016(6)：22-25.

放利用。当前，档案信息化深层推进，数字档案馆(室)建设广泛推进，数字档案资源海量生成，档案资源的数字化利用日益普遍，"数字档案信息的在线保护是信息化时代给档案保护工作提出的新挑战，并给档案的长远利用带来了许多管理和技术上的问题，并非一朝一夕依靠若干项新技术新方法就能得到彻底解决，这一领域的探索和创新将会是档案界在 21 世纪的核心课题和任务。"①数字时代的到来，不仅为档案利用工作带来了战略契机，有利于档案信息资源整合、档案资源内容开发、档案利用服务创新等；而且也为档案利用安全带来了新的挑战，如档案信息泄密、档案信息篡改、档案信息删除等风险突出，需要强化数字档案资源利用安全预警，实现数字档案资源利用过程中的安全监控，实时掌握数字档案资源信息利用状况，监测数字档案资源在利用过程中的实际效果，杜绝数字档案资源利用中的载体受损与信息丢失、信息删除、信息泄露等信息破坏风险的发生。

三、数字档案资源生态预警管理

生态预警包含了"生态"与"预警"两个核心概念，前者是一种目标导向，意在通过实施"预警"达到生态健康、生态平衡、生态安全等良性的生态状态；后者是在为了维护或者达到生态良好的状态而实施的"预警"行为，旨在通过具体的"预警"方法、方式与手段等防范风险威胁，降低风险损失。随着档案信息化持续推进，一方面，数字档案资源急剧增长，并在新时期国家档案事业发展中位居战略地位；另一方面，数字档案资源建设发展过程中也面临诸多风险，广泛分布于数字档案资源的收集、整理、保存、利用等业务管理环节，对数字档案资源的安全保存与有效利用等带来严重威胁。为此，在数字档案馆建设发展过程中，需要强化风险意识，借

---

①　陈永生. 档案长远利用的多重挑战及安全保护措施(下)[J]. 北京档案，2007(4)：16-19.

鉴风险预警理论与知识，积极采取相关风险预警方法，规范数字档案资源生态预警流程，构建数字档案资源风险预警系统，完善数字档案资源生态风险预警机制，加强对数字档案资源的风险监控与安全防范，保障数字档案资源的生态安全。

（一）数字档案资源生态预警方法

当前，数字档案馆建设广泛推进，数字档案资源快速增长，数字档案资源安全问题凸显，档案部门和档案工作者要自觉树立风险意识，主动对接数字档案资源生态安全要求，充分利用技术手段与管理方法，加强数字档案资源生态预警管理，从生态安全视角管控数字档案资源生态风险，抵御数字档案资源生态威胁，降低数字档案资源风险危害。数字档案资源生态预警是预警及生态预警理论在档案工作中的具体应用，旨在通过预警分析、预警对策等化解、抵御、降低甚至消除数字档案资源风险危害。在实施数字档案资源生态预警管理过程中，需要充分借鉴预警与生态预警理论与知识，综合运用相关预警方法和思想，实时监测数字档案资源生态风险，科学研判数字档案资源风险危害，并根据其风险危害程度采取相应的预警对策，维护数字档案资源生态安全。数字档案资源生态预警方法具有多样性、动态性、技术性等特征，在数字档案资源生态预警管理的实施过程中，要综合运用各类预警方法，充分利用相关预警方法的优势，有效监控各类数字档案资源生态风险，对数字档案资源生态风险状况进行科学判定，并做好数字档案资源生态预警应对方案与应急预案的储备，为数字档案资源生态预警管理提供决策支持，最大程度地维护数字档案资源生态安全。目前，生态预警方法主要有指数预警、统计预警、模型预警等①。数字档案资源生态预警的实施需要根据预警理论与方法，结合档案工作实际，充分考虑定性与定量、整体与因子之间的关系，科学设定数字档案资源风险指标，为数字档案资源风险预警提供决策支持，具体包括指标预

---

① 董伟，张向晖，等. 生态安全预警进展研究［J］. 环境科学与技术，2007(12)：97-100.

警、统计预警、因子预警和模型预警四类。

1. 指标预警法

指标预警是依据定量分析方法，根据数字档案资源生态风险分布，确立数字档案资源警源指标、警兆指标与警情指标。其中，警源是数字档案资源风险危害的来源和成因，主要包括数字档案资源存储载体、信息内容、信息利用以及其管理信息系统等状况。警兆是数字档案资源生态风险产生的征兆和苗头，主要包括存储载体年限、信息内容读取等。警情是指数字档案资源风险已经开始出现，主要包括存储载体受损、存储系统瘫痪、管理系统遭受攻击、信息内容消逝、信息内容失读、信息内容被篡改、信息内容泄密、信息系统运行瘫痪等。

2. 统计预警法

统计预警是定量分析中的常见策略，它依据实时监测数据，凭借已经设计的风险危害指标系数，揭示分析对象和其他因素之间存在的关系，并预测被预警对象未来发展态势，通过定量分析得出数字档案资源面临的风险程度。数字档案资源统计预警旨在对数字档案资源警源、警兆、警情等风险指标进行统计分析，通过科学计算统计结果，综合得出数字档案资源警情结果及其表现程度，从而采取相应的储备预案进行预警管理。

3. 因子预警法

因子预警是一种微观预警，它是针对数字档案资源具体风险因子而采取的生态预警法，旨在通过监测具体风险因子的危险状况来预防数字档案资源整体风险危害。一般来说，它通过对数字档案资源存储载体、信息内容、存储环境、利用环境、传播环境等具体生态风险因子实施风险监控，依据一定的数理统计来分析具体因子的风险状况，以判定数字档案资源正在面临的风险程度，从而针对性地采取风险防控预案。

4. 模型预警法

模型预警是一种综合性的宏观预警,它是建立在数字档案资源整体生态安全基础上,依据数字档案资源自身所面临的各类风险指标,利用数理知识构建出的数学模型,进而综合判定数字档案资源自身的生态安全状况。

(二)数字档案资源生态预警系统

网络环境下,预警系统重要性凸显,数字档案资源对网络环境高度依赖,贯穿于数字档案资源的来源、收集、整理、鉴定、保管、服务、利用乃至销毁等全生命周期,面临着较传统档案风险更为复杂的生存环境,不仅受传统档案风险威胁,而且深受黑客攻击、病毒侵袭等新型网络风险威胁。数字档案资源生态预警管理的有效实施,需要通过构建完善的数字档案资源生态预警系统,以加强数字档案资源生态风险预警分析及其预控对策的实施效果。当前,档案部门与档案工作者在数字档案资源生态预警管理过程中,一方面要充分认识网络社会环境下数字档案资源的风险分布及其危害,并能够直面风险威胁,提高风险管理能力,果断采取科学有效的风险应对预案,消解风险危害损失;另一方面要主动强化风险意识,构建科学有效的数字档案资源生态预警管理系统,满足日益复杂、多元、多发的数字档案资源风险危害,维护数字档案资源生态安全。

数字档案资源生态预警的目的是通过预警分析、预警对策等来维护数字档案资源的生态安全,消解数字档案资源风险危害。数字档案资源生态预警系统主要涵盖预警分析与预控对策两大子系统(参见图5-1)。预警分析子系统是数字档案资源生态预警管理的前端环节,旨在通过系列风险预警方法掌控数字档案资源面临的风险危机状况及其产生的主要根源和可能危害等;预控对策子系统是数字档案资源生态风险预警管理的后端环节,包括日常监测、危机管理和相应的组织准备等,旨在根据预警分析子系统产生的警情结果而采取的针对性预控对策,以达到数字档案资源生态预警管理目的。

197

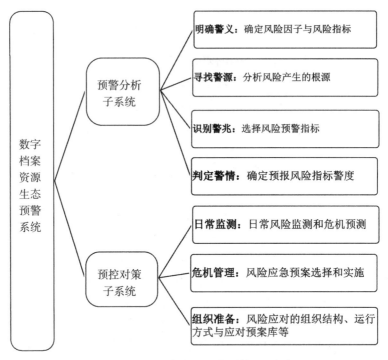

图 5-1　数字档案资源生态预警系统框架

1. 预警分析子系统

预警分析子系统主要包括明确警义、寻找警源、识别警兆以及判定警情等四个风险预警分析阶段：

一是明确警义，它是预警分析的第一阶段，直接影响数字档案资源生态风险预警的实际效率，指的是明确数字档案资源风险监测对象，主要从警度和警素两方面来进行综合考察，警度指的是风险事件的危险程度，警素是指构成危险情况的指标。通常按照研究对象的不同，把警度划分为：危险、基本安全以及绝对安全，把警素划分为：轻度警报、中度警报、重度警报。区别各种警度的标准称为警限，可以依据德尔菲法、历史分析、数学方法等方法来分析警情指标的警限。

二是寻找警源，它是预警分析的第二阶段，是数字档案资源预警分析的重要环节，攸关数字档案资源生态预警对策方案的选择及其实施效果。一般来说，警源就是指警情产生的根本原因，它是"火种"，分为自然警源和非自然警源两大类；其中，自然警源指气象、地质、海洋等自然灾害现象社会警源，非自然警源又可分为内生警源和外生警源，内生警源包括内分配警源和内生产警源，外生警源主要指一些大型因素，包括国际价格动荡、外交关系突变、恐怖袭击等。

三是识别警兆，它是数字档案资源生态预警分析最核心部分，旨在分析从警源苗头的出现到警情爆发之前的预兆。警素不同，那么警兆也不同，风险事件形成到损害发生之间，警源和警兆不单单只存在直接的关系，也可能是间接的关系。

四是判定警情，它是数字档案资源生态预警的最终归宿，一般会采用简易版和复杂版两种方法：简易版就是根据警素来构建一套模型，先进行预测，再将警限转化为警度；复杂版就是建立警度模型，通过将主观预测方法和统计预测方法相结合，来分析警兆的变化情况，通过警情等级来判断是否发出警报。

2. 预控对策子系统

预控对策子系统主要包括日常监测、危机管理与组织准备等，它们是根据预警分析子系统的警情结果而采取的应对对策，是数字档案资源生态预警管理实施的归宿。

日常监测是预警管理中的常规对策选项，它指向的是警情不高情况下的风险应对方案选择，重在持续监控数字档案资源风险状况的表现状态和发展态势，以便及时发现警情征兆，防止警情的进一步发展造成严重危害。

危机管理是在数字档案资源风险预测警情较高的前提下采取的应急预案，旨在通过储备的风险应对策略、手段与方法，对已经产生并导致实际威胁的风险因子进行针对性处置，及时降低风险危害结果。

组织准备是预控对策中的核心环节，无论是日常监控还是危机管理实施，都需要一系列既定有效的风险预警准备工作，以强化数

199

字档案资源生态风险预控对策的有效性、针对性和及时性。

(三)数字档案资源生态预警流程

数字档案资源生态预警管理具有内在的逻辑，需要根据数字档案资源生态预警系统的结构，完善数字档案资源生态预警管理实施的工作流程，维护数字档案资源生态预警系统的功能，保障数字档案资源生态预警管理的科学性、有效性与及时性。一般来说，数字档案资源生态预警管理的基本流程如图 5-2 所示。

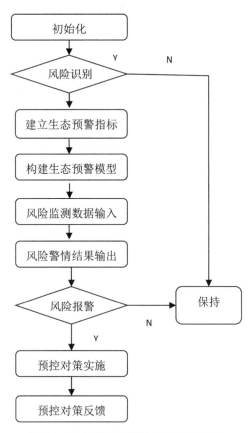

图 5-2 数字档案资源生态预警流程图

预警流程是数字档案资源生态预警管理的重要内容，在实施预警管理的过程中，档案部门和档案管理者要在科学构建数字档案资源生态预警系统的基础上，制定适合本部门实际需求的生态风险预警流程，确保数字档案资源生态预警管理的顺利实施，实现对数字档案资源风险危害的早发现、早报告、早评估与早预控等，实现对数字档案资源生态风险的有效预警，保障数字档案资源生态安全。

（四）数字档案资源生态预警机制

预警机制是实施数字档案资源生态预警管理的基本保障，它是档案部门在数字档案资源建设发展过程中对数字档案资源生态安全进行的监督性管理，是以保障数字档案资源载体安全、信息安全、存储安全以及利用安全等进行的预警干预，旨在防控数字档案资源风险危害，维护数字档案资源生态安全，为数字档案资源价值实现提供安全保障。数字档案资源生态预警机制是档案部门通过制定制度性措施，充分利用现代信息技术，广泛动员档案利益相关者力量，积极做好风险危机应对准备工作和保障措施，对数字档案资源建设发展过程进行严密监控，对可能出现的各类风险因子进行预先监测，对数字档案资源生态风险的发展趋势、危害程度等进行有效识别、准确评估和及时警报，并在相关部门与人员的协同配合下，及时调动各方力量，从而对数字档案资源生态风险进行早期预报和早期预控的一种管理机制，其根本目的是对数字档案资源风险危害进行提前预防和有效预控，维护数字档案资源生态安全，充分发挥数字档案资源的社会价值。

201

数字档案资源生态预警管理的有效实施对预警管理机制高度依赖，完善的预警机制是进行及时、合理、有效的数字档案资源生态预警管理的必要前提，既有利于提高数字档案资源生态预警管理效率，也有利于提升数字档案资源生态预警效果。一般来说，数字档案资源生态预警机制主要包括以下五个方面：

1. 数字档案资源风险识别机制

数字档案资源风险因子类型多样，广泛分布在数字档案资源收集、整理、鉴定、保存、开发、利用、传播等业务环节，对数字档案资源的载体安全、信息安全、存储安全与利用安全等产生直接影响，导致数字档案资源面临不真实、不准确、不完整、不可读、不可用、不及时、不保密、不一致、不关联等现实危害①，攸关数字档案资源的整体生态安全。在数字档案资源生态预警管理中，需要建立有效运行的数字档案资源风险识别机制，对数字档案资源风险因子进行有效甄别，及时发现数字档案资源风险因子，明确数字档案资源建设发展过程中面临的风险因素、风险事故与风险后果，及早掌控数字档案资源风险危害，为数字档案资源风险评估奠定基础。

2. 数字档案资源风险评估机制

数字档案资源风险无处不在，涉及数字档案资源建设发展的方方面面，制约着数字档案资源的生态安全，不利于数字档案馆生态系统的可持续发展，"只有通过风险评估来判定风险大小、等级和严重程度，确定风险应对和控制的优先级，才能对风险实施经济、有效的控制，使风险被避免、转移或降至一个被接受的水平"②。当前，在数字档案资源生态预警机制的构建中，需要不断完善数字档案资源风险评估机制，科学确立数字档案资源风险评估指标体系，全面涵盖数字档案资源建设发展中的风险因子，加强对数字档案资源风险因子危害程度的科学判断，对各类风险因子的危害层面、危害广度、危害深度和危害特征等进行合理评估，为数字档案资源生态风险预警分析提供依据。

---

① 冯惠玲，王健，等. 电子文件风险管理[M]. 北京：中国人民大学出版社，2008：103-172.

② 冯惠玲，王健，等. 电子文件风险管理[M]. 北京：中国人民大学出版社，2008：173.

3. 数字档案资源风险预报机制

预报是风险管理的重要内容，是生态预警管理的直接体现，对预警对象起着承上启下的纽带功能，既要对前期风险识别、风险评估结果进行准确反映，又要对后续风险预控管理和应急预案等进行有效指导，确保警情预报内容的准确性与应对策略指导的可操作性。警情预报同样是数字档案资源生态预警管理的重要环节，关系到对后续警情的应急预控处置，对数字档案资源生态预警管理应急预控方案的选择与实施具有重要指导价值。为此，需要高度重视数字档案资源风险预报工作，完善风险预报机制，充分利用风险识别、风险评估基础，对数字档案资源生态风险进行科学预报，准确预判数字档案资源生态安全状况，为数字档案资源预警管理提供有效决策信息，提高数字档案资源生态预警管理水平。

4. 数字档案资源应急预控机制

应急管理机制是重大突发事件应急管理中的核心和关键。2008年8月，国家档案局印发《档案工作突发事件应急处置管理办法》（档函〔2008〕207号），要求"各级档案行政管理部门、各级国家档案馆、中央和国家机关档案部门应建立严格的突发事件防范和应急处置责任制，制定相关工作预案，切实履行各自职责，保证突发事件应急处置工作有序进行。"①应急预控机制是数字档案资源生态预警管理中的重要环节，它是在预判数字档案资源生态安全将要或者正在遭受重大风险威胁的基础上做出的应急预案和应对措施，旨在快速响应风险预警信息，通过人防、物防、技防"三位一体"的安全防范体系来抵御数字档案资源风险威胁，最大限度地控制数字档案资源风险危害结果的发生与扩展，降低甚至消解数字档案资源风险危害，维护数字档案资源的生态安全。

203

① 国家档案局. 档案工作突发事件应急处置管理办法（档函〔2008〕207号）〔Z〕.

5. 数字档案资源预警决策机制

决策是现代管理学的重要内容，有效的决策机制是提高管理效率的重要保障。当前，决策、决策管理、决策机制已经成为管理学重要研究领域，在政务管理、经济管理、社会管理、文化管理以及信息管理、知识管理、数据管理等管理实践中发挥着重要作用。随着数字档案馆建设的快速推进，数字档案资源已经成为国家档案资源体系的重要内容，是未来国家档案资源的主体形态，对数字档案资源的各类管理决策日趋重要，需要构建科学有效的决策管理机制，指导国家数字档案资源建设可持续发展。当前，决策机制作为数字档案资源生态预警机制的重要内容，它涉及人力资源、制度资源、技术资源等，是数字档案资源生态预警管理的重要保障。档案部门在实施数字档案资源生态预警管理的过程中，要主动构建预警决策机制，确保数字档案资源生态预警分析、预控对策等得到有效反馈，保障数字档案资源生态预警管理顺利实施。

（五）数字档案资源生态预警功能

预警的核心在于通过预先设计规划好的方法、手段与措施，对被监测对象进行有目的、有针对性的安全评估，并根据评估结果实施相应的防范预案，确保被监测对象所受危害降至最低。当前，预警已经在社会领域得到广泛应用，社会预警已经成为社会安全与治理领域的重要研究内容，反映着一地区、区域乃至整个国家的风险防范与危机应对能力。"只有把危机和危机控制放到国家或地区的安全战略高度，在平时就对防范和控制危机作出制度性安排和有针对性的实时演练，才能真正做到'有备无患，防患于未然'，在突发性事件和公共危机发生时及时有效地加以应对。"①

当前，档案安全问题日益凸显，尤其是数字档案资源安全问

---

① 胡磊. 为什么要建立健全社会预警体系[N]. 解放军报，2006-2-2(3).

题，不仅涉及传统档案信息安全所关切的方方面面，而且凸显网络
环境下的新内容、新特点与新要求。对此，国家高度重视数字环境
下的档案安全，2016 年 4 月，国家档案局印发《全国档案事业发展
"十三五"规划纲要》，明确提出"确保档案实体与信息安全"，并要
求在"十三五"期间重点推进档案库房安全、档案信息发布安全、
档案数据安全、档案共享安全、档案涉密安全、档案安全体系以及
档案信息系统安全、数字档案馆应急管理等档案安全专项工作。①
2017 年 6 月，"全国档案安全工作会议"在天津召开，会议全面梳
理了新环境下档案安全面临的机遇与挑战，认真总结近年来档案部
门应对档案安全工作所采取的档案安全治理策略、方法与手段等实
践经验，进一步明确新时代档案安全工作的目标、任务和要求
等②。数字档案资源生态预警理念的提出，旨在借鉴生态预警理论
与知识，科学构建数字档案资源风险预警管理体系与机制，对数字
档案资源风险进行实施科学监测，防范数字档案资源风险危害的发
生及其扩展，切实维护数字档案资源的生态安全。数字档案资源生
态预警功能集中体现在以下几个方面：

1. 增强档案风险防范意识

网络环境下，档案信息服务呈现出数字化、个性化、智能化等
发展态势，有利于档案利用服务创新，促进档案资源共建共享；同
时，作为数字档案馆建设的核心内容，数字档案资源风险无处不
在，面临着来自收集、存储、管理、利用等各业务阶段的各类风险
威胁，严重制约数字档案资源生态安全，是数字档案馆生态安全的
核心所在。强化数字档案资源生态预警，有利于档案部门尤其是广
大档案工作者在档案信息化建设中始终保持清醒的头脑，能够在充
分享用信息化、网络化、数字化带来的档案工作现代化"红利"时，

---

① 国家档案局. 全国档案事业发展"十三五"规划纲要（档发〔2016〕4
号）［Z］.

② 李明华. 在全国档案安全工作会议上的讲话［J］. 中国档案，2017
（6）：14-21.

也能认识到网络社会中档案风险无处不在，且在数字环境下，数字档案资源风险更甚，不仅受传统档案风险的影响，而且深受新环境下的数字网络风险制约，深刻影响数字档案资源的生态安全。通过实施数字档案资源风险预警，既可以深化档案部门与档案工作者对数字档案资源的风险认识，也能够提高档案部门与档案工作者的风险防范能力，进而增强网络环境下档案风险防范意识，筑牢数字档案资源生态风险防线，维护数字档案资源的生态安全。

2. 完善档案安全管理体系

维护档案安全是一个综合性、系统性、复杂性工程，涉及档案工作的方方面面。2016 年 4 月，国家档案局印发《关于进一步加强档案安全工作的意见》（档发〔2016〕6 号），明确提出：在信息化环境下，"档案信息损毁、失泄密风险日益突出，档案安全处在事故'易发期''多发期'，档案安全形势依然严峻。"①数字环境下，档案安全风险凸显，特别是数字档案资源生态安全问题，其本身就涵盖诸多风险因子，不仅需要通过充分利用现代信息技术来防范和抵御信息技术带来的安全风险，而且需要建立健全档案安全管理制度，完善档案安全管理体系，适应网络环境下档案安全面临的新机遇、新挑战与新要求。数字档案资源生态预警的实施，其根本目的便是针对网络环境下数字档案资源面临的各类复杂风险所采取的预防性应急管理机制，最大程度降低数字档案资源建设发展中的风险危害，减少数字档案资源风险带来的损失，这不仅有利于提高档案安全风险治理能力，有效防范各种数字档案资源安全风险；而且有利于加强数字档案资源风险管理制度建设，对完善档案安全管理体系具有直接的推动作用，切实增强数字档案资源安全保障能力。

3. 实时监控档案安全状态

预警系统一般都具有基本的"监测与预见"功能，通过对被预

---

①　国家档案局. 关于进一步加强档案安全工作的意见（档发〔2016〕6 号）［Z］.

警对象实行实时监控并根据监测信息进行预警分析，可以及时了解、发现风险事件的特征，并根据相关风险指标体系研究中的异常情况预先发现某些风险问题产生的征兆，从而判定某些风险危害即将产生的结论，为后续风险预控方案提供决策指导①。信息时代，档案数字化转换速度加快，电子文件海量生成，网络档案资源大量聚集，不仅推动着数字档案资源的快速增长，而且对档案资源的远程利用、个性化利用、智能化利用等档案利用服务创新提供了无限便利；同时，档案信息化的"双刃剑"效应也格外凸显，对数字档案资源带来了管理风险、存储风险、利用风险、传播风险等诸多现实威胁，严重制约着数字档案资源的生态安全。当前，档案部门要始终"坚持'安全第一、预防为主'的档案安全工作方针，积极开展档案安全风险防控和治理，不断完善档案安全保障，建立健全人防、物防、技防三位一体的档案安全工作新格局。"②为此，通过实施数字档案资源生态预警，完善数字档案资源安全指标体系，优化数字档案资源风险管理体系，对数字档案资源存储环境、载体状态、管理规范、服务方式、利用程序等进行实时监控，实时监测数字档案资源运行现状，并依据监测信息及时预见数字档案资源风险危机的出现与危害，有利于在线监控数字档案资源安全状态，维护数字档案资源的实体安全与信息安全。

4. 有效抵御档案风险危害

风险是数字档案资源的基本特征之一，在数字档案资源建设管理业务环节中广泛分布，面临着存储载体风险、信息安全风险、服务利用风险等现实风险，对数字档案资源的真实性、完整性、可读性与保密性等造成直接威胁，严重制约数字档案资源的安全收集、安全存储、安全整合、安全开发、安全服务、安全传播与安全利

207

① 杜国锋，刘昌明. 高等教育预警系统的组成及其功能初探[J]. 山东青年管理干部学院学报，2003(3)：62-63.

② 国家档案局. 关于进一步加强档案安全工作的意见(档发〔2016〕6号)[Z].

用，直接影响数字档案资源的共建共享共治，迫切需要加强数字档案资源风险管理，提高档案风险治理能力，将数字档案资源风险危害降至最低。数字档案资源生态预警管理的实施，有利于建立健全档案生态安全预警机制，既是新时期加强档案风险管理、提高档案风险治理能力的有效路径，也是档案"前端控制"理论与思想的实际应用，能够及时掌握数字档案资源生态安全状态，有效推进数字档案资源风险管理，为数字档案资源安全存储、安全管理、安全利用等构建有效的风险防控与安全保障机制，不断增强数字档案资源风险治理能力，有效抵御数字档案资源风险危害，维护数字档案资源环境安全、设备安全、载体安全、数据安全、网络安全和系统安全等，保障数字档案资源的真实、完整、可用和保密等。

5. 增强档案风险治理能力

国家档案局原局长杨冬权在"学习习近平同志考察浙江省档案局馆时讲话座谈会"上指出："各项事业得以发展，都离不开档案，这一方面清楚地表明档案对其他各项事业的发展很重要，搞好档案工作对促进其他事业的发展有着重要意义；另一方面也从侧面说明，因为档案工作关乎各项事业的发展，所以做好档案工作是各地区各部门各单位的重要职责，而不只是档案部门的职责。"①可见，我们不仅要在认识层面对档案价值、档案工作作用、档案馆功能等具有深刻的认识，而且要在实际工作层面，以高度的政治责任感和历史使命感来推进档案工作的发展创新，提高档案事业的社会生态位。当前，档案工作正面临着数字转型的机遇与挑战，数字档案资源已经成为新时期国家重要的战略性基础信息资源，需要深刻认识数字时代档案资源面临风险威胁及其现实危害，强化风险意识，增强风险治理能力，聚焦"数字导向"，推动数字时代国家档案事业的数字转型、数字升级与数字换代，"推动建成更多的数字档案馆(室)，让我国档案事业实现适应时代的、跨越式的'数字崛起'，

---

① 杨冬权. 在学习习近平同志考察浙江省档案局(馆)时讲话座谈会上的发言[J]. 中国档案，2014(10)：14-16.

成为真正的档案强国。"①2016 年国家档案局印发《关于进一步加强档案安全工作的意见》(档发〔2016〕6 号),围绕"档案风险治理"主题,明确"风险治理"在新时期国家档案安全的工作中的战略地位,并从"法律政策执行风险治理""制度安全风险治理""资源安全风险治理""档案实体管理风险治理""档案信息管理风险治理""档案保密、开放与利用风险治理"等六方面对新时期"档案风险治理工作"提出了具体要求②。为此,借鉴风险管理、生态预警等理论与实践,推进数字档案资源生态预警管理,这既是当前档案风险管理工作的内在要求,也是新时期提高档案风险治理能力的有效路径,不仅有利于进一步完善档案治理理论,完善国家档案治理理论框架,而且有利于实现"国家档案行政管理部门提出的提供档案公共服务有效性、高效性的目标,同时构建档案治理危机应急系统,切实保障档案的机密和安全,努力平衡两者的关系"③,推进新时期国家档案治理能力与治理体系现代化建设。

---

① 杨冬权. 在全国数字档案馆(室)建设推进会上的讲话[J]. 中国档案,2013(11):16-21.

② 国家档案局. 关于进一步加强档案安全工作的意见(档发〔2016〕6号)[Z].

③ 陈忠海,宋晶晶. 档案治理:理论根基、现实依据与研究难点[J]. 档案学研究,2018(2):28-32.

第六章　数字档案资源生态安全策略

　　安全是档案工作的生命线，是档案事业可持续发展的根基。维护档案安全是档案工作不可动摇的基本原则和根本底线。信息社会，数字档案资源安全作为国家档案安全的重要内容，其安全风险广泛分布于数字档案资源的收集、保管、存储与利用等各领域，维护数字档案资源生态安全是数字档案资源建设的基本要求，不仅需要强化生态预警管理，加强数字档案资源生态安全的前端控制与应急管理，而且需要聚焦数字档案资源生存环境优化主题，全面贯彻国家档案安全工作政策精神与具体要求，筑牢数字档案资源生态安全根基，织密数字档案资源生态安全保护网，维护数字档案资源的整体生态安全，确保数字档案资源的长期安全存储与长远有效利用。

一、数字档案资源生态安全释义

　　安全问题是人类社会始终关注的主要问题之一，随着经济社会科技的快速发展，安全问题表现日益复杂，由主要涉及军事、政治、外交等领域的传统安全威胁逐渐延伸到环境安全、经济安全、能源安全、医疗安全、交通安全、公共安全、网络安全等非传统安全威胁。随着大数据、云计算、物联网、人工智能等现代信息技术的快速发展，社会发展日趋数据化、网络化与智能化，人类社会发展正掀开数字时代新篇章，阔步走进充满机遇与挑战的智慧社会；同时，"智能社会的安全问题较之以往更为复杂，各国政府必须抱有积极和谨慎的态度，清醒地认识到人工智能带来巨大技术变革的同时，也蕴含着大量破坏性风险，甚至有失控的可能性"，"必须要学会管控'人工智能'，推动安全保障秩序的重构，实现'人工智能'为人类社会的安全发展'保驾护航'"。① 当前，面对信息技术的飞速发展与"互联网+"的无限延伸这一新环境和新挑战，档案部门和档案工作者义不容辞，理应主动担当，自觉树立风险意识与责任意识，肩负起维护数字档案资源生态安全的专业职责与时代使命，充分利用现代信息技术与管理学理论与方法，构建数字档案资源生态安全观，凝聚数字档案资源安全共识，筑牢数字档案资源建设发展的安全底线，守护数字档案资源的载体安全、设备安全、机房安全、网络安全、系统安全、收集安全、保管安全、开发安全、利用安全、数据安全以及伦理安全、保密安全、产权安全等，实现数字档案资源的生态安全。

（一）数字档案资源生态安全内涵

档案作为信息家族的基本成员，是党和国家各项工作和人民群众各方面情况的真实记录，是国家信息资产的重要组成部分。2003年5月26日，时任浙江省委书记习近平同志在视察浙江省档案局（馆）时便明确提出："档案工作是一项基础性工作，经验得以总结，规律得以认识，历史得以延续，各项事业的发展，都离不开档案。"②档案工作是党和国家各项工作中不可或缺的基础性工作，档案安全事关档案事业发展全局，攸关国家档案事业可持续发展。2010年5月，国家档案局召开"全国档案安全体系建设工作会议"，

211

---

① 金东寒. 秩序的重构——人工智能与人类社会[M]. 上海：上海大学出版社，2017：243.

② 省委书记、省人大常委会主任习近平同志在考察省档案局省档案馆时的讲话[J]. 浙江档案，2003(6)：5.

杨冬权明确提出要"建立确保档案安全保密的档案安全体系"，并对档案安全提出了要求，即"必须始终坚持把档案安全视作档案工作的生命线，把档案安全工作放在档案工作的首位，奠定档案事业安全、协调、可持续发展的坚实基础"。① 2014年5月，中共中央办公厅、国务院办公厅联合印发《关于加强和改进新形势下档案工作的意见》（中办发〔2014〕15号），从"加大安全保密执法检查力度""建立完善档案安全应急管理制度""切实改善档案保管保密条件""对重要档案实行异地异质备份保管""保障档案信息安全"五个方面对"建立健全确保档案安全保密的档案安全体系"提出了具体要求，并把确保档案安全保密作为加强和改进档案工作的重要目标。② 当前，信息技术发展迅速，"互联网＋"全域渗透，网络社会深层发展，档案工作面临的各种风险挑战比以往任何时候都要复杂严峻，各级档案部门要以对党和国家高度负责、对民族历史高度负责的政治态度，认真落实新时期国家档案安全工作的各项要求，不断完善国家档案安全体系建设，"逐步建立起预防为主、综合治理的事前预防机制和标本兼治、重在治本的长效机制，使档案安全隐患消灭于萌芽，让档案安全风险没有存在的土壤"③，确保档案实体和信息的绝对安全。

　　数字档案资源既是一种新型档案资源，在现代国家档案资源体系中位居战略地位；也是数字信息资源的重要组成部分，是国家数字信息资产的重要构成，不仅具有信息真实性、内容复杂性、形式多样性、效用多元性、价值公共性、利用便捷性、分布不平衡性、管理风险性等特征，而且"存在诸多的不稳定、不完善与不安全，在使用与存储过程中，由于相关环境、技术条件、管理状况等因素

　　① 杨冬权. 在全国档案安全体系建设工作会议上的讲话［J］. 档案学研究，2010（3）：4-12.
　　② 中共中央办公厅，国务院办公厅. 中共中央办公厅国务院办公厅印发《关于加强和改进新形势下档案工作的意见》（中办发〔2014〕15号［Z］.
　　③ 田小燕. 党的十八大以来档案安全体系建设述评［J］. 中国档案，2017（10）：18-19.

而产生不少的风险隐患，对档案长期存取带来许多安全威胁。"①
2013 年 7 月，为了贯彻落实国家信息安全等级保护制度，国家档案局印发《档案信息系统安全等级保护定级工作指南》（档办发〔2013〕5 号），成为我国档案信息系统安全等级保护定级工作的基本操作规范，旨在提高档案信息系统安全防护能力和水平，加强数字档案资源安全管理，促进国家档案事业健康发展。② 数字档案资源安全是一个多层面、多领域、综合性、系统性概念，涉及环境、技术、管理与人等系列因素，既包括传统的存储载体安全、存储环境安全，也涉及管理中"数据安全保管、应用系统安全、网络安全、安全技术、安全策略，前三者为数字档案安全内容，后二者为数字档案安全的支持，它们相互连接才构成数字档案信息的管理和共享。"③

目前，"国内外对数字档案资源保存、利用和服务安全的研究较多，在一些层面已经形成一定的体系，但大多是从宏观的政策、法规、标准体系方面的研究，或者从具体的数字资源长期保存、监护、信息技术等微观管理或操作层面的探讨。从整个档案生态系统和信息生态学视角对数字档案资源载体、信息、环境等综合安全的研究还比较缺乏。"④当前，从生态学开展数字档案馆研究已有一定基础，如金波研究团队持续推进的数字档案馆生态系统研究（即国家社科基金一般项目"数字档案馆生态系统研究"—2008、重点项目"数字档案馆生态系统培育与管理研究"—2012、重大项目"数字档案馆生态系统治理研究"—2019）、康蠡等开展的档案馆生态位

---

① 彭远明，涂昊云. 电子档案安全评价指标的制定与实现方式[J]. 档案学研究，2013(6)：65-70.

② 国家档案局数字档案馆(室)建设领导小组办公室，国家档案局档案馆(室)业务指导司. 数字档案馆(室)建设文件汇编[M]. 北京：中国文史出版社，2014：355.

③ 刘昆鹏，孙杨民. 数字档案安全危机的产生与防护研究[J]. 边疆经济与文化，2014(5)：152-153.

④ 丁家友，聂云霞. 数字档案资源生态安全的演进路线探析[J]. 档案学研究，2016(2)：93-100.

研究(即国家社科基金西部项目"网络环境下国家综合档案馆生态位优化研究"—2012)、聂云霞等推进的数字档案资源生态风险研究(即国家社科基金青年项目"数字档案资源生态安全研究"—2014)、张艳欣等开展的档案生态安全应急管理研究(国家社科基金一般项目"我国档案生态安全应急管理机制研究"—2014)等,以及周林兴出版的《中国档案学术生态研究》(人民出版社2013年版)、金波等出版的《数字档案馆生态系统研究》(学习出版社2014年版)等著作,这些课题项目与研究成果不仅拓展了档案学研究领域,而且为数字档案资源生态安全研究提供了重要参考,有利于深化数字档案资源安全研究,促进数字档案资源安全存储、安全保管、安全开发与安全利用,保障数字档案资源生态安全,实现数字档案资源价值。

关于数字档案资源生态安全内涵,丁家友、聂云霞等认为,"数字档案资源生态安全是档案生态系统研究的重要内容之一,涉及数字档案资源自身安全及其所处环境安全两方面,关联数字档案资源的产生、积聚、传递、开发、利用等多个环节",需要全面"探索影响数字档案资源生态安全的风险因素以及数字档案资源生态安全的评估指标体系,寻求数字档案资源生态安全监测与预警的实现路径,从而构建包含法律法规、人文管理和技术支持三位一体的数字档案资源生态安全综合解决方案。"①数字档案资源生态安全是指数字档案资源信息载体、信息内容以及其所依赖的管理信息系统等不受威胁、不被破坏的状态,数字档案资源载体存储环境安全、载体自身性能良好,数字档案资源信息内容始终保持着真实、齐全与完整状态,且可读取、可采信、可利用、可转换。数字档案资源生态安全概念的提出,是对信息网络技术快速发展时代背景下数字档案资源安全主题的新思考,不仅需要继承传统档案安全理论知识与实践经验,而且需要深化生态系统思维,从生态学视角研究和分析新环境下数字档案资源安全内涵,综合运用风险管理、应急

---

①　丁家友,聂云霞.数字档案资源生态安全的演进路线探析[J].档案学研究,2016(2):93-100.

管理、协同管理、战略管理以及制度管理等多种管理手段与方法，从人、技术、制度、管理等路径积极探索数字档案资源生态安全的实践策略，充分保障数字档案资源生态安全。

（二）数字档案资源生态安全特征

安全是档案工作的生命线，是档案作用有效发挥的基本前提，关系国家档案事业可持续发展。数字档案资源生态安全，"涉及数字档案资源自身安全及其所处环境安全两方面，关联数字档案资源的产生、积聚、传递、开发、利用等多个环节"①，它是以生态学思想为基础，以预防控制为前提，以安全保障为核心，聚焦数字档案资源生态安全风险，强化数字档案资源风险治理思维、手段与方法，破解数字档案资源生态安全监测与预警难题，综合运用风险管理、应急管理、协同管理、战略管理以及制度管理等多种管理手段与方法，构建包括法律政策、规章制度、科学技术、人力资源等于一体的数字档案资源生态安全管理体系，确保数字档案资源长期安全存储和长远有效利用，充分发挥数字档案资源的社会价值与功能，促进数字档案资源可持续发展。数字档案资源生态安全是立足档案安全核心内涵，从生态学视角对数字档案资源安全提出的新型档案安全理念，既是对传统档案安全理念的继承与创新，也是对数字时代档案资源安全理念的凝练与升华，体现着新时期数字档案资源安全保障的基本目标与时代要求，具有鲜明时代性、高度综合性、系统整体性、协调平衡性等特征。

1. 鲜明时代性

今天，我们身处的社会，"数字化"身影无处不在，"数字"一词已经成为新鲜而时髦的高频词，如数字图书馆、数字博物馆、数字档案馆、数字城市、数字政府、数字摄影、数字电影、数字电视

215

① 丁家友，聂云霞. 数字档案资源生态安全的演进路线探析[J]. 档案学研究，2016(2)：93-100.

乃至"数字化生存"等，不一而足。我们已经身处数字时代，并被数字化的生产生活与工作方式所包围，数字网络空间已经成为充满生机与活力、挑战与机遇并存的全新数字生存空间，催生出了一个更加复杂的社会生态环境，诚如托夫勒在《力量的转移》中指出的那样："未来生产和生活方式的核心是网络，谁控制了网络，谁控制了网上资源，谁就是未来的主人。"①据第 46 次《中国互联网络发展状况统计报告》显示：截至 2020 年 6 月，我国网民规模达 9.40亿，手机网民达 9.32 亿，互联网普及率达到 67.0%；IPv6 地址数量为 50903 块/32，互联网基础建设不断完善，互联网服务持续渗透，互联网产业展现出巨大的发展活力和韧性，互联网、大数据、人工智能与实体经济社会发展深度融合，在疫情防控、数字基建、数字经济、数字惠民和数字治理等方面取得了显著进展，成为我国应对新挑战、建设新经济的重要力量。②

　　当前，"数字化、网络化、信息化改变着人们的生存方式，数字信息已经成为我们生活工作中接收处理、交流应用、组织管理的主要信息"③，"数字信息资源已成为社会信息资源的主流，集中反映了一个时代文化、科技、政治、经济等领域的特征，塑造了一个民族的记忆，是国家软实力的重要表征"④。毫无疑问，一方面，从数字档案资源的生成背景来看，数字档案资源生态安全问题具有鲜明的时代特征，数字档案资源正是时代发展的产物，它的产生与通信技术、计算机技术、互联网技术等现代信息技术密切相关，而它的快速发展也正受到云计算、物联网、大数据以及人工智能等信

---

① 赵屹. 数字时代的文件与档案管理[M]. 上海：世界图书出版公司，2014：13.

② 中国互联网络信息中心. 第 46 次《中国互联网络发展状况统计报告》（全文）[EB/OL]. [2020-12-18]. http://www.cac.gov.cn/2020-09/29/c_1602939918747816.htm.

③ 张智雄，等. 数字资源长期保存技术的研究与实践[M]. 北京：国家图书馆出版社，2015：1.

④ 马费成. 数字时代不能没有"中国记忆"[N]. 中国社会科学报，2014-5-26(A04).

息前沿技术的深度影响，一句话，正是现代信息技术的快速发展与广泛应用催生并推动着数字档案资源的生成与发展。大数据时代的到来，这无疑是当前数字档案资源建设发展面临的最为直接的时代环境，我们要对当前大数据社会抱有更加清醒的认识，要意识到"大数据技术带来的颠覆远远超过其作为技术所带来的变革，它不仅是可以广泛应用于一个国家各个层面和行业的数据解决方案，更重要的伴随而来的一套全新的数据思维模式"①。另一方面，从档案安全视角观察，数字档案资源生态安全观的提出，正是数字时代信息资源长期安全存储、安全开发与安全利用的直接体现，反映了数字时代档案安全理念、安全风险与安全保障的时代特色，具有鲜明的大数据时代特征。数字保存作为数字时代数字图书馆、数字档案馆、数字博物馆等信息管理机构的重要职责。在数字时代，数字信息面临着严峻的生存挑战，"记载于比特位上的任何数字信息随时都面临着来自技术、经济、组织、人为因素、自然灾害等各方面的威胁。这些威胁对数字信息的可存活性、真实完整性和可理解性形成了重要挑战。"②随着数字档案资源的快速增长，数字档案资源作为数字信息资源的重要组成部分，必然也将面临数字信息资源所面临的各类安全威胁，严重制约数字档案资源的安全收集、安全整合、安全存储与安全利用等。数字档案资源生态安全观的提出，正是基于数字档案资源自身面临的这些时代风险隐患所构建的时代性应对方略。

2. 高度综合性

安全贯穿于档案工作业务的全流程，涵盖档案工作内容的全方面，档案安全管理是指"档案管理机构综合运用法律、行政、技术等手段，管理档案资源，确保其实体不损失、信息不泄露的

217

---

① 高奇琦，阙天舒，游腾飞. "互联网+"政治：大数据时代的国家治理[M]. 上海：上海人民出版社，2017：37.

② 张智雄，等. 数字资源长期保存技术的研究与实践[M]. 北京：国家图书馆出版社，2015：1.

行为和过程。"①。数字时代，档案安全问题不仅备受关注，而且显得尤为迫切，特别是网络环境下档案安全面临的风险因素更为广泛，带来的风险危害更加复杂，迫切需要树立风险意识，采取有效措施，确保信息时代的数字档案资源的完整与可靠，保障数字档案资源的长期存储和永续利用。数字档案资源作为数字档案馆生态系统的核心生态因子，是数字时代国家档案资源体系的主体形态，数字档案资源生态安全尤为重要，不仅是数字时代国家档案安全的直接体现，而且是新时期建立"确保档案安全保密的档案安全体系"这一战略任务的必然要求。为此，探索和构建数字档案资源安全保障体系必然成为"档案安全体系"建设的基本要求，既具有鲜明的时代性，体现了数字档案资源安全建设的时代背景、时代要求与时代特征，也兼具高度的综合性，需要囊括数字时代数字档案资源安全涉及的各类因素。

生态安全是人类社会可持续发展所必备的生态条件和生态状态，它是"维持人类、社会、政权和全球共同体的一个必要条件，是国家安全和公共安全的一部分"②。数字档案资源生态安全概念的提出，不仅是对已有档案安全理念、档案安全内容与档案安全要求的继承，而且是从生态安全视角提出了新时期数字档案资源安全的内在要求，既呈现出鲜明的时代性，也具有高度的综合性，其内涵丰富，内容广泛，涵盖数字档案资源收集、鉴定、保存、整合、开发、利用等档案业务管理各环节，贯穿整个数字档案资源生命周期全过程，不仅包括数字档案资源存储载体、管理设备、资源库房等实体安全，而且包括数字档案资源网络环境、系统平台等虚拟信息系统环境安全以及数字档案资源数据、伦理、保密、知识产权等信息内容安全等，需要综合运用政治、经济、行

---

①　薛云. 安全管理：国家档案资源保护之第一要务[A]. 中国档案学会. 中国档案学会七届三次理事会议暨"三个体系"建设高层论坛发言材料汇编[C]. 哈尔滨，2010：74-79.

②　刘丽梅，吕君. 生态安全的内涵及其研究意义[J]. 内蒙古师范大学学报(哲学社会科学版)，2007(3)：36-42.

政、法律、制度、技术等多种手段，科学构建人防、物防、技防"三位一体"的数字档案资源安全防范保障体系，提升档案部门风险防范、风险预警、风险应对以及应急处置等数字档案资源安全防范能力，维护数字档案资源实体与信息安全，确保数字档案资源的长期安全存储、安全保管与安全利用等。数字档案资源生态安全观的提出，既体现了生态学思想在档案学研究领域的理论影响，是档案生态研究的进一步深化，闪现出数字档案资源安全的生态学光芒，也体现了数字时代档案安全内涵的进一步拓展，是新时期数字档案资源安全的时代要求，彰显出数字档案资源安全内涵的深刻性与广泛性。

3. 系统整体性

安全作为档案工作的基本要求，不仅关系档案事业可持续发展和档案社会作用的有效发挥，而且关系国家安全和民族文化的顺利传承与有效创新。随着数字档案资源战略地位的日益凸显，数字档案资源战略价值日趋显现，数字档案资源安全问题则显得日益迫切，面临着硬件平台风险、网络设备风险、网络访问风险、计算机操作系统风险、办公管理系统平台风险以及业务管理系统平台风险等软硬件平台系统风险威胁，涉及数字档案资源业务管理各个环节，涵盖数字档案资源生命周期中的各个阶段，需要不断优化数字档案资源安全管理环境，构建数字档案资源总体安全防护体系，确保数字档案资源总体生态安全。数字档案资源作为数字档案馆生态系统核心生态因子，是新时期国家档案事业可持续发展的根基，离开了数字档案资源，档案事业发展必将成为"无本之木""无源之水"。数字档案资源安全不仅数字档案馆安全体系建设的核心所在，而且是数字时代国家档案事业安全体系的核心内容，是新时期建立"确保档案安全保密的档案安全体系"的战略核心。

数字档案资源生态安全是一个系统整体性概念，一方面，从生态学视角进行数字档案资源安全理论建构，提出数字档案资源生态安全观，不仅显示出鲜明的跨学科特点，既涉及档案学基础理论与知识，又涉及计算机科学、生态学、信息学、社会学、管理学等学科理论与知识，而且体现出学科交叉过程中的理论借鉴、理论融合与理论创新，贯穿于数字档案资源生命全周期，涉及数字档案资源、环境与人等各方面，闪耀着鲜明的生态系统理论思想光芒；另一方面，就数字档案资源生态安全理论内涵观察，它是由数字档案资源基础设施安全、数字档案资源管理中枢安全、数字档案资源管理业务安全以及数字档案资源信息内容安全四大部分组成，涵盖存储载体、信息化设备、机房环境、网络环境、系统平台、档案收集、档案保管、档案开发、档案利用、档案数据、档案伦理、档案保密、档案产权等数字档案资源建设管理的全方面、全过程与全要素，且它们之间相互联系、相互影响、相互渗透、相互制约，共同构筑成新时期数字档案资源生态安全网，需要各个部门齐抓共管，用系统整体思维加以应对。当前，数字档案资源安全面临着诸多现实与潜在威胁，需要强化系统思维和整体思维，加强数字档案资源安全顶层设计，从物理层面、网络层面、系统层面、应用层面、数据层面和管理层面等方面构建数字档案资源安全保障体系，对数字档案资源生态安全进行整体规划与顶层设计，全面提高数字档案资源信息安全防护能力，促进数字档案资源建设可持续发展，激发社会数字档案资源信息消费，充分发挥数字档案资源的信息竞争力、文化软实力与社会影响力。

4. 协调平衡性

　　风险不仅是现代社会的典型特征，而且已经成为数字档案资源建设管理中的新常态，一方面，数字档案资源安全风险因子广泛分布，存在于数字档案资源的形成、收集、鉴定、保管、保护、整合、开发与利用等各个层面；另一方面，数字档案资源风险复杂多样，面临着信息污染、信息干扰、信息过剩、信息失控、信息失窃、信息丢失、病毒侵犯、人为破坏等种种风险威胁。数字档案资源生态安全观的提出，旨在通过借鉴生态学理论与思想，以生态系统理论思维为指导，构建新型数字档案资源安全观，它既是数字档案资源安全保障的基本目标，具有鲜明的目标导向性，也是数字档案资源安全建设的时代要求，具有深刻的生态内涵。生态安全的本质为"围绕人类社会的可持续发展的目的，促进经济、社会和生态三者之间的和谐统一"①。数字档案资源生态安全作为一种新型档案安全理念，它直面当前信息技术快速发展的时代背景，充分运用生态系统思维，借鉴生态学视域下的安全理念，对数字档案资源安全问题进行理论分析，围绕数字档案资源生命周期全过程，思考数字档案资源安全领域，确保数字档案资源的总体生态安全，满足数字档案资源建设管理中的各类安全需求。

尽管如此，我们必须进一步深入思考，数字档案资源生态安全概念的提出并不是目的所在，其根本目的是通过生态安全理论的借鉴与融合，探索新时期数字档案资源安全建设目标、建设路径与保障体系，有效防范各种信息干扰和安全风险对数字档案资源生态安全造成的破坏，不断强化档案形成者、档案管理者与档案利用者等数字档案资源相关利益主体自身的自律与约束，在确保数字档案资源安全前提下建立健全国家数字档案资源体系，丰富数字档案资源信息内容，提升数字档案资源数据质量，促进数字档案资源建设的规范化与标准化，推动数字档案资源的健康可持续发展。数字档案资源生态安全建设需要从国家档案事业发展的整体利益出发，充分协调数字档案资源建设各利益主体关切，平衡各利益相关方的利益，综合运用风险管理、应急管理、协同管理、战略管理以及制度管理等多种管理手段与方法，从人、技术、制度、管理等路径积极探索数字档案资源生态安全的实践策略，确保数字档案资源规模平衡、类型多样、结构优化、体系完善，为数字档案资源安全打造优质的生态环境，确保数字档案资源长期安全存储、安全管理与安全利用，实现数字档案资源建设发展中的利益平衡与公正，促进数字档案资源与人类经济社会文化发展之间的相互协调、相互平衡，提升数字档案资源共建共享水平，满足社会日益增长、日趋多元的数字档案资源利用需求。

221

---

① 刘丽梅，吕君. 生态安全的内涵及其研究意义[J]. 内蒙古师范大学学报(哲学社会科学版)，2007(3)：36-42.

二、数字档案资源生态安全背景

当前，生态安全已经成为人们在经济社会发展过程中追求的基本目标，是"可持续发展的核心和基础，没有生态安全，系统就不可能实现可持续发展。"①随着档案信息化的持续推进与数字档案馆(室)快速发展，数字档案资源建设发展正处于战略机遇期，在国家档案事业发展中位居战略地位，并面临着各类安全风险威胁。为此，保障数字档案资源的生态安全成为新时期国家档案工作的重中之重，不仅需要加强制度建设、经费投入、人才支持以及技术攻关，夯实数字档案资源生态安全基础，系统提升数字档案资源生态安全保障能力，而且需要全面揭示数字档案资源生态安全面临的社会背景、技术背景与专业背景等，夯实数字档案资源生态安全建设根基，推动数字档案资源可持续发展。

（一）生态危机与风险社会并存

当前，国家高度重视数字档案资源建设，大力实施"存量数字化""增量电子化""利用网络化"战略，全面推进新时期国家数字档案资源的可持续发展，为"档案强国"战略提供源源不断的数字档案资源支撑。数字档案资源作为网络社会环境下档案资源体系的主体形态，是现代社会数字记忆的重要载体，不仅记录着网络社会环境下的社会百态，而且深受社会环境影响，尤其是广泛存在的生态危机与纵深发展的风险社会，使得数字档案资源建设面临着重重风险威胁，严重制约新时期数字档案资源的生态安全。

21世纪以来，生态环境问题已经成为人类面临的重大挑战之一，生态危机是现代社会面临的重要生态环境问题，广泛分布于人

---

① 吴国庆. 区域农业可持续发展的生态安全及其评价研究[J]. 自然资源学报，2001(3)：227-233.

类社会的方方面面，深刻制约着经济社会的可持续发展，已经成为现代经济社会发展的全球性威胁。在数字档案资源建设发展过程中，也面临着生态危机带来的潜在威胁，对数字档案资源的产生、积聚、整合、开发、传播、利用等环节造成潜在风险，严重制约国家数字档案馆建设发展与数字档案资源开发利用。如档案库房的选址，就需要对其所处的生态环境进行专业论证，既要考虑到传统的档案安全"八防"专业要求，也要考虑到库房选址地的自然生态环境历史与发展演进状况，防止因为生态环境问题威胁档案库房安全，造成数字档案资源物理保存空间环境的生态破坏，危及数字档案资源的长期安全存储和长远有效利用。

随着社会发展的快速转型，形成了"传统与现代，农业社会、工业社会与信息社会并存，构成了多元、混合、共生的社会形态结构"，造成社会面临的风险因素复杂多样，风险社会逐步形成，严重危及人类生命安全和身心健康，"如何在这样的风险社会防范和化解各类风险，为公民提供务实、有效的公共安全，不仅考验国家和政府的公共安全治理智慧，而且是推进国家治理体系和治理能力现代化的重要内容"①。习近平提出，"公共安全连着千家万户，确保公共安全事关人民群众生命财产安全，事关改革发展稳定大局"②。为此，加强风险治理，维护公共安全，已经成为现代社会公共管理的重要内容，是社会公共安全建设的基本路径。"数字档案资源作为一种以数字形式存在的档案信息资源，具有真实性、可靠性和凭证性，是一种相当重要的信息资源，在确保公共安全，避免公共安全事件发生中具有其他信息资源不可替代的作用。"③当前，风险社会已经形成，各类公共安全问题广泛存在，数字档案资源记载着各类公共安全相关的数字记录，需要强化风险管理意识，

223

---

① 孙粤文. 大数据：风险社会公共安全治理的新思维与新技术[J]. 求实，2016(12)：69-77.

② 习近平. 牢固树立切实落实安全发展理念确保广大人民群众生命财产安全[N]. 人民日报，2015-5-31(1).

③ 朱强. 公共安全视角下数字档案资源的整合与服务[J]. 档案与建设，2016(5)：28-31.

运用现代信息技术手段，整合挖掘气象档案、水文档案、地质档案、城建档案、人事档案、户籍档案、学籍档案、医疗档案等有关公共安全的基础档案信息资源，为公共安全预警、公共安全应急、公共安全保障等提供有力档案信息支持，充分发挥数字档案资源在风险社会环境下公共安全治理的信息优势和价值作用。

（二）信息安全、网络安全与数据安全深度融合

当前，新一轮科技革命方兴未艾，以大数据、云计算、人工智能为代表的现代信息前沿技术快速发展，"互联网+"无处不在，信息化、网络化与数字化深度融合，信息安全、网络安全、数据安全等新型安全问题日益突出，成为新形势下国家安全建设的重要内容。在档案形态演变的历史过程中，"无论是从石刻、竹简、缣帛、纸张等传统载体到胶片、磁盘、光盘、硬盘等新型载体，还是从传统固化形式的档案信息到现代的数字化档案信息，技术始终档案信息资源的形态变革的内在推动力"①。数字档案资源与现代信息技术发展休戚相关，不仅是现代技术发展的产物，而且也面临着技术发展环境下的安全威胁，数字档案资源建设发展过程中的信息安全、网络安全和数据安全已经成为数字档案资源生态安全的重要内容，既是新环境下档案安全建设的基本路径，也是维护数字档案资源安全的实践方向。当前，维护数字档案资源生态安全已经成为数字档案资源建设发展中的必然要求，迫切需要对数字档案资源生态安全面临的技术背景进行全面分析，为优化数字档案资源生态安全技术环境提供参考，促进国家档案事业可持续发展。

随着现代信息技术的快速发展与广泛应用，各类信息技术与人类生产生活纵深交汇融合，互联网快速普及，人工智能深入发展，数据资源爆发增长，社会信息化进入大数据发展新阶段，迫切需要"集中优势资源突破大数据核心技术，加快构建自主可控的大数据

---

① 倪代川，金波. 数字档案馆生态系统发展动力探析[J]. 档案学研究，2016(4)：97-102.

产业链、价值链和生态系统。要加快构建高速、移动、安全、泛在的新一代信息基础设施，统筹规划政务数据资源和社会数据资源，完善基础信息资源和重要领域信息资源建设，形成万物互联、人机交互、天地一体的网络空间"，"加强关键信息基础设施安全保护，强化国家关键数据资源保护能力，增强数据安全预警和溯源能力"①，维护广大人民群众利益、社会稳定、国家安全。面对大数据发展的突飞猛进，信息安全、网络安全与数据安全问题日益突出并深度融合，既对经济发展、社会治理、国家管理、人民生活等产生了重大影响，也对数字档案资源生态安全提出了更高要求，不仅需要树立安全意识，深刻认识网络环境下的数字档案资源生态安全内涵与时代要求，而且需要积极行动，主动拥抱大数据时代的技术变革，"充分认识自身优势，积极开拓创新，在档案数据库中合理运用大数据技术，通过将全国的档案资源合理地整合，打造并建设中国档案数据资源平台"②，增强对大数据发展规律的把握能力，既要做到善于获取数据、分析数据、运用数据，运用大数据技术优势，促进数字档案资源的数据挖掘、语义关联与知识组织，提高数字档案资源整合开发质量与开放共享水平，还要紧密跟踪大数据环境下的档案风险隐患，提高大数据环境下的数字档案资源的风险应对与安全防范能力，确保大数据环境下的档案信息安全、网络安全与数据安全，使大数据技术在数字档案资源建设发展工作中发挥更大作用。

（三）档案安全风险因子广泛分布

风险与安全孪生相对，档案风险因子是档案安全保障的天敌。自然因素、环境因素、人为因素和技术因素是影响电子档案安全的

———————————

① 习近平. 审时度势精心谋划超前布局力争主动 实施国家大数据战略加快建设数字中国[N]. 人民日报，2017-12-10(1).

② 宋淑琴. 大数据视野下档案管理思维方式的转变[J]. 档案学研究，2015(3)：36-39.

四大风险因子①。冯惠玲等对电子文件风险管理进行了深入研究，将电子文件风险因素划分为机构内部因素、社会环境因素和自然环境因素三大类，并对此进行了全面分析②。信息时代，数字档案资源安全成为档案安全工作发展新方向，不仅深受传统档案风险要素的制约，而且具有数字环境下档案风险的新特征，如数字档案资源载体的脆弱性、数字档案信息的易逝性、数字档案资源异构性、数字档案信息管理系统的稳定性等，使得数字档案资源风险无处不在，"档案信息损毁、失泄密风险日益突出，档案安全处在事故'易发期''多发期'，档案安全形势依然严峻"③，对数字档案资源安全提出了新要求，档案信息数据安全备受重视，"只有真正遵循数据安全存储备份'离线、异质、异地'的基本原则，数字档案资源的安全存储才不是一句空话"④，需要科学揭示数字档案资源安全风险因子分布状况，强化数字档案资源风险识别、预测、评估以及应对管控能力，增强数字档案资源风险防范与应急管理能力，保障数字档案资源建设发展过程中的档案信息载体、信息化设备、信息网络安全、管理系统平台、信息数据安全以及用户服务利用安全等，确保数字档案资源建设发展中的生态安全，实现数字档案资源收集、存储、保管、服务与利用的可持续发展。

　　档案安全工作一直是档案工作的重要内容，各级档案部门对此高度重视。2016 年 4 月，国家档案局印发《关于进一步加强档案安全工作的意见》(档发〔2016〕6 号)，明确提出："做好档案安全工作是推动档案事业科学发展的前提，是健全档案工作'三个体系'，构建国家基础性战略资源的重要保证"，要求"全面建成'党委政府领导、档案部门依法监管、各部门各单位全面负责'的档案安全工

①　王强. 电子档案风险管理研究[D]. 长春：吉林大学，2007：12-17.

②　冯惠玲，王健，等. 电子文件风险管理[M]. 北京：中国人民大学出版社，2008：18-38.

③　国家档案局. 关于进一步加强档案安全工作的意见(档发〔2016〕6号)[Z].

④　杨重高. 数字档案资源的安全存储[J]. 中国档案，2004(11)：54-57.

作机制，各部门各单位建立起档案安全责任清晰明确、档案安全风险治理切实有效、档案安全预防控制完备可靠、档案安全保障健全有力的档案安全体系"①，建立健全人防、物防、技防"三位一体"的档案安全工作新格局。当前，"我国数字档案资源建设与管理深受'人—自然—社会'的生态存在及生态规律的影响与制约，存在着国家规划与标准缺位、数字档案资源不充足、结构不合理、技术力量薄弱、开发利用能力低等诸多威胁档案生态安全的风险因子，严重影响到我国数字档案馆建设与数字档案资源的开发利用。"②

随着大数据时代的演进，大数据理念、技术、管理、平台等为数字档案资源安全收集、安全存储、安全管理以及安全利用等带来了巨大挑战，"各部门各单位要密切跟踪'互联网+'、物联网、云计算、大数据等新技术、新知识、新要求，不断提高档案安全技术水平，加大对档案安全的宣传教育力度，提高档案安全意识"③；同时，大数据时代的到来也为新环境下实施风险管理，有效应对大数据环境下档案信息安全的"风险集群性、综合交叉性、动态泛在性、隐蔽关联性"④等提供了机遇，"必须打破部门的限制，实现跨系统、跨部门、跨领域的共建共享和联合，以技术力量、设备平台的利用融合为基础，构建支持国家可持续发展的档案安全发展平台，解决各系统的互联和互通问题，针对存在的共同问题，合作研究，共同攻关"⑤，并"通过各种管理和技术手段，在大数据战略

① 国家档案局. 关于进一步加强档案安全工作的意见（档发〔2016〕6号）〔Z〕.

② 丁家友，聂云霞. 数字档案资源生态安全的演进路线探析〔J〕. 档案学研究，2016（2）：93-100.

③ 孙昊. 国家档案局出台《意见》要求进一步加强档案安全工作〔N〕. 中国档案报，2016-5-9（1）.

④ 肖秋会，李珍. 大数据环境下档案信息安全保障体系研究〔J〕. 中国档案，2018（4）：76-79.

⑤ 张美芳，王良成. 档案安全保障体系建设研究〔J〕. 档案学研究，2010（1）：62-65.

中做到收好、管好、用好原始性档案数据资源，既要延续档案部门接收、保管档案的社会职能，也要发挥大数据时代下的新职能，开放档案数据，供政府机构、科研机构和公众使用，从而实现档案不可替代的原始性、真实性、可靠性价值。"①

三、数字档案资源生态安全内容

数字档案资源生态安全是立足档案安全核心内涵，从生态学视角对数字档案资源安全提出的具有鲜明时代性、整体性、系统性等特征的档案安全理念，既是对传统档案安全理念的继承与创新，也是对数字时代档案资源安全理念的综合与升华，体现着新时期数字档案资源安全保障的基本目标与时代要求。面对大数据时代的快速发展，数字档案资源生态安全作为新时期档案安全的核心内容，基于生态学视角，我们可以将数字档案资源视作一生命体，那么其生态安全则既涉及其内部业务生态因子也涉及其所处的外部环境生态因子，既涉及宏观生态因子也涉及微观生态因子；而从数字档案资源生命周期视角观察，其生态安全主要涉及数字档案资源的收集、保管、开发、利用等各个业务管理环节；就数字档案资源信息介质观察，其生态安全既涉及数字档案资源的信息载体，也涉及数字档案资源的数据信息自身等，可以说，无论是从生态学视角观察还是从数字档案资源本体分析，数字档案资源生态安全的确是一个内涵极为丰富的概念体系，其内容涵盖数字档案资源关切的方方面面，主要包括存储载体安全、信息化设备安全、机房环境安全、网络环境安全、系统平台安全、档案收集安全、档案保管安全、档案开发安全、档案利用安全、档案数据安全、档案伦理安全、档案保密安全、档案产权安全等（参见图6-1），总体可以划分为基础设施安全、管理中枢安全、管理业务

———————

① 陈永生. 大数据背景下的数字档案馆与档案数字化建设［J］. 广东档案，2013(4)：10.

安全和信息内容安全四个方面：

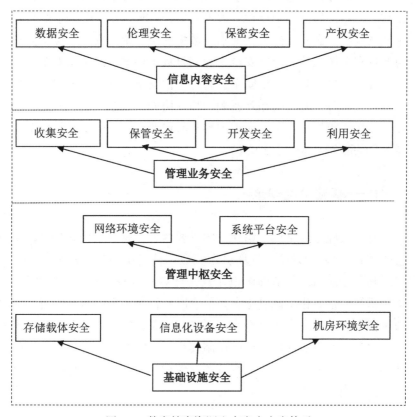

图 6-1　数字档案资源生态安全内容体系

　　其中，存储载体安全(突出表现为载体的物理性能)、信息化设备安全(突出表现为设备功能的性能)与机房环境安全(突出表现为库房物理空间环境方面)属于数字档案资源生态安全的基础设施安全，它们是数字档案资源生态安全的基石；网络环境安全(突出表现为局域网安全、互联网环境安全)、系统平台安全(突出表现为管理信息系统的安全稳定性方面)属于管理中枢安全，它们是数字档案资源生态安全的时代要求；收集安全(突出表现在数字档案资源收集得齐全、完整以及防病毒等)、保管安全(突出表现在保管技术、方法与制度等方面)、开发安全(突出表现在元数据保护、数据迁移等方面)、利用安全(突出表现在提供利用过程中的保密、隐私、信息伦理、知识产权等方面)属于管理业务安全,它们是数字档案资源生态安全的内在要求;数据安全、伦理安全、保密安全与产权安全属于信息内容安全,它们是数字档案资源生态安全的核心内容。总之,基础设施安全、管理中枢安全、管理业务安全与信息内容安全等彼此之间相互影响、相互协调、相互关联,共同构筑数字档案资源生态安全的完整内容与时代要求,是数字时代档案安全工作的必然要求与发展方向。

(一)基础设施安全

基础设施是数字档案馆建设的重要内容,是数字档案馆协调运行的基础,"基础设施的好坏决定着数字档案馆的建设水平、运行状况和服务能力。"①基础设施尤其是计算机、服务器、存储载体、机房系统等信息化基础设施,是信息时代档案安全的重要基石,对数字档案资源生态安全具有直接影响,关系数字档案资源的长期安全存储和长远有效利用。基础设施安全是数字档案资源生态安全的基础内容,主要包括数字档案资源存储载体安全、信息化设备安全与机房环境安全等。

1. 存储载体安全

档案载体的演变与人类文明史和科技发展史一脉相承,传统档案载体存储介质历经甲骨、青铜、泥板、金石、竹简、木简、缣帛、羊皮、贝叶、纸张等,随着现代科技的发展,照片、缩微胶片、磁带、磁盘、光盘等新型档案载体相继产生,实现了档案载体由以纸张为主的传统档案载体向新型档案载体演变的时代变革。目前,关于新型档案载体的划分,著名档案保护专家郭莉珠教授将其

---

① 金波,丁华东,倪代川. 数字档案馆生态系统研究[M]. 北京:学习出版社,2014:131.

分为磁记录材料(包括磁带、磁盘、磁卡、磁鼓等)、光记录材料(包括光盘、胶片等)、传真记录材料、静电复印材料等四大类，她认为：高科技的发展使档案记录的技术越来越先进，档案内容的存储量越来越大，同时对设备的依赖性也越来越强，影响档案耐久性保存的因素就会变得多而复杂，而且随着新型记录载体材料越来越轻，密度越来越高，使用的技术越来越新，档案保存的耐久性也将会面临越来越多的挑战。①

数字时代，载体同样是数字档案资源不可分割的部分，离开了载体，数字档案信息必将"无枝可依"，其价值与功能更无从谈起，数字档案资源的收集、存储、保管与利用等也都成为空谈。随着档案信息化建设的持续推进，光盘、磁带、磁盘、U盘等已经成为数字档案资源的主要信息载体，档案信息载体安全也相应地发生突变，数字档案信息载体安全成为新时期档案载体安全的重要内容，是数字档案资源生态安全的基础，离开信息载体安全，数字档案资源生态安全犹如"空中楼阁"，成为"无源之水、无本之木"，维护信息载体安全不仅是数字档案资源生态安全的基本要求，而且是新时期国家档案安全工作的时代责任与历史使命。光盘、磁带、磁盘、U盘等作为数字档案资源存储的主要信息载体，这是现代科技发展使然，与传统纸张、缩微胶片等传统载体相比，其载体寿命目前还不占据明显优势，尤其是信息技术变革升级快，数字档案信息载体自身的性能也一直在演进升级之中，一方面在存储密度、信息传播、服务利用方面优势凸显，另一方面因其载体寿命不定、质地相对脆弱、信息读取依赖性强等现实问题，为档案信息频繁迁移、档案信息快捷读取等带来了实际困扰，对数字档案资源生态安全提出了新的要求，迫切需要科技攻关，用技术的手段解决技术变革后产生的新问题。当前，光盘、磁带、磁盘、U盘等载体性能表现参见表6-1：

231

---

① 邹伟农. 新型载体的档案如何保护——档案保护专家郭莉珠教授一席谈[J]. 上海档案, 1998(5)：21, 24.

表 6-1 数字档案资源存储载体性能比较①

载体类型	耐久性	稳定性	便利性	经济性	凭证性
U盘临时存储	3~5年	信息突然实效，不稳定	依赖一定的读取设备，不方便	体积较小，存储数据较小，占用资源小；单位存储时间最快	信息易被篡改
磁盘暂存设备	10年左右	信息突然实效，不稳定	依赖计算机设备，方便在线利用	体积较小，存储数据量大，占用资源小；单位存储时间很快	信息易被篡改
磁带长期保存	10年以上	信息逐渐实效，较稳定；2年须监测1次，4年须转存1次	依赖一定的读取设备，不方便	体积较大，存储数据较大，占用资源小；单位存储成本低廉；单位存储时间快	信息不易被篡改
光盘长期保存	10年以上	信息逐渐实效，较稳定；4年须监测1次，10年须转存1次	依赖一定的读取设备，不方便	体积较小，存储数据较大，占用资源小；单位存储成本低廉；单位存储时间快	信息不易被篡改

① 陈敏.档案数据迁移载体的选择策略研究[J].数字与缩微影像,2014(3):48-50.

虽然数字档案资源存储载体在便利性、经济性上相比纸张、缩微胶而言具有明显优势，但在载体的耐久性、稳定性以及凭证性上仍严重受限，其劣势依然相对明显。纵观档案载体发展史，数字档案资源存储载体的出现，其产生时间并不长，其载体性能仍需历史检验。与此同时，作为现代科技发展的产物，磁盘、磁带、光盘等现代档案信息载体，其自身还面临着诸多安全隐患，在载体寿命及其安全性能方面仍有明显不足，深刻影响着网络环境下的数字档案资源生态安全。载体安全是数字档案资源生态安全的基石，数字档案资源存储载体安全突出表现为载体的物理性能方面，唯有确保档案信息存储载体性能安全，方能维护数字档案资源生态安全，确保数字档案资源长期安全存储和有效利用，发挥数字档案资源的社会价值和功能。

2. 信息化设备安全

随着档案信息化的深入发展，电子文件(电子档案)广泛生成，传统档案资源数字化转换加速推进，数字档案资源海量聚集并成为新时期档案资源体系的主体形态，数字档案资源建设已经成为数字档案馆(室)建设的核心内容。网络环境下，数字档案资源对信息化设备依赖性强，无论是数字档案资源的生成还是数字档案资源的收集，无论是数字档案资源的保管还是数字档案资源的利用，都离不开办公自动化设备(计算机、打印机、电话机、传真机等)、数字化设备(复印机、扫描仪、照相机、摄影机、录像机等)、网络设备(集线器、交换机、网桥、路由器、网关、无线接入点、光纤收发器、光缆等)等信息化设备，它们是数字档案资源收集、保管、开发、利用等档案业务管理工作赖以正常运行的基础设备，其安全性能攸关数字档案资源生态安全。

信息化设备安全包含设备配备、设备安置、设备维护等方面的安全内容，不仅是数字时代档案安全工作的基本要求，而且是数字档案资源生态安全的基本内容之一，在数字档案资源生态安全体系中，隶属"基础设施安全"范畴，对数字档案资源生态安全具有直接影响，制约着数字档案资源安全管理的全过程。2016 年国家档案局颁布实施《关于进一步加强档案安全工作的意见》（档发〔2016〕6号），对档案安全问题给予了重点关注，要求"各部门各单位要在环境及设备安全、网络安全、系统安全、数据安全和数据载体安全等方面制定完善信息安全策略并贯彻执行，要推进数字档案馆、数字档案室建设，按照国家标准和相关规定配置信息环境及设备。"①随着档案信息化的深入发展与数字档案馆（室）建设的快速推进，信息化设备的作用在新时期国家档案事业发展中日益重要，已经成为数字档案资源生态安全不可或缺的重要内容。

信息化设备是数字档案资源建设管理过程中的必备要素，不仅是数字档案资源赖以生存发展的基石，体现着网络环境下档案事业发展的时代特征，攸关数字档案资源的收集、保管、开发与利用等核心管理流程，而且其自身安全性能直接影响到数字档案资源生态安全状况，反映着档案信息化背景下的档案安全新要求，制约着数字档案资源价值的发挥以及数字档案馆功能的实现。信息化设备安全是数字档案资源基础设施安全的核心内容，主要包括数字档案资源建设管理过程中的信息化设备配备、设备安置、设备维护等方面的安全内容，其安全内容主要体现为：一是信息化设备的稳定性，确保信息化设备在一定时间范围内出现故障的概率较低，能够保障数字档案资源建设管理业务的有序推进。二是信息化设备的可靠性，确保信息化设备在一定时间范围内能够正常运行，保障数字档案资源信息能够安全获取、安全保存、安全传播以及安全利用等。三是信息化设备的可用性，确保信息化设备始终保持正常使用的状态，提高数字档案资源收集、保管、开发、利用等管理效率。四是信息化设备的先进性，确保在数字档案资源建设管理业务过程中配备前端先进信息化设备，满足网络环境下用户的信息化、网络化、数字化以及自动化、智能化、智慧化等档案利用需求。

3. 机房环境安全

随着现代信息技术的快速发展与广泛应用，社会信息化、网络

---

① 国家档案局. 关于进一步加强档案安全工作的意见（档发〔2016〕6号）[Z].

化、数字化转型加速，数字档案馆个体蓬勃发展，数字档案馆种群不断扩大，数字档案馆生态系统逐步形成，"档案管理工作正发生着深刻的变革，数字档案传输快捷、利用方便，受到档案界的普遍重视，应用越来越广泛。但随着档案数字化建设的不断推进，所形成的海量数据只能存储在机房的服务器或存储阵列中，机房也就成为保存数字档案资源的'库房'。"①数字时代，机房是数字档案馆的"大脑"，机房建设作为数字档案馆建设的重要内容，它是一项极为复杂的系统工程，包括 UPS 主机及电池、机柜（包括标准服务器机柜、网络机柜等）、机房专用空调、网络综合布线（包括局域网、政务内网综合布线设备，局域网网络接口线路等）、供配电系统、监控系统（包括视频监控、门禁系统、温湿度调控系统等）、防雷系统、消防系统、KVM 切换系统等，犹如人体心脏，关系到整个数字档案馆系统的正常运行及其功能的发挥。机房作为保存数字档案资源的"库房"，承载着集中保管数字档案资源的功能，是数字档案资源存储的"物理空间"，其"利用保存硬件平台一般由服务器、存储阵列、网络通信等计算机设备组成，这些设备包含了大量的磁性介质、集成电路、半导体芯片、电阻、电容等器件，对磁、光、尘、震、潮、热等外部环境非常敏感，任何细微的环境偏差都会造成设备的运行故障，进而威胁到数字档案资源的安全"②，必须系统考虑机房网络安全、设备安全、线路安全、电气安全等机房运行环境要求，为机房中的计算机、服务器、存储设备、网络设备、电气设备等设备提供可靠的运行环境，为数字档案资源管理营造安全存储、安全利用的保存环境。

机房安全是数字档案资源生态安全基础保障，是数字档案资源安全存储、安全保管、安全利用的前提，需要采取防火、防尘、防潮、防热、防盗、防震、防磁等措施，确保数字档案资源机房安

---

① 燕杨. 基于数字档案资源安全的机房建设研究[J]. 中国档案，2017（6）：62-63.

② 燕杨. 基于数字档案资源安全的机房建设研究[J]. 中国档案，2017（6）：62-63.

全,"一方面,应配备监控报警系统,机房应设置火灾自动消防系统,能够自动检测火情、自动报警,并自动灭火。另一方面,机房的建筑材料应达到基本的要求"①;同时还要不断完善、健全机房安全管理制度,制定机房安全应急预案,并加强机房日常管理工作,经常检查安全隐患,及时采取补救措施,把档案机房安全隐患消除在萌芽状态,一旦机房发生安全故障,必将会给数字档案资源管理利用带来极大的损失与不便,轻者造成数字档案馆机房设备受损,降低机房使用寿命,重则造成机房设备损坏和数字档案资源信息损毁,带来严重甚至无法挽回的安全事故损失,需要从"天灾""人祸"与"设备故障"等视角,系统分析研究规避数字档案馆机房安全风险应对策略,充分利用现代信息技术资源和科技手段,构建科学有效的数字档案馆机房管理信息系统,强化温湿度、烟雾、漏水、电源、气体浓度、红外、门禁、视频监控、空调、UPS 等机房环境监控与管理,维护数字档案馆机房系统的环境安全,构建数字档案资源"安全库房"与"智慧大脑",保障数字档案资源生态安全。

(二)管理中枢安全

当前,信息技术快速发展,信息社会深入演进,社会发展信息化、数字化、智能化特征日益凸显,深刻影响政治、经济、社会、文化发展与人们的工作、学习、生活和娱乐等方方面面。面对新环境,档案工作也正面临着转型与变革,档案管理自动化、档案资源数字化、档案服务网络化持续发展,推动着档案事业朝着现代化、信息化、智慧化方向深入发展。2010 年国家档案局印发《数字档案馆建设指南》(档办〔2010〕116 号),明确指出"数字档案馆系统安全隐患包括数据窃听、电磁泄漏、电力中断、载体损坏、自然灾害、非法访问、计算机病毒、黑客攻击、系统超负载、假冒身份、

---

① 冯惠玲,刘越男,等.电子文件管理教程(第 2 版)[M].北京:中国人民大学出版社,2017:419.

权限扩散、数据篡改、操作失误等，应当采取相应的措施和管理手段应对这些安全隐患"①。在此背景下，数字档案资源管理安全正面临着崭新的时代环境，尤其是网络环境安全与系统平台安全，它们共同构筑成数字档案资源生态安全的管理中枢，是数字档案资源生态安全的"中枢神经"，对数字档案资源生态安全具有"牵一发而动全身"的影响。

1. 网络环境安全

网络是现代社会发展的典型要素，具有极为鲜明的技术特质，代表着现代社会发展的时代特征，"计算机和计算机网络已经成为企业、政府和其他各种组织的重要信息载体和传输渠道，其所带来的信息数字化使工作效率大幅度提高，也使得海量的信息存储和处理成为了现实。但是，在享受其方便性的同时，也出现了目前受到广泛关注的网络安全问题"②，存在 TCP/IP 协议不完善、UDP 协议不可靠安全隐患，易导致欺骗攻击、拒绝服务、数据篡改等安全风险。数字档案资源安全是传统档案安全在网络环境下的自然延伸，具有鲜明的时代特征，对网络环境依赖强、要求高。实际上，网络环境下，档案安全不仅具有新的内涵，而且面临着更大的风险隐患和严峻考验，对数字档案资源安全具有直接影响，严重制约数字档案资源的价值实现与数字档案馆的功能发挥。

网络环境是数字档案资源建设管理面临的首要环境，具有鲜明的时代特征与技术特质。可以说，数字档案资源始终处在网络环境的笼罩包围之中，数字档案资源的生成、收集、存储、整合、保管、开发、利用、销毁等档案业务管理深受泛在网络环境的影响与制约，攸关数字档案资源生态安全状况与防控水平。随着国家数字档案资源"存量数字化""增量电子化""利用网络化"战略的持续推进，档案信息化水平显著提高，档案现代化日益显现，为数字档案

237

① 国家档案局. 数字档案馆建设指南(档办〔2010〕116 号)〔Z〕.

② 梁玉翰，张红旗. 网络环境安全预警系统设计与实现〔J〕. 网络安全技术与应用，2018(8)：22-23.

资源建设带来便利的同时，也带来了诸如黑客入侵和犯罪、病毒泛滥和蔓延、信息间谍潜入和窃密、管理人员违规和违法等网络安全威胁，深刻影响数字档案资源网络环境安全，严重制约数字档案资源信息整合开发、共建共享、开放利用等，需要高度重视数字档案资源管理服务中的网络安全，深刻认识数字档案资源网络环境安全的时代内涵与重要意义，综合运用管理制度与技术手段构建网络安全保护策略，从"确保档案安全保密的档案安全体系"建设目标上构筑数字档案资源网络环境安全保障体系，优化数字档案资源网络生态环境，提高数字档案资源网络环境风险防范抵御能力，提升数字档案资源网络安全保障能力，保障数字档案资源收集归档安全、保管存储安全、开发利用安全、共建共享安全等，保证数字档案信息的可靠、可用、不泄密、不被非法更改等，全面提升数字档案馆生态安全性能。

2. 系统平台安全

系统平台是数字档案资源管理赖以生存的基础平台，影响数字档案资源收集、保管、开发与利用的全过程，是数字档案资源数字化管理、数字化开发与数字化利用的基本桥梁，是数字档案资源管理中枢的核心要件，面临着包括数据窃听、电磁泄漏、非法访问、病毒侵袭、黑客攻击、系统超载、假冒身份、权限扩散、数据篡改、操作失误等安全隐患。数字档案资源的生态安全离不开数字档案资源系统平台的安全，具体包括计算机操作系统安全、管理信息系统安全、数据库系统安全等，需要高度重视系统平台安全，提高安全管理意识，采用多维管理与控制体系，充分利用各种技术手段和管理措施，强化管理制度建设，全面增强系统平台安全防范能力，确保系统平台运行的稳定、可靠，维护数字档案资源系统平台的安全。

操作系统是计算机信息系统的重要组成部分，它位于软件系统的底层，为各类应用服务提供支持；是系统资源的管理者，对所有系统软、硬件资源实施统一管理；是系统平台中各类软硬件的接口，起着承上启下的作用，在计算机信息系统的整体安全性中具有至关重要的作用，"没有操作系统的安全，信息系统的安全性将犹如建在沙丘上的城堡一样没有牢固的根基。"①操作系统作为数字档案资源信息管理系统平台的重要组成部分，操作系统安全正是数字档案资源管理信息系统安全的重要内容，数字档案资源的安全管理首先需要建立在安全的操作系统平台之上，也面临着诸多安全隐患，特别是网络环境下通信协议的不安全性，数字档案资源管理信息系统要实现高可靠性和保障信息的完整性、机密性等，必须依赖操作系统提供的系统软件支持。

管理信息系统（Management Information System，简称 MIS）是数字档案资源管理系统平台的核心系统，是数字档案资源形成、收集、整理、鉴定、保管、利用等业务环节的管理中枢信息系统，是数字档案资源管理信息化、数字化、智能化的实现载体。数字档案资源管理信息系统平台主要包括资源采集加工系统、整合开发系统、服务利用系统、共建共享系统以及库房管理信息系统等管理信息系统平台，"应当具备收集、管理、保存、利用等基本业务功能，以及用户权限管理、系统日志管理、数据备份与恢复、系统及其数据安全维护等功能"②，它们之间具有高度集成、整体协调与开放互动的基本特征，在数字档案资源的业务管理、库房管理与资源开发利用中发挥着重要作用。当前，云计算、大数据、物联网与人工智能等信息技术快速发展，数字档案资源信息管理系统平台日趋多元，数字档案资源信息管理系统平台安全隐患也日益突出，在享用管理信息系统平台为数字档案资源管理利用带来便利的同时，更要树立"风险意识"，牢记安全使命，确保档案安全。

数据库系统是数字档案馆系统软件的重要组成部分，应满足数字档案资源存储和管理的基本需求，并兼顾技术与管理成本。数据库系统安全是针对数字档案资源库建设而言的，旨在保证数字档案信息的可靠、可用、不泄密、不被非法篡改等，它是集中存储、管

---

① 网络安全之操作系统安全［EB/OL］.［2018-12-9］. https://www.sohu.com/a/256391755_653604.

② 国家档案局. 数字档案馆建设指南（档办〔2010〕116 号）［Z］.

理、利用数字档案资源的基石。数字档案资源作为数字档案馆建设的核心内容，一般通过采取数据库技术方法进行构建目录数据库、元数据库、内容数据库等档案资源库。①

(三) 管理业务安全

众所周知，传统档案管理工作一般包括着"六个环节"（即档案收集、整理、保管、鉴定、统计和提供利用）或"八个环节"（即档案收集、整理、鉴定、保管、检索、编研、利用、统计），无论是"六大环节"还是"八大环节"，它们都是对档案管理工作的具体化呈现，在实际工作中往往相互交叉、协同并进。随着档案信息化的深入发展与数字档案馆建设的快速推进，数字档案资源海量生成，数字档案资源管理成为新时期档案管理的基础性业务工作，主要包括数字档案资源的收集、保管、开发与利用四大核心管理业务，这些核心管理业务工作的安全不仅是数字档案资源生态安全的重要内容，而且是数字时代国家档案安全工作的基本要求。

1. 收集安全

随着信息社会的崛起，社会信息化深入发展，信息网络化持续推进，网络泛在化不可或缺，深刻改变着人们的生产生活方式，对社会各行各业产生深远影响。在此背景下，电子文件海量生成，档案数字化转换快速推进，数字档案馆建设步伐加快，数字档案资源海量增长并成为数字档案馆建设的核心内容，被视为数字档案馆生态系统的核心生态因子，在新时期国家档案资源建设中位居战略地位。当前，为适应数字社会的发展与变革，"存量数字化""增量电子化""利用网络化"被列为数字时代国家档案事业发展的重要战略，成为新时期推进国家档案事业可持续发展的实践路径。数字环境下，数字档案资源的收集主要体现在传统馆藏档案资源的数字化转换、数字时代原生性的电子档案资源以及因馆藏资源建设需要而

---

① 国家档案局. 数字档案馆建设指南（档办〔2010〕116 号）〔Z〕.

直接通过在线网络渠道或共建共享渠道获取的数字档案资源。众所周知，收集是传统档案工作的首要环节，档案收集得齐全、完整、真实等攸关馆藏档案资源的质量优劣，档案收集安全无疑是档案安全的重要内容。"电子文件的大量形成，是信息时代的一大特点，它给档案工作带来了新的难题，使档案工作者面临着新的考验。"①

数字时代，收集依然是档案工作的重要内容，安全仍然是对数字档案资源收集的基本要求，收集安全成为数字档案资源生态安全不可或缺的重要组成部分，需要在数字档案资源建设发展过程中切实强化安全意识、安全责任、安全保障与安全使命，从数字档案馆（室）建设源头上打造"防火墙"，确保数字档案资源生态安全。数字档案资源收集安全主要体现在三个方面：一是要确保收集对象的"无损"，确保数字档案资源收集齐全、完整与准确，保障数字档案资源的真实可信，传承社会记忆。二是要确保收集对象"无毒"，防止在数字档案资源收集过程中将"网络病毒""文件病毒""引导性病毒"等计算机病毒以及"后门程序"等网络木马附带进馆，保障网络环境下数字档案资源的生态安全。三是要确保收集对象符合安全性能要求，使入馆数字档案资源可读、可获取、可传输、可复制等，便于数字档案资源的安全存储、安全开发与安全利用。

2. 保管安全

当前，"数字转型""数字升级""数字崛起"已经成为新时期国家档案事业转型发展的时代最强音，"数字资源长期保存是当前纷繁复杂的数字时代下，图书馆、档案馆和博物馆等记忆机构承担历史文件遗产保存、维护数字社会真实可信的一项重要社会职责"②。随着"存量数字化""增量电子化"战略快速推进，数字档案资源快

241

---

① 杨冬权. 要解决好电子文件的保真、保密、保存和保读取等难题——在电子文件管理国家战略国际学术研讨会上的讲话[A]//杨冬权. 要让档案活起来亮起来，北京：中国文史出版社，2018：342.

② 张智雄，等. 数字资源长期保存技术的研究与实践[M]. 北京：国家图书馆出版社，2015：2.

速增长，档案资源建设"数字转型"步伐加快，档案资源数字化形态日益普及，必将成为未来档案资源的主体形态，促进国家档案事业发展的"数字崛起，"必须把数据安全放在第一位，从各个环节确保数字档案信息的可靠、可用、不泄密、不被非法更改与获取。"①

数字时代，档案部门理应直面数字环境新常态，强化档案安全意识，建立健全"人防、物防、技防'三位一体'的安全防范体系"，全面提升数字档案馆(室)的抗风险能力，防范数字环境下的数据窃听、数据篡改、非法访问、载体损坏、自然灾害、计算机病毒、黑客攻击、系统超载、权限扩散、操作失误等各类风险，不断完善数字档案资源安全保管制度及其实现机制，积极构建数字档案资源安全应急预案，建立数字档案资源灾难恢复机制，提高数字档案馆(室)应急处置能力，优化数字档案资源安全保管环境，保障数字档案资源生态安全。数字档案资源保管安全主要体现在三个方面：

一是保管环境安全。数字档案资源保管环境复杂，既包括数字档案资源存储载体，也包括数字档案资源保管场所(即机房)，还涉及数字档案资源保管所需要的信息化基础设施，需要优化数字档案资源保管环境，打造安全有效的数字档案资源保管空间。

二是保管制度健全。数字档案资源安全保管离不开保密、网络安全、数字安全、硬件系统安全、软件系统、文档与日志等安全管理制度，只有建立了健全的安全管理制度，才能使安全技术与安全设备充分发挥作用②，全面提升数字档案馆(室)抗风险能力，保障数字档案资源生态安全。

三是保管技术安全。数字档案资源是现代信息技术发展的时代产物，需要采取先进技术手段，夯实数字档案资源安全保存的技术支撑，增强数字档案资源安全保管技术能力。当前，需要高度重视技术自身的安全性，尤其是互联网环境下数字档案资源安全保管所

---

① 杨冬权. 在全国数字档案馆(室)建设推进上的讲话[J]. 中国档案，2013(11)：16-21.

② 王芳. 数字档案馆学[M]. 北京：中国人民大学出版社，2010：279-282.

涉及的档案信息存储技术、档案信息载体技术、档案信息系统技术等，其自身的技术安全性对数字档案资源的安全保管具有直接影响，攸关数字档案资源的长期安全存储和长远有效利用。

3. 开发安全

档案信息资源开发是一项兼具综合性、知识性、技术性、安全性以及公共性为一体的档案管理业务工作，在档案事业发展中占据重要地位。现代信息技术的快速发展与广泛应用，促进了人类社会转型与变革，深刻影响着人们的工作、学习和生活，对档案业态也带来了革命性影响，推动着档案形态、档案机构、档案工作的数字转型与国家档案事业的数字化发展。传统环境下，档案信息资源的开发对馆藏实体充分依赖，既要考虑到档案载体因素，要在不损坏载体介质的前提下确保档案信息资源的可开发，严重制约档案信息资源的深度开发，难以满足用户对档案信息资源的多元利用需求；又要考虑到馆藏档案资源的保存数量、保密要求、保护环境等现实状况，对自身馆藏资源高度依赖，档案信息资源开发中的跨界协同合作较为困难，档案信息资源开发效果有限，社会显示度不够明显，社会影响力也较为薄弱。

"纵观档案发展史，从简牍到电子，档案工作无不是适应科技发展而不断更新档案管理内容和手段才获取更大发展的。"①数字时代，数字档案资源成为馆藏档案资源的新形态，既包括传统馆藏资源的数字化转换资源，也包括网络环境下原生性的数字档案资源，还包括广泛采集的数字信息资源，档案信息资源开发对象发生了变革，数字化技术、数字化理念、数字化资源等数字化环境成为新时期档案信息资源开发的客观环境，为档案信息资源开发带来了战略契机；同时，数字档案资源开发也存在着诸多风险隐患，危及数字档案资源的生态安全，如载体破坏、格式损坏、信息泄密、数据损坏、数据篡改、数据删除甚至系统崩溃等，对数字档案资源的安全

243

① 杨冬权. 在全国数字档案馆(室)建设推进会上的讲话[J]. 中国档案，2013(11)：16-21.

存储、安全保管与安全利用等产生严重威胁。数字档案资源开发安全主要体现在以下几个方面：

一是开发过程中的技术安全。现代信息技术为档案信息资源开发带来无限便利的同时，也因技术"双刃剑"效应下的现实风险，尤其是网络环境下的计算机病毒、黑客攻击、后门木马、数据窃听、数据篡改、数据删除、数据泄露、非法访问、不当操作等数字化风险，深刻影响着数字档案资源的开发安全。

二是开发过程中的实体安全。数字档案资源对存储载体高度依赖，具有更精密的要求；同时，数字化形态作为数字档案资源的具体呈现方式，存在着易消失、易损毁、易篡改等风险，对数字档案资源实体安全产生直接影响，需要在数字档案资源开发过程中采取有效措施，维护数字档案资源载体不受侵害，确保数字档案资源信息内容的可信、可读、可用。

三是开发过程的保密安全。数字档案资源作为党和国家的重要档案财富，不仅蕴含着丰富的治国理政的国家记忆，而且包含着多元、多彩、多样的个人记忆，涉及大量关切国家、机构与个人的保密信息，需要采取有效措施，确保档案保密安全。数字时代，泄密风险加大，需要强化保密意识，防止失密、泄密危害，在实现数字档案资源共建共享共治的同时，确保档案信息内容的保密安全。

4. 利用安全

利用是传统档案业务管理工作的另一重要环节，在档案利用服务的过程中，安全隐患始终存在，安全风险不容忽视，既涉及档案实体安全，也涉及档案信息内容安全，管理不当或处理不当，均会造成或大或小的安全事故，如损坏原件、丢失原件、内容涂改、信息泄密等。为此，档案部门需要在充分保障档案安全的前提下开展档案利用服务工作，做到既能有效地发挥档案信息资源的价值，又能很好地满足用户的档案信息利用需求。

数字时代，现代信息技术的发展与应用，推动着档案形态与业态的变革，数字化、网络化、信息化已经成为新时期国家档案事业发展的主旋律，对档案管理各业务工作产生着直接冲击，推动着档案工作的"数字转型""数字升级"。档案利用工作首当其冲，信息技术促进了档案数字化利用服务方式的变革与创新，如在线服务、远程服务等已经成为常态，为用户利用档案带来了极大便利，用户不仅可以足不离户便能在线享用档案利用服务，还可以通过远程在线服务调阅民生档案信息；尽管如此，我们必须清醒地认识到，数字环境下的档案利用安全问题不仅仍然存在，而且还具有新特点，尤其是伴随着计算机网络、移动互联、数字终端的快速普及，档案利用途径、利用手段、利用方式等更为广泛，面临的档案安全挑战也更为迫切，档案信息泄密、病毒侵袭、黑客攻击、信息内容篡改、信息伦理失范、知识产权侵犯甚至档案盗窃等也屡见不鲜，给档案保管单位甚至档案形成单位等造成重大损失，如著名的"斯诺登事件"，可以说是信息时代档案泄密的典型案例，造成的社会影响广泛且深刻，如何在数字环境下确保档案利用过程中的档案安全成为档案部门亟须破解的时代问题。数字档案资源利用安全主要涵盖以下方面：

一是确保档案信息载体安全。数字档案资源对载体依附性强，离开了载体，档案信息便"无枝可依""无处可存"，成为"空中楼阁"，需要在面向用户提供档案利用的过程中确保数字档案资源载体不受损害，维护数字档案载体的安全性能，一方面要选择具有良好存储性能的新型档案载体，保障数字档案资源的长期安全存储；另一方面要及时更新、转换处于安全隐患状态之中的档案载体，确保数字档案信息的可读、可用与可延续。

二是确保档案信息内容安全。数字档案资源利用过程中，数字化利用方式具有先天的利用便利，也同时带来先天的信息易损、易毁、易丢、易窃等缺陷，对数字档案信息安全造成安全隐患，需要采取有效措施，一方面通过技术手段，强化利用中的安全监测，保障档案信息安全有效；另一方面要强化制度建设，建立健全适应数字时代发展要求档案利用规则，确保数字档案资源利用的合法合规。

三是确保档案信息的保密安全，部分档案信息资源具有保密要求，数字环境下，需要尤为注意，防止涉密档案在网络环境下的有意或无意泄密，避免造成泄密风险。

四是确保用户信息安全，大数据时代，用户信息作为重要的信息源，包含用户的基本信息、利用行为信息、利用需求信息、利用效果信息等，既涉及用户自身的隐私，又涉及用户档案利用权利，需要档案部门具有严格的用户信息安全管理制度、管理手段等，保障用户档案利用信息安全。

（四）信息内容安全

　　"信息安全不仅是数字档案馆正常运行的前提，而且也关系到国家安全和社会文化的顺利传承。"①档案信息安全问题一直都是档案界热议的话题，学界也对档案信息安全主题进行了持续研究与深入探索，形成了系列研究成果，如冯惠玲研究团队对电子文件风险管理的研究，安小米研究团队对数据治理的探索，陈永生等对电子政务系统安全的研究，以及周耀林、项文新、张美芳、王良诚、薛四新、于海燕等对档案信息安全领域的全面探索，为新时期数字档案资源信息安全研究奠定了学术基础。档案信息内容安全是数字档案资源生态安全的核心内容，主要包括档案数据安全、伦理安全、保密安全与产权安全等，维护档案信息内容安全是大数据时代数字档案资源生态安全的必然要求。

1. 数据安全

　　数据安全的提出与信息"大爆炸"密不可分，"自计算机出现以来，世界经历了一次信息'大爆炸'：数据爆炸。信息产生以指数率增长。自 2003 年以来，数字信息已占所有信息产生量的 90%，大大超过了印刷品或电影信息。21 世纪一个最大的科学工程挑战将是理解和高效利用这个不断增长的信息集合。"②当前，我们已经进入大数据时代，"伴随着社会生活'软件化'和'数据化'进程的

---

① 王芳. 数字档案馆学［M］. 北京：中国人民大学出版社，2010：282.

② Tony Hey, Stewart Tansley, Kristin Tolle. 第四范式：数据密集型科学发现［M］. 潘教峰，张晓林，等译. 北京：科学出版社，2012：157.

加速，全球政治图景即将进入一个以人机结合、数据驱动为主导的新时代"①，它为人类生活创造出前所未有的可量化维度，"一切皆可量化"成为大数据时代人们普遍尊崇的信条，数据价值日益凸显，"人们每时每刻都在共享海量数据给人类的日常生活、公共服务和国家治理带来的好处和便利，数据的科学性、客观性成为政策制定和国家治理合理性、恰适性的根本保障，数据治国成为绝大部分现代国家实现有效治理的战略选择和典型范式。"②

随着社会数字化的深度推进与"互联网+"的全面渗透，大数据社会逐步形成，数据技术、数据管理、数据类型、数据质量、数据服务等深入演进，数据日益成为国家基础性战略资源和社会关键性生产要素，数据的真实可信性、完整准确性成为影响国家治理质量和水平的关键变量，数据安全日趋成为国家信息安全的基础，深刻影响国家安全与社会稳定。当前，无论是大数据、云计算的快速发展，还是人工智能、物联网的广泛应用，无不预示着人类社会开始进入崭新的"数据时代"，"现代信息技术加速了数据产生、利用和传递过程，这不仅使数据空前丰富起来，还促进信息和知识在更大范围传播"，"数据被视为这个时代的核心资源，数据治理成为政府治理中的重要议题"，推动了数据时代政府治理思维的转换，即"如何借助技术来帮助解决治理问题"转换为"如何提高数据的利用能力来提升治理效益"。③"在大数据时代，我们一方面要高度重视数据在社会经济发展和国家治理中的基础性支撑作用；另一方面也要预先防范和积极治理数字利维坦可能导致的社会风险，寻求科学有效的数据治理之道。"④为此，需要聚焦大数据时代的数据治理

① 董青岭. 大数据安全态势感知与冲突预测[J]. 中国社会科学，2018（6）：172-182.

② 唐皇凤. 数字利维坦的内在风险与数据治理[J]. 探索与争鸣，2018（5）：42-45.

③ 黄璜. 对"数据流动"的治理——论政府数据治理的理论嬗变与框架[J]南京社会科学，2018（2）：53-62.

④ 唐皇凤. 数字利维坦的内在风险与数据治理[J]. 探索与争鸣，2018（5）：42-45.

主题，"加强数据防攻击、防泄露、防窃取等技术手段建设，强化数据安全监测、预警、控制和应急处置能力，鼓励世界各国政府、国际组织、企业、社会组织、研究机构合作开发数据脱敏、数据审计、数据备份、同态加密、多方安全计算等前沿的数据治理技术，建立健全数据治理体系，以多元合作共治机制切实提升数据治理现代化的能力和水平"①，保障国家数据安全与权益。目前，"数据安全问题并不是某一个国家面临的特有问题，它愈发具有普遍性和共同性。越来越多的国家开始通过立法加强对于数据安全的保护。欧盟 2018 年正式实施了《通用数据保护规则》，美国也开始了数据安全立法进程。由此可见，各国政府都在通过各种方式来应对数据安全问题。"②2016 年 4 月，国家档案局印发《全国档案事业发展"十三五"规划纲要》，提出要"建立档案数据安全管理制度，保障安全高效可信应用"③。数字档案资源作为重要的数字信息资产，需要树立"数据意识"，利用现代技术手段，强化档案数据管理，维护档案数据安全，确保数字档案资源信息内容安全，促进数字档案资源共建共享共治。随着数据管理理念普及、数据管理技术的发展以及数据管理环境的优化，档案数据管理作为新型档案管理范式，它是一种全新的技术方法和思维理念，必将对档案管理理论、档案信息服务理念产生变革性的影响，实现"档案信息服务理念由馆藏为中心向用户为中心转变""档案信息服务方式由粗放化向精细化转变""档案信息服务内容由表层化向深层化转变"及"档案信息服务手段由机械化向智能化转变"等转型与变革④，并围绕档案数据服务，以馆藏档案数据信息为依托，充分利用现代信息技术，创新档案信息服务模式，提升数字档案资源信息服务能力。

①　唐皇凤. 数字利维坦的内在风险与数据治理［J］. 探索与争鸣，2018（5）：42-45.

②　鲁传颖. 加强数据安全亟须国际共识［N］. 环球时报，2019-1-7（15）.

③　国家档案局. 全国档案事业发展"十三五"规划纲要（档发〔2016〕4号）［Z］.

④　金波，晏秦. 数据管理与档案信息服务创新［J］. 档案学研究，2017（6）：99-104.

随着大数据社会的深入发展，数据安全必将成为档案信息内容安全的核心，"在加强软硬件基础建设的同时，任何时候都不能放松数据安全这根弦。在条件允许的情况下，尽可能地采取一切可用手段来保障数据的安全，强化风险管理，是档案部门数字化建设的重中之重。"①档案数据安全突出体现在以下几个方面：

一是档案元数据的完整性。随着国家电子档案"单套制""单轨制"的试点推进，电子档案元数据安全备受重视，确保档案元数据的完整性是新时期电子档案数据安全的重要内容，包括描述电子档案的背景、内容、结构及其整个管理过程中的相关数据，具有识别资源、评价资源、追踪资源、管理资源等功能，有利于实现档案信息资源的有效发现、查找、一体化组织和对使用资源的有效管理。

二是档案数据格式的规范性。档案数据管理不仅是档案工作理念的变革，而且是对档案工作标准化、规范化的深入对接，需要强化标准化思维，确保档案数据格式规范有效，具有可转换、可读取、可保存与可利用特质，便于大数据环境下的档案信息内容的语义开发和数据关联，提升数字档案资源开发效果。

三是档案数据的准确性。准确性是档案真实可靠性的基石，是档案信息凭证价值的关键，数字环境下的档案数据准确性，不仅是档案数据管理的基本要求，而且是新时期档案安全保障工作的重要使命，迫切需要加强档案数据防攻击、防泄露、防窃取等技术手段建设，强化档案数据安全监测、预警、控制和应急处置能力，防止电子档案被篡改，保证档案数据来源可靠、管理可信与内容真实。

四是档案数据的可用性。档案数据是大数据时代档案信息管理的重要对象，档案数据自身是否可用不仅关系到档案数据管理的价值，而且攸关档案数据的安全性，是新时期档案数据安全的基本要求，一旦档案数据遭受诸如地质灾害、水灾、火灾、雷电、设备自然损坏等自然损害以及黑客攻击、木马病毒、系统故障、应用软件故障、人员管理疏忽、失误操作等人为损害，必将造成档案数据的

249

① 梁伟，赵欣，丁善海. 绷紧档案数据"安全弦"［N］. 中国档案报，2011-12-16(2).

失真、失密、失窃、失信，档案数据的可用性严重受损，甚至造成无法使用的最坏后果。

2. 伦理安全

伦理问题的核心是对人的关切，是对人的主体性的关切，属于精神层面。"伦理安全"的提出，旨在回应"现代性和全球化范式所遭遇的伦理风险所作出的学术和学科推进。伦理安全的道德哲学本性是精神安全，因此之故，面对伦理危险，唯有伦理承认，进行伦理实体安全体系建构，并就游离于伦理实体之外的人进行伦理援助，方能保障伦理安全，给人以安身立命和精神的皈依。"①

随着计算机的广泛普及与互联网的快速发展，信息伦理问题被广泛关注，它是"人们在信息交往中应当遵守的基本行为准则，它一方面将高度抽象的信息伦理价值目标加以外化，形成系统的信息伦理原则体系；另一方面又为制定具体的信息道德行为规范提供理论依据"②。身处大数据时代的人们，必须考虑："我们应该设计什么样的系统，使其在使用集体数据为社会造福的同时保护个人利益呢？或者用一个博弈论当中的术语来说，我们怎样才能为数据搜集找到'纳什均衡'（Nash equilibrium），一个可以创造出最佳结果的平衡点"，"这是信息时代最基础的问题。我们可以解决它，但是必须考虑到特定因素，并且进行道德分析：不同的解决方法符合我们的核心价值观"③。中国伦理学会会长、清华大学万俊人教授认为，"我们在享受网络信息大量便利与生活意义的同时，也遭遇巨大的，复杂的，前所未有的道德挑战，迎接这一挑战是整个现代文明社会与文明公民的共同课题。"④随着全球化的深入演进与信息

250

① 黄爱教. 论伦理安全及其保障[J]. 东南大学学报（哲学社会科学版），2012（1）：19-24.

② 曹劲松. 论信息伦理原则[J]. 江苏社会科学，2003（10）：6-10.

③ ［美］布鲁斯·施奈尔. 数据与监控：信息安全的隐形之战[M]. 李先奇，黎秋玲，译. 北京：金城出版社，2018：345-346.

④ 袁和静，余建滨. 中国信息伦理国际会议综述[J]. 伦理学研究，2011（2）：137-140.

社会的崛起，"全球化进程中的信息伦理，提倡不同文化的伦理共鸣，以消解'信息帝国主义'的霸权话语；促进信息资源的分有与共享，以避免信息富有与信息贫穷的两极化趋势。"①大数据的快速发展，不仅给人们的生产生活和思维方式带来革命性改变，并成为人们生产生活的必需品、公共产品，对政治、经济、社会、文化、生态等整体发展产生深远影响；而且也带来了信息伦理新问题，需要在"大数据热"中进行"冷思考"，以便正确认识和应对大数据技术带来的信息伦理问题，避免信息伦理危机造成严重的社会危害。随着大数据、云计算、物联网、人工智能等现代信息技术的快速发展，信息社会深度演进，智慧社会、智能社会逐步显现，信息伦理问题也日趋深化，尤其是面对人工智能技术的快速崛起，人工智能伦理这一新型信息伦理问题也被广泛关注。

当前，档案事业发展正面临着大数据社会快速发展的战略机遇期，数字档案资源作为国家信息资源的重要组成部分，必须深刻关切大数据时代的信息伦理问题，对大数据时代"数字利维坦"现象保持警惕，"一方面要高度重视数据在社会经济发展和国家治理中的基础性支撑作用；另一方面也要预先防范和积极治理数字利维坦可能导致的社会风险，寻求科学有效的数据治理之道。"②为此，从信息伦理视角分析数字档案资源伦理安全，既是数字档案资源生态安全理念的内在要义，也是大数据时代档案安全必须直面的现实关切。伦理安全是新时期数字档案资源生态安全的重要内容，一方面需要从生态安全的整体视角去看待数字档案资源伦理安全，另一方面也需要从（信息）伦理安全视角去深化数字档案资源生态安全内涵。数字档案资源生态安全视域下的伦理安全，它是信息伦理安全在档案信息安全领域的具体呈现，具有主体性、时代性、专业性、他律性等特征，突出表现在以下方面：

---

① 吕耀怀. 论全球化时代的信息伦理[J]. 现代国际关系，2002（12）：40-46.

② 唐皇凤. 数字利维坦的内在风险与数据治理[J]. 探索与争鸣，2018（5）：42-45.

一是人员隐私安全保护。身处大数据时代，"人们几乎无时无刻不暴露在智能设备面前，时时刻刻在产生数据并被记录。如果任由网络平台运营商收集、存储、兜售用户数据，个人隐私将无从谈起。"①隐私安全是数字档案资源伦理安全首要内涵，主要涉及档案形成者与档案利用者，一方面数字档案资源中蕴含着大量的档案形成者信息，涉及不少已故或在世当事人个人信息，如若处理不当，极可能对当事人甚至当事人的亲属们造成精神、名誉、财权、物权等产生影响。另一方面在数字档案资源利用过程中，用户的身份背景、档案利用需求、档案利用行为等信息也属于隐私范畴，档案部门需要在提供档案利用服务的过程中确保用户利用信息安全，防止泄露用户信息甚至利用用户信息牟利。

二是用户信息权利保障。数字档案资源中蕴含着丰富的文化财富，是国家文化宝藏的重要组成部分，发挥着保存人类文明、传承民族记忆、促进文化创新等功能。《中华人民共和国档案法》（2020年修订）第28条规定："单位和个人持有合法证明，可以利用已经开放的档案。档案馆不按规定开放利用的，单位和个人可以向档案主管部门投诉，接到投诉的档案主管部门应当及时调查处理并将处理结果告知投诉人。"②并要求档案部门要为用户利用档案创造条件、简化手续、提供方便，充分保障用户的档案利用权利。当前，信息社会取得了深度发展，也面临着诸如数字霸权、数字垄断、数字鸿沟、数据鸿沟等现实信息伦理失范问题，"一部分人能够较好占有并利用大数据资源，而另一部分人则难以占有和利用大数据资源，造成数据鸿沟。数据鸿沟会产生信息红利分配不公问题，加剧群体差异和社会矛盾"③，造成社会信息鸿沟，消解公民信息权利，违背社会信息公平。数字档案资源利用服务中，同样存在用户信息

① 杨维东. 有效应对大数据技术的伦理问题[N]. 人民日报，2018-3-23
(7).
② 《中华人民共和国档案法》（1987年通过，1996年第一次修正，2016年第二次修正，2020年修订）[Z].
③ 杨维东. 有效应对大数据技术的伦理问题[N]. 人民日报，2018-3-23
(7).

利用权利保障问题，需要从信息伦理安全视角，构建用户档案利用权利保障体系，保障用户数字档案资源利用权利，激活用户数字档案资源"信息消费"。

三是档案人员职业道德。职业道德是从业人员在职业活动中理应遵循的行为准则，它是随着社会分工的发展，并出现相对固定的职业集团时产生的，不同的职业人员在特定的职业活动中形成了特殊的职业关系，反映着特定职业活动对从业人员行为的道德要求。① 档案职业道德是指"档案人员在从事档案工作活动中应当遵守的行为规范……涵盖了档案人员与服务对象、档案职业与档案人员、档案职业与其他职业之间的关系"②。当前，"加强职业道德建设是档案信息伦理建设中不可缺失的重要环节"③，档案工作者应坚持平等原则，公平、公正对待用户，尽可能地提供档案信息为所有合法的档案用户服务，谨慎行使自己手中的管理权力，并在开展档案利用工作中用法律法规等自觉约束自己，严防以权谋私，更不允许"近水楼台先得月"等，确保数字档案信息利用的公平与公正。

四是依法治理档案数据。依法治档是档案工作必须遵循的基本原则之一，是依法治国战略在档案事业发展中的具体呈现。现代信息技术的快速发展，不仅加速了数据产生、利用和传递过程，而且使得数据空前丰富起来，进一步促进信息和知识在更大范围传播，逐步建构出与自然系统、社会系统相并列的人类生存与发展的新空间④。面对大数据的快速发展与大数据治理的广泛共识，各国纷纷出台大数据发展战略和行动计划，从战略层面强化大数据建设与管理，以便不断完善社会治理，提升政府公共服务能力，推动经济发

---

① 百度百科. 职业道德［EB/OL］. ［2019-1-23］. https：//baike. baidu. com/item/%E8%81%8C%E4%B8%9A%E9%81%93%E5%BE%B7/2313101? fr＝Aladdin.

② 郭红解. 论档案职业道德［J］. 浙江档案，2006(5)：14-17.

③ 马仁杰，汪向东，杨晓晴. 关于档案信息伦理建设若干问题的思考［J］. 档案学通讯，2008(1)：26-29.

④ 黄璜. 对"数据流动"的治理——论政府数据治理的理论嬗变与框架［J］南京社会科学，2018(2)：53-62.

展等；同时，必须树立数据风险意识，强化依法推进数据治理，"数据的生产者、使用者和管理者应建立全过程、可回溯的动态监控制度，规范数据使用者在数据治理过程中的风险评估、风险规避和危机应对行为。要有效防范'数字利维坦'的危害和风险，我们既需要加强大数据安全立法，明确数据安全主体责任，也需要在数据利用和共享合作等关键环节加强数据治理的监管和执法。"①随着数字档案资源的崛起，档案数据治理日益重要，它不仅是对数字档案资源自身的治理，而且是国家档案事业治理的重要抓手，需要在依法治国、依法治档层面完善档案数据治理的法律法规，深化档案数据治理体系，提高档案数据治理能力，管控档案数据风险威胁与风险危害，保障大数据时代的数字档案资源生态安全。

3. 保密安全

档案、档案工作均具有保密性特质，保密既是档案工作的基本原则，也是对档案工作者提出的基本要求。"安全保密管理在档案资源建设与服务中占据非常重要的地位……必须设置安全保密管理机构，制定并执行一套科学、严密的管理制度，采用适当的安全保密管理技术，加强对涉密人员的管理，从每一个环节堵塞漏洞，维护档案资源的安全保密。"②确保档案的保密安全既是档案数字档案资源生态安全的内在要求，也是数字档案资源信息安全的重要内容。2010年5月，在"全国档案安全体系建设工作会议"上，杨冬权在继2008年10月提出建立"覆盖人民群众的档案资源体系""方便人民群众的档案利用体系"两个战略任务后，又提出了建立"确保档案安全保密的档案安全体系"战略任务，在档案界被统称为"三个体系"（即资源体系、利用体系与安全体系）建设，构筑成新时期国家档案事业"三个体系"建设的战略构想。可见，保密在档

---

①　唐皇凤. 数字利维坦的内在风险与数据治理[J]. 探索与争鸣，2018（5）：42-45.

②　周耀林，赵跃，等. 面向公众需求的档案资源建设与服务研究[M]. 武汉：武汉大学出版社，2017：519.

案安全体系建设中占据重要地位，它与档案安全息息相关。

数字档案资源作为数字信息资源的重要构成，一方面具有数字信息的先天优势，能够通过利用信息技术手段实现数字档案资源的智能化采集与捕获，增强数字档案资源聚合集成能力，协调不同档案管理机构的数字档案资源，促进数字档案资源的共建共享共治等。另一方面也对传统档案资源体系产生着巨大冲击，对档案安全保密工作带来了严峻挑战，尤其是数字时代信息技术的"双刃剑"风险随时随地可见，每时每刻都对数字档案资源的生态安全产生着冲击，对数字环境下的档案安全保密工作提出了更高要求。需要从以下几个方面重点推进：

一是强化保密意识。要在正确认识数字档案资源保密安全与开放利用之间关系和妥善处理保密安全与开放利用之间矛盾的基础上，通过理论辅导、技术指导以及案例警示等方式，不断强化档案人员的保密意识，提高档案人员保密素养，为数字档案资源的保密安全奠定思想基础。

二是要充分利用技术手段。我们反复说技术具有"双刃剑"效应，这不仅强调了技术自身带来的潜在风险，也正面肯定了技术带来的先进影响，"纵观档案发展史，从简牍到电子，档案工作无不是适应科技发展而不断更新档案管理内容和手段才获取更大发展的"①，毋庸置疑，对于技术驱动背景下数字档案资源保密安全风险问题，还是要充分利用技术自身优势，践行问题导向，推进技术攻关，破解数字环境下的档案安全保密难题。

三是认真执行保密规定。《中华人民共和国保守国家秘密法》明确规定，"一切国家机关、武装力量、政党、社会团体、企业事业单位和公民都有保守国家秘密的义务。任何危害国家秘密安全的行为，都必须受到法律追究。""保守国家秘密的工作，实行积极防范、突出重点、依法管理的方针，既确保国家秘密安全，又便利信息资源合理利用。"②同时，我国档案法规体系中均对档案保密给予

255

———————

① 杨冬权. 在全国数字档案馆（室）建设推进会上的讲话［J］. 中国档案，2013（11）：16-21.

② 中华人民共和国保守国家秘密法［Z］.

具体规定，不仅需要完善的数字档案资源保密法规体系予以保障，而且需要在数字档案资源管理工作中予以认真落实，严防档案保密法规束之高阁，确保档案保密法规要求落到实处，保障数字档案资源的保密安全。

4. 产权安全

产权是现代社会运行的基础法则，它是指"人们对财产的权利。由于特定主体拥有某一财产的某项产权，就意味着别的主体不能同时再拥有这项权利，即具有排他性；主体对客体即财产的权利关系，其直观形式是人对物的关系，实质却是人与人的关系"[1]，其实质就是一种人与人之间的财产权利关系，即"产权关系"。在一定意义上，产权可以视为现代社会的基本经济制度安排，是现代经济生活的核心问题，已经成为经济学、法学、社会学等社会科学重点关注的领域，对经济的性质和运行产生着越来越重要的作用；同时，"产权是社会道德的基础"[2]，"一种健全的产权安排可以对人们道德行为的优化，社会道德状况的改善和社会道德的发展，产生积极的影响作用。"[3]随着社会主义市场经济体制及其制度体系的不断完善，产权保护与产权安全问题备受重视，是维系政治、经济、社会、文化、生态等可持续发展的重要保障。产权安全制度作为"产权的社会规则约束和保障规则"，它是"为了提高产权的有效性和安全性而制定的一系列制度，包括产权界定制度、产权延续和稳定制度、与产权保护相关的法律制度等正式规则以及产权主体自身为维护产权安全而依据的习惯和习俗、社会文化等非正式产权制度等，不仅包括与产权保护相关的法律制度等正式规则，而且包括一系列的其他制度"[4]，已经成为保障现代社会产权安全的重要基

---

① 黄少安. 产权的含义和产权制度改革[J]. 财经论丛，1992(5)：9-12.

② 张维迎. 产权、政府与信誉[J]. 读书，2001(6)：99-100.

③ 罗能生. 产权安排是社会道德的基础[J]. 伦理学基础，2005(5)：49-54.

④ 伊淑彪. 产权安全制度与经济增长研究[D]. 济南：山东大学，2011：5-8.

础，"公正的产权安排既是社会正义的体现，也为整个社会道德风尚的优化和社会公平的实现创造了条件"①，不仅是现代社会法治实践的重要领域，而且是国家依法治国战略实施的根本要求。当前，产权理论不断完善，产权研究成为学术前沿研究领域，研究对象广泛，"所有可以给人们带来利益的资源或因素，都可以形成产权，商品产权、知识产权、人力资本产权、无形资产产权、名誉权、肖像权、以及人们居室的采光权、安居权、不被窥视权等，都属于广义的产权范畴。"②在诸多知识产权国际公约中，世界贸易组织《知识产权协议》明确宣示"知识产权为私权"，对知识产权的本质属性进行了明确界定，不仅说明了知识产权在私法领域中的地位，而且厘清了知识产权与相关法律制度的差异。

"档案既是知识产权的一种表现形式，又是维护知识产权利益的重要依据和凭证。"③早在 20 世纪 90 年代，国内档案界便开始关注知识产权问题，有的从知识产权视角开拓档案交叉研究，如"知识产权保护对档案所有权的影响"④、"科技档案与知识产权三题"⑤、"知识产权对档案归属和利用的影响"⑥等；有的从知识产权视角提出档案工作创新，如"知识产权与档案利用"⑦、"知识产权保护与科技档案管理"⑧等；也有的从档案工作视角分析档案在

---

① 罗能生. 产权安排是社会道德的基础[J]. 伦理学基础，2005(5)：49-54.

② 罗能生. 产权安排是社会道德的基础[J]. 伦理学基础，2005(5)：49-54.

③ 郭红解. 知识产权与档案[J]. 档案学通讯，1993(6)：23-27.

④ 朱桂华，魏来勋. 知识产权保护对档案所有权的影响[J]. 档案学研究，1996(s1)：42-43.

⑤ 杨利华. 科技档案与知识产权三题[J]. 湘潭大学学报(哲学社会科学版)，1997(6)：116-118.

⑥ 娄承浩. 知识产权对档案归属和利用的影响[J]. 上海档案工作，1994(4)：10-12.

⑦ 周玲. 知识产权与档案利用[J]. 浙江档案，1997(3)：5-7.

⑧ 谢丽荣. 知识产权保护与科技档案管理[J]. 档案学通讯，1997(5)：46-48.

知识产权保护中的作用，如"科技档案利用与知识产权保护"①、"谈档案在知识产权保护中的地位和作用"②等。当前，随着数字档案资源生成的加快、数字档案馆(室)建设的快速推进以及国家信息化、"互联网+"、大数据等战略规划、战略行动、战略举措的实施，国家档案事业"数字转型""数字升级""数字崛起"进程加快，数字档案资源优势及其战略地位更加凸显的同时，其产权安全尤其是知识产权问题也日益显现，成为新时期维护数字档案资源生态安全不可忽视的重要内容。档案既是维护和保护知识产权的有力凭证和关键手段，也存在着制约知识产权安全的潜在侵权风险因子。在档案知识产权保护领域中，档案形成者、档案管理者、档案利用者之间是一种相互影响、相互制约与相互协同的错综复杂关系，极易引发知识产权纠纷。网络环境下的数字档案资源产权安全，重点聚焦在知识产权领域，核心是在数字档案资源建设管理过程中确保知识产权安全，维护数字档案资源形成者、管理者、利用者等利益相关者的合法知识产权权益。数字档案资源知识产权安全突出表现在以下几个方面：

一是数字档案资源保存中的知识产权保护。数字档案资源作为人类智力劳动创造成果的一种体现形式，是知识产权范畴的重要内容，记录着数字时代人们在政治、经济、社会、文化、科技等各个领域的活动信息，既是网络时代数字记忆的基本载体，又是现代社会记忆的主体形态；同时，现代社会知识产权的主要内容，如专利、商标、版权等也大都是以档案作为载体而存在的，知识产权保护领域中相关法律条款中也已明确规定此类档案材料应属保护范畴。可见，数字档案资源本身正是维护知识产权利益的重要依据和凭证，保存数字档案资源本身也就在一定程度上体现了保护知识产权的本意，有利于充分发挥数字档案资源的证据价值，维护企事业

---

① 李珍. 科技档案利用与知识产权保护[J]. 档案与建设，1992(6)：20，12.

② 剑波，张翠英. 谈档案在知识产权保护中的地位和作用[J]. 档案管理，1995(5)：27-28.

单位乃至个人的知识产权权益。

二是数字档案资源开发中的知识产权维护。数字时代为数字档案资源开发带来了极大便利，也为知识产权保护带来了严峻挑战，稍不留神，损害、侵害知识产权等便难以避免，为此，"档案数字化建设必须要建立档案法律防护的预警机制和实施方案，超前对欲进行数字化的档案进行知识产权的鉴别与确认，以保证数字化工作和后期信息利用工作安全有效地进行。"①例如在数字档案资源的多媒体开发、数据库建设、以及作品编辑出版等工作中，必须要自觉遵守知识产权相关规定，维护知识产权权威，防止违规、违纪、违法开发数字档案资源，严防数字档案资源开发过程中的泄密、伪造、失真等问题，给利益相关方造成现实危害，这就必然涉及著作权、署名权等知识产权具体侵权可能，是知识产权侵权风险的高发点，需要尤为重视，务必在确保维护知识产权的前提下，充分利用大数据时代的技术优势，做好、做深、做活数字档案资源开发工作，激活社会对数字档案资源的信息消费，使得"死档案"变为"活信息"，"档案库"变为"思想库"。

三是数字档案资源利用中的知识产权保护。一方面，以档案形式被保存下来的作品、专利、商标等知识信息，真实地反映了作者的创作思想、过程与成果，必须受到知识产权法律的保护；另一方面，在数字档案资源利用服务过程中，理应坚持在法律允许的前提下向社会开放利用，并及时制定数字档案资源知识产权保护制度，依法规避侵犯数字档案资源利用者的知识产权法律风险。《中华人民共和国档案法实施办法》(2017)第四章"档案的利用与公布"第二十五条也已明文规定："利用、公布档案，不得违反国家有关知识产权保护的有关规定。"②随着国家档案开放利用力度的逐步加大，馆藏档案公布数量迅速增长，档案公布与知识产权保护成为越来越重要的课题，"除了可能涉及著作权中的发表权外，还可能涉及著

259

① 张世林.档案数字化的知识产权对策研究——以"数字敦煌"项目为例[J].档案学通讯，2009(3)：50-53.

② 中华人民共和国档案法实施办法(2017)[Z].

作权中的汇编权、播放权、展览权、信息网络转播权等。"①数字档案资源作为新型档案资源形态，推动着档案业态的变革与转型，促进了档案事业的发展与创新，一方面，数字档案资源具有内容丰富、利用便捷、转换方便等优点，有利于创新档案信息服务方式，深化档案信息服务内涵，提高档案信息服务效益等；另一方面，数字档案资源也面临着各类数字化风险因子，如系统漏洞、病毒侵袭、黑客攻击、信息泄露、信息篡改、信息删除等，对数字档案资源知识产权保护产生直接影响，严重危害数字档案资源利益相关者知识产权权益。在数字档案资源利用服务中，档案部门要树立"知识产权保护"意识，勇当维护知识产权的践行者，充分保护数字档案资源利益相关方的知识产权权益，保障数字档案资源知识产权安全；档案用户要遵守知识产权相关规定，合法使用数字档案资源服务，自觉成为知识产权保护的坚定支持者，在满足利用需求的同时维护的数字档案资源知识产权安全。

四、数字档案资源生态安全管理体系

　　唯物辩证法告诫我们，这个世界上没有绝对的安全，任何安全都是相对的，档案安全也不例外，我们无法寻找到确保档案绝对安全的完美解决方案。"尽管不存在绝对的安全，但维护档案信息资源安全的意识是普遍永恒的，永远不要认为问题已经解决了，应该时刻保持警惕性，档案信息资源安全维护没有一劳永逸的解决方案，安全策略的制定以及安全维护工作不是一次性的，而是永恒的，即具有长期性、普遍性。"②为此，数字档案资源生态安全管理，其目的不在于寻求确保数字档案资源的绝对安全，而是旨在通过借鉴生态安全理念来寻求降低甚至消解数字档案资源风险威胁之

---

　　①　杨立人. 档案公布与知识产权保护微观分析[J]. 档案学研究，2018（2）：97-100.

　　②　金波. 档案学导论[M]. 上海：上海大学出版社，2018：257-258.

道，防控数字档案资源安全风险危害，最大程度降低数字档案资源风险危害，为数字档案资源可持续发展提供安全保障。当前，社会转型加速推进，科技发展日新月异，信息安全问题日益复杂多变，数字档案资源生态安全面临着各种风险挑战，需要对数字档案资源安全隐患、安全现状与安全需求保有清醒的认识，进一步强化安全意识，着重从风险管理、危机管理、协同管理、战略管理、制度管理、法治管理等视角探索数字档案资源生态安全管理应对策略，保障数字档案资源生态安全。

（一）数字档案资源风险管理

风险管理是维护数字档案资源生态安全的首要选择，是破解数字档案资源生态安全威胁的有效路径。20 世纪 80 年代以来，风险管理广泛应用于是企业管理、金融管理、信息管理等社会各领域，并成为学术界持续关注的前沿热点。档案学界，风险管理思想与方法也被逐步引入，特别是冯惠玲研究团队的《电子文件风险管理》（中国人民大学出版社 2008 年版）、金波研究团队的《数字档案馆生态系统研究》（学习出版社 2014 年版）等专著的出版，推动了数字环境下档案信息安全研究的深入探索，为数字档案资源安全研究提供了理论指导和学术支持。在"第三章 数字档案资源生态风险"中，本书已经对数字档案资源建设发展过程中面临的风险环境、风险因子以及风险危害等进行了系统分析，指出了在数字档案资源形成、收集、存储、保管、整合、保护、开发、利用等业务管理中面临着诸多安全隐患与风险威胁，需要强化档案安全意识与风险管理理念，运用大数据技术关联分析档案数据，科学评估风险治理效果，建立风险管理体系，强化风险管控，采取实时在线监控，科学识别、预测与评估风险，建立健全档案信息安全风险管理体系，全面提升数字档案资源风险管理治理能力①，促进数字档案资源安全

261

---

① 肖秋会，李珍. 大数据环境下档案信息安全保障体系研究[J]. 中国档案，2018(4)：76-79.

收集、安全管理、安全存储与安全利用，主动承担为国家保管档案资源、为社会延续历史记忆、为公众提供档案信息服务的历史责任和时代使命。

数字档案资源安全风险主要分布在存储载体、信息内容、技术应用、管理制度与开发利用等诸方面，对数字档案资源生态安全具有直接影响。风险管理旨在降低风险的收益与成本之间进行权衡，并据此采取相应对策，做好风险控制以及风险规避等，以最大程度降低风险威胁。数字档案资源生态风险管理是一项复杂的系统工程，需要充分利用风险管理理论与知识，全面分析数字档案资源风险因子，在风险识别与评估基础上，强化生态平衡观念和风险防范意识，积极采用相应的风险应对策略，规避和化解数字档案资源建设发展中的各类风险危害，对数字档案资源建设管理进行风险控制，确保数字档案资源的长期安全存储和长远有效利用，保障数字档案资源可持续发展，提升数字档案资源信息竞争力与社会影响力。

（二）数字档案资源应急管理

突发事件，顾名思义，一方面是指事件发生的时间极为突然，防不胜防，具有突发性、不确定性和紧急性特征，另一方面是指这一事件的发生会造成或者可能造成严重社会危害，需要采取应急处置措施予以应，具体包括如气象灾害、地震灾害、地质灾害等突发自然灾害，交通运输事故、重大安全事故、生态破坏等突发事故灾难，传染病疫情、食物中毒等突发公共卫生事件，重大刑事案件、经济安全事件、涉外危机、恐怖袭击、群体性事件等突发社会安全事件①，均会危及人民生命、财产、社会安全与稳定，具有破坏性、综合性、社会性等特性。应急管理是基于危害人民生命、财产、社会安全与稳定的各类突发事件而采取的计划、组织、协调、

---

① 薛匡勇. 重大突发事件档案应急管理研究 [M]. 上海：世界图书出版公司，2017：16-17.

控制等应对管理策略,"它是在突发事件爆发前、爆发后、消亡后的整个时期内,用科学的方法对突发事件加以干预和控制,使突发事件造成的损失降到最低"①,是一种有组织、有计划、持续动态的管理过程。

档案安全也面临着突发自然灾害、事故灾难、公共卫生事件和社会安全事件等突发事件带来的风险危害,突发事件的频发在给档案安全带来挑战的同时,也使档案应急管理研究日益受到关注和重视。面对当前自然灾害、人为事故等突发事件频发的社会现实背景,"各级档案部门需要加强应急管理体系建设,这不仅是档案安全体系建设的重要组成部分,也是提升其自身应急管理能力的重要手段,有助于科学防范和应对档案工作中出现的各种突发事件,最大限度地减轻其危害,保障档案安全。"②2016年4月,国家档案局印发《关于进一步加强档案工作的意见》(档发〔2016〕6号),要求档案部门提高"应急处置能力"③,确保档案安全受到威胁时得到优先抢救和妥善处置。数字档案资源是信息时代社会数字记忆的重要载体,承载着国家、民族、社区乃至个人的多元记忆,具有其他文化载体所不具有的独特功能;与此同时,"信息时代各种档案管理系统在运行管理、业务处理、内部控制、信息利用的过程中容易产生较大的风险,造成档案资源的破坏、丢失、泄密、篡改等信息安全风险"④,档案部门务必要增强档案安全意识、危机意识与风险意识,及时采取有效应急管理方法策略,不断完善数字档案资源应急管理预案内容,建立健全数字档案资源应急管理机制,有效集成各方面相关资源,提升数字档案资源应急管理及其处置能力,

① 祁明亮,池宏,等. 突发公共事件应急管理研究现状与展望[J]. 管理评论,2006(4):35-44.

② 向立文,欧阳华,档案应急管理体系构建研究[J]. 档案学通讯,2015(6):64-68.

③ 国家档案局. 关于进一步加强档案安全工作的意见(档发〔2016〕6号)[Z].

④ 周耀林,赵跃,等. 面向公众需求的档案资源建设与服务研究[M]. 武汉:武汉大学出版社,2017:520.

降低突发事件对数字档案资源安全带来的风险危害，确保数字档案资源的安全保管和安全利用。

（三）数字档案资源协同管理

协同概念及其理论，由德国著名科学家赫尔曼·哈肯（Hermann Haken）首创，广泛应用在物理学、化学、生态学、经济学、管理学、社会学等学科领域。协同强调系统内部各要素的协调，通过各部分相互作用，达到整体大于部分简单相加的效果，即从"质"和"量"两个方面放大系统的整体功能。协同管理是指"通过建立'竞争—合作—协调'的协同运行机制，把系统中价值链形成过程的各要素组成一个紧密的'自组织'体系，共同实现统一的目标，使系统利益最大化的管理体系。"①

数字档案资源是数字档案馆生态系统的核心生态因子，是数字档案馆生态系统形成、演化、运行和发展的基石。② 数字档案资源生态安全的维护，不仅需要强化风险管理意识，通过构建强大的风险管控机制来消解数字档案资源风险危害，保障数字档案资源长期安全安全存储、安全保管、安全开发与安全利用；而且需要充分协调数字档案资源建设管理过程中的各方利益关系，不断完善数字档案资源协同管理机制，提高档案部门协同管理水平与协同管理能力，实现数字档案资源健康可持续发展。面对数字档案资源生态安全威胁及其危害，档案部门可以采取协同管理模式、方法与手段，优化协同管理实施方案，将数字档案资源视作一个有机整体，积极实施数字档案资源协同管理，使得数字档案资源形成者、管理者、利用者等利益相关方之间密切协作、互动开放、协调一致，科学构建和谐共存、协调运行的数字档案资源协同管理体系，积极采用现

① 杜栋. 协同、协同管理与协同管理系统［J］. 现代管理科学，2008（2）：92-94.

② 金波，丁华东，倪代川. 数字档案馆生态系统研究［M］. 北京：学习出版社，2014：130.

代信息技术对数字档案资源进行整合、控制和重组，促进数字档案资源实现共建共享共治，最大程度发挥数字档案资源的价值与功能，保障数字档案资源可持续发展，增强数字档案资源的信息竞争力与社会影响力，提升数字档案资源社会生态位。

(四) 数字档案资源战略管理

战略管理是由美国学者安索夫 (H. I. Ansoff) 于 1965 年首次提出，现已成为管理学中的重要理论之一，具有全局性、科学性、动态性等特征，在社会发展和社会管理中得到广泛应用。战略管理不同于其他管理形式，它是"现代企业管理的最高层次与首要任务，在企业的经营过程起着指针的作用"①，它所创造的价值往往持续时间更长，范围更广，意义更为久远。一方面战略管理是一个动态的过程，强调组织与环境的匹配，强调外部环境、内部条件与企业目标的动态平衡，认为战略是一个"结构-转变"的过程②；另一方面战略管理具有全局性特征，其范围比一般的生产管理、经营管理更广，所关注的问题也更为复杂。

目前，战略管理已经引入了档案学科领域中，如冯惠玲研究团队对"电子文件管理国家战略"进行了深入研究，提出要"通过制定和实施电子文件管理的全局性法规、政策、发展规划、示范项目等方面的国家级战略安排，来全面推动我国电子文件管理工作"③。数字档案资源是数字档案馆建设的核心内容，数字档案资源安全是新时期国家档案安全的核心，不仅影响着数字档案资源的建设质量，而且攸关国家档案事业的健康发展，需要在数字档案资源生态安全建设中，强化顶层设计与战略思维，运用战略管理理论，从国

---

① 简兆权，李垣. 战略管理的演进与发展趋势 [J]. 科学管理研究，1999(3)：49-52.

② 王芳华，陈继祥. 战略管理 [M]. 上海：上海交通大学出版社，2003：72.

③ 冯惠玲，刘越男，等. 电子文件管理国家战略 [M]. 北京：中国人民大学出版社，2011：1-2.

家档案事业发展的战略高度出发，全面分析数字档案资源安全的内外部环境及其面临的机遇和挑战，确立数字档案资源生态安全目标，制定数字档案资源生态安全战略规划与行动方案，为数字档案资源可持续发展提供战略支撑。数字档案资源生态安全中的战略管理是一项跨区域、跨行业、跨机构的综合管理，需要以战略管理思维与总体国家安全观为指导，将数字档案资源与社会发展、经济发展、文化发展以及信息技术发展等联系起来，研究数字档案资源建设发展环境，制定具有全局性、前瞻性、长远性的数字档案资源生态安全战略，广泛协调档案部门与社会组织、社会信息系统等之间的关系，主动对接信息化战略、信息安全战略、网络安全战略、电子政务战略、"互联网+"行动计划、大数据战略、人工智能战略等国家战略，实现数字档案资源的信息价值与社会功能，提升数字档案资源作为国家基础性信息资源与数字信息资产的战略地位。

（五）数字档案资源法治管理

法治思维和法律手段与一个国家、地区的法治实践具有互动作用。当前，我国档案事业发展已经进入了法治轨道，"依法治档"成为国家档案事业发展共识，是新时期国家档案治理的根本要求，它是依法治国在档案工作领域的具体要求和体现，其"本质是用法律的手段规范、约束档案行政权力的行使，既保证档案工作正常高效开展，又保障公民、法人和其他组织在档案事务中的合法权利不受侵犯。"①当前，我国已经形成了"以《中华人民共和国档案法》为核心，由符合《中华人民共和国立法法》规定的若干有关档案工作的法律、行政法规、地方性法规和规章所构成的相互联系、相互协调的统一体"的国家档案法规体系②，为推进"依法治档"奠定了坚实法规基础。据统计，"截至 2018 年年底，我国共有档案法律

---

① 邓涛.依法治档的内涵与重点[J].中国档案，2010(3)：31-32.

② 国家档案局.全国档案事业发展"十三五"规划纲要（档发〔2016〕4号）[Z].

1 部，行政法规 3 部，地方性法规 64 部，部门规章 38 件，地方政府规章 109 件，另外还有大量的规范性文件和 70 余项档案标准"①。数字档案资源安全同样需要强化"依法治档"思维，推进"依法治档"在数字档案资源建设管理中的具体落实，这不仅有利于优化数字档案资源生态安全的法治环境，而且可以促进数字档案资源的科学管理与可持续发展。

数字档案资源法治管理，需要重点从公众知情权、信息伦理、监督管理、程序规范等方面加强数字档案资源的管理与利用，不断提升数字档案资源管理效率与效益，为数字档案资源价值的实现与作用的发挥创造良好的生态环境，更方便、快捷、有效地满足用户的数字档案资源利用需求。其中，（1）公众知情权。它是对公权力的制约和监督，可以有效防止权力滥用，促进政府信息公开、透明，打造阳光政府，实现依法行政。通过地方立法实践和经验累积，同时鉴于数字档案资源具有形态数字化、传播网络化、利用便利化、功能多元化等特点，"知情权"确权已有基础，时机成熟。届时数字档案资源中的信息公开将在立法层面予以确认，并进一步完善、优化档案信息资源上网和公开查询制度，通过手机 APP、微信等便民方式公开档案，不断创新档案信息利用方式，激发用户档案信息利用需求。（2）信息伦理。它是由美国管理信息科学专家 RO 梅森 1986 年提出，他认为信息时代有信息隐私权、信息准确性、信息产权及信息资源存取权 4 个主要信息伦理议题。② 随着云计算、大数据、人工智能等现代信息技术与现代档案管理的深度融合，数字档案资源利用需要直面信息伦理的挑战，对数字档案资源的来源准确性进行甄别和把控，对档案利用过程中可能产生的侵犯隐私权等风险进行科学评估和有效预警，将风险降至最低，并从法治视角，优化数字档案资源管理与利用的法律体系，充分保障用户

267

① 李明华. 在全国档案局长馆长会议上的工作报告[J]. 中国档案，2019(4)：20-28.

② 百度百科：信息伦理［EB/OL］.［2019-1-29］. https://baike.baidu.com/item/信息伦理/1539944.

的档案信息利用权利，确保国家档案资源的安全存储、管理与利用，尤其是要处理好数字档案资源的公开与保密、保存与利用、真实与虚假等矛盾，最大程度发挥数字档案资源管理效率与利用效益，增强国家档案资产的核心竞争力。（3）监督管理。监督应是全方位的、广泛的，不仅包括监管部门的监督，还包括社会监督。数字档案资源的采集、管理、保存、利用等环节，均需要专门的机构和人员进行监督管理，严格依照法定职权范围和程序行使权力。通过公众和监管部门的共同监督，数字档案资源建设管理的动态过程将遵循法律、法治化，档案部门和档案使用人、公众之间的互动必将促进档案活动的科学和合理化，从而推动档案事业的发展。（4）程序规范。它是法治管理的基本要求，法治思维最根本的是"根据法律的思考"，把法律当成思考解决法律问题的出发点和归宿，在思维决策过程中释放法律的意义。权力行使者作出某一决策、实施某一行为其过程、步骤、方式、时限等应符合法定程序和正当程序的要求。数字档案资源管理者在做重大决策时应避免盲目、拍脑袋现象，而应秉承程序理念，广泛听取社会公众和专家意见，避免给国家、社会和公民权益造成重大损害。

五、数字档案资源生态安全保障机制

当前，"由数字技术支撑的数字信息，与传统的文献相比，在信息内容承载、传输和持久保存方面存在着一系列与生俱来的问题。数字技术的快速变革、数字信息的多种依赖性，导致数字信息即便为了存活一个年代，也需要得到特别的关注、维护和管理。"① 面对高速发展的信息技术与深度演进的信息社会，数字信息资源长期安全保存与有效利用一直是档案界关注和研究的学术焦点，它不仅事关国家数字信息资产的长期安全存储与价值增值，深刻影响国

---

① 张智雄，等. 数字资源长期保存技术的研究与实践[M]. 北京：国家图书馆出版社，2015：7.

家整体信息竞争力与社会影响力，而且关系到数字时代国家信息安全与社会记忆的传承，严重制约信息社会国家信息主权完整与文化软实力。"我国数字信息资源长期保护之路任重而道远，需要立足于现在，着眼于未来，构建具有中国特色的数字资源长期保存体系和平台，打造数字时代的'中国记忆'"①。随着社会信息化、网络化与数字化的融合发展，对档案工作理念、技术、方法及其管理模式等产生深远影响，传统档案形态业态等发生重大变革，数字档案馆(室)蓬勃发展，数字档案资源海量生成，并成为数字时代国家档案资源体系的主体形态，为新时期国家档案事业可持续发展带来了战略机遇，"档案日益成为国家基础性战略资源，档案工作领域更加广泛、内容更加丰富、需求更加多样，地位和作用越来越重要"②，成为数字时代"国家记忆""民族记忆""社会记忆"等的重要支撑。可见，数字时代的档案安全显得尤为重要，确保数字档案资源的长期安全存储与利用已经成为新时期国家档案安全建设的核心内容，只有在确保数字档案资源生态安全的基础上，才能进一步推进数字档案资源的内容整合及其开发利用，满足社会日益增长、日趋多元的数字档案资源利用需求。数字档案资源生态安全观的提出，不仅是一种新型档案安全理念的创新，而且蕴含着丰富的安全内容，具有鲜明时代性、高度综合性、系统整体性、协调平衡性等特征，需要通过实施风险管理、危机管理、应急管理、协同管理、战略管理、法治管理等综合推进数字档案资源的安全管理，保障数字档案资源的生态安全，厚植信息时代数字中国的"档案记忆"。为此，需要强化数字档案资源生态安全保障机制建设，从制度、管理、技术、人才、经费等方面夯实数字档案资源安全保障根基，织密数字档案资源生态安全防护网，筑牢数字档案资源生态安全防火墙。

---

① 马费成. 数字时代不能没有"中国记忆"[N]. 中国社会科学报，2014-5-26(A04).

② 国家档案局. 全国档案事业发展"十三五"规划纲要(档发〔2016〕4号)[Z].

（一）制度保障机制

制度建设是完善数字档案资源生态安全保障机制的有效路径之一，是实施数字档案资源安全管理的必由之路。制度是社会运行的基石，对处在社会中的人、组织具有直接的规约和控制作用，诚如道格拉斯·C. 诺思所说，"制度在社会中的主要作用，是通过建立在一个人们互动的稳定（但不一定是有效的）结构来减少不确定性"①。现代社会运行与管理对制度高度依赖，"制度是现代法治社会不可或缺的组成部分，是社会组织有效运行的基本保障，是法律法规在社会组织日常管理领域的具体呈现。"②制度环境是具有根本性、稳定性、全局性和战略性因素，对人类生产生活以及社会组织运行发展具有直接影响，甚至发挥着决定性作用。著名图书馆学家黄宗忠先生在谈到图书馆管理时，他对制度在图书馆中的作用给予了高度肯定，认为"衡量一个图书馆先进与否，可以有多项指标体系，如馆舍建筑、馆藏资源、现代技术手段、服务方式以及人文环境等，但最终起决定作用的是其基本制度因素"③。数字档案资源是数字档案馆建设的核心内容，是数字档案馆生态系统核心生态因子，其自身的安全性能与安全状况离不开完善的制度体系及其实现机制作为重要保障，科学、健全的数字档案资源安全管理制度保障机制既是数字档案资源生态安全实现的制度保证，也是数字档案资源可持续发展的内在动力。数字档案资源生态安全的实现，需要完善的制度保障机制来管控和推进数字档案资源安全管理，为数字档案资源生态管理奠定优质的社会制度环境，有效维护数字档案资源的物质实体安全与信息内容安全，为信息社

---

① ［美］道格拉斯. C. 诺思. 制度、制度变迁与经济绩效［M］. 杭行，译，韦森，译审. 上海：格致出版社，上海三联书店，上海人民出版社，2014：6.

② 倪代川. 文化与空间——大学图书馆公共性研究［M］. 上海：上海人民出版社，2018：233.

③ 黄宗忠. 改善我国图书馆管理［J］. 深图通讯，2005(4)：3-8.

会环境下数字档案资源的安全收集、安全存储、安全开发与安全利用等提供制度保障。

随着新时期国家档案事业"数字升级""数字转型""数字崛起"等档案数字化战略的稳步推进，数字档案资源的战略地位日益凸显，数字档案资源生态安全及其保障机制建设显得日渐迫切。数字档案资源生态安全不仅仅是一项技术性工作，更是一项极为复杂的社会管理活动，其关键还是在于构建一套完善有效的数字档案资源生态安全制度保障机制，确保国家档案安全战略及其愿景目标能够得到有效落实。制度既是数字档案资源建设发展的重要推动力，完善有效的制度既能够指导数字档案资源建设朝着正确的发展方向持续推进，也是数字档案资源生态安全的重要保障力，通过制度管理体制机制的完善及其制度管理的有效实施能够为数字档案资源的生态安全保障提供制度支持。数字档案资源生态安全制度保障机制建设，主要从以下方面着力推进：

一是完善数字档案资源生态安全制度体系。面对信息时代环境下的数字档案资源的生态安全及其建设要求，档案部门除了要树立安全意识、风险意识外，还需要坚持法治思维，全力推进数字档案资源生态安全的制度建设，不断建立健全数字档案资源生态安全的制度体系，丰富数字档案资源生态安全的制度内容，主动适应数字时代国家数字档案资源生态安全的新常态，立足数字档案资源生态安全面临的各类风险隐患，聚焦数字档案资源生态安全风险威胁，将数字档案资源生态安全制度建设纳入国家宏观档案安全制度体系之中，确保数字档案资源生态安全制度内容的时代性、适应性与可操作性，为数字档案资源生态安全奠定坚实的制度基础。

二是强化数字档案资源安全制度管理。"有法可依"是"依法治国"基本前提，而"执法必严"则是"依法治国"的根本要求。数字档案资源生态安全的制度管理同样如此，不仅要健全有效的制度内容作为前提，而且需要在数字档案资源生态安全管理的具体实践中，认真贯彻落实国家档案事业法治管理战略，积极推进国家"依法治档"，以数字档案资源生态安全制度为基础，强化数字档案资源生态安全制度的具体实施，使数字档案资源生态安全制度成为新时期国家推进"依法治档"的实践载体，使数字档案资源生态安全管理始终遵循法治思维，确保数字档案资源生态安全保障制度化。

三是推进数字档案资源标准化建设。数字档案资源来源广泛，类型多种，格式多样，存储载体异构、数据格式异构等现象普遍，制约着数字档案资源标准化建设，严重损害数字档案资源的内容质量，不利于数字档案资源生态安全管理，需要大力推进数字档案资源标准化建设，积极制定完善数字档案资源标准规范体系，从源头上对数字档案资源实行质量管控，优化数字档案资源建设质量，为数字档案资源制度管理提供标准保障。

四是畅通数字档案资源安全反馈调适通道。数字档案资源安全制度总是随着环境的变化而不断调整，一旦社会环境及其相关制度发生变化，数字档案资源安全环境便会产生相应地变革，需要及时根据社会环境变化、档案事业发展需要等适时调整数字档案资源安全制度内容及其实施办法，有效应对新环境下的数字档案资源安全需求。

（二）技术保障机制

技术始终是推动档案事业可持续发展的不竭动力，"无论是档案载体的革新还是档案内容的存储，无论是档案形态的变革还是档案利用的拓展等，技术始终如影随形，成为推动档案事业发展的重要驱动力"①。20 世纪中叶以来，第三次科技革命突飞猛进，尤其是计算机技术、通信技术、互联网技术等现代信息技术的快速发展，推动着社会信息化、网络化、数字化之间的融合发展，深刻影响着现代社会的转型与创新，我们已不可逆转地进入了大数据时代。2015 年 5 月，习近平在致"国际教育信息化大会"的贺信中说，"当今世界，科技进步日新月异，互联网、云计算、大数据等现代信息技术深刻改变着人类的思维、生产、生活、学习方式，深刻展

---

① 倪代川，金波. 数字档案馆生态系统发展动力探析[J]. 档案学研究，2016(4)：97-102.

示了世界发展的前景。"①据第 46 次《中国互联网络发展状况统计报告》内容显示，截至 2020 年 6 月，我国网民总体规模达 9.40 亿，手机网民达 9.32 亿，互联网普及率高达 67.0%；IPv6 地址用户数达到 14.42 亿，IPv6 活跃用户数已达 3.62 亿；报告认为，我国互联网行业整体向规范化、价值化发展，互联网基础建设不断完善，互联网服务持续渗透，互联网产业展现出巨大的发展活力和韧性，互联网、大数据、人工智能与实体经济社会发展深度融合，在数字基建、数字经济、数字惠民和数字治理等方面取得了显著进展，成为我国应对新挑战、建设新经济的重要力量②。当前，社会信息化正朝着数字化、网络化与智能化等方向发展，促进了传统档案形态的变革，导致档案工作方式、档案机构形式、档案事业发展环境等产生了革命性变化，推动着档案事业发展的"数字升级""数字转型""数字崛起"，"数字档案资源日渐成为档案信息资源的主要形态，不仅是国家信息资源的重要组成部分，而且成为数字时代国家记忆的重要载体"③。据统计，截至 2019 年底：我国通过省级及以上档案行政管理部门认证的数字档案馆 325 个；馆藏电子档案 119.3 万 GB，其中，数码照片 39.6 万 GB，数字录音、数字录像 35.9 万 GB；馆藏档案数字化副本 1407.8 万 GB④。

毋庸置疑，保障数字档案资源生态安全，首要的就是要做好技术防护工作，提高档案部门自身的技术安全防护能力。数字档案资源安全问题在一定程度上，可以视其为技术问题，一方面，"纵观档案发展史，从简牍到电子，档案工作无不是适应科技发展而不断

①　习近平. 习近平纵论互联网[N]. 人民日报(海外版)，2015-12-16(8).

②　中国互联网络信息中心. 第 46 次《中国互联网络发展状况统计报告》（全文）[EB/OL].［2020-12-18］. http://www.cac.gov.cn/2020-09/29/c_1602939918747816.htm.

③　倪代川. 数字档案馆生态系统发展动力探析[J]. 档案学研究，2016(4)：97-102.

④　2019 年度全国档案行政管理部门和档案馆基本情况摘要（二）[EB].［2020-11-23］. https://www.saac.gov.cn/daj/zhdt/202009/23bee44fdf594f048619334774968c7d.shtml.

更新档案管理内容和手段才获取更大发展的"①，数字档案资源作为档案资源新形态，无疑是信息技术发展推动的产物，无论是其自身蕴含的存储方便性、利用便捷性等先天优势，还是其面临的信息易逝性、载体脆弱性、系统依赖性等风险隐患，均与技术的发展与应用密不可分；另一方面，档案安全作为档案工作的生命线，充分利用现代科学技术，积极开展科技攻关，构建强大的档案安全技术保障体系始终是档案部门实施档案安全管理的首要选择。技术不仅是推进信息社会国家数字档案资源可持续发展的关键，也是确保数字档案资源长期安全和长远有效利用的关键。面对大数据时代的机遇和挑战，数字档案资源生态安全技术保障机制建设，需要重点从以下方面系统推进：

一是增强技术意识，拥抱技术发展。技术是推动社会发展变革的重要动力，面对数字档案资源安全隐患与安全风险，档案部门与档案工作者首先需要充分认识到技术在档案事业发展进程中的战略地位，不仅要深刻理解技术是推动数字档案资源可持续发展的动力之源，而且要认识到技术更是破解信息社会数字档案资源安全隐患与风险威胁的重要手段。数字档案资源生态安全技术保障机制建设的前提是档案部门与档案工作者要树立正确的技术自觉，主动拥抱现代科学技术尤其是大数据、云计算、物联网与人工智能等现代信息前沿技术，凝聚认同技术在破解数字档案资源生态安全风险与管理难题上的战略地位。

二是推广技术应用，提高技术水平。无论是数字档案馆的建设与发展，还是数字档案资源的形成与管理，都离不开技术的推广与应用，正是现代信息技术的发展应用催生出数字档案资源、数字档案馆(室)等档案新业态的出现；同时，档案信息服务方式、服务手段、服务模式的数字化转型，也都是现代信息技术与档案事业融合应用发展的直接产物。数字档案资源面临的各类安全问题更是离不开技术的介入，尤其是大数据、互联网、人工智能等信息前沿技

274

术，必将在数字档案资源安全预警、安全防范、安全管控等诸方面发挥突出作用。

三是加强技术研发，增强技术能力。当前，第三方技术购买、技术众筹、技术外包等虽然成为诸多社会组织、机构乃至个人在信息社会生产生活中的重要技术方案选择，但是，数字档案资源安全问题具有自身的特殊性，单纯的技术购买服务存在着诸如政治安全、保密安全、知识产权、信息伦理等方面的非技术安全隐患，迫切需要档案部门自身要加强技术研发，结合数字档案资源自身特点及其安全隐患特征，充分调动各方力量，积极推进技术研发与联合攻关，"形成需求导向的档案科技创新模式，围绕战略性、前瞻性、实用性问题开展档案科技研究。要关注国家实施大数据战略和推进电子政务、电子商务、云计算，研究其对档案工作的影响，提出可行解决方案"①，不断提高数字档案资源安全的理论水平和技术保障能力，主动破解数字档案资源安全隐患难题，维护数字档案馆各系统软硬件和网络平台的稳定性、可靠性、可控性，确保数字档案信息的可靠、可用、不泄密、不被非法更改等，为数字档案资源生态安全提供技术保障。

（三）组织保障机制

在档案事业发展过程中，一方面需要从动词"组织"视角来推进档案事业发展的组织工作，它是一种有组织、有规划、有秩序的管理实践活动；另一方面也需要从名词"组织"视角去进一步分析档案事业发展的实施主体，如档案局、档案馆、档案室、档案中心、档案公司等档案实体组织机构，它们是档案事业可持续发展的组织保障。在此所探讨分析的组织保障机制，既包括动词意义上的"组织"，也包括名词意义上的"组织"，前者是指实体档案组织机构部门对档案事业发展采取的保障实践活动，体现的是"档案组织

275

---

① 李明华. 在全国档案局长馆长会议上的工作报告[J]. 中国档案，2019(4)：20-28.

对当代中国档案事业发展的保障作用，是通过对档案事业发展的决策与计划、对档案事业的组织与指挥、对档案事业的监督与协调、对档案事业的控制，从而促进档案事业发展的"①；后者是指具体的档案组织机构及其档案管理体制，它们为国家档案事业可持续发展提供了相适应的管理体制与组织机构保障，"我国在长期的档案工作实践中，逐步形成并建立了集中统一的档案管理体制，即'统一领导、分级管理'体制。这是我国档案管理体制中最根本的一项组织制度，它对我国国家规模档案事业的建设起到了有力的推动作用。"②武汉大学信息管理学院周耀林教授在分析"面向公众需求的档案资源建设与服务保障"时，提出"为了保障档案资源建设与服务的顺利推进，需要从宏观、中观、微观三个层面进行组织重构。"③目前，我国档案事业发展已经形成了相对稳定的组织管理体制，为国家档案事业发展提供了有力的组织保障。"当代中国档案事业发展的过程中，在'统一领导、分级管理'的原则下所形成的档案工作系统，实行党政档案和党、政档案工作的统一管理；全国档案工作在各级人民政府的统一领导下，由各级档案行政机关统一进行管理；档案室和档案馆分别承担着具体的档案业务。"④

　　安全作为数字档案资源的生命线，不仅关系数字档案资源自身的安全性能及其利用效果，而且攸关新时期国家档案事业的可持续发展，没有数字档案资源的安全保障，无论是数字档案馆建设还是国家整体档案事业发展都将深受影响，严重危及国家档案安全乃至国家信息安全。信息时代，维护数字档案资源生态安全，不仅需要强大的技术保障机制，为破解数字档案资源安全风险提供技术支

① 黄夏基. 当代中国档案事业发展的组织保障[J]. 档案学通讯，2007（6）：7-9.

② 金波，丁华东，倪代川. 数字档案馆生态系统研究[M]. 北京：学习出版社，2014：359.

③ 周耀林，赵跃，等. 面向公众需求的档案资源建设与服务研究[M]. 武汉：武汉大学出版社，2017：469.

④ 黄夏基. 当代中国档案事业发展的组织保障[J]. 档案学通讯，2007（6）：7-9.

援，而且行之有效的组织保障机制对数字档案资源安全建设同样具有重要保障功能，为数字档案资源安全管理奠定组织基础。2014年，我国成立了"国家档案局数字档案馆(室)建设领导小组"①，从国家层面为全国数字档案馆(室)建设提供组织保障，推进国家数字档案馆(室)建设战略有序实施。当前，进一步完善组织保障机制，维护数字档案资源生态安全，需要重点推进以下两项工作：

一是强化顶层设计，明确战略目标。数字档案资源安全是国家档案安全的核心，需要从国家总体安全战略高度，深入思考数字档案资源生态安全的重要性及其实现机制，明确数字档案资源生态安全目标，规划数字档案资源安全保障实施路径，为各单位各部门数字档案资源安全管理提供战略导向和实践依据。2016年4月，国家档案局印发《全国档案事业发展"十三五"规划纲要》，提出"档案安全高效化"发展目标，明确要求"档案安全的基本条件和应急、灾备机制更加完善，人防、物防、技防'三位一体'的安全防范体系更加健全，档案网络和信息系统风险管理能力全面提升"②，这为国家数字档案资源安全战略提供了政策指导，具有较强的战略导向作用。

二是建立健全安全工作机制，明确安全主体责任。数字档案资源安全涉及主体多元、对象多样、风险多发等，不仅要处理好政府与组织、组织与组织、组织与个人之见的权益关系，还要对安全责任主体的权责分工、体制机制、策略选择、经费投入、人才支持等进行协调与确定，不断增强档案组织机构的稳定性与生命力。2016年4月，国家档案局印发《关于进一步加强档案安全工作的意见》(档发〔2016〕6号)，为数字档案资源生态安全工作机制提供了指导，"意见"明确提出了要建成"党委政府领导、档案部门依法监督、各部门各单位全面负责"的档案安全工作机制。③

277

---

① 国家档案局数字档案馆(室)建设领导小组近日成立[J]. 档案天地，2014(4)：5.

② 国家档案局. 全国档案事业发展"十三五"规划纲要(档发〔2016〕4号)[Z].

③ 国家档案局. 关于进一步加强档案安全工作的意见(档发〔2016〕6号)[Z].

(四)人才保障机制

人才是创新的根基,是实现民族复兴、国家振兴的战略性资源,没有人才优势,就不可能有创新优势、科技优势与产业优势,必须充分发挥人才作为第一资源的发展引领和战略支撑作用。2007年,"人才强国战略"写进了《中国共产党章程》和党的"十七大"报告;2015年10月,党的"十八届五中全会"进一步提出深入实施人才优先发展战略。"人才强国战略是强国第一战略,既是由人才资源在当代社会的地位和作用决定的,也是由我国基本国情决定的。"①国家档案事业可持续发展同样需要倡导、实施人才战略,它既是人才强国战略的根本要求,也是新时期档案强国战略实现的根本保证。2012年2月,杨冬权在"全国档案工作暨表彰先进会议"上首次提出"档案强国"概念②,认为"强大的专业人才队伍"成为新时期构筑"档案强国"的重要内容,主要体现为:一是档案专业人员数量居于世界第一;二是接受档案专业教育和在职教育的人数居于世界第一;三是档案人员整体素质在各国中名列前茅;四是档案的科研成果居于世界第一;五是有一批世界知名的档案专家;六是有一批具有国际影响力的档案科技成果;七是有一批国际化档案人才。③

数字时代,数字档案馆建设快速推进,人才是档案强国战略实施的重要基础,"人才对于数字档案馆的建设尤为重要。只有把人才问题解决好了,才能使数字档案馆建设符合正确的方向,才能满足社会发展对档案工作的需求,也才能发挥数字档案馆应有的作用"。④

---

① 薄贵利,程志勇. 人才强国战略是实现国家强盛的第一战略[J]. 行政管理改革,2017(10):56-59.

② 杨冬权. 在全国档案工作暨表彰先进会议上的讲话[J]. 中国档案,2012(4):12-19.

③ 崔志华. 为实现档案强国新战略目标而努力奋斗——记者专访国家档案局局长、中央档案馆馆长杨冬权[N]. 中国档案报,2012-6-7(1).

④ 蔡学美. 数字档案馆建设的几点思考[J]. 中国档案,2002(6):27-28.

数字档案资源安全涉及规章制度、组织机构、管理体制、技术应用、技术研发等多方要素；同时，无论是制度建设与制度管理，还是组织保障与技术支持，都离不开人才的中间作用，都需要投入人力资源方能实施推进，人是数字档案资源生态安全保障的主体因素，是数字档案资源安全管理实施的当事人、责任人。数字档案资源生态安全中的人才保障主要体现在以下方面：

一是要加大人才队伍建设经费投入，提高人才队伍社会地位。"尊重档案人、重视档案人、理解档案人、为档案人创造'自我价值实现'的机会，是我们这个文明的社会应当形成的一种基本理念。"①各级档案部门要充分认识人才在数字档案资源安全维护中的基础性作用，切实加强人才队伍建设中的经费投入，为数字档案资源安全维护人才提供具有竞争力的薪酬待遇，提供具有技术内涵的在职教育体系，设计相应的技术岗位，从待遇、地位等方面爱护档案人才。

二是要做好人才队伍建设规划，完善人才梯队结构。数字档案资源风险隐患广泛分布，安全风险危害技术性强，离不开专业人才的支持，档案部门需要强化档案人才规划的顶层设计，健全集聚档案人才、发挥专业人才作用的体制机制，创造"人尽其才、才尽其用"的政策环境，一方面从人力资源架构上设计岗位晋升通道，给档案人才以职业上升空间，另一方面要科学规划人才队伍体系建设，优化国家档案人才方案，建立一支老、中、青比例恰当的人才队伍，完善"传帮带"工作机制，优化人才队伍梯队。

三是重视技术人才培养，增强档案部门技术能级。数字档案馆（室）、数字档案资源均是技术发展与应用驱动的产物，数字档案资源安全风险也直接体现在技术层面，尤其是数字档案资源信息内容安全，其受到的威胁包括计算机病毒、黑客攻击、系统崩溃等均是技术特征凸显的风险因子，对这些风险威胁的破解必须要依靠技术力量加以解决。为此，档案部门要高度重视技术人才培养，善于

---

① 王英玮. 知识经济时代档案部门的生存与发展策略［M］. 北京：中国人民大学出版社，2011：192.

识才、用才、容才与聚才，激发技术人才创新活力，让各类技术人才的创新智慧竞相迸发，推进技术研发与攻关，积蓄技术人才和技术资源，提高档案部门技术能级。

四是完善档案教育体系，夯实档案人才摇篮。数字档案资源安全管理是一项兼具技术性与专业性的工作，具有鲜明的时代性、动态性与发展性特征，需要不断完善档案教育体系，建立健全档案高等教育、档案继续教育、档案专业培训等相结合的档案教育体系，聚焦数字档案资源安全理论、知识、方法及其实践现状，及时更新教材体系和内容，开展形式多样、内容丰富的数字档案资源安全主题教育和专业培训，提高相关人员数字档案资源安全技能和水平，提升数字档案资源安全防范维护能力，为社会源源不断的输送高素质档案人才，满足日益增长的数字档案资源建设管理人才需求。

(五)经费保障机制

经济手段是社会组织、机构乃至个人常见的管理调控选择，在档案事业发展中，"运用经济手段管理档案事务，是充分调动档案工作者的积极性和创造性，实现档案工作效益的一种管理方法"①。《中华人民共和国档案法》(2020 年修订)第 3 条明确规定："各级人民政府应当加强档案工作，把档案事业纳入国民经济和社会发展规划，将档案事业发展经费列入政府预算，确保档案事业发展与国民经济和社会发展水平相适应。"②这既为各地政府推动档案事业发展提供了法律依据，也充分说明"发展档案事业是国家和政府职责所在，给予足够的经费保障是国家的经济行为，档案事业的投资和管理主体应当是国家而不是一般的社会组织和个人。"③数字时代，

---

① 　吴宝康. 档案学概论[M]. 北京：中国人民大学出版社，1988：186.

② 　《中华人民共和国档案法》(1987 年通过，1996 年第一次修正，2016 年第二次修正，2020 年修订)[Z].

③ 　刘识文，黄夏基. 经费保障对当代中国档案事业发展的理论探讨[J]. 云南档案，2009(8)：35-37.

档案信息化深入发展，数字档案馆个体蓬勃发展，数字档案资源海量生成，开辟了数字时代国家档案事业发展的新纪元；同时，我们也要清醒认识到，"经费保障是档案事业发展和存在的基本条件，它支持着档案事业的生存和发展，维系着档案事业的现在与将来"①，数字档案馆尤为如此，"数字档案馆建设是一项系统工程，也是'烧钱'工程。它需要大量信息资源的支撑、先进技术的支持以及高素质人才的参与，而这些条件的实现都需要以巨额资金的投入为前提。"②在数字档案馆建设中，经费保障主要体现为："通过财政转移支付，或者说建设经费支持的方式，加大数字档案馆建设的支持力度，鼓励档案部门引进先进的设备和技术，加强数字档案馆信息的组织和开发，确保数字档案馆信息的安全并达到合理的利用。"③

当前，我们正处于大数据时代的蓬勃发展时期，"面对大数据容量大、种类多、处理快、价值高的特点要求，档案部门在数字档案馆和档案数字化建设过程中要注重基础设施的完善、前沿技术的应用以及档案资源的构建和管理"④，无论是档案信息化基础设施的完善，还是现代信息技术在档案领域的融合应用，抑或是新时期数字档案资源的建设管理，所有这些，都离不开充足的资金投入保障，没有足够的经费支持和经费保障，大数据背景下的档案事业发展必将受到严重制约，数字档案资源生态安全更是难以获得保障。显而易见，没有经费支持，档案人力资源、档案技术研发与应用、档案资源体系建设、档案资源开发利用、档案信息服务创新发展等便无法有序推进，数字档案资源建设管理更是无法深入开展，数字

① 刘识文，黄夏基. 经费保障对当代中国档案事业发展的理论探讨[J]. 云南档案，2009(8)：35-37.

② 金波，丁华东，倪代川. 数字档案馆生态系统研究[M]. 北京：学习出版社，2014：357.

③ 金波，丁华东，倪代川. 数字档案馆生态系统研究[M]. 北京：学习出版社，2014：348.

④ 陈永生. 大数据背景下的数字档案馆与档案数字化建设[J]. 广东档案，2013(4)：10.

档案资源安全维护也就无从谈起，只能"望钱兴叹"。面对数字档案资源生态安全，我们要对其经费保障给予足够重视，这不仅仅单纯是数字档案资源安全维护的需要，而且与数字档案资源生态安全的制度保障机制、技术保障机制、组织保障机制以及人才保障机制之间联系紧密，尤其是数字档案资源安全维护中技术保障和人才保障，均需要强大有力的经费支持方能得以实现。数字档案资源经费保障机制的构建，需要重点从以下方面深入推进。

一是明确国家财政投入支持的主体地位，确保经费来源主渠道的畅通。国家综合档案馆作为数字档案资源建设的主体，其经费来源几乎全部来自中央或地方财政预算拨款，"档案部门应积极争取建设经费，一方面，向政府部门大力宣传数字档案馆建设的意义与作用，提高政府部门对数字档案馆建设的重视；另一方面，积极做好本职工作，搞好数字档案的管理与信息服务工作，不断发挥数字信息资源的社会价值，提高数字档案馆的社会影响力。"①

二是要强化经费预算管理，提高经费使用效益。数字档案资源建设管理虽然是"烧钱"工程，但也不能一味地去追求巨额资金投入，而是要加强对数字档案资源安全建设经费的科学管理，通过经费预算、决算等手段控制经费使用，合理编制经费预算计划，严把经费审批手续，提高经费投入使用效益，确保经费用在"刀刃上"。

三是拓宽经费来源渠道，多方筹措资金补充来源。仅靠政府的资金投入，还难以完全满足数字档案资源生态安全建设需求，特别是在一些欠发达地区尤为如此，需要多方面拓展经费筹措渠道，实现经费来源多元化，一方面要结合数字档案资源建设需求，如民生档案资源、历史档案资源以及档案文献遗产资源等特色数字档案资源安全建设，积极争取社会机构和个人捐赠；另一方面也要拓展资金筹措渠道，积极尝试与社会团体、大中型企业、科研机构对接，扩大服务范围，并在法律法规允许的合规合法前提下，积极尝试开展有偿档案信息服务，为数字档案资源安全建设筹措补充经费。

---

①　金波，丁华东，倪代川. 数字档案馆生态系统研究[M]. 北京：学习出版社，2014：357.

第七章　数字档案资源生态健康策略

21世纪以来，生态问题日趋凸显并引起全球重视，人们对生态环境、生态安全、生态健康等尤为关注，生态文明建设成为全球共识。数字档案资源作为国家基础性战略资源之一，是数字时代社会记忆的重要载体，有利于延续人类文明，促进文化交融，推动文化创新；同时，在数字档案资源建设发展过程中，始终面临着诸多风险威胁，存在着不协调、不适应、不平衡等现象，制约着数字档案资源的生态健康状态。为此，需要以生态学理论为指导，研究分析数字档案资源生态健康内涵，科学构建数字档案资源生态健康评价指标体系和风险评估机制，分析数字档案资源生态健康状态，积极加强人工干预，探索数字档案资源生态平衡、协调运行、共建共享等健康运行方式，促进数字档案资源建设保持生态活力，推动数字档案资源健康可持续发展。

一、数字档案资源生态健康

"生态健康""生态系统健康"作为生态学重要概念术语，主要用于描述或评估生态系统运行的客观状态，不仅体现着生态管理理论的基本内涵，而且是生态管理实践的追求目标。数字档案资源生态管理直接目的便是希望通过采取系统有效的生态管理方法与手段，使数字档案资源能够达到并持续保持健康状态，保障数字档案资源生态活力。

（一）生态健康辨析

随着自然环境的持续恶化与社会生态问题的普遍出现，生态健康逐渐引起人们的关注与重视，"经过学者们的努力探索，生态系统健康研究逐步在自然科学、社会科学与健康科学之间架起了一座桥梁，演化凝聚为一门新兴的交叉学科——生态健康学，它主要研究人类活动、社会组织、自然系统及人类健康的整体性，旨在为解决日益紧张的环境问题提供政策引导、理论支持，并表达强烈的社会愿望和呼声，现已成为生态学应用研究的新热点。"①

1. 生态健康背景

健康一般是指一个人在身体、精神和社会等方面都处于良好的状态，主要包括两方面内容：一是指具有良好的生理功能，有较强的身体活动能力和劳动能力等；二是指对疾病的抵抗能力比较强，能够适应外部环境变化、各种生理刺激以及致病因素对身体的影响等。世界卫生组织提出，"健康不仅是躯体没有疾病，还要具备心理健康、社会适应良好和有道德"②。"健康"与其他概念一样，它不是与生俱来的，而是人们在个体成长和社会生产生活过程中被逐渐建构出来的，并依据这一概念体系进一步观察、分析和理解自身所处的世界。20 世纪 80 年代以来，在可持续发展思想的推动下，生态问题引起全球关注，尤其是"社会的发展和生活水平的提高，使健康的概念逐渐拓展为完全的体质健康、精神健康和完美的社会生活状态。21 世纪全球环境变化和经济全球化的进程，又使得'社

---

① 金波，丁华东，倪代川. 数字档案馆生态系统研究[M]. 北京：学习出版社，2014：363-364.

② 百度百科. 健康. [EB/OL]. [2019-2-1]. https://baike.baidu.com/item/%E5%81%A5%E5%BA%B7/352662？fr=aladdin.

会——发展——生态健康'研究面临前所未有的战。"①现代社会，健康概念不断拓展，健康含义日益广泛，包括生理、心理以及社会等各方面，如身体健康、心理健康、思想健康、道德健康、社会健康、生态健康等。"任何人都非常关心自己的健康、珍惜自己的健康，健康已经是一个深入人心的概念，因此，将'健康'这样激动人心的词汇赋之于生态系统，必能唤起公众更高的环境保护热情。同时，对于普通公众而言，'健康'已经是一个耳熟能详的概念，用这个词来修饰生态系统使人容易理解，方便了科学家、决策者与普通公众之间的交流。"②

2. 生态健康内涵

生态健康(也称生态系统健康，本书中所提到的"生态系统健康"与"生态健康"同义，后文对此不再进行特别区分)作为一种新的思维方式，一般是指"居民的衣食住行环境及其赖以生存的生命支持系统的代谢过程和服务功能的健康程度，包括居民的生理和心理生态健康、产业系统和城市系统代谢过程的健康、景观与区域生态系统格局和生态服务功能的健康，以及人类生态意识、理念、伦理和文化的健康。"③可以说，生态健康的核心是指人与其所赖以生存的环境之间关系的健康，"不仅包括个体的生理和心理健康，还包括人居物理环境、生物环境和代谢环境的健康，以及产业、城市和区域生态系统的健康"④，它是以人、社会、环境的平衡为基础，没有人、社会和环境等各要素之间的平衡，就没有良好的"生态健康"⑤。生态健康作为一种新的思维方式，旨在"用整体论的眼光去看待生态系统所发生的'病变'，试图用系统的方法医疗或者预

---

① 蒋正华. 社会、发展与生态健康[J]. 科技导报，2005(3)：8-11.

② 张志诚，牛海山，欧阳华. "生态系统健康"内涵探讨[J]. 资源科学，2005(1)：136-145.

③ 蒋正华. 社会、发展与生态健康[J]. 科技导报，2005(3)：8-11.

④ 蒋正华. 社会、发展与生态健康[J]. 科技导报，2005(3)：8-11.

⑤ 谢永明. 生态健康、可持续发展与生态文明之关系[J]. 前进论坛，2013(11)：56-57.

防这些疾病，而一改以前那种头痛医头、脚疼医脚的传统。"①一般来说，检验生态系统管理是否达到预期目标，其主要考量因素便体现为是否实现可持续性效果，突出表现在是否维持了生态系统的完整性，包括生态系统健康（即生态系统在自然状态下能够成功地运作）、生态系统弹性或恢复力（即生态系统受到干扰后，维持必要的功能、多样性和结构，使之恢复并保持生产的能力）与生态系统潜力（即保持持续利用的能力）等。② 可见，生态系统健康是检验生态系统管理的重要指标，是确保生态系统能够在现有状态下成功实现系统功能的基础，"生态系统健康不仅指功能上的健康，还包括应对变化的能力"③，旨在"推进一种将人与环境视为相互关联的系统而不是孤立处理问题的系统方法，通过生态恢复、保育和保护去促进人、生物和生态系统相互依赖的健康"④，它是人类社会持续健康发展的根本保证，"一个健康的生态系统是稳定的和可持续的，在时间上能够维持它的组织结构和自治，也能够维持对胁迫的恢复力"⑤。

生态健康是一个较为复杂的概念，直至目前还没有形成一个较为确切公允的概念界定。一般来说，"生态系统健康是指一个生态系统所具有的稳定性和可持续性，即在时间上具有维持其组织结构、自我调节和对胁迫的恢复能力"⑥，主要具有以下特征："不受对生态系统有严重危害的生态系统胁迫综合征的影响；具有恢复

---

① 牛海山，欧阳华. 生态（系统）健康概念和科学内涵［A］//生态健康与科学发展观——首届中国生态健康论坛文集，2004：188-198.

② ［英］E. 马尔特比，等. 生态系统管理：科学与社会问题［M］. 康乐，韩兴国，等，译. 北京：科学出版社，2003：10-12.

③ ［英］E. 马尔特比，等. 生态系统管理：科学与社会问题［M］. 康乐，韩兴国，等，译. 北京：科学出版社，2003：39.

④ 蒋正华. 社会、发展与生态健康［J］. 科技导报，2005(3)：8-11.

⑤ 曾晓舵，常荣，郑习健. 生态系统健康评价及其问题［J］. 生态环境，2004(2)：287-289.

⑥ 尹连庆，解莉. 生态系统健康评价的研究进展［J］. 环境科学与管理，2007(11)：163-167.

力，能够从自然的或人为的正常干扰中恢复过来；在未投入的情况下，具有自我维持能力；不影响相邻系统，也就是说健康的生态系统不会对别的系统造成压力；不受风险因素的影响；在经济上可行；维持人类和其他有机群落的健康。"①

随着全球生态环境问题的日益加剧，人们对生态健康普遍关注，生态健康与政治、经济、社会、文化等之间关系日益紧密，具有鲜明的学科交叉性，涉及生态学、物理学、伦理学、社会学、文化学、艺术学、经济学以及信息学等学科理论与知识，旨在"综合社会科学、自然科学和健康科学的知识，研究生态系统管理的预防性的、诊断性的和预兆性的特征，以及生态系统健康与人类健康之间关系"②，它是"一门研究人类活动、社会组织、自然系统的综合性科学"，"反映了该复杂系统及其各组分的状态及其过程，是一门综合的、多尺度的、动态的、分级的测量组织、活力和恢复力的科学"③。当前，生态健康已经不再仅仅是一个生态学上的概念，"而是一个将生态——社会经济——人类健康三个领域整合在一起的综合性定义"④；从社会实践视角观察，"生态健康是一个宏观整合过程、观念升华过程、规划修编过程、产业转型过程、知识创新过程、文明凝练过程、奉献参与过程以及人和环境的再塑造过程"⑤；"生态健康的基础是平衡，与自然的平衡，与生态的平衡，与经济社会发展的平衡，与生物圈的平衡，与工业发展的平衡，与城市和区域发展的平衡等"⑥，需要全球科学家、各国政府、工商

① 肖风劲，欧阳华，牛海山. 生态系统健康与相关概念的逻辑关系[J]. 生态学杂志，2003（2）：56-59.

② 王庆礼，等. 生态系统健康学：理论与实践[M]. 沈阳：辽宁科学技术出版社，2007：1.

③ 肖风劲，欧阳华，牛海山. 生态系统健康与相关概念的逻辑关系[J]. 生态学杂志，2003（2）：56-59.

④ 李瑾，安树青，等. 生态系统健康评价的研究进展[J]. 植物生态学报，2001（6）：641-647.

⑤ 蒋正华. 社会、发展与生态健康[J]. 科技导报，2005（3）：8-11.

⑥ 谢永明，李文军，刘援. 再论可持续发展、生态健康与生态文明[J]. 环境与可持续发展，2015（6）：146-148.

企业界和社会公众之间通力合作，在区域乃至全球范围内结成前所未有的合作联盟关系，并形成一种新型的生态文化，为生态系统健康状态提供一种客观的度量标准，以及提供一个有效的管理目标。

（二）数字档案资源生态健康解析

随着档案信息化建设的持续推进，档案工作与政治、经济、社会、文化、生态等之间深度融合，数字档案资源不仅成为国家档案资源的主体形态，而且是数字信息资源的重要组成部分，是数字时代社会记忆不可或缺的记忆载体，"其保存与利用不仅有利于推进国家的文化传承与发展，致力于文化软实力的增强实现文化强国，还有利于推动档案创新与利用方式变革，提升档案部门的社会影响力。"①为此，借鉴生态健康理念与知识，探讨和分析数字档案资源生态健康内涵及其特征，这不仅是数字档案资源生态管理的内在要求，体现出数字档案资源建设发展中的生态思维和生态原则，而且有利于推进新时期国家数字档案资源建设的顶层设计，从战略层面科学规划国家数字档案资源可持续发展，激活数字档案资源的生态活力与社会档案信息消费，充分发挥数字档案资源社会价值，满足数字时代日益增长、日益多元的数字档案资源利用需求。

1. 数字档案资源生态健康内涵

随着生态文明建设的系统推进，生态健康内涵不断拓展，它不再单纯是环境保护领域的概念，而是一种崭新的思维方式，强调以人为中心，寻求人与环境之间的最佳平衡，在社会各领域中得到广泛应用。如金波等在《数字档案馆生态系统研究》中指出："数字档案馆生态系统健康"是指"数字档案馆生态系统的稳定性和可持

---

①　牛力，赵迪，韩小汀. "数字记忆"背景下异构数据资源整合研究探析［J］. 档案学研究，2018(6)：52-58.

续性，在运行中保持其结构和功能的能力"①。数字档案资源生态健康概念的提出，正是生态健康概念及其理念在档案学研究中的具体应用，它不仅是对数字档案资源建设发展提出的一种内在要求，而且是数字档案资源建设发展的追寻目标与理想状态。生态学视域下的生态健康概念，它面对的是社会生态环境恶化的客观现实，旨在追求人与社会之间的可持续发展；同理，数字档案资源生态健康也必然要立足数字档案资源建设发展现状，直面数字档案资源建设发展问题，着力探讨数字档案资源健康可持续发展的有效路径与实践策略，有序推进国家数字档案资源体系建设。

当前，数字信息资源建设突飞猛进，呈现出井喷式增长态势，"对知识积累、文化记忆和经济社会发展等发挥着重要作用，对数字信息资源的保存成为保护人类文明记忆、提高一国国际竞争力的重要因素。"②与此同时，数字信息资源建设也同样面临着诸如"存储介质的长期可靠性，数据格式的长期可用性，存储系统的长期可靠性以及在变化格式及其提供机制下的内容完整性和内容的可使用性"③等严峻挑战，往往会导致数字信息资源大量损坏、损毁甚至消失，不利于数字信息资源的长期安全保存和可持续利用。数字档案资源生态健康正是基于数字档案资源建设发展自身面临的现实问题而提出的创新性概念，它是对数字档案资源自身状况的正向描述，具有强烈的正相关性，旨在突出数字档案资源建设发展的良好状态和发展态势，是数字档案资源建设发展的追寻目标和基本要求，体现着数字档案资源建设的数量、质量及其结构状况。数字档案资源生态健康涉及档案学、信息学、生态学、社会学等诸多学科，需要综合相关学科理论与知识，深入研究数字档案资源生态健康指标、特征及其评估，系统探讨数字档案资源生态健康与数字档

289

① 金波，丁华东，倪代川. 数字档案馆生态系统研究[M]. 北京：学习出版社，2014：368-369.

② 马费成. 保存中国的数字记忆[N]. 人民日报，2016-3-4(7).

③ 张晓林，吴振新，等. 国家数字科技文献资源长期保存体系的战略与实践[J]. 图书馆杂志，2017(12)：14-19.

案馆(室)建设、档案事业发展以及国家信息资源建设等之间的关系。数字档案资源生态健康是数字档案资源可持续发展的直接体现，主要表现为数字档案资源数量适度、质量优良、结构合理、类型多样、内容丰富、功能良好等，具有较好的可读性、可用性、可靠性与稳定性等，体现为数字档案资源建设发展过程中的生态平衡、协调运行与共建共享等生态健康目标。数字档案资源生态健康是数字档案馆生态系统健康运行及其功能实现的内在要求，是数字时代国家档案事业可持续发展的根本要求，不仅关系到新时期国家档案资源体系建设战略的有效实施，而且事关国家数字信息资源建设的顶层设计，攸关国家数字信息资源的信息竞争力与社会影响力的强弱。

2. 数字档案资源生态健康特征

"'生态系统健康'作为一门科学而存在的理由就在于为生态系统功能完好性的诊断提供客观判据"①。数字档案资源生态健康是数字档案馆生态系统健康的内在要求，研究和探讨数字档案资源生态健康状况及其基本特征，正是为评判数字档案资源建设发展状况提供"客观判据"，不仅有利于深化数字档案资源研究内涵，为数字档案资源建设提供理论指导和实践依据，而且有利于推进数字档案馆生态系统健康状态评估，为数字档案馆生态系统的良性运行与档案事业的可持续发展提供决策指导。综合观察，数字档案资源生态健康特征主要表现在动态性、相对性、协同性等方面：

（1）动态性

数字档案资源作为新型档案资源，它的生成方式、来源渠道以及管理过程等均具有动态开放性特征，会不断地与外部环境间进行物质流、信息流、能量流的传递与转换，对数字档案资源生态健康产生直接影响，具有联动效应，极有可能出现某些因素导致数字档案资源原有健康状态发生变革等。从其生成方式来看，数字档案资

---

① 张志诚，牛海山，欧阳华."生态系统健康"内涵探讨[J].资源科学，2005(1)：136-145.

源一直处于动态性的增长过程之中，既包括了存量档案资源的数字化转换部分，也包括增量档案资源的电子化部分，还包括大量在线直接采集的网络数字资源等；从其来源渠道来看，数字档案资源产生于国家机构、企事业单位以及个人等生产生活中直接形成的数字化记录，且源源不断；从其管理过程来看，数字档案资源存储载体、保存空间以及运行环境等，会经常与处于变化变动之中，始终处于动态的调整、转换与变革状态。

（2）相对性

生态健康是对数字档案资源建设发展状态的概念描述，体现的是数字档案资源建设发展状况是否适应快速发展的档案事业发展态势，是否满足社会日益增长的多元数字档案资源利用需求等。一定意义上说，确保生态健康既是数字档案资源建设发展的目标追求，也是社会多元数字档案资源利用需求驱动使然。诚如上文所述，数字档案资源生态健康具有动态性特征，决定了数字档案资源建设发展过程始终处于动态变化之中，其生态健康状况也相应地保持联动变化，使得数字档案资源生态健康状态也一直保持在相对变换状态之中。换句话说，数字档案资源生态健康并不是绝对健康，而是一种相对健康，是一种相对状态，且具有可持续发展的成长空间。一方面，数字档案资源生态健康始终处于动态变化过程之中，过去处于健康状态不代表现在以及将来仍处于健康状态，需要动态地实施健康监测与维护；另一方面，数字档案资源建设发展过程中与外部环境之间要始终保持物质、能量、信息的交流，外界对数字档案资源生态健康的评判标准也具有现实差别，从而导致对数字档案资源生态健康状况的认识上具有相应差别。

（3）协同性

291

数字档案资源生态健康具有动态性，且始终处于是相对健康状态，这不仅是对数字档案资源生态健康客观状态的准确定位，而且体现出生态健康作为数字档案资源建设发展的追寻目标，需要及时采取相应的措施来维护、优化数字档案资源的健康状态及其外部环境，使得数字档案资源健康保持良好的运行状态和发展态势。在数字档案资源建设过程中，需要充分调动数字档案资源形成者、管理者与利用者等各方主体的积极性，并从数字档案资源的生成源头抓起，协调各方利益，协同各业务管理环节，确保数字档案资源收集、鉴定、整理、保存、开发、利用等各管理环节畅通的，保障数字档案资源建设管理活动有序推进，促进数字档案资源与外部环境之间协同发展。

二、数字档案资源生态健康评价

生态健康是对数字档案资源建设发展状态的一种质性描述，既是对网络环境下数字档案资源生态安全管理提出的目标导向，也是新时期数字档案资源建设发展的内在要求；同时，在数字档案资源建设过程中，危及档案实体安全、信息安全、保密安全、隐私安全以及网络安全等风险因子广泛分布，风险危害普遍存在，不仅需要及时采取有效的风险防范措施，及时应对风险威胁，降低、化解各类风险危害；而且需要强化数字档案资源生态管理主体的生态健康意识，树立生态健康评价思维，确定评价指标，科学评估数字档案资源生态健康状态，为数字档案资源生态管理提供理论指导和决策依据。

（一）生态健康评价

随着生态环境问题的全球化发展，激发了公众对生态环境问题的广泛关注，人们对生态环境恶化带来的严重后果认知日益加深，逐渐认同需要"通过一种充分综合社会和经济目标的自然资源管理方法，达到恢复和维持生态系统健康、生产力和生物多样性以及生命整体质量"①，以达到强化生态系统管理，维持、优化生态系统的稳定性和功能性等目标，促进人与环境之间的健康可持续发展。

292

————————

① ［英］E. 马尔特比，等. 生态系统管理：科学与社会问题［M］. 康乐，韩兴国，等，译. 北京：科学出版社，2003：5.

众所周知，生态健康已经成为现代社会的关注焦点，它与人类健康、经济发展以及社会环境等之间存在着紧密联系，它们之间相互关联、相互影响、相互制约，需要"以生态学、经济学、社会学和健康学等研究为基础，探讨人类活动、经济活动、社会活动等对人类健康、环境变化、经济发展、社会进步的影响，将人类的文化价值取向与生态系统进行融合，综合分析判断生态系统的健康状态。"①

20 世纪 80 年代以来，生态健康理念及其相关理论备受关注，如何鉴别生态质量、强化生态治理、优化生态环境，已经成为 21 世纪科学研究的热点问题。Rapport 首次论述了生态系统健康（Ecosystem Health）内涵，认为它是指一个生态系统所具有的稳定性与可持续性，即在时间上具有维持其组织结构、自我调节和对胁迫的恢复能力②。生态系统健康可以通过活力（Vigor）、组织结构（Organization）和恢复力（Resilience）等进行定义③。当前，生态健康评价成为评判生态系统健康状况的重要手段，探讨和分析生态系统健康评价目的、功能及其实施方法、手段、路径等已经成为生态系统研究领域的重要内容。生态健康评价是生态系统管理的一种有效手段，它通过设定生态系统评价指标体系，对生态系统的健康状态进行量化评判，并借鉴政治学、经济学、社会学、文化学等理论与知识，综合判定生态系统健康状态，为生态系统管理提供决策依据和行动指导。生态系统健康评价的目的"是在一个生态学框架下，结合人类健康观点对生态系统特征进行描述——定义人类所期望的生态系统状态……确定生态系统破坏的最低和最高阈限，在明确的可持续发展框架下进行保护工作，并在文化、道德、政策、法

---

① 金波，丁华东，倪代川. 数字档案馆生态系统研究［M］. 北京：学习出版社，2014：367.

② Rapport D J. What Constitutes Ecosystem Health？［J］. Perspectives in Biology and Medicine，1989(1)：120-132.

③ Rapport D J，Costanza R，Mcmichael A J. Assessing ecosystem health［J］. Trends in Ecology & Evolution，1998(10)：397-402.

律、法规的约束下，实施有效的生态系统管理。"①

　　生态健康评价指标选择的途径主要有单一途径和综合途径，单一途径只侧重应用生物或理化方面的指标，综合途径则同时考虑了不同范畴的评价指标，其中还包括生命支撑系统对社会经济和人类健康作用的指标，以期获得综合全面的结果。在生态系统健康评价实践中，所选指标的不同往往反映了具体的评价对象、评价目标以及评价者知识背景和理论依据的差异。目前，常用的生态系统健康评价方法主要有指示物种法、指标体系法两种②：指示物种法主要是通过监测生态系统中指示物种对环境胁迫的反应来间接评价生态系统的健康状况，如种群数量、生物量、年龄结构、毒理反应、多样性等重要的生理指标等。指示物种法最初在水生生态系统健康的评价中得到广泛应用，随后逐步发展成为生态系统健康评价的基本方法，该方法比较简单，容易操作，但是缺乏完善的指示物种筛选标准，指示物种选取的好坏直接影响到评价结果的可靠性。指标体系法主要是通过选取相关测量指标来评判生态系统健康状态，其评价指标包括生态指标、物理化学指标、社会经济指标三大类，其中，生态指标是反映生态系统特征和状态的生物指标，它分为生态系统、群落、种群与个体等不同层次的指标或指标体系；物理化学指标是检测生态系统非生物环境的指标；社会经济指标着眼于生态系统对人类生存与社会发展的支持作用，采用经济参数和社会发展的环境压力指标等来衡量生态服务质量与可持续性。

　　随着生态健康评价研究深入，生态系统健康评价理论及其实践在城市生态系统、企业生态系统、金融生态系统、信息生态系统、网络生态系统等领域得到广泛应用，为数字档案资源生态健康评价提供了理论支持与实践参考。城市生态系统健康评价主要基于由人工环境、物理环境、社会环境、经济环境、文化环境、政治环境等

---

　　①　马克明，孔红梅，等. 生态系统健康评价：方法与方向[J]. 生态学报，2001(12)：2106-2116.

　　②　孙燕，周杨明，等. 生态系统健康：理论、概念与评价方法[J]. 地球科学进展，2011(8)：887-896.

组成的城市生态系统，旨在加强城市生态系统健康评价技术手段和方法论研究，重视城市生态系统功能失调的研究与预防性措施，为受损城市生态系统功能的恢复提供指导，为城市发展、规划与管理提供科学依据①。企业生态系统健康评价着重从企业生态系统结构属性、环境要求、生产力、持续力和协调管理机制要求等方面，分析企业生态系统的环境条件、生产能力、产品质量、服务水平、发展前景等健康问题②。金融生态系统健康评价着重评价金融生态系统在媒介资金融通过程中的效率，金融生态系统对内外部环境的适应性，以及金融生态链的健全性等方面，它们直接影响着金融支持经济的持续、健康、快速发展，需要从金融生态链、生态主体和生态环境几方面进行优化③。信息生态系统健康评价主要是基于生态系统健康思维和方法，从信息生态系统的构成要素、内部结构、功能机制和作用表现等方面探索、归纳、总结和优化信息生态系统健康评价指标体系，并依据评价指标对信息生态系统健康状况进行科学判断、合理归类和有效评估④。网络信息生态系统健康评价着重从保持网络信息生态平衡、传播适度的内在与外在控制因素（自然因素、社会因素、个人因素等）等方面，构建网络信息生态系统评价指标体系，分析网络信息生态系统健康状况⑤。

（二）数字档案资源生态健康评价辨析

　　生态健康是对数字档案资源状态的一种正向描述，体现的是对

---

　　① 陈亮，王如松，周文华，陈敏. 城市生态学与生态健康［J］. 科技导报，2005（3）：12-15.
　　② 胡斌，章仁俊，邵汝军. 企业生态系统健康的基本内涵及评价指标体系研究［J］. 科技管理研究，2006（1）：59-61.
　　③ 杨林，颜金林. 我国金融生态系统健康状况分析［J］. 经济研究导刊，2007（3）：65-67.
　　④ 李玉杰，刘志峰. 信息生态系统健康的内涵、本质及评价体系研究［J］. 科技管理研究，2009（6）：263-266.
　　⑤ 赵需要，周庆山，张文德. 网络信息生态系统评价指标体系构建方略［J］. 情报学报，2009（2）：303-30.

数字档案资源建设发展的一种价值期许，是数字档案资源建设的追寻目标和基本要求，对数字档案馆建设、数字档案馆生态系统协调运行以及国家档案事业可持续发展等具有重要意义，不仅需要从学理层面厘清数字档案资源生态健康的概念内涵，而且需要对数字档案资源健康状态的客观状况进行科学评估，并以评估结果作为进一步推进数字档案资源建设发展的决策依据。数字档案资源生态健康状况评价是一项极为复杂的专业性工作，需要明确评价目的，厘清评价流程，确定评价主体，选择评价方法，以便总结数字档案资源建设经验，为数字档案资源健康可持续发展提供决策依据和实践指导。

1. 数字档案资源生态健康评价概念

生态健康不仅攸关数字档案资源可持续发展，制约国家档案资源体系建设战略的实施推进，而且是数字档案馆生态系统保持生态健康状态的基础支撑，对数字时代国家档案事业可持续发展具有直接影响。准确评价数字档案资源生态健康状况，有利于全面了解数字档案资源建设发展现状及其存在的问题，为破解数字档案资源建设难题、防范数字档案资源生态风险等提供决策参考。数字档案资源生态健康评价，旨在立足数字档案资源生态平衡、协调运行、共建共享等生态健康目标，围绕数字档案资源的可读性、可用性、可靠性与稳定性等生态安全要求，科学构建数字档案资源生态健康评价指标体系，对数字档案资源的规模、质量、结构、内容、功能等进行量化测评，综合评判数字档案资源建设发展的健康状况，掌握数字档案资源建设发展过程中面临的现实难题，确保相关决策科学可行。

2. 数字档案资源生态健康评价功能

当前，评价(评估)已经成为检验工作进展与事业发展的有效手段，有利于在实践中进一步了解发展现状和存在的问题，为制定对策以应对发展问题、发展难题、发展挑战等提供决策依据。对数字档案资源生态健康状况的把握同样需要通过科学评价来准确定位，并以此为依据达到数字档案资源生态健康评价的初衷。为此，需要强化档案工作者尤其是档案管理者对数字档案资源生态健康评价功能的认识和理解，为数字档案资源生态健康评价的实施奠定思想基础。数字档案资源生态健康评价功能主要有：

一是优化数字档案资源结构体系。通过对数字档案资源生态健康状况进行评价，"可以发现数字档案馆馆藏档案收集范围、渠道、方式、方法中的薄弱环节，掌握档案信息资源的管理状况，如传统档案的数字化状况、电子档案接收与保管状况、档案信息的分布状况，以及相关网络档案信息的采集捕获情况等，找出档案信息资源管理中存在的问题，可有的放矢地加强档案信息资源的收集、采集与捕获工作，丰富馆藏档案信息资源内容，提升馆藏档案信息资源质量，加快数字档案信息资源建设，促进数字档案信息资源的集成。"①

二是提升数字档案资源信息服务水平。通过对数字档案资源生态健康状况进行评价，可以发现数字档案资源信息服务中存在的主要问题和实际难点，"有利于进一步探索数字档案信息资源的利用方式和服务渠道，建立和完善数字档案信息资源开发利用体系，实现数字档案信息资源的深度开发、及时处理、安全保存、快速流动和有效利用"②，为提升数字档案信息服务水平奠定资源基础，提高数字档案馆信息服务能力，促进数字档案资源的社会共享。

三是消解数字档案资源生态风险。通过对数字档案资源生态健康状况进行评价，不仅可以准确把握数字档案资源的数量质量、结构体系、信息内容等客观表征，而且还可以判定数字档案资源的可读性、可用性、可靠性等质性状况，有利于掌控数字档案资源面临的风险因子、风险程度与风险危害，加强人工干预，增强调控能

297

---

① 金波，丁华东，倪代川. 数字档案馆生态系统研究［M］. 北京：学习出版社，2014：370-371.

② 金波，丁华东，倪代川. 数字档案馆生态系统研究［M］. 北京：学习出版社，2014：371.

力，为数字档案资源风险管理提供决策参考。

3. 数字档案资源生态健康评价流程

评价流程是组织实施评价实践活动的基本程序，有利于指导评价实践活动的有序实施，可分为评价全过程的整体流程和评价实施阶段的具体流程两部分。其中，"整体流程"分为评价准备阶段、评价实施阶段和评价结果利用阶段，"具体流程"包括确定评价对象、目标、计划和搜集资料信息等评价准备阶段，构建评价指标体系、选择科学评价方法、得出评价结论等的评价进行阶段，以及评价结果的检验与修正为主的评价结束阶段①。

数字档案资源生态健康评价流程与其他评价活动的实施流程基本相同：

第一，需要明确数字档案资源生态健康评价内容，选择合适的具体评价指标对象，并依此科学构建数字档案资源生态健康评价指标体系，为后续具体评价实施工作奠定操作基础；

第二，确定评价主体和评价方法，确保后续数字档案资源生态健康评价过程的有序推进；

第三，围绕具体评价指标进行相关调研，全面收集相关评价信息数据，并负责组织实施评价活动；

第四，计算评价结果，检验分析评价结果的合理性；

第五，撰写数字档案资源健康状况评价报告，并根据评价反馈评价意见。

数字档案资源生态健康评价流程参见图7-1。

4. 数字档案资源生态健康评价方式

数字档案资源生态健康评价是一项较为复杂性的工作，不仅依赖科学的评价指标体系，而且需要选择具有可操作性的评价实施方案；其中，评价方式是数字档案资源生态健康评价实践的活动载体，

---

① 邱均平，文庭孝，等. 评价学：理论·方法·实践[M]. 北京：科学出版社，2010：131-132.

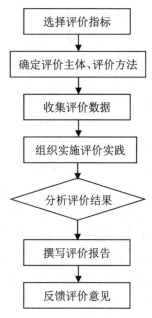

图 7-1　数字档案资源生态健康评价流程示意图①

需要根据评价实际选择合适的评价方式，确保数字档案资源生态健康评价兼具评价指标的科学性与评价方式的可操作性，从而达到数字档案资源生态健康评价的目的。目前，数字档案资源生态健康评价方式主要有问卷评价、会议评价、网络评价等。

（1）问卷评价。问卷评价是现代社会最普遍的评价方式，它在学术研究、社会调查等活动中得到广泛应用，主要是以经过科学设计的调查问卷为基础，通过主动发放、认真填写与客观反馈调查问卷的方法，对数字档案资源生态健康状态进行问卷调研，对调研结果进行统计分析，进而准确把握数字档案资源生态健康状态。问卷评价的关键是评价人选对象的选定和问卷内容的设计。评价人选对象应当以数字档案资源利用者即用户为主，问卷内容设计要以数字

299

---

　　① 金波，丁华东，倪代川. 数字档案馆生态系统研究［M］. 北京：学习出版社，2014：373.

档案资源生态健康评价指标体系为依据，问卷内容不宜太深，以客观题即选择题为主，以主观题即问答题为辅，答卷时间也不宜过长，以确保答卷人员能够真实、客观地答题。

（2）会议评价。会议评价同样是现代社会比较常用的评价方式，有利于直接倾听各方具体评价意见，促进评价互动，提高评价深度。会议评价主要是围绕评价目标，科学设计评价内容，邀请确定会议评价人员，召开专题评价会议。会议评价是数字档案资源生态健康的重要评价方式，有利于实现面对面交流，通过"头脑风暴"、互动交流、定向咨询等方法，掌握数字档案资源生态健康评价第一手资料，为数字档案资源生态健康评价提供"思想库"。会议评价方法的优点是便于充分讨论交流，集思广益；便于总结经验和教训，形成较为全面的评价意见。其缺点是容易受权威人士评价意见的左右，影响评价结果的公正性。会议评价的关键是选好评价人员，确保评价人员要具有专业性、代表性和权威性，熟悉数字档案资源建设理论与实践；与此同时，还要合理安排好会议评价议程，及时总结评价意见，确保会议效果达到预期目的。

（3）网络评价。网络评价是当前各种评价活动广泛采用的评价方式，已经成为政府、企事业单位以及个人开展评价调研重要选项，有利于及时推进数字档案资源生态健康评价，增强数字档案资源生态健康评价的互动性、参与性和准确性。在数字档案资源生态健康评价评价过程中，网络评价是基于网络环境下的数字档案资源生态健康评价活动实施方式，它对网络环境、信息设备等高度依赖，主要以网站、微博、微信、QQ、APP等社交网络终端为实施载体，用户通过网络在线参与具体评价活动。随着移动互联技术的快速发展和广泛应用，尤其以微信、微博为代表的社交软件的广泛应用，网络评价方式赢得了网民的广泛参与和支持，它具有参评人员范围广、评价速度快、评价效率高，便于计算机辅助统计分析，最大限度地节省评价时间、经费和人力等优点；缺点是不便于评价人员开展深入的交流和讨论，受技术条件限制，评价内容设计难以把握。

（三）数字档案资源生态健康评价指标

评价指标是攸关数字档案资源生态健康评价实施效果的关键要素，评价指标内容的选择事关数字档案资源生态健康评价指标体系的优劣，对数字档案资源生态健康评价结果具有直接影响，关系到数字档案资源生态健康评价结果的客观与公正。为此，需要围绕数字档案资源生态健康状态科学设计评价内容指标体系，准确揭示数字档案资源的生态健康状况和存在的主要问题，全面反映数字档案资源的建设发展成果，及时总结经验，弥补不足，优化数字档案资源生态健康状态。

1. 数字档案资源生态健康评价指标设计原则

评价指标体系能否正确地反映评价对象的全貌，在很大程度上取决于评价指标设计的科学性与可操作性，科学性与否关系到评价结果的客观性与可靠性，而是否具操作性则关系到评价实施的便捷性与实用性。为确保数字档案资源生态健康评价取得预期效果，指标设计必须遵循以下设计原则：

一是要坚持科学性原则。数字档案资源生态健康评价指标体系设计应科学合理，既要反映出数字档案资源的结构特征、建设要求和发展规律，又要反映数字档案资源的技术特征与发展态势，确保评价指标体系具有领先性和一定的超前性；既要结合数字档案资源建设实际状况，合理把握好标准的尺度和实施的难度，又要充分考虑实践层面的实用性和便捷性，确保评价指标具有针对性和可操作性，所设置的具体评价指标内容要有明确的含义；同时，必须维护数字档案资源生态健康评价指标体系的权威性和严肃性，引导数字档案资源建设可持续发展。

二是要坚持规范性原则。数字档案资源生态健康指标的设计，要充分借鉴已有的相关标准体系，与国家发布的政策性文件和规范性标准相协调。数字档案资源生态健康评价指标体系的设计需要主动以档案信息化、数字档案馆、数字档案资源等相关政策、标准、规范等为依据，科学设置数字档案资源生态健康评价具体内容指标，确保制定的评价指标不仅符合数字档案资源建设发展运行规律和国家数字档案资源建设战略要求，而且要体现出大数据时代用户的数字档案资源实际利用需求。

三是要坚持可操作性原则。任何评价指标体系的设计，可操作性是其首要选择，做到"应用为要 管用为王"，否则，只能是"镜月水花"之流，难具应用价值。数字档案资源生态健康评价指标的选择和设计应具有可测量的特征，要充分考虑评价指标数据的可获得性以及其指标量化的难易性程度等；同时，评价指标体系还应兼具可比性，便于将评价结果进行横向比较和纵向比较，横向比较是指不同数字档案馆(室)之间的数字档案资源生态健康评价结果之间的比较，而纵向比较是指不同阶段、不同时期内数字档案资源生态健康状况的比较。数字档案资源生态健康评价只有在同一评价指标体系下才具有可比性，才能区分数字档案资源生态健康状况的优劣。

四是要坚持动态灵活性原则。数字档案资源发展迅速，尤其是在现代信息技术快速发展与广泛应用的驱动下，数字档案资源的战略地位日益增强，对数字档案资源生态健康评价指标体系的设计应随着现代信息技术的发展与档案事业的数字转型需要而及时动态调整，能随着客观需求的变化及时完善和优化，体现出大数据环境下数字档案资源建设发展的时代特点，使之具有动态性；同时，数字档案资源生态健康评价指标体系设计应具有灵活性和可扩展性，为评价指标体系的优化预留拓展空间，确保数字档案资源生态健康评价指标体系能够与时俱进，准确反映数字档案资源建设发展态势。

五是要坚持代表性原则。数字档案资源建设过程中，需要通过评价等方式及时掌握数字档案资源的生态健康状况，以便有的放矢，为数字档案资源建设发展提供针对性的决策意见与建议。由于数字档案资源生态健康外延具有一定的广泛性和模糊性，涉及的相关要素较多，需要选择最能反映数字档案资源类型特征与建设规律的典型性、主导性的代表性指标，以便客观、准确反映数字档案资源建设发展现状及其生态健康状态。

2. 数字档案资源生态健康评价指标体系内容

数字档案资源生态健康状况直接关系到数字档案馆建设成效与数字档案馆生态系统的健康协调运行，不仅攸关国家档案事业的可持续发展，而且对国家信息资源建设战略也具有一定影响。为此，我们需要高度重视数字档案资源建设，提高站位，凝聚共识，从国家档案事业发展、国家信息资源建设战略乃至国家信息化发展战略层面去观察和定位数字档案资源建设；在实践层面要积极采取有力措施来强化数字档案资源建设的战略地位，增强数字档案资源建设举措的有效性；同时，要高度重视数字档案资源生态健康评价，聚焦数字档案资源建设的广度、深度、亮度、特色与保存状况等，及时揭示数字档案资源的数量、质量和结构等情况，准确把握数字档案资源建设发展现状，为数字档案资源健康可持续发展提供决策依据。

数字档案资源生态健康评价的关键便是其评价指标体系的构建，必须严格遵循数字档案资源生态健康评价指标设计原则，科学确定数字档案资源生态健康评价指标体系内容，这不仅是实施数字档案资源生态健康评价的基础，而且直接关系到数字档案资源健康可持续发展的成败。数字档案资源生态健康评价指标涉及面广，需要在评价指标体系内容设计中全面考察影响数字档案资源生态健康的相关要素，系统分析数字档案资源建设发展实际成效，综合评估数字档案资源生态健康状况。数字档案资源生态健康评价指标的构建需要从数字档案资源的数量、质量、结构、特色以及其保存状况等方面全面反映数字档案资源建设发展状况，重点考察数字档案资源的可读性、可用性、可靠性、丰富性、特色性与稳定性等客观性能，具体评价指标主要涉及数字档案资源载体、内容、结构、管理、技术、人员、保存、服务、利用等方面，总体可分为4类13种具体指标，即基础指标（载体性能、内容质量、结构特征）、管

303

理指标(人力资源、规章制度、管理机制)、安全指标(系统平台、信息存储、风险预警、风险应对)与利用指标(档案信息服务、档案资源共享、档案信息利用)(参见表7-1)。

表7-1　数字档案资源生态健康评价指标体系(参考样表)

一级指标	二级指标	指标说明	取值范围	评分
基础指标 (总分 30分)	载体性能 (总分10分)	档案信息存储载体的稳定性、先进性、便捷性、可迁移性等	0~10	
	内容质量 (总分10分)	档案信息内容的真实性、完整性、规范性、特色性等;档案信息内容的可获取、可复制、可转换等可用性	0~10	
	结构特征 (总分10分)	档案信息资源的规模状况、种类类别、呈现形式等	0~10	
管理指标 (总分 20分)	人力资源 (总分5分)	档案管理者队伍状况及其基本素质、专业技能、信息素养和学术水平等综合素质	0~5	
	规章制度 (总分7分)	数字档案资源标准规范、数字档案资源业务规范以及数字档案资源管理制度等的科学性与实用性	0~7	
	管理机制 (总分8分)	数字档案资源备份机制、风险预警机制、安全保障机制、共建共享机制、技术研发与应用机制等管理机制的健全性和有效性。	0~8	

续表

一级指标	二级指标	指标说明	取值范围	评分
安全指标 （总分 30分）	系统平台 （总分6分）	数字档案资源业务管理系统、服务利用系统、安全监测系统等系统平台的先进性、兼容性、可用性、稳定性、安全性等	0~6	
	信息存储 （总分8分）	数字档案资源保存机制、保存技术、保存效果、备份情况等存储状况	0~8	
	风险预警 （总分8分）	数字档案资源风险因子监测与分析，数字档案资源风险预警技术、预警机制、预警指标、预警状况等	0~8	
	风险应对 （总分8分）	数字档案资源风险防控机制的完善性、风险应对策略的有效性、风险应对技术的先进性等	0~8	
利用指标 （总分 20分）	档案信息服务 （总分8分）	档案信息服务方式的多元性、便捷性与智能化	0~8	
	档案资源共享 （总分6分）	档案资源共建共享机制；档案资源共享平台；档案资源共享规模。	0~6	
	档案信息利用 （总分6分）	档案信息利用便捷性及其利用率；档案信息利用的经济效益、社会效益等利用效果；用户数字档案资源利用反馈机制及其满意度等。	0~6	
备注：评分结果分为四个等第，分别是优秀、良好、合格、不合格；相应的评分取值范围对应为：优秀：86~100；良好：70~85；合格：60~69；不合格：0~59				

毫无疑问，科学设计评价指标体系是实施数字档案资源生态健康评价的基础，而指标体系设计的科学与否则直接攸关数字档案资源生态健康评价的结果信度与效度，本书所设计的"数字档案资源生态健康评价指标体系"仅仅是样表，只是在理论层面对数字档案资源生态健康评价涉及的相关要素进行了初步梳理，对各评价指标的选择及评分赋值也仅仅是基于理论层面的主观设定，并未进行实践检验。实际上，数字档案资源生态健康评价指标体系的设计，需要综合各方因素，既涉及数字档案资源数据质量标准，又涉及数字档案资源内容结构；既涉及数字档案馆载体状况，又涉及数字档案资源信息内容；既涉及数字档案资源业务管理环节，又涉及数字档案资源体系结构；既涉及数字档案资源存储状况，又涉及数字档案资源利用情况；既涉及数字档案资源建设制度规范，又涉及数字档案资源管理体制机制，既涉及数字档案资源管理者，又涉及数字档案资源形成者和利用者；既涉及数字档案资源对象客体，又涉及数字档案资源管理服务主体；既涉及数字档案资源离线存储环境，又涉及数字档案资源在线网络运行环境；既涉及数字档案资源的应急管理应对机制，又涉及数字档案资源风险防范预警机制；既涉及数字档案资源共建共享水平，又涉及用户数字档案资源利用满意度等。总之，数字档案资源生态健康评价是一项综合性、复杂性、系统性工程，数字档案资源生态健康评价指标包罗万象，对实施数字档案资源生态健康评价既需要综合考虑宏观微观要素，又要坚持可行性与可操作性原则，还要强化评价结果的科学验证和评价反馈。本书设计的《数字档案资源生态健康评价指标体系(参考样表)》是一项参考性指标体系及其主观性赋值，仅供档案部门实施数字档案资源生态健康评价参考借鉴，需要各级档案部门在具体实施数字档案资源健康评价时根据实际进行针对性设计调整。

三、数字档案资源生态健康保障

随着大数据、云计算、物联网与人工智能等现代信息前沿技术的快速发展与广泛应用，不仅促进了数字档案资源的广泛生成与快速增长，而且对数字档案资源的有效收集、科学整理、安全保存、共享利用等带来重大挑战，数字档案资源生态健康问题引起人们广泛关注，如何确保数字档案资源生态健康，维护数字档案资源生态安全，促进数字档案资源的共建共享，已经成为新时期档案工作者必须承担的时代责任与专业使命。随着数字档案资源的建设的持续推进，需要重点加强数字档案资源生态健康的管理保障、技术保障、标准保障和经济保障。

（一）数字档案资源生态健康管理保障

随着数字档案馆生态系统建设的持续推进，数字档案资源生态健康的重要性日益凸显，攸关数字档案馆生态系统的协调运行与健康发展。为此，需要加强数字档案资源的生态健康管理，确保数字档案资源的可读性、可用性、可靠性以及稳定性等生态安全要求，促进数字档案资源建设发展过程中的生态平衡，保障数字档案资源健康可持续发展，实现数字档案资源的共建共享共治。数字档案资源生态健康管理保障主要体现在管理制度建设与管理体制运行两方面，前者旨在通过完善制度体系，提高数字档案资源管理水平，为数字档案资源的序化管理和规范管理提供制度依据；后者旨在通过建立健全数字档案资源生态健康管理的体制机制，畅通数字档案资源生态健康管理实践路径，保障数字档案资源生态管理的协调运行与协同畅通。

1. 完善数字档案资源生态健康管理制度

生态健康是生态文明建设的基础目标，是现代社会发展的内在要求，反映了人类生产生活的基本规律。生态健康管理是维护数字档案资源的生态健康状态，确保数字档案资源建设可持续发展的重要保障，是大数据环境下推进国家档案事业的数字转型、数字升级与数字治理的时代要求。面对数字时代的快速发展，档案部门既需要持续推进传统档案资源的数字转换与数字升级，又要做好大数据环境下原生数字档案资源的数字化收集与数字化管理，协同推进新时期国家档案事业的数字化转型。为此，需要强化制度建设，夯实数字档案资源生态管理制度基础，为数字档案资源生态健康提供强有力的制度保障，一方面确保传统档案资源数字化转换工作的规范、有序，通过现代信息技术激活传统档案资源活力，更好地发挥档案资源的社会价值；另一方面保障原生数字档案资源建设的协调与平衡，实现数字档案资源建设的标准化，推进数字档案资源建设制度化运行，为数字档案资源共建共享奠定制度基础。当前，数字档案资源生态健康管理制度建设主要体现在以下方面：

一是优化数字档案资源建设制度体系。面对大数据时代，数字档案资源建设面临着传统与现代并存、保护与利用同在、保密与共享冲突等客观现实，若处理不当，必然会带来相应的现实问题，甚至可能会导致数字档案资源建设的失序、失真、失衡等不利状况，对数字档案资源生态健康带来现实威胁。为此，需要优化数字档案资源建设的制度体系，确保新时期数字档案资源建设各项工作都有章可循，为数字档案资源建设的制度化管理提供全面的制度保障。数字档案资源建设制度体系的优化涵盖数字档案资源建设的方方面面，既包括传统档案资源数字化转换相关制度，又包括网络时代原生数字档案资源建设相关制度；既包括数字档案资源业务管理制度，又包括数字档案资源开发利用制度；既包括针对数字档案资源客体自身的管理制度，又包括针对数字档案资源建设主体人的管理制度等。

二是完善数字档案资源建设制度内容。数字档案资源是一种新型档案资源，具有区别于传统档案资源的显著特征，如形态的数字化、类型的多样化、管理的在线化、整合的便捷化、开发的多元化、利用的智能化等，既为数字时代国家档案资源建设带来了无限生机，也面临着复杂多样的"数字化风险"，需要强化数字档案资源制度内容建设，对数字档案资源建设面临的各方要素进行充分调研，尤其是大数据环境下的数字档案资源收集、整理、保存、开发、利用等业务管理以及档案数据管理、档案数据开发、档案数据利用、档案数据治理等方面，均需要通过制度内容建设，确保大数据时代数字档案资源建设中的各项业务、各项工作等均"有法可依"，为数字档案资源生态健康奠定制度基础。

三是推进数字档案资源标准规范建设。大数据时代，数字档案资源建设已经成为新时期档案资源建设的核心内容，规范化是数字档案资源建设的基本要求，是衡量档案机构数字档案资源建设水平的核心指标，需要高度重视数字档案资源标准规范建设，形成实现档案数据共享、档案信息集成、档案利用在线、档案全程管理数字化等数字档案资源标准规范内容体系。当前，需要从管理体制、制度、技术方法等方面加强对数字档案资源标准规范体系建设研究，"本着总体规划、顶层设计、基础先行，稳步推进的方针，进一步明确我国数字档案标准体系建设的国家战略，制定国家层面的数字档案标准规范体系建设战略"①，为数字时代国家数字档案资源的高效管理、永久保存、有效利用和共建共享等提供标准规范支持，夯实数字档案资源生态健康管理制度基础。

2. 优化数字档案资源生态健康管理体制

数字档案资源生态健康管理，不仅需要强化制度建设，完善数字档案资源生态健康管理相关制度内容，而且需要优化管理体制，确保数字档案资源生态管理运行的畅通与协调，为数字档案资源生态健康提供优质的管理环境，促进数字档案资源建设可持续发展。"统一领导、分级管理"是在我国长期的档案工作实践中逐步形成建立起来的集中统一型档案管理体制，已经成为我国档案管理体制中最根本的一项组织制度，对国家档案事业建设发展起到了有力推动作用。随着数字时代的到来与深入发展，数字档案馆应运而生，数字档案资源日渐成为国家档案资源体系的重要组成部分，驱动着数字档案资源管理体制的转型与创新。"数字档案馆管理体制的创新并不是要求完全脱离与颠覆现有的体制，而是在

---

① 韩子静，孙晓菲，等. 我国数字档案标准规范体系建设现状分析[J]. 兰台世界，2015(5)：39-40.

现有基础上实施变革和发展"①，需要在继承当前国家数字档案资源管理体制基础上进行必要的创新，进一步优化数字档案资源生态管理机制，满足大数据时代数字档案资源生态健康管理的内在要求，确保生态平衡、协调运行与共建共享等数字档案资源生态健康目标的实现。随着社会转型的进一步加剧和档案馆社会功能的逐步拓展，对大数据时代数字档案资源生态健康提出了更高要求，需要重点从以下三个方面系统推进数字档案资源生态健康管理体制的优化与创新。

一是创新数字档案资源管理方式，实现行政管理职能从微观管理向宏观管理转变。传统环境下，档案馆馆藏档案资源以纸质载体为主，在档案管理实践中以实体管理为主，尤为聚焦档案实体的微观管理，如档案分类体系主要集中在"年代""事由""机构"等微观具体分类原则的选择上；档案安全则聚焦传统实体档案保存场所即档案库房的选择及其安全防控上；档案资源开发则聚焦传统档案文献信息内容的编纂加工即档案编研主题的选择上。数字环境下，档案机构组织、档案资源形态、档案信息内容等均产生了革命性变化，档案资源管理方式也相应地发生变革，使数字档案资源成为数字档案馆生态系统核心生态因子，抓住了数字档案资源这一档案事业建设发展的"牛鼻子"，便掌控着国家档案事业可持续发展的根本；与此同时，数字档案资源自身所具备的数字化形态、高密度存储、便捷化备份、网络化传播、智能化利用等新型优势，决定了数字档案资源管理必须突破传统微观管理局限，更加注重数字档案资源的宏观管理，不断强化国家数字档案资源管理方式的顶层设计，聚焦国家信息化战略与信息资源建设战略，确保数字档案资源在国家信息资源建设战略中占据一定地位，实现数字档案资源与其他信息资源之间的相互补充、相互影响与共建共享，扩大数字档案资源的社会影响力与信息竞争力。

二是创新数字档案资源建设工作模式，实现从传统"国家模

---

　　①　金波，丁华东，倪代川. 数字档案馆生态系统研究［M］. 北京：学习出版社，2014：359.

式"向现代"社会模式"转变。随着社会转型发展的加快推进，"我国档案事业正经历着从'国家模式'向'社会模式'过渡的巨大变革"，相应地，档案理论和实践也经历着从"国家模式"向"社会模式"的转变①。特别是数字档案资源的出现，不仅实现了档案资源形态的数字化变革，而且催生出数字档案馆业态的转型，为档案事业发展从"国家模式"走向"社会模式"奠定了资源基础，有利于促进档案事业发展的转型。大数据环境下，不仅档案资源形态、档案机构业态朝着数字化方向转型，而且档案利用方式也正积极向数字化、智能化、智慧化等方向转变，必须创新数字档案资源建设工作模式，在做好传统"国家模式"环境下的档案工作外，积极推动数字环境下档案事业发展向"社会模式"拓展，扩大档案资源收集范围，拓展档案馆社会功能，拓宽档案利用服务路径，促进新时期国家档案资源建设从传统"国家模式"向现代"社会模式"转变，做好民生档案资源、社群档案资源、红色档案资源等新型主题档案资源建设，深入贯彻落实"以人民为中心"的档案资源建设理念，"打破资源独占、关门运作的旧模式，迎来跨界联手的新格局"，使得开放式、跨领域合作成为大数据环境下数字记忆建设的基本路径，实现历史、文化、科技、艺术之间的完美融合与多样化数字档案资源之间的深度整合，着力打造"构建大众的数字记忆""构建精彩的数字记忆"②，使数字档案资源建设成为大数据环境下数字记忆风景中最为亮丽的记忆风景。

三是创新数字档案资源管理组织形式，积极采取集中式和分布式相结合的综合管理模式。"集中管理"概念源自管理学理论，它是一种基于互联网技术、并面向未来社会发展的新型信息资源管理理念和管理模式，强调一体化的业务管理过程以及知识和数据的统一集中管理，其目的是通过对信息资源的集中管理实现信息的集中控制，确保国家档案信息资源的集中管控和不同部门档案信息资源

311

---

① 张斌，徐拥军. 档案事业：从"国家模式"到"社会模式"[J]. 中国档案，2008(9)：8-10.

② 冯惠玲. 数字时代的记忆风景[N]. 中国档案报，2015-11-19(3).

之间共建共享。"集中管理"是我国传统档案管理的成熟模式和有效选择，数字档案资源集中管理是"对数字档案管理全过程的统一领导和集中管理控制，旨在保证数字档案资源的来源可靠、脉络清晰、真实有效和长期集中保存"，实现数字档案资源的集中监控与管理，达到各级、各部门之间档案信息的资源共享、开发利用与集约服务①；我们在看到集中管理为数字档案资源生态管理带来显著优势的同时，也应看到大数据环境下数字档案资源来源广泛、形态各异、信息异构、系统异构以及信息孤岛、信息烟囱等现象层出不穷，达到完全意义上的数字档案资源集中管理还存在现实困难，需要在集中统一管理基础上，创新数字档案资源管理组织形式，采取集中式和分布式相结合的综合管理模式。当前，"云计算对推动数字档案馆管理与服务的延伸，业务扩展，管理模式以及共建共享的变革具有十分重要的作用"，可以充分"利用'云存储和云服务'特性，打造'低碳经济'档案资源共享与管理新模式，改变档案资源获取和传播的方式"②，创新云环境下数字档案资源的组织管理；充分利用"关联数据"技术构建数字档案资源知识关联组织框架模型，提升数字档案资源关联数据质量，优化档案数据关联关系与关联组织协调机制③；充分发挥集中管理与分布管理的各自优势，"将分散的国家档案信息资源通过云服务平台组织起来，形成一个个档案信息资源服务'云'，并借助这些'云'平台超强的计算能力和低成本、高安全性等特性来提高国家档案信息资源共享效率"④，构建基于云环境的集中式管理与分布式管理相结合的数字档案资源共享与管理新模式，实现数字档案资源的云共享、云管理与云服

①　赵豪迈. 数字档案集中管理研究[M]. 西安：陕西师范大学出版总社，2016：38-39.

②　程结晶. 云技术中数字档案资源共享与管理体系的构建[J]. 档案学研究，2013(1)：38-41.

③　吕元智. 数字档案资源知识"关联"组织研究[J]. 档案学研究，2012(6)：44-48.

④　吕元智. 国家档案信息资源"云"共享服务模式研究[J]. 档案学研究，2011(4)：61-64.

务，促进数字档案资源尽快融入社会信息资源共享与服务体系，提高大数据环境下数字档案资源生态管理效率与效益。

（二）数字档案资源生态健康技术保障

安全是数字档案资源生态健康管理的内在要求，既是数字档案资源生态健康状态的直接反映，也是数字档案资源生态健康管理必由路径。当前，信息社会深入发展，大数据、云计算、人工智能等现代信息技术深度融合，使得现代社会环境日趋复杂，在给人类经济社会发展带来了极大便利的同时也带来了新型挑战，网络安全、信息安全、文化安全、伦理安全等日趋复杂、日益多样、日渐突出，对大数据环境下的档案安全造成严峻挑战，数字档案资源建设面临着来自外在社会风险与内在专业风险的双重影响，如数字档案资源建设管理中的设备安全、网络安全、系统安全、信息安全、数据安全、载体安全以及经济安全、政治安全、社会安全、文化安全等诸多安全隐患，各风险要素之间相互叠加、相互渗透、相互影响，具有客观性、广泛性、连带性、继承性、潜伏性、难以弥补性等特点①，对数字档案资源生态健康产生着复杂深远影响。需要强化数字档案资源安全工作，维护数字档案资源生态健康，确保数字档案资源的可读性、可用性、可靠性与稳定性等，保障数字档案资源的长期安全存储、安全管理与安全利用。数字档案资源生态健康技术保障的核心是强化数字档案资源建设管理过程中的安全保障，具体体现在档案安全的技术应用及其技术研发两方面，前者旨在通过充分利用先进技术增强数字档案资源生态安全应对能力，后者旨在通过加强技术攻关增强数字档案资源生态安全防范能力，它们之间相互协作、相互支持，共同维护数字档案资源的生态健康，全面保障数字档案资源的生态安全。

313

---

① 冯惠玲，王健，等. 电子文件风险管理［M］. 北京：中国人民大学出版社，2008：9-13.

1. 数字档案资源生态健康之技术应用保障

当前，数字化生存是我们所处时代的重要特征，"我们日常生活的各个方面，如文献阅读、信息查找、工作学习、科学研究、文化娱乐、消费购物、社会交往等都离不开数字技术。"①随着信息社会的深入发展，档案信息化快速推动数字档案馆生态系统逐步形成，"数字化"业已成为新时期国家档案事业发展的"关键词"，数字化转换、数字化保存、数字化管理、数字化开发、数字化传播、数字化利用等已经成为现代档案事业发展的基本方式、基本形态和基本要求；同时，在档案事业数字化发展过程中，数字档案资源建设快速发展，不仅迎来了数字档案资源规模的快速扩展、内容的纷繁复杂、服务的方便快捷等档案事业发展的数字化成果，也带来了数字档案资源载体风险、信息风险、存储风险、管理风险、利用风险等档案信息化发展中复杂多样的档案安全风险因子这一不争事实，对数字档案资源生态健康带来诸多风险隐患与严重安全威胁。我们常说"技术是把双刃剑""解铃还须系铃人"，其本质意涵就是指技术带来的安全隐患问题，"既需要社会力量来处理，更需要技术力量来应对，需要科学技术的发展来矫正。"②面对数字档案资源建设过程中产生的"数字化风险"，必须进一步强化技术应对策略，通过先进技术的应用，增强数字档案资源生态安全技术防范能力，提高数字档案资源生态健康技术保障水平。加强技术应用，保障数字档案资源生态健康，需要重点采取以下措施：

一是树立技术思维，增强技术意识。"信息技术发展对档案领域产生的冲击不仅仅是改变了传统档案工作的方式和手段，更重要的是给档案领域带来了新的管理对象——电子文件。这是一场记录革命，也是一场管理思想、管理方式和管理组织的革命，对此，档

---

① 张智雄，等. 数字资源长期保存技术的研究与实践[M]. 北京：国家图书馆出版社，2015：7.

② 金波，丁华东，倪代川. 数字档案馆生态系统研究[M]. 北京：学习出版社，2014：180.

案界多有探讨和洞见。"①显而易见，数字档案馆是现代信息技术驱动发展的产物，数字档案馆生态系统是技术密集型的信息生态组织，数字档案资源作为数字档案馆生态系统的核心生态因子，其自始至终均与现代信息网络技术之间紧密关联，既是信息技术发展应用的产物，也需要进一步通过技术驱动来促进数字档案资源建设的可持续发展；与此同时，数字档案资源建设发展过程中还蕴藏着诸多风险威胁与安全隐患，如黑客攻击、病毒侵扰、网络漏洞、系统超载、非法访问、假冒身份、权限扩散、数据窃听、数据篡改等，这些均是数字环境下档案安全风险的主要呈现方式，是新时期危及数字档案资源生态健康的主要风险因子，严重制约数字档案资源生态安全。为此，需要树立技术治理思维，积极采用先进技术，了解并掌握技术规律，不仅要对数字档案资源自身的技术特质具有深刻的认识，而且要增强技术意识，拥抱技术发展，及时制定数字档案资源技术应对战略与实施策略，确保大数据、云计算、物联网、区块链、人工智能等现代信息前沿技术能够在数字档案资源建设发展中得到有效应用，破解数字档案资源建设技术难题，更好地推动数字档案资源可持续发展。

二是敢于利用技术，破解技术难题。生态健康是数字档案资源建设追求的发展目标，是数字档案资源生态安全状态的直接体现。技术始终是档案事业发展的驱动力，无论是档案管理效率的提升、档案工作领域的拓展、档案信息资源的开发、档案信息服务的创新，还是数字档案资源的生成乃至数字档案馆（室）的出现等，无一不需要利用技术手段来驱动和应对。正是现代信息技术的广泛应用方才催生出数字档案资源这一新型档案资源的出现，推动着档案信息化的持续深入发展，驱动着数字档案馆生态系统的演化与变革，为档案事业发展的数字转型、数字升级与数字崛起奠定技术基础。"科学技术是一把双刃剑"，它为档案资源形态迎来历史变革与时代机遇的同时，也为数字档案资源建设带来了现实风险和安全

315

---

① 金波，丁华东，倪代川. 数字档案馆生态系统研究［M］. 北京：学习出版社，2014：179.

隐患，需要积极利用先进技术，以技术手段应对技术挑战，破解技术难题，降低数字档案资源安全风险威胁，提升数字档案资源安全预警、安全防范、安全管控等安全防范能力和风险应对水平。

2. 数字档案资源生态健康之技术研发保障

现代信息技术发展具有革新快、应用广、复杂程度深等特点，尤其是大数据、云计算、物联网与人工智能等信息前沿技术的广泛应用，为数字档案资源生态健康奠定了技术基础，有利于我们加强技术研发和技术攻关，将现代信息技术与数字档案资源建设发展紧密关联，进一步聚焦数字档案资源生态安全风险，精准研发数字档案资源生态健康相关技术，为数字档案资源生态健康提供技术支持。当前，加强数字档案资源技术研发，维护数字档案资源生态健康，需要重点推进以下几个方面：

一是积极推进数字档案资源长期保存技术研发。数字档案资源作为数字信息资源中不可替代的重要组成部分，确保数字档案资源的长期保存与有效利用同样重要，需要持续推进档案保存技术研发，为构筑数字时代中的"档案记忆"奠定技术基础。传统环境下，对档案资源的保存一般都是针对其载体而言的，对档案的保存在一定程度上就是对档案载体的长期保存，这是因为传统档案信息与载体之间是紧密结合在一起的，档案信息对载体高度依赖，离开了载体，档案信息则无处依附，档案价值也相应衰减。"数字档案资源的普及在大幅提高用户获取档案信息能力的同时，也给数字档案资源保存机构带来了严峻挑战。仅在技术方面，就存在如何保持数字档案资源的存储介质、数据格式、存储系统的长期可靠性与信息内容的长期完整、真实与可用性的巨大挑战。"①数字档案资源作为数字时代档案资源的主体形态，不仅形态发生了革命性变革，而且其保存方式、保存手段、保存环境都相应发生改变，对保存技术提出了更高要求，数字档案资源的长期保存无论是档案载体还是档案信

316

---

① 祁天娇. 美国数字档案资源长期保存战略的分析与启示[J].. 档案学研究，2019(1)：108-113.

息内容均面临巨大挑战，"数字档案长期保存技术策略，需要从全局视角进行科学规划，以保证技术策略的可行性、有效性和可变性……根据长期保存中可能面临的各种风险，确定应对的技术方法，建立技术监控体系、风险评估制度和灾难应急预案，并确保技术策略的落实和更新。"①当前，制约数字档案资源长期保存技术突出表现在基于载体与基于信息系统的两类保存技术，它们之间相互影响、相互依赖，是数字档案资源长期保存的核心技术指标，需要加强研发，一方面为数字档案资源长期保存提供更为可靠、更为安全、更为耐久的高性能存储载体；另一方面为数字档案资源保存研发便于迁移、便于转换、便于备份、便于利用的存储技术规范及其管理信息系统，为数字档案资源长期保存利用提供技术支持。2017年6月，美国国家档案与文件管理署（National Archives and Records Administration）发布《数字档案资源长期保存战略》（Strategy for Preserving Digital Archival Materials）②，将数字档案资源视作重要数字资产，对数字环境中档案资源长期保存需求与策略进行了深度探索，对我国制定国家数字档案资源长期保存战略具有借鉴价值。可见，从国家数字档案资源长期安全保存战略宏观层面观察，也需要"建立我国长期保存的国家策略体系，形成利于长期保存发展的社会环境和政策环境，为我国长期保存全局性、基本性、长期性问题的解决提供整体筹划和宏观指导"③，打造具有中国特色的数字档案信息资源长期保存策略体系，保障国家数字档案信息资产安全。

二是积极推进数字档案资源关联数据技术研发。2006年，"关联数据"（Linked data）被首次提及④，它是"是互联网发展到语义网

① 耿志杰，程明宵. 数字档案长期保存技术策略规划研究［J］. 档案与建设，2018（5）：24-26.

② NARA. Strategy for Preserving Digital Archival Materials［EB/OL］. ［2019-7-16］. https://www.archives.gov/preservation/electronic-records.html.

③ 谢永宪，王巧玲，等. 数字档案信息长期保存国内文献综述［J］. 档案学研究，2019（2）：116-121.

④ 黄永文，岳笑，刘建华. 关联数据应用的体系框架及构建关联数据应用的建议［J］. 现代图书情报技术，2011（9）：7-13.

时代、提供对任何网上资源和数字对象进行'编目'和'规范控制'的基础性技术"①，已经受到了政府、新闻媒体、公司、学术界等领域的广泛关注，在数字信息资源语义开发、数字信息组织等领域应用广泛。当前，关联数据迎来了大数据时代契机，"通过关联数据，可以为大数据的术语和属性添加规范名称，进行规范控制，通过发布或复用领域本体，为各类实体建立起本体联系，进而能够使语义联系遍布于整个互联网。它不仅能够作为大数据解决方案的一种补充，提供基于语义的思考框架，而且能在更高层面，从宏观上考虑各数据仓储的相互联系。"②随着现代社会步入大数据时代，大数据理念、大数据技术、大数据产业、大数据应用无处不在，作为国家数字信息资产的重要组成部分，数字档案资源建设在大数据时代迎来了战略机遇，尤其是关联数据在大数据时代的进一步"绽放"，为数字档案资源数据化开发提供了无限空间。我们必须抓住大数据时代关联数据在数字档案资源建设发展中的应用契机，加强数字档案资源关联数据技术研发，不断"完善数字档案资源知识组织标准、档案关联数据模型标准等，推动数字档案资源知识组织工作不断向前发展"③，为数字档案资源数据化开发利用提供强大技术支持，赋予新时期档案工作者以强大的档案大数据环境，为用户提供更为便捷、更为精准、更为优质的数字档案信息服务。

三是积极推进数字档案资源智能技术研发。智能化既是现代社会发展的重要特征，也是未来社会发展的必然趋势。随着智能技术的发展，尤其是物联网、云计算、大数据、人工智能、区块链等现代信息技术在数字档案馆中的广泛应用，数字档案馆生态系统智能化发展趋势日趋突出，突出表现在档案资源的智能共享、档案业务的智能管理、档案利用的智能服务以及档案机构的

---

①　刘炜. 关联数据：概念、技术及应用展望[J]. 大学图书馆学报，2011(2)：5-12.

②　刘炜，夏翠娟，张春景. 大数据与关联数据：正在到来的数据技术革命[J]. 现代图书情报技术，2013(4)：2-9.

③　吕元智. 数字档案资源知识"关联"组织研究[J]. 档案学研究，2012(6)：44-48.

智慧发展等方面①。当下，人工智能技术的快速发展与广泛应用正深刻改变着人类社会的生产生活，人工智能发展进入了新阶段，"特别是在移动互联网、大数据、超级计算、传感网、脑科学等新理论新技术以及经济社会发展强烈需求的共同驱动下，人工智能加速发展，呈现出深度学习、跨界融合、人机协同、群智开放、自主操控等新特征"②。人工智能技术在深刻影响社会的同时，在档案工作中的应用也非常广泛，"包括网络档案信息资源智能收集、数字档案信息资源智能分类与检索、智能化档案价值鉴定、智能化档案安全管理和智能化档案提供利用服务等"③，为数字档案资源智能化采集、智能化管理、智能化开发、智能化服务插上了"智能翅膀"，需要进一步加强数字档案资源智能技术研发，将先进的人工智能技术与数字档案资源建设发展之间建立更加紧密的联系，系统研发数字档案资源智能技术体系，为数字档案资源生态健康提供智能保障，推动数字档案馆生态系统智能化发展。

(三) 数字档案资源生态健康标准保障

数字时代，标准先行，标准和标准化是实现档案管理现代化的主要前提和基础。标准的制定和实施"对于数字档案馆系统的网络布局、硬件购置、软件开发、资源管理、互联互通与安全保密等有着十分重要的意义"。④ 2002 年国家档案局印发《全国档案信息化建设实施纲要》(档发〔2002〕8 号)，提出要"完善档案信息化标准体系，集中力量研究制订一批急需的档案信息化标准"⑤。2010 年

---

① 倪代川. 数字档案馆生态系统智能化发展探析[J]. 浙江档案，2017 (6)：12-14.

② 国务院印发《新一代人工智能发展规划》[J]. 中国信息化，2017(8)：12-13.

③ 沙洲. 人工智能在档案工作中的应用研究[J]. 档案与建设，2018 (2)：36-39.

④ 王芳. 数字档案馆学[M]. 北京：中国人民大学出版社，2010：11.

⑤ 国家档案局，中央档案馆. 全国档案信息化建设实施纲要(档发〔2002〕8 号)[Z].

国家档案局印发《数字档案馆建设指南》（档办〔2010〕116号），明确提出"严格遵照信息化和档案管理方面的法规和标准是实现数字档案馆各项功能的必要前提。"①随着数字档案馆建设步伐的加快，数字档案资源的战略地位与作用日益凸显，需要进一步强化标准规范建设，强化数字档案资源建设前端标准控制与全程标准监控，为数字档案资源生态健康提供标准保障。数字档案资源生态健康标准保障的核心是数字档案资源标准规范体系建设，为数字档案资源建设遵循统一的标准规范提供支持，保障数字档案资源的流动性和可用性，促进数字档案资源的共建共享共治。

1. 推进数字档案资源标准规范体系建设

"数字档案馆建设是一项技术性、开拓性强的崭新事物，面对数字档案馆建设的复杂性、多样性，需要在充分调查研究的基础上，结合数字档案馆建设实际，逐步推出相关的标准与法规……确保数字档案馆建设的规范、系统、有序。"②数字档案资源标准体系是数字档案馆标准体系的重要组成部分，它是以数字档案资源管理理论、技术方法和实践经验等成果为基础，对数字档案资源建设领域中的重复性事物和概念，经数字档案资源建设有关方面协商一致，并由有关主管机构批准，以特定形式发布作为共同遵守的准则和依据的统一规定，它是由数字档案资源各具体标准构成的相互联系、相互制约的动态性、指导性的标准集合，对数字档案资源建设发展中的方方面面具有直接指导作用，为数字档案资源建设各项工作提供决策依据。当前，数字档案资源标准体系建设需要重点做好以下两个方面：

一是强化战略思维，加强国家数字档案资源标准体系建设的顶层设计。2005年2月，国家档案局、中央档案馆联合印发《关于加强档案信息资源开发利用工作的意见》（档发〔2005〕1号），明确要

320

---

① 国家档案局. 数字档案馆建设指南（档办〔2010〕116号）[Z].

② 金波，丁华东，倪代川. 数字档案馆生态系统研究[M]. 北京：学习出版社，2014：54.

求"按照国家档案局制定发布的各项技术标准开展档案数字化、电子文件归档、数据库建设和档案网站管理等工作，确保数字档案资源格式统一、数据规范、长期可读、便于共享，把档案信息资源开发利用工作纳入科学化、规范化轨道。"①当前，数字档案资源战略价值日益凸显，需要直面档案数据结构异构现实，强化数字档案资源标准体系建设的顶层设计，加强档案数据结构标准规范建设，建立健全国家数字档案资源安全管理、长久保存和有效利用的标准保障体系，推进数字档案资源数据结构协同，实现不同类型数字档案资源之间档案数据资源结构的标准化，促进数字档案资源建设的互联互通和信息交流。

二是坚持问题导向，制定符合档案事业发展实际的数字档案资源标准。我国高度重视数字档案资源标准建设，"围绕数字档案资源建设，中国颁布了一系列有关电子文件归档与管理、电子档案移交与接收、传统载体数字化、数字档案馆(室)建设等管理规范和技术标准，规范并引导各级各类档案馆(室)运用现代信息技术对数字档案信息进行采集、存储、管理。"②。2010年国家档案局印发《数字档案馆建设指南》(档办〔2010〕116号)，从"电子文件接收""档案数字化""资源整理""建立数字档案资源库"等面对数字档案资源标准规范建设提出了明确要求③。新世纪以来，国家档案局先后制定发布了《电子文件归档与管理规范》(2002年)、《纸质档案数字化技术规范》(2005年)、《电子文件归档光盘技术要求和应用规范》(2008年)、《基于XML的电子文件封装规范》(2009年)、《电子文件管理系统通用功能要求》(2012年)、《数码照片归档与管理规范》(2014年)、《档案数据硬磁盘离线存储管理规范》(2019年)、《纸质档案数字复制件光学字符识别(OCR)工作规范》

---

① 国家档案局、中央档案馆. 关于加强档案信息资源开发利用工作的意见(档发〔2005〕1号)〔Z〕.

② 李明华. 中国的数字档案资源建设〔J〕. 中国档案，2016(10)：14-15.

③ 国家档案局. 数字档案馆建设指南(档办〔2010〕116号)〔Z〕.

（2019 年）、《录音录像档案管理规范》（2019 年）、《档案数据存储用 LTO 磁带应用规范》（2019 年）等标准规范，为数字档案资源建设提供标准化指引。①

2. 建立数字档案资源标准建设协调机制

随着大数据时代的深入发展，数字信息资源海量生成，"数字资源标准规范建设已不再仅局限于对单个标准规范的研究与应用，而是应从整个数字资源生命周期的角度，围绕数字资源的创建、描述、组织、服务、长期保存来建立完整的标准规范体系框架……以促进标准规范间的相互支撑和互操作，保障数字资源的开放建设与集成服务。"②数字档案资源作为数字信息资源的重要组成部分，数字档案资源质量的优劣直接攸关国家数字信息资产质量的高低，"如果数字资源的标准不统一，根本谈不上数字档案馆的资源共享，也就必然降低了数字档案馆建设的社会效益和经济效益。"③为此，数字档案资源建设必须"遵循统一的标准规范，包括数字化加工、资源描述、资源组织、资源互操作和资源服务等方面的标准、规范及其应用要求……为各馆信息资源库的互联互通、资源共享奠定基础"④，实现数字档案信息资源之间的无缝交接，保障数字档案信息的流动性和可用性，提高数字档案资源的共享效率和服务质量。

随着数字档案资源的快速生成与数字档案馆建设步伐的加快，数字档案资源标准化建设日益重要，不仅关系到数字档案资源可持

① 李明华. 中国的数字档案资源建设[J]. 中国档案，2016（10）：14-15；国家档案局. 档案标准库[EB/OL].［2021-1-15］. https：//www. saac. gov. cn/daj/gjbz/dabz_list. shtml.

② 赵悦. 数字资源标准规范建设研究[J]. 现代情报，2009（3）：71-73，77.

③ 王欢喜. 论数字档案馆数字资源的标准化建设[J]. 档案管理，2002（6）：24-25.

④ 潘连根. 数字档案馆信息资源建设的原则[J]. 兰台世界，2006（1）：18-19.

续发展，而且事关数字档案资源与其他信息资源之间的共建共享，攸关国家整体信息竞争能力的强弱。数字档案资源标准建设必须主动构建开放合作、协同共进的协调机制，推进数字档案资源标准体系与相关信息资源标准体系之间的协调，提升数字档案资源标准体系的科学性、有效性、包容性与融合性。当前，建立数字档案资源标准建设协调机制，既要"遵循国际、国家及行业标准，保证档案信息组织的技术方法、数据库系统符合通用系统环境要求，避免出现各自为政、互不兼容的现象，为数字档案馆档案信息资源的互联互通、资源共享奠定基础"①，也要秉承开放合作理念，加强数字档案资源标准建设过程中的协调沟通，积极借鉴相关信息行业规章制度和技术标准，与相关信息机构之间保持密切沟通，处理好数字档案资源"国际—国家—行业"标准的关系，处理好数字档案资源标准与相关信息管理标准之间的关系，适时制定数字档案资源国家标准规范和行业标准规范，并根据本地区实际情况实时制定相关地方标准，逐步形成并完善数字时代国家数字档案资源标准规范体系，确保数字档案资源标准规范内容的实用性和适用性，促进数字档案资源社会共建共享共治。

(四)数字档案资源生态健康经济保障

当前，数字档案资源持续快速累积，数字档案馆个体蓬勃发展，数字档案馆生态系统逐步形成，档案事业发展已经步入数字化发展新时代，如何在新时期确保数字档案资源的长期安全保存、有效利用和共建共享等已经成为摆在档案部门面前的迫切任务，这既关系到数字档案资源建设的可持续发展，也攸关数字时代档案事业的可持续发展。无论是原生性数字档案资源的建设，还是传统档案资源的数字化转换，抑或网络档案资源的在线采集，均需足够的经济投入方能推进数字时代数字档案资源建设的可持续发展，实现档

323

案信息资源在国家经济社会发展中的综合贡献力：即"国家利益的捍卫力""经济发展的拉动力""社会进步的保障力""科技创新和文化繁荣的促进力"①。

1. 完善数字档案资源建设经费支持机制

"数字档案馆建设是一项系统工程，也是'烧钱'工程。它需要大量信息资源的支撑、先进技术的支持以及高素质人才的参与，而这些条件的实现都需要以巨额资金的投入为前提"②；同时，数字档案资源作为数字信息资源的重要构成，是构成国家数字信息资产的基本要素和重要构成，"在政治、经济、社会、科技、文化诸多领域对国家经济社会发展具有独特的贡献力"③，需要进一步增强责任感、使命感与紧迫感，不断完善数字档案资源建设经费投入机制，加大数字档案资源建设经费支持力度，为数字档案资源建设中的基础设施、技术研发、资源整合、资源开发、人才引进等提供经费保障，增强数字档案资源建设管理能力和开发利用水平，激发社会数字档案资源信息消费，提高数字档案资源的信息竞争力与社会影响力；同时，还需要加强数字档案资源建设经费管理和预算规划，实施科学的经费投入机制和投入规划，积极应用经费预算、决算等手段控制经费使用，科学编制经费预算决算计划，严格经费使用审批手续，管好用好数字档案资源建设经费，确保经费投入均用在"刀刃上"，提高数字档案资源建设经费的使用效益，保障数字档案资源建设可持续发展。

2. 拓宽数字档案资源建设经费来源渠道

"数字档案馆技术要求高，更新速度快，涉及范围广，建设费

---

①　冯惠玲. 档案信息资源在国家经济社会发展中的综合贡献力[J]. 档案学研究，2006(3)：13-16.

②　金波，丁华东，倪代川. 数字档案馆生态系统研究[M]. 北京：学习出版社，2014：277.

③　冯惠玲. 档案信息资源在经济社会发展中的综合贡献力及开发利用[J]. 档案与建设，2010(1)：20.

用主要涵盖基础设施、数字档案信息资源存储、电子文件管理系统、多媒体档案管理系统、数字档案管理系统、档案网站、人力资源等方面，相对于传统档案馆，投入十分巨大。"①数字档案馆作为公益性的信息服务机构，政府财政投入已经成为数字档案资源建设经费来源主渠道，档案部门应积极争取数字档案资源建设经费，一方面要主动向政府争取经费支持，积极打造数字档案资源建设"亮点"工程，提高数字档案资源建设的社会示范效应，不断增强数字档案资源社会影响力；另一方面需要进一步拓宽经费来源渠道，为数字档案资源建设争取更多的经费投入支持。当前，我们可以从以下方面拓宽数字档案资源建设经费来源渠道，一是学习借鉴图书馆、博物馆、科技馆等部门经验，积极争取社会组织机构、基金会、个人等社会捐赠，广泛争取数字档案资源建设经费；二是通过与社会团体、大中型企业、科研机构等协同合作，积极开展联合开发专题档案资源、协同推进档案科研攻关等，不断扩大服务范围，拓宽经费筹措渠道来源；三是在搞好社会公益性服务的前提下，采取部分有偿服务方式，如提供档案资源编研成果、开展档案专业咨询、提供档案资源云存储等。为此，档案部门需要在积极争取提高政府对数字档案资源建设支持力度的基础上，不断拓展经费来源渠道，为数字档案资源建设"广开财路"，织密筑牢数字档案资源建设经费保障网，夯实数字档案资源建设经费投入根基，提高数字档案资源建设经费投入支持力度。

---

① 金波，丁华东，倪代川. 数字档案馆生态系统研究［M］. 北京：学习出版社，2014：357.

第八章　数字档案资源生态服务策略

    随着现代档案事业发展的数字转型与数字升级，传统载体档案数字化转换步伐加快，原生性数字档案资源日益增多，数字档案资源逐渐成为新时期国家档案资源体系的主体形态，档案信息服务逐渐走向数字化服务，不仅信息服务手段、方式、平台等日益数字化，而且用户档案利用需求也逐渐数字化，数字档案资源成为信息时代政府机关、企事业单位、社会组织以及公民个人档案信息利用的首要选择。数字档案资源生态服务旨在以生态服务理念为指导，在对数字档案资源有效管理基础上，确保数字环境下档案信息服务的可持续供给与数字档案资源的可持续利用。本章拟以生态服务理论与思维为指导，聚焦数字档案资源服务主题，重点探讨云计算、大数据、"互联网+"、人工智能等现代信息前沿技术快速发展环境下的绿色服务、低碳服务、众包服务、云服务、智能服务等数字档案资源生态服务方式及其实现策略，推进数字档案资源共建共享共治，激活数字档案资源价值，促进社会档案信息消费，增强数字档案资源信息竞争力与社会影响力，提高数字档案资源生态位。

一、数字档案资源生态服务思维

    生态服务（Ecosystem Services，也称为"生态系统服务"），它起源于传统生态系统理论及其实践，随着地球人口的持续增长和经济社会的快速发展，人们对生态服务的需求不断增长，生态服务已经成为研究"生态—经济—社会系统"的主流分析工具，不仅在传统生态学领域备受重视，而且进一步超越传统生态学视域下的生态服务范畴，"生态服务的研究对象渐渐从以自然系统（如森林、湿地、自然保护区）为主，扩展到人工构建或管理的系统（如农田、养殖系统、城市绿地系统）"，导致"发展能够高效提供人们所需的生态服务的人工系统，是人类发展的必然选择。数字档案馆生态系统作为一种人工生态系统，数字档案资源被视为数字档案馆生态系统的核心生态因子，可以充分借鉴生态服务理论与思维研究探析数字档案资源服务，从生态学视角审视数字档案资源服务概念内涵，为创新数字档案资源服务方式、服务手段与服务路径等提供思维导图，满足用户日益增长、日趋多元的数字档案资源利用需求，提高数字档案资源服务效益。

（一）数字档案资源生态服务内涵阐释

20世纪70年代起，生态服务逐渐成为一个新兴生态学和生态经济学研究的热点，受到普遍关注①。生态思维作为一种新的思维方式，强调"不是单纯从人与自然界的关系出发，而是同时要从人与人的社会生态关系考虑问题。只有人类内部的社会生态关系同时建设好了，人与自然的生态关系才有希望形成。"②对生态服务与生态思维作简要分析，有利于我们进一步理解生态服务与生态思维内涵，为研究和分析数字档案资源生态服务提供学术支持与理论支撑。

1. 生态服务理论发轫

生态系统作为一个整体，通过不同的生态过程为人类提供多种服务，以满足人类的生存、生产与生活需求，是人类赖以生存和发

327

---

① 项雅娟，陆雍森. 生态服务功能与自然资本的研究进展[J]. 软科学，2004（6）：12-14.

② 苗聪. 论生态思维方式及其构建[J]. 学术探索，2014（6）：11-15.

展的基础。生态服务(又称"生态系统服务"),是生态学重要研究内容,具有较强的实践性。"生态系统服务概念的提出,对于衡量生态系统对人类贡献提出了一个操作性的概念框架"①,一般来说,"生态系统服务指生态系统与生态过程所形成与维持的人类赖以生存的自然环境条件与效用。它不仅为人类提供食物、医药和其他生产生活原料,还创造与维持了地球的生命支持系统,形成人类生存所必需的环境条件,同时还为人类生活提供了休闲、娱乐和美学享受。"②虽然从学者们对生态服务概念的界定来看其内容表述各具特色,但其内涵本质基本一致,即"生态服务是人类生存和发展的物质基础和基本条件,既为人类提供实物型的生态产品,还以其丰富的生物多样性向人类提供更多类型的非实物型生态服务,这些生态产品和服务给人类带来了巨大的价值。"③

　　综合分析,"生态服务不仅支撑了本地生命系统的维持和活动,而且对更大区域甚至对整个生物圈的稳定都具有一定的贡献。"④"生态服务是人类对生态系统的价值的记录和对人类从生态系统中得到的惠益的评估……生态服务是以人为中心的,是人类或人类社会形成的对人类从生态系统中所获得的好处的带有某种主观程度的价值评判。"⑤生态服务理论与知识聚焦"以人为本",强调人与自然、人与社会之间的平衡、和谐、稳定,认为在生态服务实际运行过程中,人既是生态系统健康平衡的维护者,也是生态系统服务功能的受益者,这正是生态服务思维的直接体现,不仅有利于深化数字档案馆生态系统研究,丰富数字档案馆生态系统理论,而

①　傅博杰. 生态系统服务与生态安全[M]北京:高等教育出版社,2013:25.

②　蔡晓明,蔡博峰. 生态系统的理论与实践[M]. 北京:化学工业出版社,2012:271.

③　石瑾,张培栋. 生态服务的价值及其实现[J]. 兰州商学院学报,2007(5):35-39.

④　王海滨,邱化蛟,等. 实现生态服务价值的新视角(一)——生态服务的资本属性与生态资本概念[J]. 生态经济,2008(6):44-48.

⑤　薛慧. 人工系统生态服务研究[D]. 杭州:浙江大学,2013:3.

且有利于从生态服务视角进一步审视数字档案资源利用服务，聚焦数字档案资源利用服务中的档案形成者、管理者与利用者等数字档案馆生态系统主体的需求、价值与功能，全面探讨数字档案资源生态服务概念、思维、方式及其实现机制等，推进数字时代档案资源科学管理与服务创新，充分发挥数字档案资源价值与功能，满足人民群众日益增长的多元数字档案资源利用需求。

2. 生态思维内涵解析

随着生态文明的理念及其建设的持续推进，生态思维逐渐凸显，成为一种新型思维范式，为我们理解自然生态系统运行及其与人类社会发展之间的关系提供了思维导图，具有鲜明的生态特征。"生态思维方式强调系统性、整体性，不仅把地球生态系统看成是一个有机整体，而且把人类、社会和自然界的相互联系和相互作用均看作有机的统一整体"①，遵循人类的可持续生存与发展原则，主张从人类整体利益和人类长远利益出发思考人类的可持续发展。"生态化思维实质上是一种注重人与自然和谐统一，注重保护自然生态的一种'生态思维'"，"本质上就是一种有机的、辩证的思维"，具有整体性、开放性、前瞻性、和谐性特征②。生态思维是从人的生态需要出发并以满足生态需要为归宿的思维过程，具体包括"人的生态需要""人类行为的生态评价""人类行为方案的生态设计""人类行为的生态控制"以及"如何保护、恢复和改善生态状况"等五个环节，共同构筑一个有机整体③。

随着生态系统、生态环境、生态管理、生态安全、生态健康、生态平衡、生态失衡、生态风险、生态批评、生态建设、生态保护、生态预警、生态服务、生态战略等理念与实践的推进，生态思

329

① 王国聘. 现代生态思维的价值视域[J]. 清华大学学报(哲学社会科学版)，2006(4)：138-144.

② 涂江波，龚舒. 生态化思维方式及其特性和基本原理[J]. 湖湘论坛，2010(3)：9-11.

③ 南斗瓢新浪博客. 生态文明建设需要生态思维[EB/OL]. [2019-8-11]. http://blog.sina.com.cn/s/blog_418bccea0102xpso.html.

维逐步成为与生态文明相适应且在生态环境危机条件下注重生态保护的生态化的思维方式，意味着人们的思维将不断地由机械思维方式转向有机思维方式，逐步由封闭片面的"人本思维"转向"天人合一"的开放整体思维，由强调人与自然相互冲突的"冲突思维"逐步转向注重人与自然相互和谐的"和谐思维"，由短视功利的经济思维逐步转向远视平衡、注重全局和可持续发展的全局思维，由只注重自然生态的经济价值而忽视其审美、生命、伦理等价值的片面思维方式逐步转向以全面的方式占有自然生态的全面价值的思维方式等。① 生态思维的整体性、开放性、前瞻性、和谐性等多元性特征及其广泛应用，不仅为数字档案资源生态服务研究提供了理论参考，而且对数字档案资源生态服务理论研究及其实践具有直接指导作用，既有利于通过生态思维解析厘清数字档案资源生态服务的概念内涵，把握数字档案资源生态服务理念的内核本质，科学阐释数字档案资源生态服务思维；又有利于从生态思维视角下深化人们对数字档案资源生态服务实践方式的理论思考，深化数字档案资源生态服务内涵，打造数字档案资源生态服务品牌，增强数字档案资源服务的生态效益。

3. 数字档案资源生态服务概念界定

数字档案资源开发利用作为新时期数字档案馆建设发展中的核心要务，需要聚焦数字档案资源利用服务主题，直面新时期档案资源利用服务的数字化转型，深化数字档案资源利用服务研究。从生态服务视角审视和探索数字档案资源服务，既是实现数字档案资源生态管理的基本路径，也是创新数字档案资源利用服务的有效方法；通过借鉴生态服务理论与知识，拓展数字档案资源研究生态思维，从数字档案馆生态系统视角，强化数字档案资源核心生态因子地位，有针对性地探讨数字档案资源生态服务内涵，创新数字档案资源利用服务研究视角和解析路径，为数字档案资源利用服务实践

---

① 舒远招. 何谓思维方式生态化? ——对思维方式生态化含义的具体理解[J]. 湖湘论坛, 2010(3): 7-9.

提供理论指导和决策参考。

　　档案既是记录文化的基本载体，又是传承文化的重要工具，"一个国家的灵魂和宗旨就埋藏在它的档案中"①。数字档案资源作为国家重要文化资源与记忆资源（数字记忆），是数字时代文化传承、文化传播、文化创新等最便捷、最直观、最有效的形式，在社会记忆、文化记忆、个人记忆的建构、重构、恢复中具有重要社会功能，为社会大众"提供深层次、高质量档案信息产品，不断挖掘档案的价值，努力把'死档案'变成'活信息'、把'档案库'变成'思想库'"②，不仅有利于传承与保存国家数字记忆，促进社会文化繁荣，推进国家文化发展战略的实施，而且有利于提升国家的文化软实力，推进国家文化创新，建设创新型国家。数字时代，档案信息资源服务面临着重大发展机遇，数字档案资源以其动态性、便捷性、时效性等特征，推动着传统档案资源利用方式的变革，有利于推进档案利用服务的个性化、精准化与智能化；同时，数字档案资源生成主体多元、来源广泛、保存分散，资源质量良莠不齐、数据异构、系统异构、信息失真、失效、失读、泄密等风险加大，对数字档案资源利用服务也带来了严峻挑战，需要聚焦数字时代档案利用服务新特点，立足数字档案资源的安全保存、安全管理与有效利用，围绕用户数字档案资源利用需求，创新数字档案资源服务方式、服务手段与服务路径，提高数字档案资源服务效率、服务效益与服务效果。从生态服务视角研究分析数字档案资源服务，不仅有利于创新数字档案资源服务的研究视角，开拓数字档案资源生态服务研究领域，丰富数字档案资源服务理论体系和内容；而且有利于拓展数字档案资源服务思维，深化数字档案资源服务的生态质性，拓宽数字档案资源服务的生态空间，提高数字档案资源服务的生态效益。

　　生态服务理论不仅聚焦生态系统自身的健康协调运行，而且关

331

---

　　①　马丽，谢进秋.浅论档案工作中的文化属性[J].黑龙江档案，2005（2）：34-35.

　　②　中共中央办公厅，国务院办公厅.中共中央办公厅国务院办公厅印发《关于加强和改进新形势下档案工作的意见》(中办发〔2014〕15号[Z].

切入在生态系统中的地位及其作用，既强调人的主体性，通过人的主观能动性积极干预生态系统，推动生态系统的良性运行，"为创造及维持地球生命支持系统提供了诸如气候调节、养分循环、废物处理和美学文化方面等的功能"①；又强调生态系统对人的反馈或反作用，为人类提供海产品、草料、木材、纤维、燃料、医药资源及其他工业原料等"生态商品"，可以有效满足人类生存生活需求，提高人的生产生活质量。数字档案资源生态服务概念的提出正是基于生态学理论内涵及其实践应用背景，以生态服务理论与生态思维为指导，创新数字档案资源服务服务方式、服务手段与服务路径，提升数字档案资源服务能级，确保数字档案资源服务的可持续供给与可持续利用，增强数字档案资源的信息竞争力与社会影响力，提高数字档案资源生态位，促进数字档案资源可持续发展。数字档案资源生态服务旨在运用生态学理论与知识，通过借鉴生态服务思维凸显数字档案资源利用服务的生态化，强调数字档案资源利用服务的效率、效益及其可持续性，"低碳""绿色""开放""共享""安全""集约化""可持续"等生态效果是信息社会数字档案资源生态服务的基本特征，有利于重塑数字时代的档案资源利用服务，推动档案资源利用的数字转型与数字升级，提升数字档案资源服务的生态效益，促进数字档案资源建设可持续发展。

(二)数字档案资源生态服务思维解析

生态服务理论与思维为数字档案资源生态服务的概念界定提供了理论指导与思维导图，要求档案工作者在数字档案资源利用服务过程中自觉秉承生态意识，主动从人类社会生态系统、社会信息生态系统、档案信息生态系统、数字档案馆生态系统等生态视角对数字档案资源服务进行多维度审视，以有机、整体、全面、系统、开放、协同、持续、和谐等生态思维指导数字档案资源利用服务全过

---

①　项雅娟，陆雍森. 生态服务功能与自然资本的研究进展[J]. 软科学，2004(6)：12-14.

程，既要确保数字档案资源服务的社会效果，又要维护数字档案资源的生态安全，促进数字档案资源建设可持续发展，实现数字档案资源服务原则、服务方式、服务效果的生态化。数字档案资源生态服务的实质就是围绕数字时代用户档案利用需求，以生态服务、生态思维等为指导，充分利用现代信息技术，深度挖掘馆藏数字档案资源信息内容，创新数字档案资源生态服务理念、服务方式与服务手段，科学构建数字档案资源生态服务机制，为用户提供方便快捷、多元有效的档案利用服务，满足用户便捷化、个性化、精准化的档案信息利用需求，充分发挥数字档案资源的价值与功能。当前，数字档案资源生态服务思维主要体现在以下几个方面：

1. 数字档案资源服务的生态质性

生态质性是理解数字档案资源生态服务的前提。从生态学审视数字档案资源服务，一方面，要深刻理解数字档案馆作为一种人工生态系统，它是指"数字档案馆空间范围内的人与其生存环境相互作用而形成的统一复合体"①，旨在运用生态系统的概念、理论和方法研究数字档案馆的结构、功能和管理运作，强调数字档案馆生态系统是一个不可分割的有机整体，主要由主体的人、客体环境与数字档案资源等要素组成一个有机的生命体，这既是数字档案馆生态系统研究的基本共识，也是数字档案馆生态系统理论的基础内容，是数字档案资源生态服务思维的理论基础；另一方面，要充分认识数字档案资源是数字档案馆生态系统核心生态因子的生态定位，数字档案资源建设是数字档案馆生态系统建设的核心内容，"数字档案馆生态系统运行、建设都是围绕着数字档案信息资源的生成、接收、组织、存储、保管、开发利用等展开的。"②同时，还要从更广泛的人类生态系统、社会生态系统、信息生态系统、档案

---

① 金波，汤黎华，何伟祺. 数字档案馆生态系统的建构[J]. 档案学通讯，2010(1)：53-57.

② 金波，丁华东，倪代川. 数字档案馆生态系统研究[M]. 北京：学习出版社，2014：130.

生态系统等视角分析大数据时代的数字档案资源服务，既做到拓展理论视野和研究思维，从更宽更广的视角认识分析数字档案资源服务的生态质性，又要深刻认识数字档案资源服务是数字档案馆生态系统功能实现的实践载体，是实现数字档案资源价值的必由之路，在数字档案馆生态系统中处于战略位置，需要从生态系统视角进一步审视和分析数字档案资源服务的生态质性，从系统整体视角考察数字档案资源服务要素，提升数字档案资源服务的生态能级，增强数字档案资源的信息竞争力与社会影响力，促进数字档案馆生态位的跃升。

2. 数字档案资源服务的生态效益

生态效益的基础是生态平衡和生态系统的良性、高效循环，关系到人类生存发展的根本利益和长远利益。一般来说，从生态学观察，生态效益主要是指"生态系统内生物和生物之间、生物与环境之间的物质循环、能量转化率和积累量。生态系统中的这种转化率和积累量是支撑人类社会经济系统的自然生产力的基础。生态效益高，意味着生态系统中的个体、种群之间或个体、种群和非生物环境之间的物质能量转化率高，抗外来干扰能力强，自我调节的阈值范围大，自然生产力相应也高。从某种程度上说，生态效益的高低直接影响着社会经济效益的高低。"①从经济学视角观察，生态效益主要是指人类各项活动创造的经济价值与消耗的资源及产生的环境影响的比值，它与经济效益之间是相互制约、互为因果的关系，生态效益概念隐含着从生态与经济两个维度考虑环境问题，在两者之间做一个最佳的配置；在进行经济和其他活动时，在创造经济价值时，尽量减少资源的消耗和对生态环境的冲击②。可见，生态效益既是生态学理论的重要内容，也是经济学研究的重要领域，是生态思维内容的重要范畴，与生态平衡、生态交流、生态环境、生态价

① 李爱年，彭丽娟. 生态效益补偿机制及其立法思考[J]. 时代法学，2005(3)：65-74.

② 沈清基. 城乡生态环境一体化规划框架探讨——基于生态效益的思考[J]. 城市规划，2012(12)：33-40.

值等密切相关，这对分析数字档案资源服务具有重要理论借鉴意义，尤其是为探究数字档案资源生态服务思维具有深厚的生态启示意义，告诫我们对数字档案资源服务效益的评价，不再单纯的评判一般意义上的经济效益，而是需要从社会整体利益出发进行综合考量，不仅需要关注数字档案资源服务过程中极为传统的经济效益如何体现、如何实现以及实现效果等，而且还要进一步拓展研究思维，将数字档案资源服务效益分析研究视野拓宽到更为广泛的非经济效益层面，更多地关注其政治效益、文化效益、社会效益等方面，强调经济效益与非经济效益之间的有机统一，共同构筑数字时代档案资源利用服务的整体效益，这是信息社会数字档案资源服务生态效益的根本所指。

3. 数字档案资源服务的生态安全

当前，人类面临着日益严重的生态威胁，尤其是在当下全球生态危机、生态风险、生态破坏等广为关注的环境下，生态安全已经成为与人类生产生活乃至生存休戚相关的时代发展主题。实际上，生态安全是一个诠释古老问题的新概念，它具有广义狭义之分，广义的生态安全一般是指"在人的生活、健康、安乐、基本权利、生活保障来源、必要资源、社会秩序和人类适应环境变化的能力等方面不受威胁的状态，包括自然生态安全、经济生态安全和社会生态安全，组成一个复合人工生态安全系统"；而狭义的生态安全则是指"自然和半自然生态系统的安全，即生态系统完整性和健康的整体水平反映"，其生态安全研究正是"从人类对自然资源的利用与人类生存环境辨识的角度来分析与评价自然和半自然的生态系统"，其研究对象具有特定性和针对性，主要发生在生态脆弱区；其评价标准具有相对性和发展性，不同国家和地区或者不同的时代（发展阶段)其评价标准会有不同；其研究论证要体现人类活动的能动性，需要在分析、评价基础上研究如何建立生态安全保障体系等①。安全

335

---

① 肖笃宁，陈文波，郭福良. 论生态安全的基本概念和研究内容[J]. 应用生态学报，2002(3)：354-358

是档案工作的生命线，生态安全是数字时代档案安全新范式、新理念与新要求，贯穿数字档案资源建设管理全过程，体现出鲜明的生态学范式，具有强烈的时代特征。生态安全凸显安全属性的重要性，不仅要注重安全目标的重要性，而且要注重安全过程的重要性，强调的是数字环境下的整体生态安全观，关涉数字档案资源的形成、收集、存储、整合、开发、利用等各个业务环节。生态安全是数字档案资源生态服务思维的内在要求和直接体现，数字档案资源服务生态安全既是一种整体性安全，也是一种动态性安全，核心体现在数字档案资源利用服务过程中确保数字档案资源的载体安全、信息安全、系统安全、网络安全以及保密安全等，这既是数字档案资源建设管理的目标遵循，也是数字档案资源利用服务的基本要求，与数字档案资源安全收集、安全存储、安全管理、安全开发、安全利用等一起构筑数字档案资源的整体生态安全。

4. 数字档案资源服务的开放共享

开放是当下中国最强音，是国家治理体系与治理能力现代化的必由路径，是"中国之治"的内在要求。开放也是档案利用服务的根本要求，"档案及时利用是对档案合理利用的时效性要求和时间指标，加速档案开放是对及时利用最直接和最基本的保证"①。改革开放以来，我国高度重视档案开放工作，自 1980 年国家档案局发布《关于开放历史档案的几点意见》至 1987 年《档案法》的颁布，档案开放首次以法律的形式被确定下来，随后 1996 年、2020 年新修订的《档案法》相继对档案的开放利用又作出新的规定，并逐渐形成了以《档案法》及《档案法实施办法》为准绳，以《各级国家档案馆开放档案办法》《机关档案工作条例》《外国组织和个人利用我国档案试行办法》等政策法规配合实施的档案开放与开发制度体系②，不断优化国家档案开放制度生态环境，推动我国档案开放可持续发

---

① 陈永生. 档案开放的改进思路——档案开放若干问题研究之四[J]. 浙江档案，2007(9)：13-16.

② 马红、白文琳、李蓓、周毅. 档案开放与开发政策框架：梳理、述评与设计[J]. 浙江档案，2009(6)：18-22.

展，满足人们日益增长日趋多元的档案开放利用需求。数字档案资源是信息社会国家档案资源的主体形态，既是国家数字信息资产的重要组成部分，攸关数字时代国家信息竞争力的强弱，也是国家数字文化资源的重要构成，对全球化环境下国家文化软实力提升具有不可替代的作用和功能；与此同时，伴随社会信息化深度发展与档案开放力度的逐步加大，社会对数字档案资源利用需求也日趋多元，数字档案资源开放化发展态势亦日益凸显，迫切需要全面强化协同创新，系统推进数字档案资源的开放协作、开放共建、开放共享、开放共治与开放创新，使数字档案资源价值惠及亿万民众、利及千秋万代。开放性是数字档案馆生态系统的永恒特征，"只有不断与外界环境交流，借鉴吸收其他信息组织机构的特长，数字档案馆生态系统才会保持旺盛的生命力。"[1]数字档案资源作为数字档案馆生态系统的核心生态因子，在国家经济社会发展中的价值潜能日益增强，但目前还难以对数字档案资源实现有效利用，价值作用仍然发挥不够，需要着力破解数字档案巨大资源量与价值实现有限性之间的突出矛盾，不断创新数字档案资源的服务方式、服务手段与服务路径，实现数字档案资源的有效利用和社会共享。随着社会信息化、网络化、数字化转型的加快，公民信息意识与权利意识日渐崛起，信息资源利用意识日益增强，为数字档案资源的开放共享创造了时代机遇。开放共享是数字档案资源建设管理的基本目标，是数字档案资源生态服务的价值追求，"实施国家数字档案资源融合共享服务工程。建立开放档案信息资源社会化共享服务平台，制定档案数据开放计划，落实数据开放与维护的责任"[2]，已经成为新时期国家数字档案资源建设发展的战略任务。

5. 数字档案资源服务的公共性

目前，公共性在哲学、政治学、传媒学、社会学、教育学等人

337

① 金波，丁华东，倪代川. 数字档案馆生态系统研究[M]. 北京：学习出版社，2014：141.
② 国家档案局. 全国档案事业发展"十三五"规划纲要（档发〔2016〕4号）[Z].

文社会社科领域得到广泛应用，催生了公共性与相关学科之间的融合，拓展了学术研究的空间，如社会公共性、教育公共性、传媒公共性、空间公共性、文化公共性以及公共管理、公共行政、公共服务等公共性研究领域。在中文语境中，"公共"的中文语义强调多数人共有或公用，具有公平、公正之意涵，如《辞海》给予"公共"的解释，"公"具有"公平、公正；公务；公共、共同；公开、公然"等内涵①；在西文语境中，"公共"则对应英文为 public，主要指的是作为整体的人民或社群，来自法语词汇 publique 或拉丁语词汇 pūblicus②。在现代语境中，公共性主要包含以下含义：第一，关涉的是一种政治生活；第二，关涉的是一种日常生活；第三，关涉的是一个现代性话语③。现代社会中，公共性问题已是亟须关注的社会问题，社会公共性建设的核心就是要建设公共精神，"一个公共性的社会需要有公共意识、公共理性、公共理念、公共伦理、公共文化等，形成充满活力的公共精神"④。当前，"档案信息公有性、档案馆的公益性、利用者的公众性等探讨都已形成各自的研究领域，并从不同侧面共同阐释着传统档案利用服务向档案公共服务的转型的必然与可能。"⑤档案公共服务的转型，一方面受现代公共管理、公共服务转型的社会影响，促进了档案利用服务的公共转型；另一方面档案服务客体即档案信息的公共物品属性、主体即档案服务机构的公共性、受体即档案利用者的公众性共同决定了档案利用服务的公共性属性，促进档案利用服务的公共服务转型。⑥ 数字时代，数字档案资源的公共产品属性尤为突出，数字档案馆公共

---

① 《辞海》(第六版)缩印本[M]．上海：上海辞书出版社，2010：593．

② 任剑涛．公共与公共性：一个概念辨析[J]．马克思主义与现实，2011(6)：58-65．

③ 郭湛．社会公共性研究[M]．北京：人民出版社，2009：83-84．

④ 郭湛．社会公共性研究[M]．北京：人民出版社，2009：14．

⑤ 李杨新．档案公共服务政策研究[M]．上海：中国出版集团，世界图书出版公司，2011：47．

⑥ 李杨新．档案公共服务政策研究[M]．上海：中国出版集团，世界图书出版公司，2011：46-53．

性显著增强，数字档案资源公共服务需求日趋多元，数字档案资源服务的公共性日益凸显，需要深入贯彻"以人为本"精神，聚焦"人民至上"情怀，坚持"以人民为中心"的发展理念，以"人民日益增长的美好生活需要"为出发点，秉承公平、公正、公益、公开、平等等公共服务理念，全面洞彻社会大众数字档案资源利用需求，创新数字档案资源公共服务方式、方法和手段，构建数字时代的档案利用公共服务体系及其实现保障机制，满足大数据时代用户数字档案资源利用需求，充分发挥数字档案资源及其服务的公共性价值。

6. 数字档案资源服务的集约化

集约化管理、集约化经营等是当前经济活动的重要方式，它是指"在社会经济活动中，在同一经济范围内，通过经营要素质量的提高、要素含量的增加、要素投入的集中以及要素组合方式的调整来增进效益的经营方式"①，以实现最小的成本获得最大的投资回报。集约化既是现代经济社会效益观的重要原则，也是数字档案资源生态服务的基本要求，为数字档案资源服务整合和服务效益的提升发挥了重要作用。如江苏省宿迁市地税局积极探索档案"数字纸质互备，集约高效管理"的新模式，全力构建集中统一、规范高效的档案管理工作平台，全面推进"互联网+档案"服务模式，系统规划实施税务网站、政务微博、政务微信等新兴发布平台的信息归档、整理和税务档案利用，构建新型的税务档案利用服务体系，开展深层次的挖掘与利用，提升税务档案增值效应，使得宿迁地税局及其三个县局档案工作在四年内全部通过江苏省档案工作五星级测评，充分体现了数字档案资源集约化管理服务的显著效益②。当前，我国数字档案资源管理方式主要是集中统一管理，这为数字档案资源集约化服务奠定了优质基础，有利于充分整合数字档案资源

---

① 百度百科. 集约化[EB/OL]. [2019-12-13]. https://baike.baidu.com/item/%E9%9B%86%E7%BA%A6%E5%8C%96/3729398? fr=aladdin.

② 姚宝春，汪磊，蔡珂. 星级管理促规范 集约模式提质效——宿迁地方税务局档案管理工作迈上新台阶[J]. 档案与建设，2017(9)：68-70.

各方要素，强化协同沟通，做好档案形成者、档案管理者、档案利用者三方的密切协作与有效沟通，既需要档案形成者的"前端控制"，确保数字档案资源来源渠道的畅通和数字档案资源信息收集的齐全与完整；也需要档案管理者的"科学管理"，确保馆藏数字档案资源的"有序"和"有用"；还要广大档案利用者的"意识觉醒"，激活社会数字档案资源信息消费，全面推进数字档案资源个性化服务、集成式服务、知识化服务、智能化服务，深入贯彻"需求为先、资源为本、安全为重、规范为上"的服务理念，激活馆藏数字档案资源生态活力，为用户提供优质的数字档案资源信息服务。

二、数字档案资源生态服务功能

数字档案资源生态服务不仅是生态思维在数字档案资源利用服务中的体现，而且是数字时代档案资源利用服务的内在要求，旨在以生态服务知识与生态服务思维指导，创新数字档案资源生态服务方式，从提高数字档案资源服务的生态效果视角规避数字档案资源服务面临的各类制约要素，不断改善数字档案资源服务质量，破解数字档案资源巨大资源量与价值实现之间的矛盾，促进社会大众数字档案资源信息消费，激活数字档案资源生态活力。数字档案资源生态服务功能主要体现在以下方面：

（一）促进数字档案资源共享

当前，"共享"已经成为新发展理念的核心内容之一，对新时期国家经济社会发展的方方面面均有指导作用。2004 年，《中共中央办公厅国务院办公厅关于加强信息资源开发利用工作的若干意见》（中办发〔2004〕34 号）中明确提出"加强政务信息共享"，提出"根据法律规定和履行职责的需要，明确相关部门和地区信息共享的内容、方式和责任，制定标准规范，完善信息共享制度"，要求各地区"结合重点政务工作，推动需求迫切、效益明显的跨部门、跨地区信息共享。继续开展人口、企业、地理空间等基础信息共享试点工作，探索有效机制，总结经验，逐步推广。依托统一的电子政务网络平台和信息安全基础设施，建设政务信息资源目录体系和交换体系，支持信息共享和业务协同。规划和实施电子政务项目，必须考虑信息资源的共享与整合，避免重复建设。"①实际上，在图书情报档案界，加强信息资源开发，促进信息资源共享已经成为业内共识。"在信息资源的社会共享成为当今世界发展重大趋势的客观背景下，档案资源因其自身的独特价值而日益受到社会的关注，档案资源的社会共享已成为国家档案事业顺应社会信息化发展潮流所亟待研究的重大课题之一"②，推进数字档案资源的开放共享已经成为新时期国家档案工作的重要内容，有学者提出借鉴"书目控制"思想构建国家档案资源整合与共享的控制机制，以国家三大历史档案资源目录中心为基础，"构建国家档案（文件）目录中心，对各级国家档案馆和相关档案机构的馆藏档案资料进行全面控制，以满足国家档案资源整合、开发、共享"③。当前，国家正积极实施数字档案资源建设战略，持续推进"存量数字化""增量电子化""利用网络化"，数字档案资源日渐成为数字时代国家档案资源的主体形态，不仅是数字时代社会记忆的重要构成，而且成为国家数字信息资产的重要组成部分。当前，数字信息资源的共建共享共治已经成为社会共识，不仅需要数字档案资源利益各方的积极参与，而且还需要进一步拓宽数字档案资源建设发展空间，激发社会数字档案资源利用需求和社会数字档案资源信息消费，在更广阔的社会领域和社会空间促进数字档案资源共建共享共治，更好地发挥数字档案资源的社会价值与功能。

341

---

① 中共中央办公厅国务院办公厅. 关于加强信息资源开发利用工作的若干意见(中办发〔2004〕34号)〔Z〕.

② 胡小琳、薛匡勇、陈文樵、章笑梅. 论档案资源的社会共享〔J〕. 档案学通讯，2003(5)：26-30.

③ 谭必勇、王新才. 国家档案资源整合与共享的控制机制探讨〔J〕. 档案学研究，2006(4)：17-22.

我国历史悠久，档案资源丰富，据国家档案局统计，截至2020年底，全国各级综合档案馆馆藏电子档案1387.5TB，其中，数码照片390.2TB，数字录音、数字录像523.5TB；馆藏档案数字化成果19588.5TB；通过省级及以上档案主管部门认证的数字档案馆达323个。① 截至2021年8月，经国家档案局验收，已建成全国示范数字档案馆43家，数字档案室19家，企业数字档案馆(室)建设试点35家。② 庞大的、持续增长的数字档案资源不仅是"中国记忆"的重要组成部分，而且是国家文化软实力提升的力量之源，更是新时期建设"档案强国"的根本保证，其价值作用不可估量。数字档案资源生态服务既是一种服务理念更是一种服务模式，不仅强调了数字档案资源利用服务在国家档案事业发展中的基础性地位，既是数字档案资源建设管理的重要业务环节，也是实现数字档案资源价值的必由之路；而且突出了数字档案资源服务的生态属性，需要坚守数字档案资源服务过程及其结果中的生态效益、生态安全、开放共享、可持续发展、公共性、协同性、集约化等生态思维。其中，"开放共享"是数字档案资源生态服务的内在要求之一，是数字档案资源生态服务价值的实现载体。数字档案资源共建共享共治作为新时期开展数字档案资源生态服务的有效路径，有利于促进数字档案资源的价值实现，充分发挥数字档案资源在国家物质文明、政治文明、精神文明、社会文明与生态文明建设发展中的重要作用，为实现中华民族的伟大复兴贡献"档案价值"。

(二)激发社会档案信息消费

数字时代，信息价值日益凸显，"信息作为和物质、能量并举

---

① 国家档案局.2020年度全国档案主管部门和档案馆基本情况摘要（二）［EB/OL］［2022-4-25］. https://www. saac. gov. cn/daj/zhdt/202108/6262a796fdc3487d93bfa7005acfe2ae.shtml.

② 冯惠玲，周文泓.百年档案正青春——为党管档，为国守史，为民记忆的伟大历程［J］.档案学通讯，2021(6)：4-12.

的发展资源，对社会进步和发展的支柱作用日益显著。对信息资源开发和利用的必然结果，必将构成形态完整的信息消费活动，并再生为社会进步和发展的原动力"①。当前，信息消费作为重要新兴消费领域，正处于快速发展的关键时期。一般来说，信息消费是指消费者对信息消费品的内容吸收和使用，在现实生活中，信息消费一般以三种形态出现：一是消息见闻、情报资料及广告等感知类信息产品，二是科学思想、论文、专著、研究报告、设计思想、工艺技术、发明专利等学术类信息产品，三是影视作品、音乐、舞蹈、文学、雕塑等文化艺术类信息产品。②"20世纪中叶以来，随着信息社会化和社会信息化进程的加快，在社会消费构成中，信息产品和信息服务的比重显著上升，使信息消费被作为一个重要概念提了出来，成为当代消费经济研究中的一个新的领域。"③自此，信息消费成为经济学重要研究对象，并衍生出"信息经济学""信息消费学"等新兴学科，既推动着信息消费研究的深入开展，又推动着信息服务的快速发展，促进了社会信息消费的迅速增长。

"档案信息作为社会信息的重要组成部分，日益被社会公众所关注并发挥着独特的作用，在信息消费中呈逐年递增趋势。"④当前，正处大数据社会快速发展的战略机遇期，整个社会各界对数据、信息、知识的需求日益迫切，数字档案资源作为新时期国家档案资源建设战略的基点与核心，既是数字时代档案利用服务的基本载体，也是用户档案信息消费的利用对象，"如何科学整合和有效开发档案信息资源，更好地为领导决策、社会管理、经济建设、技术创新、文化发展、历史研究等提供信息数据支撑，是当前档案学

---

① 贺修铭. 信息消费概念的确立及其理论基础——兼论信息消费学的建设[J]. 图书情报工作，1996(4)：45-51.

② 郑英隆. 信息消费论纲[J]. 上海社会科学院学术季刊，1994(2)：51-59.

③ 沙勇忠，高海洋. 关于信息消费的几个理论问题[J]. 图书情报工作，2001(5)：28-31，79.

④ 张东华，刘名福. 信息消费环境下的档案信息服务研究[J]. 档案，2010(2)：9-11.

理论和档案工作面临的共同难题，而恰恰是这样庞大的社会需求，将会不断推动我国档案事业向前发展，是实现'弯道超车'的突破口。"①随着社会档案意识的提高与档案信息化的深入发展，数字档案资源建设快速发展，数字档案资源服务理念、服务方式和服务手段等快速转型，档案信息消费环境日趋优化，直接影响数字档案资源服务水平。"数字转型使国家数字档案资源管理突破了物理空间、存在形式等多方面的局限，从而使得数字档案资源整合与服务的方式可以是多种多样的，允许多种叙事方式在同一空间存在，允许社区间存在不可比较的多种本体论和认识论。"②数字档案资源生态服务的核心便是需要通过创新数字档案资源服务服务方式、手段与路径来提升数字档案资源利用服务能级，提高数字档案资源服务的生态效益，促进数字档案资源建设健康可持续发展。为此，档案部门应围绕数字档案资源生态服务要求，秉承生态服务思维，积极主动对接数字时代用户的数字档案利用需求，加强用户档案利用调研，把握数字档案资源供给与用户利用需求之间内在关系及其特点，不断创新数字档案资源服务模式、服务方式与服务手段，拓宽数字时代社会档案信息消费路径，增强数字时代档案信息消费的有效性，提升数字档案资源的信息竞争力与社会影响力。

（三）提高数字档案资源生态位

生态位是指"在特定时期的特定生态系统中，生物（可以是个体、物种、种群）与环境及其他生物相互作用过程中所形成的相对地位与作用，包括生物的时空位置及其在生态群落中的功能作用"③，它的形成是生物成长过程中长期竞合、演化的结果，是各

---

① 崔珍珍. 齐心协力打造中国档案学派——专访中国人民大学档案学院院长、教授张斌［N］. 中国档案报，2018-4-12（1）.

② 安小米，白文琳，等. 数字转型背景下的我国数字档案资源整合与服务研究框架［J］. 图书情报工作，2013（24）：44-50，78.

③ 娄策群. 信息生态位理论探讨［J］. 图书情报知识，2006（5）：23-37.

种生态因子相互影响、作用的结果。生态位理论作为生态学的核心思想，广泛应用于政治、经济、社会、文化等领域，是现代人文社会科学与生态学交叉融合研究的重要分析视角和理论工具，为审视和探索各类社会现象提供了思维导图，催生出城市生态位、企业生态位、组织生态位、信息生态位、社会生态位、文化生态位、学校生态位等新型概念，促进了人文社会科学研究领域的拓展与深化。

生态位理论为数字档案馆研究提供了新的研究视野，不仅有利于分析数字档案馆在整个社会信息系统和档案事业中的地位与作用，而且有利于探索数字档案馆与数字图书馆、数字博物馆、信息中心、大数据中心等数字信息系统之间的关系，深化数字档案馆研究内涵，推动数字档案馆可持续发展。数字档案馆生态位是指数字档案馆在一定时空区域内依据自身的数字档案资源、基础设施、信息服务、社会影响等要素，在各种社会组织生态系统、社会信息生态系统乃至社会生态系统中形成的特定位置。① 根据数字档案馆生态位的表现形式，数字档案馆生态位的具体呈现具有多维特征，可分为功能生态位、资源生态位与空间生态位，其中，资源生态位与数字档案馆自身所拥有的数字档案资源的独特性和原始性密切相关。② 数字档案资源作为数字档案馆生态系统的核心生态因子，在数字档案馆建设中处于战略核心地位，对数字档案馆乃至档案事业可持续发展具有决定性影响，"档案机构要借助大数据技术，评估数字档案资源的价值，挖掘出档案信息用户的隐形诉求，并基于用户需求以及自身特色建立数字档案信息资源库，使数字档案馆的资源生态位与其他信息机构形成错位，构建在该生态位内的竞争优势。"③面对大数据社会的到来，档案部门要充分认识数字档案资源的战略价值，不仅要在数字档案馆生态系统、国家档案事业生态系

345

---

① 金波，丁华东，倪代川. 数字档案馆生态系统研究[M]. 北京：学习出版社，2014：97.

② 金波，丁华东，倪代川. 数字档案馆生态系统研究[M]. 北京：学习出版社，2014：101-103.

③ 周耀林，骆盈旭，赵跃. 数字档案馆信息生态位的优化研究[J]. 中国档案，2016(4)：70-71.

统中认识数字档案资源的价值与功能，而且还要在更为宏观的社会信息生态系统及社会生态系统中定位数字档案资源的地位和作用，加强对数字档案资源建设的规划与投入，加大特色数字档案资源建设力度，使数字档案馆保持馆藏数字档案资源优势；同时，要聚焦大数据时代用户档案利用需求的个性化、便捷化、网络化、智能化等时代特征，积极创新数字档案资源生态服务模式、服务方式与服务手段，促进数字档案资源共建共享共治，提高数字档案资源生态服务效益，更好地发挥数字档案资源的信息价值与社会功能，增强数字档案资源的信息竞争力与社会影响力，提升数字档案资源生态位。

三、数字档案资源生态服务方式

当前，档案事业发展正面临着"数字转换""数字升级""数字换代"与"数字崛起"的发展态势，数字档案资源作为数字时代档案资源的主体形态，充分体现出数字档案资源的战略地位和时代特征，决定着数字档案馆的生态位和生态能级。数字时代，数字档案资源利用服务必然走向数字化、网络化与智能化发展态势，为数字档案资源生态服务提供了时代机遇，有利于创新数字档案资源生态服务方式，促进数字档案资源生态服务转型，提高数字档案资源生态服务效益。数字档案资源生态服务既是一种理念更是一种模式，既体现了数字档案资源服务的理论性，是生态服务理论与数字档案资源服务概念之间的交叉融合之结果，具有鲜明的理论借鉴性、交叉性与创新性，突出了数字档案资源服务的生态效益、生态安全、开放共享、集约化等生态质性，推动了数字档案资源理论研究的拓展与深化；又凸显出数字档案资源生态服务的实践性，是国家生态文明建设背景下数字档案资源服务发展的基本要求，需要系统探索大数据社会背景下数字档案资源生态服务的实现方式及其实践策略，促进数字档案资源生态服务实践的可持续发展。当前，数字档案资源生态服务方式主要有绿色服务、低碳服务、众包服务、云服务、智能服务等①，其中绿色服务、低碳服务是数字档案资源生态服务的内在要求，体现着生态文明、生态服务的本质属性与内在要求；众包服务、云服务、智能服务是大数据时代技术与社会相互融合、相互促进、相互协调的时代产物，体现着数字档案资源服务的发展态势，既是数字档案资源生态服务的实践路径，又是档案资源生态服务的动力之源。

（一）绿色服务

生态思维是生态学与哲学、伦理学、经济学、政治学等人文学科交叉融合渗透的产物，旨在审视人、地球及自然环境之间关系，并致力于开创新的文明形态即生态文明来延续人类的生存。当前，生态文明建设已经被纳入我国重要发展战略，并与物质文明、政治文明、精神文明、社会文明一起构筑成新时代"五个文明建设"的重要组成部分。2018 年，"生态文明建设"被写入我国《宪法》，"绿水青山就是金山银山"以及绿色发展理念、绿色发展方式和绿色发展智慧等已成为社会共识，不仅为"美丽中国"建设提供不竭动力，而且为开创全球绿色发展新格局提供重要牵引力。"绿色发展不仅是中国发展的一种传统，在进入新时代，中国的对外开放也体现了一种'绿色担当'，为世界发展做出了'样板'。"②随着全球生态文明建设的持续推进，传统工业文明逐步向现代生态文明过渡，绿色文明、绿色发展、绿色生活乃至绿色服务已经成为现代经济社会发展共识，是现代生态文明的核心特质与焦点呈现。2019 年 4 月 28 日，习近平在"2019 年中国北京世界园艺博览会开幕式"上发表题为《共谋绿色生活，共建美丽家园》的重要讲话，明确提

---

① 参阅：倪代川. 数字档案资源生态服务探析［J］. 山西档案，2020（5）：35-44.

② 万鹏. 习近平提出绿色发展"五个追求"同筑生态文明之基［EB/OL］.［2019-9-26］. http://theory.people.com.cn/n1/2019/0429/c40531-31056225.html.

出"五个追求"的绿色发展理念①，即追求人与自然和谐、追求绿色发展繁荣、追求热爱自然情怀、追求科学治理精神、追求携手合作应对，这既是对世界的庄严承诺，也是我国生态文明建设的基本遵循，为全社会践行绿色发展、绿色生活、绿色管理、绿色服务、绿色担当等提供理论指导和决策指南。

数字档案资源绿色服务正是扎根于现代社会绿色理念的广泛普及与生态文明的深入发展这一现实背景而提出的新型档案利用服务理念，这既是数字时代数字档案资源生态服务的基本方式，也是信息社会数字档案资源生态服务的必然要求，体现着新时期数字档案资源生态服务的实践追求和生态导向。数字档案资源绿色服务强调数字档案资源服务理念、服务手段、服务过程和服务效益的绿色生态化，旨在将生态文明背景下的绿色理念融入数字档案资源生态服务实践，打造数字档案资源生态服务新范式，深化数字档案资源生态服务绿色内涵，促进数字档案资源的绿色管理、绿色开发与绿色利用，在满足数字环境下用户的多元档案利用需求的同时实现数字档案资源服务的生态效果。数字环境下，信息技术发展快速、应用广泛、影响深远，尤其是远程服务、智能服务、智慧服务、集成服务、在线服务等档案信息服务方式为数字档案资源绿色服务奠定了坚实的技术基础，有利于夯实数字档案资源绿色服务内涵，为数字档案资源服务营造安全、健康、可靠的绿色环境，创新数字档案资源的绿色管理，促进数字档案资源的绿色利用，提高数字档案资源服务的绿色效益，实现数字档案资源服务过程中经济效益、社会效益、文化效益、政治效益、生态效益之间的有机统一。当前，开展数字档案资源绿色服务，需要从以下几个方面重点推进：

一是倡导绿色服务理念，增强档案工作者绿色服务意识。"所谓绿色服务，是指有利于保护生态环境，节约资源和能源的、无污、无害、无毒的、有益于人类健康的服务。"②绿色是大自然的基

---

① 习近平. 共谋绿色生活，共建美丽家园[N]. 人民日报，2019-4-29(2).

② 胡子祥. 论绿色服务[J]. 西南交通大学学报(社会科学版)，2004(2)：64-67.

本底色，绿色是现代社会生态文明理念的直接体现。随着传统工业文明向现代生态文明的发展过渡，绿色服务逐渐成为未来服务业发展的主流，档案部门需要通过多种渠道和多种形式，加强生态文明知识学习，尤其是要加大对绿色服务的宣传，提倡绿色生活方式，增强绿色服务意识，深刻认识绿色服务内涵，通过绿色服务知识的系统学习，使档案工作者能够明晰数字档案资源绿色服务理念提出的时代背景，厘清数字档案资源绿色服务的生态内涵，提高档案工作者的绿色服务意识，科学凝练阐释档案工作者绿色理念和绿色价值观，提高数字档案资源服务的绿色效益，为数字档案资源绿色服务的实际开展奠定理论基础与思想基础。为此，首先要强化档案工作者理念层面的绿色生态意识，能够从生态学视角理解绿色服务内涵，深化对数字档案资源绿色服务生态价值的认识；其次是要鼓励数字档案资源服务实践的绿色检验，强化绿色思维，时刻以"绿色"为标准对数字档案资源服务过程中的各种投入进行"绿色评估"，促进数字档案资源服务的健康可持续发展。

二是创新绿色服务方式，提高数字档案资源服务效率。当前，生态文明建设持续推进，绿色理念已成社会共识，扎实推进数字档案资源绿色服务正逢其时，这既是社会绿色理念普及使然，也是数字档案资源生态服务的基本要求，反映出数字档案资源服务新特点与新方式。绿色服务不仅是一种生态服务理念，更是一种生态服务实践。数字档案资源绿色服务的开展，既需要通过凝练绿色服务理念共识，奠定绿色服务思想基础；又要充分利用科学管理知识与现代信息技术等，强化数字档案资源服务的"供给侧改革"，创新数字档案资源绿色服务方式，积极推进数字档案资源的在线服务、远程服务、一站式服务、智能化服务等绿色生态服务方式，为用户数字档案资源利用供给有效档案信息服务方式，提高数字档案资源服务效率，节约社会资源、能量消耗，实现数字档案资源服务于所处的经济、社会、文化乃至自然环境之间的生态和谐，满足数字时代用户档案利用的便捷化、个性化、精准化需求，提高数字档案资源服务效率，增强数字档案资源服务的生态效益。

三是拓展绿色服务路径，提升数字档案资源服务效益。绿色服务理念的提出是基于当前人类社会发展过程中资源、能源和环境问题的日益加剧提出的新型服务理念，体现着生态健康追求导向，旨在实现经济社会的可持续发展，强调经济效益、政治效益、社会效益、文化效益、生态效益之间的和谐统一。数字档案资源绿色服务不仅需要夯实绿色理念内涵，更需要通过强化专业实践来彰显绿色服务的生态价值，一方面通过运用现代信息技术来提升档案检索、档案借阅、档案展览、档案编研等传统档案服务绿色内涵，降低传统档案信息服务的能源消耗，提升传统档案信息服务生态效益；另一方面要围绕大数据发展的时代背景，充分利用大数据、云计算、人工智能等现代技术优势，突破传统档案资源服务时空限制，拓展数字档案资源服务路径，拓宽数字档案资源服务空间，发挥大数据时代数字档案资源的信息价值、数据价值、知识价值与文化价值，为用户提供全天候、一站式、多元化、智慧化的数字档案资源利用服务体系，提升大数据时代数字档案资源生态服务效益，满足用户日益增长、日益多样、日趋多元的数字档案资源利用需求，不断扩大信息时代国家数字档案资源的信息竞争力与社会影响力。

(二) 低碳服务

"低碳"是生态社会发展的高频词，反映了经济社会可持续发展的内在要求和行为特征，是国家生态文明建设发展的必然要求。关于"低碳"，无论是在百度、谷歌等经典搜索引擎，还是在"中国知网""万方""维普""超星"等专业数据库，只要输入"低碳"一词，均能获取海量文献资源，与"低碳"相关的主题文献资源不胜枚举，如低碳经济、低碳城市、低碳交通、低碳旅游、低碳消费、低碳生活、低碳管理、低碳服务、低碳理念以及低碳技术等，其中，"低碳经济""低碳管理"是"低碳家族"的典型代表，不仅是低碳理念的集中体现，而且是低碳发展的策源动力。"低碳经济"一词正式出现于 2003 年英国能源白皮书——《我们能源的未来：创建低碳经济》中，主要是指"以低能耗、低污染、低排放为基础的管理模式；其实质是资源高效利用、追求低碳 GDP (国内生产总值) 的问题；

核心是资源技术和减排技术创新、产业结构和制度创新以及人类生存发展观念的根本性转变。"①"低碳"即意味着低能耗、低污染,涉及经济、社会、人口、资源、环境等各个领域,是一项复杂的系统工程,需要"树立低碳理念,并通过价值引导,营造重视节约能源资源、减少碳排放的良好社会氛围。"②

随着低碳经济的发展,低碳理念日趋普及,已经成为现代经济社会发展的基本共识,促进了低碳城市、低碳交通、低碳旅游、低碳消费、低碳管理、低碳服务等快速发展与深度融合,使得低碳生活、低碳理念成为现代社会人们的普遍共识和价值追求,深刻影响着经济社会的可持续发展和人类社会生产生活方式。档案作为一种原始性记录,它是"社会组织或个人在以往的社会实践活动中直接形成的具有清晰、确定的原始记录作用的固化信息"③,是人类文明可持续发展的伴生物,具有独特的、重要的、广泛的社会作用,在人类经济社会文化发展过程中发挥着重要功能,集中表现在行政作用、业务作用、文化作用、法律作用、教育作用等诸方面④。在"低碳经济""低碳管理""低碳发展""低碳生活"等低碳理念的影响下,"低碳"与"档案"之间也产生着广泛联系,推动着档案事业的"低碳建设""低碳发展",初步凸显"低碳服务"在档案事业发展中的生态价值。如上海市电力公司高度重视部门档案工作,通过实施企业档案信息资源的数字化转型与集约化管理,实现其企业档案资源的永久保存、保真与保读,深化企业档案资源的综合开发利用,特别是在上海电网节能技术改造方面的应用,通过实施档案集约化管理转型,广泛应用企业科技档案,使企业节能减排项目的开发和

---

① 陈军. 低碳管理[M]. 北京:海洋出版社,2010:28.

② 任小凯. 政府低碳管理的国际经验与启示[J]. 时代金融,2012(9):255-256.

③ 冯惠玲,张辑哲. 档案学概论(第2版)[M]. 北京:中国人民大学出版社,2006:6.

④ 冯惠玲,张辑哲. 档案学概论(第2版)[M]. 北京:中国人民大学出版社,2006:53-58.

应用少走了弯路，提供了宝贵经验，为节能减排发挥了重要作用。①

　　数字时代，档案形态、档案业态等发生革命性变革，数字档案资源、数字档案馆(室)应运而生，成为新时期国家档案事业发展的"主战场"。当前，数字档案馆建设具有鲜明的低碳特征②：一是传统载体档案的数字化转换，有利于逐步实现原件封存，推进档案资源的数字化利用，能够有效延长档案寿命，节省保护和抢救档案的成本；二是通过数字档案馆信息共享系统，可以为档案利用者带来极大便利，实现数字在档案资源的远程利用、在线利用，减少利用者在馆际之间的来回奔波和消耗；三是随着现代信息技术的发展，可以实现数字档案资源的海量存储、云存储、云服务，实现数字档案资源的集中管理与分布管理的有机集合，提高数字档案资源管理服务效率。"低碳服务"在数字时代的档案事业发展中空间巨大，尤其是数字档案资源低碳服务的发展迎来了重要机遇，必将成为数字档案资源生态服务的重要内容和基本方式。数字环境下，以云计算、大数据、物联网、人工智能、区块链等信息技术的快速发展与深度融合，不仅推动着网络社会的深层发展、深度交融与深刻变革，而且驱动着档案事业发展的数字转型、数字升级与数字崛起，对数字档案资源的收集、管理、保存与利用等产生重大影响，促进档案集约化管理，既有利于节约档案管理成本与档案利用成本，"实现数字档案馆生态系统管理高效化，优化管理程序，将档案管理人员从繁重的手工操作中解脱出来，提升工作效率，节约管理成本，降低管理能耗"③，也有利于完善数字档案资源低碳管理制度，优化数字档案资源低碳管理体系，推进数字档案资源低碳管理，为数字档案资源低碳服务奠定基础，提高数字档案资源服务生态效益。

----

① 邢维萍. 档案工作为节能低碳服务[J]. 上海节能，2012(8)：42-44.

② 徐辉. 档案事业"低碳"发展若干领域的思考[J]. 中国档案，2011(1)：60-61.

③ 金波，丁华东，倪代川. 数字档案馆生态系统研究[M]. 北京：学习出版社，2014：410.

数字档案资源低碳服务是国家生态文明建设与绿色发展战略的必然选择和内在要求，是新时期档案利用服务转型与创新发展的重要动力。数字档案资源低碳服务的核心是通过低碳行动、低碳管理、低碳战略等，不断增强数字档案资源服务主体的低碳意识，优化数字档案资源生态服务体系，创建一个集低碳排放、资源节约、绿色运行、健康和谐、可持续发展等于一体的数字档案资源生态服务系统。当前，开展数字档案资源低碳服务，一方面是受社会低碳行动潮流与国家绿色发展战略的联合驱动所致，反映着数字档案资源服务的新特征与新要求；另一方面也是档案事业发展数字化转型与档案资源形态的数字化变革的时代要求，反映出数字档案资源服务方式的生态特质与范式转型。数字档案资源生态服务的实施，需要着重从以下方面系统推进：

　　一是加大数字档案资源低碳服务宣传力度，强化低碳服务意识，凝聚低碳服务共识，增强低碳服务自觉。低碳是当前经济社会发展发展的高频词之一，尤其是低碳经济的倡导，既促进了低碳理念的社会传播，也推动了低碳服务的广泛开展，驱动着现代社会低碳经济的可持续发展。低碳服务与绿色服务之间理念来源相同、核心价值一致，均体现着生态文明视域下经济社会发展方式的转型与变革，推动着生态服务理念的实践与实现。数字档案资源低碳服务的实施，首先就是要强化低碳服务理念的宣传，加大低碳服务理念、服务知识和服务方式的立体宣传，夯实数字档案资源低碳服务的理念共识，为数字档案资源生态服务营造良好的低碳人文环境；其次，需要紧密结合数字档案资源服务实践，从生态服务视角阐释数字档案资源低碳服务理念，挖掘数字档案资源低碳服务潜力，厘清数字档案资源低碳服务内容及其相关要素，凝练出具有档案服务特质的数字档案资源低碳服务理念，为数字档案资源低碳服务营造良好的低碳服务氛围；再次，我们必须要清楚，数字档案资源低碳服务的实施不仅要求档案管理者自觉树立低碳服务理念，强化数字档案资源管理的低碳环保认识，同时还要档案形成者和档案利用者具备低碳理念，促进数字档案资源服务思想转变与观念转变，营造良好的数字档案资源低碳服务氛围，增强数字档案资源低碳服务的前端控制能力与全周期管理能力，提高数字档案资源生态服务的整体生态效果。

二是推进数字档案资源集约化管理，加大数字档案资源整合力度，降低数字档案资源服务能耗，畅通数字档案资源服务路径，提高数字档案资源服务的生态效益。数字档案资源低碳服务具有鲜明的实践性特征，涉及到数字档案资源建设管理利用的方方面面，是数字档案资源价值功能实现的实践载体，攸关数字档案资源可持续发展，对数字档案资源服务效率、服务效益、服务效果等均具有直接影响。其中，依据数字档案资源自身的数字化结构特质与数字化服务特征，有利于推进数字档案资源集约化管理，提高数字档案资源的管理水平，促进数字档案资源的共建共享共治，这是实现数字档案资源低碳服务理念的有效方式，为数字档案资源低碳服务实践提供了有效路径，既可以通过集约化管理，畅通数字档案资源管理服务环节，降低数字档案馆管理服务能耗，又能为数字档案资源整合挖掘奠定资源基础，促进数字档案资源数字化开发利用，为数字档案资源生态服务奠定资源基础。当前，数字档案资源集约化管理，主要是"通过运用信息技术、网络技术、通信技术、数字技术等现代技术手段，提供便捷、快速、高效的档案信息利用，实现'一站式'检索、在线利用、全天候服务，避免用户奔波之苦，减少交通成本；通过网络，可以打破时空限制，随时随地利用档案信息资源，实现档案信息资源共享"①，从而有效激发用户数字档案信息资源利用需求，促进社会档案信息消费，驱动数字档案资源内容的深度开发，创新数字档案资源低碳服务方式、服务手段、服务模式与服务路径，提高数字档案资源低碳服务效率与效益。

三是强化数字档案资源低碳服务制度建设，推进数字档案资源低碳服务的制度管理，将数字档案资源低碳服务理念、服务体制、服务模式、服务方式、服务内容等进行制度化确立，不断完善数字档案资源低碳服务制度体系及其实施细则，为数字档案资源低碳服

---

① 金波，丁华东，倪代川. 数字档案馆生态系统研究 [M]. 北京：学习出版社，2014：410.

务实践提供制度保障，确保数字档案资源低碳服务在制度轨道中有序实施，实现数字档案资源服务的低碳、节能、减排与高效。为此，需要完善数字档案资源制度建设，推进数字档案资源低碳服务的制度管理，为数字档案资源低碳服务的实施提供制度保障。数字档案资源低碳服务的制度建设，首先要聚焦《档案法》中关于档案资源开放利用相关要求，从档案开放利用视角推动数字档案资源低碳服务的制度设计，完善数字档案资源低碳服务的顶层设计，从战略层面奠定数字档案资源低碳服务的制度基础；其次要全面修订现行档案利用服务制度，将低碳理念、低碳原则、低碳要求等融入档案利用服务制度内容，为数字档案资源低碳服务提供制度保障；再次要切实强化数字档案资源低碳服务的评估标准建设，对数字档案资源服务的低碳原则、低碳要求等通过规范化的标准设置，制定数字档案资源低碳服务标准指标评估体系，为数字档案资源低碳服务评估提供标准指导。

（三）众包服务

2006 年 6 月，美国《连线》杂志记者杰夫·豪（HOWE. J.）首次提出"众包"（Crowd-sourcing）概念，认为"众包"是一种新的商业模式，它是指"一个公司或机构将过去由员工执行的工作任务以自由自愿的形式外包给非特定的（通常是大型的）大众网络的做法"[①]，旨在"将创新或研发等核心价值的重任委托给外部大众处理，给予平台支持，让大众提出创意或解决核心技术问题"[②]。实际上，"众包"这一概念源于对传统企业创新模式的反思，企业通过利用大众智慧来处置解决自身面临的各种商业难题，影响和改变着传统商业模式，蕴含着协同创新理念和有效降低新产品风险的做法，模

355

① HOWE. J. The rise of crowdsouring [J]. Wired Magazine，2006（6）：176-183.

② 侯文华，郝琳娜. 众包模式——企业创新的新助力 [M]. 北京：科学出版社，2016：3.

糊了员工和消费者之间的界线，延伸了企业创新边界，使得"草根"的创新成为主流；同时，"众包"对产业发展与社会转型产生了革命性影响，改变了组织的架构，颠覆了传统的组织边界，打破了专业化的门槛，加速了企业间的竞争，是企业创新模式的一种深刻变革，"不仅是提高经济效率的一种商业可能，它更是一种商业的未来模式"。① 当前，"众包"主要分为两类，一类是以营利为目的，被称为"众包模式"，如宝洁、戴尔、亚马逊等公司，旨在通过举办众包竞赛，奖励提供优秀解答方案的参与答者，激励大众参与社区活动，为社区今后的发展提供动力；另一类是非营利性的，以公共事业为主，被称为"众包非商业模式"，如维基百科、开源软件、百科全书等，旨在利用大众的智慧，将原来由企业内部完成的工作或无法正常完成的工作交由企业外部的大众去完成②。随着众包模式的快速发展与广泛应用，众包不仅普遍应用于营利机构，使波音、亚马逊、宝洁、宜家、戴尔等知名公司纷纷开始众包实践，而且更多地服务于诸多非营利机构，如维基百科编写、谷歌地图绘制、图书馆虚拟咨询开展、政府政策制定、城市发展规划等，同时，还出现了"众筹""众创"等新型众包模式，推动着传统众包模式的演进发展。

数字时代，现代信息技术的发展、社会档案意识的提高、档案机构改革的推进等，为数字档案资源利用服务带来了契机，推动着数字档案资源服务创新与转型升级，其中，档案众包服务也得到了快速发展，不仅成为网络时代数字档案资源服务创新的有效途径，而且成为数字档案资源开发利用中的一道亮丽风景线，"众包意味着利用网络提供的平台，汇聚公众的力量与智慧完成档案收集、文本转录、著录、标引等工作，不但能在一定程度上化解档案机构资源不足的问题，而且'用户贡献内容'的方式，有助于直接从利用

---

① 魏拴成. 众包的理念以及我国企业众包商业模式设计[J]. 技术经济与管理研究，2010(1)：36-39.

② 侯文华，郝琳娜. 众包模式——企业创新的新助力[M]. 北京：科学出版社，2016：4.

者的视角来建设档案信息资源，为后续的开发利用提供基础。"①当前，"众包模式应用于档案信息资源建设，能够应对档案工作面临的新挑战、创新档案资源管理和开发机制并提高档案机构的社会影响力。"②国内外档案界正广泛开展档案众包服务尝试，不仅为数字档案资源建设服务增添了活力，而且推动了数字档案资源利用服务创新转型，产生了如美国国家档案与文件署 2010 年开启的公民档案员（Citizen Archivist）项目③、荷兰阿姆斯特丹档案馆 2011 年开启的"众在参与项目"（Velehanden）与新加坡国家档案馆 2015 年开启的公民档案管理员计划（Citizen ArchivistProject）项目④等，以及我国辽宁档案馆"社会档案人"平台（以档案收集为特征的各省市档案门户平台、以词条编辑为特征）、上海图书馆"家谱知识服务平台"（以在线捐赠、在线识谱、在线修谱为功能）与"历史文献众包平台"（盛宣怀档案抄录项目）等档案众包服务典型案例⑤，为数字档案资源服务创新提供了新思路与新模式，为新时期社群档案资源、民生档案资源、领域档案资源等数字档案资源服务转型与创新带来了契机，有利于进一步发挥数字档案资源价值，充分挖掘数字档案资源服务潜力，提高用户在数字档案资源建设服务中的参与度，增强用户数字档案资源服务体验，提高数字档案资源服务效果。如何开展数字档案资源众包服务，提高数字档案资源生态服务效益？这是做好数字档案资源服务的根本所在，需要重点推进以下工作：

一是要系统总结档案众包服务实践经验。众包作为数字时代档案信息资源建设的一种新模式，旨在通过网络平台，"汇聚公众的

---

① 聂勇浩，董子晗. 档案信息资源建设中众包的实施框架与路径［J］. 档案学通讯，2019(4)：63-69.

② 董雨，周耀林. "互联网＋"环境下档案信息资源建设众包模式研究［J］. 北京档案，2019(2)：11-15.

③ 周文泓. 公众参与理念下的档案信息资源开发研究［J］. 档案管理，2017(4)：31-34.

④ 顾丽娅. 国外档案众包实践及启示［J］. 浙江档案，2015(7)：13-15.

⑤ 姚倩雯. 我国档案数字化众包平台现状及策略研究［J］. 兰台内外，2019(24)：21-22，36.

力量与智慧完成档案收集、文本转录、著录、标引等工作，不但能在一定程度上化解档案机构资源不足的问题，而且'用户贡献内容'的方式，有助于直接从利用者的视角来建设档案信息资源，为后续的开发利用提供基础"①。档案部门需要主动作为，既要大胆尝试，通过"众包"创新数字档案资源服务方式，汲取公众智慧，激活数字档案资源服务活力，厚植数字档案资源开放共享氛围；又要认真总结深挖实践经验，强化对"众包服务"的理解，增强数字档案资源众包服务意识，充分调动社会大众积极性和能动性，提高用户在数字档案资源建设服务中的参与热情和参与程度，"让有兴趣、有能力的大众从原有被动接受档案成果的'消费者'，转变为主动参与开发过程的'生产者'，是对现有'内驱式'主导的档案资源开发模式的升级"②。

二是要科学构建数字档案资源众包服务平台。数字时代，开展数字档案资源众包服务，不仅需要大胆尝试众包服务，拓展数字档案资源服务路径，更要积极完善数字档案资源众包服务机制，为数字档案资源众包服务的实施搭建有效的实践平台。数字档案信息资源众包服务平台既可以是"自给自足"式构建平台，也可以是"顶层设计"式构建平台，前者是指以现有官方网站为基础，从中嵌入和开发进行档案众包服务的相关网页，便于直接发布和管理众包项目的平台构建方式；后者是指通过国家级档案馆或省级档案馆牵头构建档案众包总平台的方式，其他档案馆可借助此平台将档案众包项目发布，降低资源消耗，提高数字档案资源服务效益。③

三是要深化"互联网+"技术的应用示范。当前，"互联网+"发展迅速，应用广泛，为数字档案资源众包服务提供了技术支持，有

---

① 聂勇浩，董子晗. 档案信息资源建设中众包的实施框架与路径[J]. 档案学通讯，2019(4)：63-69.

② 谈伟. 国外"档案众包"实践及引发的思考[J]. 四川档案，2014(2)：51-52，57.

③ 赵宇. "互联网+"时代数字档案信息资源建设的众包策略探究[J]. 档案管理，2017(2)：28-30.

利于推广实施"'互联网+网络大众'的档案众包及实施策略"①，进一步发挥数字档案资源价值，充分挖掘数字档案资源服务潜力，尤其是数字人文背景下的数字档案资源的整合开发亟待加强，通过"互联网+"的应用推广，以"众包"理念和"众包"服务推进数字档案资源数字人文服务，推动数字档案资源服务的范式转型，提高用户在数字档案资源建设服务中的参与度，增强用户数字档案资源服务体验，提高数字档案资源服务效果，在数字档案资源收集、整理、鉴定、检索、编研、利用等方面积极开展应用，控制数字档案资源众包服务的内容质量，充分保障数字档案资源众包服务中的用户权益，并通过完善众包服务制度，确保数字档案资源众包服务项目的合法合规，激励用户积极参与数字档案资源众包服务，推进数字档案资源众包服务的有效开展。

(四) 云服务

2006 年 8 月，谷歌 CEO 施密特（Eric Schmidt）在"搜索引擎战略"大会上首次提出"云计算"（Cloud Computing），认为它是一种新的商业模式，在这种模式背景下，数据服务的架构存在于云计算服务器上，只要有合适的浏览器或接入方式，任何人都可以通过一定的设备访问存于云计算服务器上的数据。② 自此以后，云计算的概念、技术、服务和产品等引起社会广泛关注，云计算概念层出不穷，云计算技术快速发展，云计算应用广泛分布，云计算服务无所不在。云计算不单纯是一种技术，它是"为了更好地满足人们对信息化发展的需求，而形成的一整套体系"③，既是一种技术实现机制，又是一种服务模式，它以其独特的技术架构和管理模式快速构

---

①　赵宇. "互联网+"时代数字档案信息资源建设的众包策略探究[J]. 档案管理，2017(2)：28-30.

②　姚宏宇，田溯宁. 云计算大数据时代的系统工程[M]. 北京：电子工业出版社，2013：XI.

③　姚宏宇，田溯宁. 云计算大数据时代的系统工程[M]. 北京：电子工业出版社，2013：40.

筑网络信息环境新生态。目前，云计算还没有一个统一的定义，"既有从技术角度进行的描述，又有从商业模式角度总结的观点；既涵盖了应用层面，又包括底层资源的组织和管理。"①确切地说，"云计算是一种大规模资源共享模型，它是以虚拟技术为核心技术，以规模经济为驱动，以 Internet 为载体，以用户为主体，按照用户需求动态地提供虚拟化的、可伸缩的商业计算模型"，其"核心思想是资源池，池的规模可以动态扩展，而使用资源池中的丰富的软硬件资源可以像煤气 、水和电一样，取用方便，费用低廉。"②中国工程院院士倪光南认为："云计算是当代信息领域的重大创新，它在现阶段出现有其必然性，是解决信息社会'三大'（即'大用户'、'大数据'和'大系统'）挑战的切实可行的方案。"③云计算作为大数据时代的重要基础技术之一，是虚拟化技术、数据密集型计算以及互联网等技术协同融合驱动发展的结果，它"继承和整合了信息技术发展过程中最优、最新、最有益于人们使用的技术、资源、人才和方法，是继个人计算机普及、互联网发展之后的第三次 IT 浪潮，它被视为当今 ICT 产业的一场工业革命"④，给人类社会发展带来无限遐想和期待。

　　当前，"云计算所带来的工业革命，将降低知识获取的成本，也使知识的产生变得更容易、分享变得更方便"⑤；"云计算降低了信息获取成本、实现了 IT 服务的规模化生产，并促进了整个社会的创新进程。其核心意义同每一场变革最根本的核心意义一

---

①　姚宏宇，田溯宁. 云计算大数据时代的系统工程[M]. 北京：电子工业出版社，2013：40.

②　方巍，文学志，等. 云计算：概念、技术及应用研究综述[J]. 南京信息工程大学学报（自然科学版），2012(4)：351-361.

③　姚宏宇，田溯宁. 云计算大数据时代的系统工程[M]. 北京：电子工业出版社，2013：III.

④　薛四新. 云计算环境下电子文件管理的实现机制[M]. 上海：世界图书出版公司，2013：3.

⑤　姚宏宇，田溯宁. 云计算大数据时代的系统工程[M]. 北京：电子工业出版社，2013：124.

样——使生活更加方便、成本更加低廉、知识更加民主化"①，不仅为数字档案资源云服务奠定了技术基础，而且为数字时代档案信息云存储、云备份、云共享等云服务创造了战略机遇，使数字档案资源云服务能更好地融入社会，不断提高数字档案资源利用效益，满足日趋多元的社会数字档案资源利用需求。云服务作为数字档案资源生态服务的一种具体实现方式，它是以大数据时代云计算技术的快速发展与广泛应用为背景，以云计算为技术核心，以云计算应用为实践牵引，聚焦数字档案资源服务与共享主题，探索云环境下数字档案资源的服务转型与创新，运用云存储、云备份、云共享等云计算技术将各类数字档案资源进行快速调度和组合，"通过'云'端提供的强大计算能力、方便快捷的网络服务以及良好的交互环境，能够为档案用户提供多样化和个性化的档案服务"②，优化数字档案资源配置，提高数字档案资源共建共享水平，降低数字档案资源管理成本与管理能耗，提升数字档案资源管理效率和服务效益，激活社会数字档案资源信息消费，发挥数字档案资源作为数字记忆的资政价值、历史价值、凭证价值、信息价值与文化价值等，全面夯实数字档案资源生态服务基础，彰显数字档案资源生态服务特质及其生态效益。当前，数字档案资源云服务应用的生态效益主要体现在云存储、云备份与云共享三个方面：

一是积极开展数字档案资源云存储。云存储是在云计算概念上延伸和衍生发展出来的新概念，它是一种快捷方便、安全可控的网上在线存储模式，旨在通过集群应用、网格技术或分布式文件系统等功能，将网络中大量各种不同类型的存储设备通过应用软件集合起来协同工作，共同对外提供数据存储和业务访问功能的一个系统，保证数据的安全性，并节约存储空间，其实质是将储存资源放

361

① 姚宏宇，田溯宁.云计算大数据时代的系统工程[M].北京：电子工业出版社，2013：132.

② 王芗馨.云计算在数字档案馆领域的应用探究[J].城建档案，2012（10）：64-65.

到云上供人存取的一种新兴方案①。一般来说，机构通过运用云存储服务能够有效节省投资费用，简化复杂设置和管理任务，把数据放在云中便于从更多的地方访问数据，大大提高数据管理与服务的综合效益。云存储模式的成功应用为数字档案资源存储从传统离线线下存储模式向在线云存储模式的转变提供了新机遇，并且具备了技术、管理和经济上的可行性，能够在确保档案安全前提下，将分散在网络中的各种存储平台上的数字档案资源整合在一起，为用户提供海量、统一和安全的网络在线云存储服务，不断增强海量存储能力，满足数字档案资源急剧增长的存储需求；能够实现数字档案网络在线异地备份，增强容灾、异地备份能力，避免各档案馆(室)单独存储时遭遇停电、火灾、水灾等情况时可能带来的损失；能够消除数字档案资源冗余，最大限度地提升数字档案资源共享度；能够提升检索能力和检索效率，协助解决海量数据的计算处理和分析问题，提升档案信息服务能力。②

二是实现数字档案资源云备份。云存储在海量信息处理、降低数据管理成本、扩展信息存储性能与容量、数据高效存取、数据广泛共享、用户透明访问等方面具有显著优势，推动着信息社会数字信息资源的长期安全存储和长远有效利用，为大数据社会数字档案资源云备份提供了技术支持。随着现代信息技术的快速发展和档案信息化建设的深入推进，云计算技术为数字档案资源备份提供了技术支持，其中，云备份成为当前数字档案资源信息备份的重要方式，具有经济、适用、高效的显著特征，且安全可控、利用便利、服务快捷效益明显。随着云计算技术在数字档案资源建设中的广泛运用，云备份方案将是"未来省市级、区县级档案信息化建设工作的重要基础，包括将要构建的档案信息资源共享平台、电子档案备份中心等都可以作为实施基础实现档案数据的交换和永久保存"，"通过构建多方位的档案备份系统，采用云环境下的档案数字资源

---

① 百度百科.云存储.［EB/OL］.［2021-1-24］.https://baike.baidu.com/item/%E4%BA%91%E5%AD%98%E5%82%A8/8326238? fr=aladdin.

② 刘永，刘坤锋.论数字档案云存储[J].档案管理，2013(5)：14-18.

备份副本的存放策略，建立多套多地备份机制，是解决档案数字资源备份的有效途径"，"使得档案数字资源的备份方式发生了根本的变化，由离线的脱机介质变成网络在线的方式，实现本地远程多重数据保护，从而提高存储安全和数据灾备能力"。①

三是推进数字档案资源云共享。当前，"云计算带来了一种组织和实现机制，使我们可以组织资源以服务，组织技术以实现，组织流程以应变"②，云计算技术为数字档案资源共享提供了技术支持，实现数字档案资源的云端共享，一方面，"通过云计算模式，档案部门可以避免因档案管理系统软件的多头开发所造成的'信息资源孤岛'现象的出现，可以在档案部门之间共同构筑档案信息共享池，可随时获得相互之间的资料，也使用户的信息需求获得极大的满足。"③另一方面，档案部门"利用云计算和云服务技术开展档案信息资源共享云建设，是提升档案管理水平和信息服务质量的首选"④，既可以从国家层面推进"国家档案信息资源云共享服务模式"系统工程，"通过整合服务终端（如将档案信息服务纳入电子政务信息服务平台等），增加档案信息资源被发现的机会，提升档案信息资源的利用率，从而实现档案服务工作效益最大化"⑤；也可以从区域层面构建"区域档案信息资源云共享平台"，实现区域数字档案资源的云存储、云管理、云共享与云服务，如浙江省丽水市于2011年实施"基于云计算的云档案信息共享系统"，"旨在将市、县各级机关数字档案室与数字档案馆建立在本级政府信息中心平台

① 陶水龙. 档案数字资源云备份策略的分析与研究[J]. 档案学通讯，2012(4)：12-16.

② 姚宏宇，田溯宁. 云计算：大数据时代的系统工程[M]. 北京：电子工业出版社，2013：XVIII.

③ 方昀，郭伟. 云计算技术对档案信息化的影响和启示[J]. 档案学研究，2010(4)：70-73.

④ 刘永. 档案信息资源共享云体系建设的思考[J]. 档案管理，2017(6)：25-29.

⑤ 吕元智. 国家档案信息资源"云"共享服务模式研究[J]. 档案学研究，2011(4)：61-64.

上，形成以市本级为中心，9 县市为结点，N 个机关数字档案室为终端的'云档案'信息共享平台。"①上海市积极推进民生档案远程利用，通过应用云技术实现民生档案资源云共享，不断提升长三角民生档案"异地查档、便民服务"能效，推进政务服务"一网通办"档案数据归集和相关电子文件归档管理试点与接收。据统计，截至 2012 年底，上海正式开通了覆盖全市 208 个社区事务受理中心、惠及 2400 多万市民的上海民生档案工作远程服务系统，使婚姻登记、计划生育、知青上山下乡、知青返城和知青子女回沪等 5 类档案实现了"就地查询、跨馆出证、馆社联动、全市通办"②。

（五）智能服务

当前，大数据、云计算、物联网、人工智能等现代信息技术快速发展，"互联网+"广泛应用，社会全面步入大数据时代，社会发展日趋智能化，这既是现代信息技术累积聚合的必然产物，也是传统工业和城市面临发展瓶颈、急于寻求突破方向的现实性迫切需要，突出体现为利用计算机技术尤其是大数据、物联网、人工智能等信息前沿技术来代替人的部分脑力劳动，使"机器"具有运用知识进行推理、学习、联想解决社会各种问题的能力。"得益于自动化和大数据等的发展，人工智能正迎来发展新高潮。从智能终端到智能网络，从信息的智能化处理到智能制造、智能物流，新科技革命将不仅更有力地扩张着人类的体力，更有效地延伸着人类的智力"③，推动着现代社会的智能化发展，尤其是人工智能技术与现代社会之间的深度融合，智慧社会发展加速推进，智能化开始渗透社会各行各业以及我们生活中的方方面面，并逐渐成为现代社会

①　朱悦华，何丽萍，丁建萍. "云档案"信息资源共享系统研究[J]. 浙江档案，2012(6)：52-53.

②　张晶晶. 创新服务无止境——上海市民生档案远程服务工作新突破[J]. 中国档案，2016(6)：18-20.

③　李万. 新科技革命改变世界发展格局[N]. 学习时报，2017-12-13(5).

"高频词"，"智能+"无处不在，如"智能制造""智能生产""智能学习""智能交通""智能医疗""智能电网""智能家电""智能家居""智能小区""智能工厂""智能商务""智能社会"等成为人们耳熟能详的"智能概念"，"智能服务"随之也应运而生，Carstena 等认为"智能服务"是基于网络化、智能化的技术系统和平台，对采集和分析数据进行响应的数字化服务，其构建过程分为内部基础设施、外部基础设施、连接物理平台、服务平台四个阶段①，它是在集成物联网、人工智能、区块链、5G 技术等现代智能信息技术及其广泛应用基础上，聚焦用户需求而进行的服务模式和商业模式创新，"智能服务的实现不仅仅依赖于智能互联和数字化的设备、平台或服务系统，也依赖于智能化的服务供应链对收集到的数据进行分析处理，并反馈至顾客及供应商。"②中国工程院院士李德毅认为："人工智能的发展改变了人类的认知方式和生活方式，人工智能延伸了人类的体力和脑力，将会让人类更加有尊严、更加优雅、更加智慧地生活。人工智能给人类带来的影响将远远超过计算机、互联网在过去几十年对世界的改变，也为教育带来了前所未有的机遇和挑战。"③

　　大数据时代，"'大数据'之'大'，更多的意义在于：人类可以'分析和使用'的数据大量增强，通过这些数据的交换、整合和分析，人类可以发现新的知识，创造新的价值，带来'大知识''大科技''大利润'和'大发展'"④，使得信息资源的战略价值日益凸显，并日益成为重要生产要素和社会财富，是国家软实力和竞争力的重

①　Carsten S, MonikaJ, Jörg N, etal. Smart Services [J]. Procedia-Social and Behavioral Sciences，2018(1)：192-198.

②　简兆权，刘文. 智能服务的概念内涵及实现路径[J]. 管理现代化，2019(4)：101-104.

③　李德毅. 人工智能在奔跑 教育的机遇与挑战——在"北京联合大学智能机器人产学研合作与人才培养创新发展研讨会暨机器人学院成立大会"上的报告[J]. 北京联合大学学报，2016(3)：1-4.

④　涂子沛. 大数据：正在到来的数据革命，以及它如何改变政府、商业与我们的生活[M]. 桂林：广西师范大学出版社，2012：57.

要标志。随着人工智能等信息前沿技术快速发展，智能化既是现代社会的发展的方向，也是未来社会的发展态势，"'智能化'意味着让本来只能执行简单工作的机器和设施，获得与系统沟通的能力，通过对数据的分析作出理性决定，以达到效益的最大化。"①随着档案信息化建设的持续推进，档案智能化研究受到学界关注，提出了"档案信息智能检索"②、"智能档案馆"③、"智能化档案馆安全防范系统设计"④、"服务智能化"⑤、"基于物联网的实物档案智能管理系统的设计与实现"⑥等理念，对档案工作智能化发展进行了有益探索，推动了数字档案馆智能化的建设发展与理论思考，为数字档案资源智能服务奠定了理论基础和学术支持。

目前，我国档案界"在大数据、人工智能、数据挖掘等新技术的应用方面做得还不够，档案部门保存了很多数据。但是还没有探索出安全、科学、有效的技术手段对其进行深层次开发"⑦，数字档案资源服务的提效增值空间仍然广阔巨大。随着数字档案馆智能化发展的加速推进，数字档案馆生态系统智能化发展态势日趋凸显，智能技术在档案工作领域中应用将日益广泛，尤其是在档案利用服务领域，智能服务应用发展空间巨大，既推动着传统档案利用服务的智能化发展，也有利于促进数字档案资源智能服务深入开展，提升数字档案资源服务效果。实际上，在智能技术发展的推动

① 刘佳. 智能化——社会系统的未来[N]. 第一财经日报，2009-12-21（A15）.

② 朱久兰. 档案信息智能检索[J]. 档案学通讯，1994(4)：57-58，39.

③ 高东方. 浅谈智能化档案馆建设[J]. 档案时空，2003(10)：28-29.

④ 熊一军. 智能化档案馆安全防范系统的设计[J]. 中国档案，2003(10)：42-43.

⑤ 蔡娜，姚乐野. 知识管理在数字档案馆中的应用研究[J]. 档案学通讯，2008(3)：54-58.

⑥ 贾姝，郭永安，叶燕. 基于物联网的实物档案智能管理系统的设计与实现[J]. 信息化研究，2009(12)：51-53.

⑦ 崔珍珍. 齐心协力打造中国档案学派——专访中国人民大学档案学院院长、教授张斌[N]. 中国档案报，2018-4-12(1).

下，数字档案资源服务智能化发展态势将日趋增强，既有利于创新数字档案资源服务手段，为数字档案资源服务提供"智能加速器"，也有利于进一步深化移动服务、在线服务、个性服务、精准服务、智慧服务等数字档案资源服务内涵，破解传统档案资源利用服务的时空限制，拓宽数字档案资源服务空间，扩大数字档案资源社会影响力，提高数字档案资源社会生态位。智能服务作为数字档案资源生态服务的重要方式，既是提升数字档案资源生态服务效率效益的重要动力，也是信息社会数字档案资源服务创新拓展的必由之路，必须重点推进以下工作：

一是推进数字档案资源本体建设。随着云计算、大数据、人工智能等现代信息前沿技术在国家档案事业建设发展中的广泛应用，数字档案资源的数据价值凸显，其隐性价值、关联价值、动态价值、宏观价值等成为大数据时代可资挖掘的档案新价值，既可以推动数字档案资源服务的开放性、社会化、多元化和智能化发展，又可以精准满足信息时代社会大众个性化、网络化、知识化的数字档案资源利用需求①。当前，需要聚焦人工智能技术的应用发展，充分利用语义网、大数据、关联数据、物联网、区块链、移动互联等新技术，加强数字档案资源本体建设，通过对数字档案资源语义本体概念的识别和抽取、描述与揭示以及语义本体的再组织等，构建有效、合适的数字档案资源语义本体，既为数字档案资源服务提供更加便捷的工具，也为社会公众利用数字档案资源提供更好的档案信息服务，实现对数字档案资源内容信息描述的结构化、有序化、规范化以及管理利用的自动化、智能化和动态化，为数字档案资源智能化服务奠定语义本体基础。②

二是科学构建智能化的数字档案资源服务平台系统。"技术随

---

① 郑金月. 数据价值：大数据时代档案价值的新发现［J］. 浙江档案，2015（12）：11-14.

② 陶水龙. 海量档案数字资源智能管理及挖掘分析方法研究［J］. 档案学研究，2017（6）：75-79.

时都可以颠覆我们的传统思维，改变我们的生活、生产方式及服务模式。"①数字环境下，数字档案资源呈现出爆炸式增长态势，数字档案资源自身存在的分散性、异构性、无序性和冗余性等特点，限制了数字档案资源的集成利用，通过利用现代信息技术构建智能化服务平台，充分借鉴"一网通办""一网统管"思维，构建"一站式档案资源门户平台"，把分"散、异构的数字档案资源有序地组织起来，形成有效的知识单元或知识集合，以满足用户多元化、知识化和个性化的需求"②。大数据时代，数字档案资源的数据价值凸显的前提便是通过语义揭示数字档案资源本体信息，为数字档案资源信息挖掘、知识挖掘等奠定基础，为数字档案资源智能服务提供"数据支撑"；同时，数字档案资源智能服务的有效开展更离不开智能服务系统平台，需要充分利用大数据、云计算、物联网、人工智能、区块链等现代信息技术，综合打造现代化、智能化、智慧化的数字档案资源服务平台，优化系统平台的智能检索、个性化推荐、信息智能组织、数据关联可视化等功能，为实现数字档案资源"一站式服务""精准化服务""个性化服务""集成化服务""智慧化服务"等提供智能平台支持，推动数字档案资源智能化服务深入开展，满足智能时代用户对数字档案资源利用的现代化、多元化需求。

　　三是强化数字档案资源服务的用户体验。用户体验是数字时代档案信息服务的重要关切点，既关系到作为档案利用者的数字档案资源服务体验效果及其后续反馈，又对数字档案资源管理者优化服务设计产生着直接影响，尤其是在数字时代，聚焦用户体验是重视用户服务的重要路径。实际上，数字档案资源的数字化"0""1"形态特征与智能技术的广泛应用，为数字档案资源形成者、管理者、利用者之间的在线互动奠定了基础，"应用智能交互技术能够有效

---

　　①　陈潭，等. 工业4.0智能制造与治理革命[M]. 北京：中国社会科学出版社，2016：176.
　　②　张卫东，左娜，陆璐. 数字时代的档案资源整合：路径与方法[J]. 档案学通讯，2018（5）：46-50

促进传统信息服务媒介向智能交互平台的升级，进而在信息服务的供需两端形成泛在化社交生态。这为我国档案信息服务的转型升级提供了'弯道超车'的战略机遇。"①通过智能技术的广泛应用，可以增强用户的数字档案资源服务体验感，用户通过智能技术的应用赋能，对所发现的数字档案资源知识、知识的发现过程以及数据之间的关联过程等构建多维度主题，并从多视角以直观可视化方式对数字档案资源服务及其内容主题进行在线展示，不仅拓展了数字档案资源智能化服务空间，而且增强了用户数字档案资源智能服务体验，能够更好地满足用户在线化、定制化、可视化、智慧化等档案智能化服务需求。

---

① 王东梅. 智能交互背景下的档案信息服务转型[J]. 山西档案，2018（5）：68-70.

第九章　数字档案资源生态培育策略

　　当前，档案信息化发展深入推进，数字档案馆建设快速发展，数字档案资源急剧增长，数字化、网络化、数据化成为大数据时代数字档案资源生态管理发展的时代特征和发展要求，促进了国家档案事业发展的数字升级、数字换代、数字变革与数字崛起，推动着数字时代档案信息资源管理的范式转型与生态变革。为此，需要面向未来，聚焦数字档案资源发展态势，科学揭示数字档案资源生态培育内涵，积极探索数字档案资源生态培育路径，对新时期国家数字档案资源建设进行积极的人工干预，不断优化数字档案资源生态管理内外环境，着力增强数字档案资源的信息竞争力、文化软实力与社会影响力，提高数字档案资源社会生态位。

一、数字档案资源发展态势

　　大数据时代，"数据与信息作为新兴战略资源，其内容组织和服务能力的水平构成了数字环境下一国综合竞争力的重要组成部分，美国、欧洲、日本、韩国等众多国家和地区都将数字信息资源管理和服务能力作为国家战略予以推进。"①大数据不仅是技术，更

---

　　①　张斌，马费成. 大数据环境下数字信息资源服务创新[J]. 情报理论与实践，2014(6)：28-33.

是一种思想，它的快速发展与广泛应用，深刻改变着人类社会发展的方方面面，其影响的广度与深度正在快速演进与蔓延，成为"分析决策方式、科学研究范式和创新思维模式的重要突破，已经渗透到各行业和应用领域，成为组织发展的生产因素和未来竞争的核心要素"①，对社会各行各业产生着深远影响，档案事业发展也概莫能外。面对大数据时代的到来，档案事业发展不仅需要直面社会数字化发展的时代转型，而且直接面临着大数据发展带来的全方位冲击，推动着数字档案资源数据化发展、开放化发展与融合化发展，为新时期国家数字档案资源建设与发展指明了方向。

（一）数字档案资源数据化发展

面对大数据的快速发展与广泛渗透，数据科学"横空出世"，并在信息科学以及图书情报档案领域备受关注，成为大数据时代新的学科增长点，既为图书、情报、档案学科的融合发展提供了契机，也为档案学发展拓展了空间，推动着档案资源的数据化发展，为大数据环境下档案信息资源价值拓展与功能再造提供了动力之源。"数据科学的出现为档案管理从数字化到数据化的转型提供了工具、思维和理论方法上的便利，引发了档案数据管理在管理技术、人才培养和实践操作层面的创新发展"②，不仅为档案事业数据化转型奠定了理论基础，而且为数字档案资源数据化发展指明了方向，为数据时代数字档案资源信息治理及其价值实现带来了战略机遇。随着大数据技术、数据科学、数据管理、数据治理等的演进发展与迭代渗透，数字档案资源数据化发展态势日趋显现，数字档案资源的数据价值必将日益凸显，为大数据时代数字档案资源价值实现、数字档案馆功能拓展、数字时代档案工作转型等创造了机

371

---

① 张绍华，潘蓉，宗宇伟. 大数据治理与服务［M］. 上海：上海科学技术出版社，2016：1.

② 王向女，袁倩. 美梦还是陷阱？——论数据科学背景下的档案数据管理［J］. 档案与建设，2019（9）：4-7，12.

遇，有利于进一步优化数字档案资源数据化发展生态环境，推进大数据时代数字档案资源的数据管理与治理，全面推动数字档案资源数据化发展。数字档案资源数据化发展态势主要体现在六个方面①：

一是数据来源多元化。当前，档案数据来源依据其产生活动类型可划分为档案内容数据、档案管理数据和档案利用数据三类②，其中，"档案内容数据"承载了档案中蕴含的信息内容，是在档案形成单位各项活动中产生的数据，主要包括传统档案数字化后形成的档案数据、电子环境下形成的档案数据以及档案编研时形成的档案数据。"档案管理数据"是由档案管理及相关活动产生的，面向档案管理的数据，多指对档案信息数据进行收集、鉴定、整理、保管、统计时形成的数据；"档案利用数据"主要由档案利用活动产生，是面向档案利用的数据，不仅包括档案部门收集的档案提供利用数据，例如档案利用者基本信息、档案借阅时间等，而且也包括档案利用者发布的利用数据，如档案利用评论、建议等。随着大数据的发展与档案数据化发展的演进，数字档案资源数据来源呈多元化发展态势，档案数据的范围不断扩展，档案数据获取的范围和边界日益开放，其数据来源分散、类型复杂，不仅包括档案内容、结构和背景数据，而且包括档案部门在档案业务活动中产生的数据，此外还包括那些具有长久保存价值但还没有纳入档案部门保管的数据等，"大数据时代的档案数据内涵不局限于档案的内容，还关注产生该数据内容的计算机软硬件环境，包括其软硬件平台、日志、维护信息等相关信息，即关注的是以数据包为单位的多元数据"③，使档案部门档案数据资源建设路径得以有效拓展，档案数据资源建设空间得以进一步拓宽，为大数据时代档案数据管理、档案数据开发与档案数据利用等奠定数据基础。

①　参阅：倪代川，金波. 论数字档案资源数据化发展[J]. 档案学研究，2021(5)：17-22.

②　刘庆悦，杨安莲. 档案数据：概念、分类及特点初探[J]. 档案与建设，2019(10)：4-7.

③　于英香. 从数据与信息关系演化看档案数据概念的发展[J]. 情报杂志，2018(11)：150-155.

二是数据价值多样化。随着大数据时代档案数据收集、档案数据管理与档案数据开发的快速发展，数字档案资源的数据价值必将大放异彩并日趋多样化：一方面，数字档案资源数据化发展态势日益凸显，"档案数据只有与其他数据进行关联分析时才有新的应用价值，甚至需要进行跨领域的数据分析，才有可能形成真正的知识和智能，产生更大的价值"①，形成了以"数据"为核心的档案价值链，如凭证价值、情报价值、二次价值、潜在价值等②，为数字时代的档案价值拓展创造了无限可能与无限空间。另一方面，基于数字档案资源数据化发展更为强调档案数据的多重价值并呈现出多样化发展态势，既涵盖了传统档案价值领域，为档案传统价值内涵的提升提供了数据支撑，如在档案数据集成与存储、档案数据整合与关联、档案数据开发与利用等档案数据生命周期管理环境下促使档案传统的凭证价值与情报价值等得以巩固乃至放大；又体现出大数据时代的数据价值特色，为数字时代档案数据价值内涵的拓展与价值实现的延伸创造了条件，如数字人文视域下的学术跨界交融，实现了大数据环境下的数字技术与人文研究之间的完美结合并产生出连串的"化学反应"，"数字工具、技术和媒介的出现拓展了艺术、人文和社会科学对'知识'的传统理解"③，给人文学的探索内容、边界、研究方法和受众等带来了无限潜能，通过"数字"与"人文"的有机结合，"推动大众的知识创造参与度，孕育更多更开放的知识共享公共平台，从而直接或间接地对社会结构、经济模式、文化形态、价值体系和个体生活产生影响"④，有利于促进数字档案资

---

① 郑金月. 数据价值：大数据时代档案价值的新发现[J]. 浙江档案，2015(12)：11-14.

② 于英香. 从数据与信息关系演化看档案数据概念的发展[J]. 情报杂志，2018(11)：150-155.

③ [美]安妮·伯迪克，翰娜·德鲁克，等. 数字人文：改变知识创新与分享的游戏规则[M]. 马林青，韩若画，译. 北京：中国人民大学出版社，2018：121.

④ 冯惠玲. 数字人文：在跨界中实现交融[N]. 中国社会科学报，2017-12-21(8).

源开发，推动档案资源的数据化转换与数据价值挖掘，不仅拓展了传统档案历史价值的呈现样态与实现空间，谱写出档案数据的数字人文价值及其特色，而且有利于激活档案数据的知识属性和知识特征，使得档案数据在数字人文实践中得到多元体现与验证，拓展并深化数字人文应用与发展空间。

三是数据质量标准化。大数据时代，数据无处不在，"万物皆数据"，数据质量是大数据时代数字信息资源建设的基础，攸关数字信息资源的科学管理、共建共享与有效利用。当前，"在大数据发展浪潮的推动下，档案数据管理研究将成为新常态"①，档案界已经认识到大数据对档案数据化发展带来的深刻影响，如何在"数据为王"的时代中掌握数据收集、数据保存、数据整合、数据挖掘、数据利用等数据管理利用能力已经成为数字时代档案工作者必须具备的数据素养。随着档案数据管理的发展，对档案数据质量的要求将越来越高，档案数据标准化建设显得尤为迫切，不仅攸关数字时代档案数据质量的优劣，而且事关大数据时代数字档案资源价值实现的广度与深度。大数据时代，数据资源急剧增长，数据污染、数据异构、数据冗余、数据安全、数据依赖、数据孤岛等问题普遍存在，极易造成档案数据不可知、不可控、不可取、不可联、不可用等风险威胁，迫切需要强化数字档案资源数据质量建设，"以用户需求和业务需要为导向，将数字档案资源（包括数字化转换形成的数字档案资源和归档电子文件）转换为可供阅读、分析和处理的档案数据资源"②，确保档案数据资源质量标准化，形成科学有效的"档案数据集"，推动档案资源从"数字资源"走向"数据资源"，为大数据时代档案数据的管理、开发与利用奠定质量基础。

四是数据开发关联化。当前，大数据技术的发展与应用为信息资源的深度开发利用创造了机遇，促进了"关联数据"的快速发展

---

①　于英香. 大数据视域下档案数据管理研究的兴起：概念、缘由与发展［J］. 档案学研究，2018（1）：44-48.

②　赵跃. 大数据时代档案数据化的前景展望：意义与困境［J］. 档案学研究，2019（5）：52-60.

与应用，推进着数字时代信息资源的数据开发与共建共享，既是数字时代信息资源标准化建设的内在要求，也是数字信息资源共建共享共治的有效路径。实际上，"关联数据并非新的数据，而是数据的一种新的展示方式，其价值在于通过资源描述框架数据模型，将网络中的非结构化数据和采用不同标准的结构化数据转换成遵循统一标准的结构化数据。"①关联技术"在实现资源集成时，强调建立资源之间的关联关系，以方便计算机识别与推理"②，为语义检索、关系发现、问答检索等信息资源深度开发利用奠定了基础。关联数据技术具有统一标示、标准描述、多维揭示、整合共享等功能，"为档案行业带来了千载难逢的新机遇，若能利用好这个机遇，档案行业将成功实现向数字化、网络化、开放化的华丽转身，在网络时代创造新的辉煌。"③随着关联数据技术的发展，通过对数字档案资源开发提供关联数据技术支持，有利于促进数字档案资源的语义开发，"实现异构分散资源间的语义关联，推动数字档案资源知识网络体系的形成"④，推进数字档案资源的数据开发，提升数字档案资源数据开发水平，激活数字档案资源数据共享利用，扩大数字档案资源信息竞争力与社会影响力。

五是数据利用智能化。随着现代智能技术的快速发展与广泛应用，数字化、网络化和信息化正日渐融入人们的日常生活，智能社区、智能医疗、智能交通、智能电网、智慧城市、智慧地球等智能应用已经渗透各行各业，将深刻改变人类生活、改变世界面貌。面对智能社会的到来，档案事业智能化发展进程逐步加快，"档案资

① 陈涛，张永娟，等. 关联数据发布的若干规范及建议[J]. 中国图书馆学报，2019(1)：34-46.

② 马费成，赵红斌，等. 基于关联数据的网络信息资源集成[J]. 情报杂志，2011(2)：167-170，175.

③ 石华. 关联数据：档案行业的新机遇[A]. 国家档案局，中国档案学会. 创新：档案与文化强国建设——2014年全国档案工作者年会优秀论文集[C]北京：中国文史出版社，2014：249-256.

④ 王志宇，熊华兰. 语义网环境下数字档案资源关联与共享模式研究[J]. 档案学研究，2019(5)：114-119.

源的智能共享""档案业务的智能管理""档案利用的智能服务""档案机构的智慧发展"等数字档案馆生态系统智能化发展态势日趋显现①。随着云计算、大数据、物联网、人工智能、区块链等信息前沿技术在数字档案资源建设中的应用，数据化与智能化之间紧密融合，档案数据与智能技术相互嵌入，使档案数据采集能力、档案数据处理能力、档案数据管理能力与档案数据服务能力等显著提升，"档案数据大脑"②（即"档案数据单元组成的档案数据有机体集合"）功能显著增强，有利于实现档案数据的智能化移交、归档、接收、征集，提高数字档案资源关联数据开发水平，提升数字档案资源数据开发内涵，向用户提供智能化、场景化或可视化的档案数据智能服务，为数字档案资源数据利用智能化奠定坚实基础，满足智能社会环境下用户个性化、多元化、便捷化、在线化、精准化、智能化等泛在网络环境的档案数据智能利用需求。

六是数据治理常态化。数字时代，数据治理概念包含"依据数据的治理"与"对数据的治理"双重内涵，"就数据是一种资源来看，大数据概念的提出不仅意味着人类发现了一种新形态的资源，而且也把社会引入了一个新的时代——数据时代。"③数据治理概念是对数据管理内涵的深化，需要从明确数据治理的目标、理解数据治理的职能、把握数据治理的核心、数据治理遵循的过程与规范等方面深入理解。数字档案资源是数字时代国家档案资源的主体形态，是数字记忆的重要载体，是极为重要的数字文化资源，在数字时代肩负着文明传承、文明交融、文化交流、文化创新等文化重任。大数据时代，数据资源急剧增长，数据污染、数据异构、数据冗余、数据安全、数据依赖、数据孤岛等问题普遍存在，给数字档案资源的建设管理、服务创新、开放共享、安全合规、隐私保护等带来巨大

①　倪代川. 数字档案馆生态系统智能化发展探析[J]. 浙江档案，2017(6)：12-14.

②　刘永，庞宇飞，荆欣. 档案数据化之浅析：档案数据大脑的构建[J]. 档案管理，2019(3)：31-34.

③　张康之. 数据治理：认识与建构的向度[J]. 电子政务，2018(1)：2-13.

挑战。究其根源,在于档案数据治理的缺失,难以适应档案事业发展需求与国家社会治理要求,需要聚焦治理理念,提高数字档案资源数据治理能力,夯实数字档案资源文化价值之基,筑牢数字档案馆文化功能之堤。大数据时代档案数据治理不仅攸关档案数据质量,而且关系到档案数据资源战略价值的实现,是档案事业可持续发展的重要保障,需要完善大数据时代档案数据治理体系,探讨大数据时代档案数据质量控制、档案数据资源整合、档案数据共享利用、档案数据安全保障以及档案数据治理运行机制等,着力探寻大数据时代档案数据治理体系及其实现路径,完善档案数据治理机制,提升档案数据治理能力,促进档案数据资源的开放共享,使数字档案资源的文化价值以及数字档案馆的文化功能在大数据时代得到充分彰显。

(二)数字档案资源开放化发展

开放是当下中国最强音,是国家治理体系与治理能力现代化的必由路径,是"中国之治"的内在要求。大数据时代,档案工作数字化转型加速推进,数字档案资源成为信息社会国家档案资源的主体形态,档案事业发展的方方面面都需要依赖数字档案资源给予支撑,数字档案资源建设日益重要,社会数字档案资源利用需求日趋多元,数字档案资源开放化发展态势日益凸显,迫切需要全面强化协同创新,系统推进数字档案资源共建共享共治,通过多主体协同合作实现数字档案资源开放可持续发展,通过社会各方共同参与建设拓展数字档案资源开放合作空间,通过深化资源共享理念凝聚数字档案资源开放价值认同,通过推动共同治理提升数字档案资源开放社会影响力,通过创新实践实现数字档案资源开放深入发展,促进数字档案资源的开放协作、开放共建、开放共享、开放共治与开放创新,使数字档案资源价值惠及亿万民众、利及千秋万代。数字档案资源开放化发展态势主要体现在下五个方面①:

377

---

① 参阅:倪代川. 论数字档案资源开放化发展[J]. 档案学研究,2020
(6):119-127.

一是数字档案资源的开放协作。档案工作具有一定机密性，社会对档案的认识也充满着神秘性，对档案与档案工作往往产生误解甚至曲解，再加上档案部门、档案工作者一直以来容易受"保密保险、开放危险"思维影响，自身的档案信息服务意识相对薄弱，档案开放利用的主动性不强、积极性不高，使档案资源身陷库房而"深藏不露"，档案利用率难以提高，档案作用难以发挥，档案价值实现极为有限，与"档案强国"目标相差甚远。数字时代，一方面数字档案资源自身利用的便利性和服务的便捷性为数字档案资源开放提供了契机，有利于破解传统档案资源利用中的载体与信息之间的依附性难题，突破传统档案资源服务的时空制约，远程利用、在线利用、个性利用、精准利用、智能利用等成为现实；另一方面数字档案资源来源分散、服务主体多元、服务需求多样等也给新时期数字档案资源开放带来了现实挑战，需要强化数字档案资源的开发协作，调动数字档案资源利益各方的积极性，充分发挥数字档案资源利益各方的优势，创新数字档案资源利益各方的协同合作方式，深化数字档案资源开放协作内涵，提升数字档案资源开放协作效果。当前，需要重点推进主体协同、制度协同、技术协同与人员协同，通过主体协同协调数字档案资源利益相关方，增强各方数字档案资源开放的参与度；通过制度协同，完善档案开放相关制度，实现数字档案资源开放制度间的无缝衔接；通过技术协同，提高数字档案资源开放中的技术优势，创新数字档案资源开放方式；通过人员协同，调动档案形成者、管理者与利用者之间的积极性，形成数字档案资源开放共同体，全面提升数字档案资源开放协作效果，深化数字档案资源开放协作内涵，科学整合和有效开发数字档案资源，充分挖掘数字档案资源政治价值、社会价值、经济价值、文化价值、历史价值与凭证价值等，更好地为领导决策、社会管理、经济建设、文化发展、历史研究与司法服务等提供档案服务支持。

　　二是数字档案资源开放共建。现代信息技术的发展，尤其是大数据、云计算、物联网、人工智能、区块链等信息前沿技术在档案领域中的应用，不仅促进了档案事业发展的数字转型，而且为新时期数字档案资源开放以"数字赋能"，有利于促进数字档案资源的开放共建，拓宽数字档案资源开放外延，扩大数字档案资源开放空间。数字时代，数字档案资源的开放共建主要体现为：(1)以项目合作为平台，充分利用数字档案资源具有转换方便、传输快捷、存储便捷等先天优势，充分发挥多类型档案机构、多样化档案资源联合优势，推进数字档案资源开放中的项目合作，如"数字记忆""城市记忆""乡村记忆""红色记忆"等项目，丰富数字档案资源开放共建项目案例内容，拓展数字档案资源开放共建的实现路径。(2)以区域合作为基础，调动区域数字档案资源机构积极性，聚焦区域合作共建，明确区域数字档案资源特色优势所在深化数字档案资源开放共建的区域合作空间、合作方式与合作效果，整合集成区域数字档案资源开放主题，如通过利用"长三角一体化"平台推进长三角区域红色档案资源开放共建；通过历史档案合作共建，推进明清档案、民国档案等历史档案资源的数字化开放共建，拓宽数字档案资源开放的社会共建空间。(3)以民生档案为重点，充分利用现代信息技术优势，充分整合民生数字档案资源，科学构建民生档案资源服务系统平台，大力推进数字时代民生档案资源的开放共建，提升数字档案资源开放共建的服务效果。(4)以公众参与为导向，激活公众数字档案资源利用需求，调动公众参与数字档案资源开放利用积极性，创新数字档案资源开放方式，如通过"众包""众筹"等方式，引导社会公众积极参与数字档案资源开放；通过应用现代信息技术优化公众数字档案资源体验，强化数字档案资源开放互动，提升数字档案资源开放共建的社会效果。

三是数字档案资源的开放共享。数字档案资源的开放共享旨在以数字档案资源为载体，以档案价值为归依，主动对接社会数字档案资源利用需求，强化数字档案资源开放服务，提高数字档案资源开放共享能力。面对大数据时代档案事业快速数字化转型，档案部门和档案工作者要积极主动、敢于担当，重点做好以下工作：(1)增强档案意识、资源意识与技术意识，从档案事业可持续发展与国家综合国力提升等高度深刻认识大数据时代与信息前沿技术对数字档案资源建设发展的深刻影响，紧密把握大数据时代机遇，充分利用信息技术资源，实现数字档案资源与其他信息资源之间的关联与共享，并主动融入社会信息服务体系，"让一切劳动、知识、技术、管理、资本迸发活力，以丰富档案发展的资源，让发展成果更多更公平惠及广大民众，实现档案的价值"①，以促进数字档案资源的系统开发、深度开发与精准开发，深化数字档案资源的开发内容、开发内涵与开发效果，为数字档案资源开放提供优质开发产品，提升数字档案资源社会共享水平。(2)解放思想、拓展思维与创新理念，不仅要认识到"档案资源能否实现社会共享则取决于：社会环境、档案资源的社会认知程度与社会需求、档案资源、档案管理水平等多方面的因素"②，而且要充分认识数字档案资源开放共享的深刻内涵，它既是信息社会环境下数字信息资源共享的基本要求，有利于提高信息流通与信息服务保障能力，是提升社会总体信息获取能力的重要路径③；也是大数据时代数字档案资源利用服务工作的必然选择，有利于激活大数据时代数字档案资源的生态活力，提高数字档案资源利用的社会效益，深化数字档案资源与其他数字信息资源之间的互联互通和共建共享，需要从国家治理体系与治理能力现代化视角系统思考和分析数字档案资源的开放共享工作，做好国家数字档案资源开放共享的顶层设计，完善国家数字档案资源开放共享的体制机制，丰富国家数字档案资源开放共享内容，创新国家数字档案资源开放共享服务体系，着力提升数字档案资源开放共享在国家政治、经济、社会、文化与生态文明建设中的地位。(3)处理好开放、共享、保密与安全之间的关系，防止陷入"开放危险、保密保险"的思维定式，不断提高档案人的战略意识、开放意识、共享意识与安全意识，从宏观、长远视角审视和分析数字档案资源开放共享工作，为数字档案资源开放共享奠定政治基础和思想基础。显而易见，"档案资源是社会信息资源的重要组成部

---

①　徐辉. 让更多的档案资源为社会共享[N]. 中国档案报，2013-11-22(2).

②　胡小琳，薛匡勇，等. 论档案资源的社会共享[J]. 档案学通讯，2003(5)：26-30.

③　戴龙基，姚晓霞，等. 我国信息资源共建共享的可持续发展研究[M]. 上海：上海交通大学出版社，2012：I.

分，但是档案资源由于其管理的封闭性和固有的保密性，使得它在管理和利用上区别于其他信息资源"①，数字档案资源的开放共享同样有别于其他数字资源的开放共享，特别是数字档案资源自身的政治性、保密性等特质，决定了数字档案资源的开放共享必然具有自身的特点，不仅需要借鉴图书情报界业已开展的信息资源共享实践经验，而且需要聚焦档案资源、档案工作与档案事业特点，通过科学的制度设计与先进的技术手段保障数字档案资源开放共享过程中的档案保密与安全要求，通过主动的开放意识与积极的专业行动创新数字档案资源开放举措，促进数字档案资源的社会共享，扩大数字档案资源的社会影响力。

四是数字档案资源的开放共治。数字档案资源开放共治旨在以国家治理、社会治理、信息治理、数据治理、档案治理等治理理论与知识为基础，以数字档案资源开放共治中的治理主体、治理机制和治理效果为分析框架，以数字档案资源共享利用为目标导向，完善数字档案资源开放制度，创新数字档案资源开放路径，优化数字档案资源开放策略，构建面向大数据时代的数字档案资源开放共治的体制机制，努力形成档案形成者、管理者、利用者共同参与、共同尽责、共同监督数字档案资源开放共治新格局，促进数字档案资源开放共治科学化、规范化与制度化，实现数字档案资源"善治"，确保数字档案资源开放利用的可持续发展。当前，实现数字档案资源的开放共治的"善治"目标，需要着重推进以下工作：（1）协调数字档案资源开放共治的各方主体利益，充分发挥档案管理者在数字档案资源开放共治中的主体地位和核心作用，同时调动档案形成者、档案利用者在数字档案资源开放中的积极性，完善数字档案资源开放中的主体协调运行机制，实现从单一治理主体向多元治理主体转变，变档案管理者主导的线性治理为档案形成者、管理者与利用者等共同参与多元合作共治的网状治理模式，畅通档案形成者、档案利用者参与数字档案资源开放共治的渠道，引导档案形成者、

381

① 王志宇，熊华兰.语义网环境下数字档案资源关联与共享模式研究[J].档案学研究，2019(5)：114-119.

档案利用者等依法有序参与数字档案资源开放共治，提高档案形成者、档案利用者等参与数字档案资源开放共治的主体意识、自主意识和责任意识，协调推进数字档案资源开放的有序开展。（2）完善数字档案资源开放的制度体系，加快数字档案资源开放领域的制度建设，完善数字档案资源开放共治相关政策与法律法规，确保数字档案资源开放既有丰富完善的制度体系支撑又有规范有序的开放程序指引，明确档案形成者、管理者、利用者在数字档案资源开放实践中的权利与义务，提高档案部门数字档案资源开放共治能力，有效规避数字档案资源开发利用的制度障碍，通过"制度赋能"，促进数字档案资源开放服务的制度化、规范化与科学化，保障公民对开放数字档案资源的利用权利，激活社会数字档案资源信息消费，增强大数据时代数字档案资源的信息竞争力与文化软实力。（3）提升数字档案资源开放效果，以数字档案资源开放效率与开放效益为依归，一方面，需要档案部门秉承"用户导向"思维，主动优化数字档案资源开放的评估机制、评估体系和评估方法，精准评估数字档案资源开放效益，确保数字档案资源价值的有效实现，满足数字时代档案用户多元利用需求，让档案用户在数字档案资源开放利用过程中享有实实在在的"获得感"与"幸福感"；另一方面，要积极鼓励社会各方广泛参与数字档案资源开放共治，积极推进参与式数字档案资源治理与服务，汲取公众智慧，增强社会公众在数字档案资源开放利用过程中的"主体性"与"参与性"，拓展数字档案资源开放共治的实践路径，创新数字档案资源开放共治方式，扩大数字档案资源社会影响力。

五是数字档案资源的开放创新。数字档案资源作为数字信息资源的重要组成部分，被誉为数字档案馆生态系统的核心生态因子，成为大数据时代国家政治建设、经济发展、文化繁荣、社会进步的战略基础信息资源之一。开放创新是推进数字档案资源开放化发展的必然要求，需要冲破数字档案资源开放利用中体制机制以及惯性思维藩篱的局限，从封闭走向开放，"让更多人利用档案，让档案通过开放开发而惠及更多人、造福更多人"，"更加积极地运用各种方法和形式，开放档案，开发档案信息资源，实现档案的最广泛传播和最大化利用,让档案价值得到最充分发挥"①,向社会提供高效、优质的数字档案资源开放利用服务。数字档案资源的开放创新需要从以下方面系统推进:(1)深化数字档案资源内容开发,厚植数字档案资源开放基础。优质的开发产品既是数字档案资源开放利用的基本前提,也是数字档案资源开放创新的实践基础,有利于激活数字档案资源价值功能,激发社会数字档案资源信息消费。实际上,"档案开发是一种高级形式的档案开放,是一种有主题的、有序的开放,是更加主动、更加广泛、更加系统、更加自由,也更加有效的档案开放"②,内容开发是数字档案资源开放利用活力提升的重要基础和前提,需要通过创新数字档案资源开发模式、开放方式与开发方法,满足用户对数字档案资源开放利用的多元化需求。数字档案资源开放利用的社会效果与否很大程度上取决于其内容的开发程度与开发效果,"档案价值的大小,在很大程度上,取决于开发者的眼光,取决于开发者在什么时机、用什么形式、以什么主题、在什么平台上去开发他,用什么手段去呈现他、塑造他、重铸他、点化他。"③为此,档案部门要充分利用资源优势、技术优势与人才优势,主动拥抱技术,通过"技术赋能",聚焦"档案内容"与"用户需求",创新数字档案资源开发思维、开发产品与开发品牌等,深化数字档案资源内容开发内涵,为数字档案资源开放利用与社会共享提供"供给侧"支持。(2)全面探索数字档案资源开放创新路径及其实现策略,"从宏观层面上出发,完善档案法规建设,健全档案开放制度,营造档案开放环境。从微观层面上出发,

① 杨冬权.以十九大精神推进新时代档案开放开发——在"学习贯彻党的十九大精神推进档案开放利用服务高峰论坛"上的演讲[J].中国档案,2017(12):14-21.

② 杨冬权.以十九大精神推进新时代档案开放开发——在"学习贯彻党的十九大精神推进档案开放利用服务高峰论坛"上的演讲[J].中国档案,2017(12):14-21.

③ 杨冬权.以十九大精神推进新时代档案开放开发——在"学习贯彻党的十九大精神推进档案开放利用服务高峰论坛"上的演讲[J].中国档案,2017(12):14-21.

加大档案开放的范围，丰富档案开放的形式，整合档案开放的内容"①，科学配置人力资源、技术资源、财力资源等要素，调动档案部门档案资源开放创新激情，拓展创新思维，激活创新活力，厚植数字档案资源开放创新氛围和创新内涵，增强档案部门档案资源开放能力，系统探索可复制、可推广的数字档案资源开放模式、开放方法、开放手段、开放形式与开放产品及其实现策略等，不断拓宽数字档案资源开放路径，提高数字档案资源开放利用的社会效果。（3）推进数字档案资源的社会化开发范式，借助社会力量，充分发挥集体智慧，支持"社会公众参与档案机构的数字档案资源开发，以最大限度实现档案价值及增值"，"使档案机构馆藏数字档案资源得到更充分地开发、利用和再利用"，如美国国家档案馆的"Citizen Archivist"、英国国家档案馆的"Your Archives"、澳大利亚国家档案馆的"Archive"、荷兰阿姆斯特丹档案馆的"Valehanden"以及上海图书馆的"历史文献众包平台"与"数字人文数据开放平台"等档案开发案例，通过引入社会化开发理念并借助社会力量参与馆藏数字档案资源开发，"既能使得更多馆藏得到更充分的开发、利用和再利用，也有助于档案馆节省人力、物力及财力"②。

（三）数字档案资源融合化发展

随着信息社会的深入发展，尤其是在大数据、云计算、"互联网+"等信息技术的快速发展与广泛应用背景下，产业融合、金融融合、文化融合、媒体融合、学科融合、民族融合等行业融合发展得以不断强化，融合发展已经成为现代经济社会发展的基本特征和重要选择，体现出融合发展的强大生命力与时代感召力。数字档案资源作为数字档案馆生态系统的核心生态因子，对数字档

---

① 迁娜. 开放政府背景下档案开放路径探究［J］. 山西档案，2020（1）：41-47.

② 连志英. 数字档案资源社会化开发内涵及模型建构［J］. 档案学通讯，2019（6）：27-34.

案馆生态系统的协调运行与健康可持续发展具有决定性影响，需要紧密把握现代社会融合发展的时代机遇，深刻把握数字档案资源融合发展内涵，协同推进新时期"构建丰富、多元的档案资源库，完善档案资源体系，通过统筹管理与融合利用，为社会大众提供优质、高效的档案信息服务，为我国档案事业'三个体系'发展战略提供资源保障"①。数字档案资源融合化发展态势主要体现在以下三个方面②：

一是数字档案资源信息融合。信息融合是数字档案资源融合化发展的核心，其实质是通过现代信息技术的应用促进数字档案资源本体层面的多源信息融合，以增强数字档案资源的采集、整理、存储、开发、利用等能力，为数字档案资源融合发展奠定信息基础。随着现代信息技术的发展与信息资源本体研究的深化，应"更加注重利用多种信息技术对档案信息资源进行多方面、多层次的综合处理，促进档案信息资源的协同利用、知识重构和知识发现。"③数字档案资源信息融合主要体现为：（1）内容融合。信息内容是数字档案资源内核，是数字档案资源价值实现与作用发挥的关键，事关数字档案资源建设发展的全局。数字档案资源信息内容体现的是数字档案资源的本质，它是数字时代人们在生产生活中直接形成的数字化记录信息，体现着数字时代的历史面貌与原始活动印迹，反映着信息社会的多元数字记忆，是信息时代数字文明的生动呈现。数字时代，数字档案资源作为数字档案馆生态系统的核心生态因子，是数字档案馆建设的核心内容，需要通过强化数字档案资源信息内容融合，提升数字档案资源信息内容的集成共享能力，更好地发挥大数据时代的数字档案资源价值。（2）载体融合。数字环境下，数字存储技术的快速发展，不仅大大提升了数字档案资源存储的容量，

385

① 倪代川，戚颖.论数字档案馆生态系统融合发展[J].档案与建设，2017(5)：15-18.

② 参阅：戚颖，倪代川.数字档案资源融合化发展探析[J].山西档案，2021(1)：35-40.

③ 常大伟，温芳芳.基于信息融合的档案知识服务研究[J].档案与建设，2018(3)：4-7.

而且对数字档案资源信息的转换、备份等带来了革命性影响，催生出大数据环境下云存储、云备份甚至云档案馆的出现，为数字档案资源载体融合奠定了坚实的技术基础。"基于云计算的数字档案云存储，具有云端数据共享、云端软件服务、无限空间分配、跨平台应用、资源整合增效等云服务的特点和优势"①，在技术、管理和经济上已经具备了数字档案存储的基本条件，有利于突破传统档案信息对载体高度依赖、存储空间有限、利用便捷性缺乏等现实制约，实现数字档案资源存储的高效化、便捷化、网络化与共享化等。(3)语义融合。随着云计算、大数据、人工智能等信息前沿技术在档案领域的应用和推广，数字档案资源呈现出多样化形态，既是数字时代重要信息资产与社会财富，也是信息社会的数字记忆之源，"在留存社会记忆、提升用户体验效果、促进文化传播与传承等方面具有不可替代的优势和作用。"②数字档案资源语义融合是数字时代赋予档案事业发展的时代责任与专业使命，"关联数据在资源关联与聚合中增加了链接功能，可聚合 Web 上的新资源，进而构建完整的知识图谱，为语义网环境下数字档案资源的知识发现奠定坚实的基础"③，有利于促进数字档案资源的语义开发，实现异构分散资源间的语义关联，推动数字档案资源知识网络体系的形成，激活数字档案资源生态活力，实现数字档案资源的语义关联和开放共享。

二是数字档案资源技术融合。数字档案资源融合发展离不开技术支持与技术驱动，现代信息技术与数字档案资源之间的融合发展，不仅推动着数字档案资源的服务融合创新，增强数字档案资源服务能力，提升大数据环境下数字档案资源服务能级；而且为信息网络技术自身的融合发展提供了广阔土壤，有利于拓展信息技术应

---

① 刘永，刘坤锋.论数字档案云存储[J].档案管理，2013(5)：14-18.

② 吕元智.数字档案资源跨媒体语义关联聚合实现策略研究[J].档案学研究，2015(5)：60-65.

③ 王志宇，熊华兰.语义网环境下数字档案资源关联与共享模式研究[J].档案学研究，2019(5)：114-119.

用空间，深化信息技术应用内涵，促进信息技术的升级换代。数字档案资源技术融合，一方面要强化技术赋能增效功能，通过技术力量与数字档案资源建设之间的融合应用，强化数字档案资源视域下的技术研发投入、技术联合攻关、技术应用推广等，增强技术应用的适用性与有效性，为数字档案资源建设发展提供技术支撑，推动数字档案馆生态系统的可持续发展。如通过科技与档案文化之间融合应用，"用技术丰富档案文化史料""用技术整合档案文化的知识系统""用技术提升档案文化的价值""用技术保障档案价值的发挥""用技术发挥档案文化的社会功能"①，将数字档案资源中的历史文化、地域文化和民族文化中的关键元素与其人文环境中的特色内涵用科技的手段和方法进行交叉渗透与集成融合，有效提取数字档案资源中蕴含的文化精华，使之成为产生新思维、新技术和新机制的源泉，实现档案文化与科技的融合，确保数字时代人类记忆的完整传承，促进信息社会的文化创新。另一方面要聚焦技术应用空间，全面提升数字档案资源服务效能，既要通过推进数字档案资源信息服务的技术应用，强化数字档案资源的标准化建设与科学化开发，实现数字档案资源的集成管理与语义开发，"提升数字档案信息资源全生命周期管理能力，实现数字档案信息资源收集、整理、存储、利用等之间的深度融合，切实推进档案存储数字化和利用网络化"②，为数字档案资源价值实现与作用发挥提供最优资源保障；又要充分利用现代信息技术优势，对标社会数字档案资源利用需求，主动创新数字档案资源服务方式与服务手段，提升数字档案资源服务的技术含量与技术能级，优化用户数字档案资源服务体验，推进数字档案资源个性化、精准化、智能化服务。

三是数字档案资源服务融合。随着图书馆、博物馆、档案馆融合发展的持续推进，"服务融合已经成为图书馆、博物馆、档案馆

---

① 陶水龙. 档案信息化——科技与文化的融合[J]. 中国档案，2012（1）：40-42.

② 倪代川，戚颖. 论数字档案馆生态系统融合发展[J]. 档案与建设，2017（5）：15-18.

等信息服务机构的服务特色与发展趋势"①。信息社会的发展为数字档案资源服务带来了战略机遇，既为数字档案资源服务创新提供了先进技术支持，也为数字档案资源服务融合创造了条件，有利于最大化发挥数字档案资源价值。数字档案资源服务融合主要体现在：（1）深化图书馆、档案馆与博物馆等信息文化机构间的服务融合。图书馆、档案馆和博物馆是现代社会最重要的三类公共文化服务机构，蕴含着丰富的数字文化资源，"三者无论在资源属性、分布特征、服务方式等方面都具有一定的相似性，应深入挖掘三类资源的内在关联关系及共性，利用数字信息技术，建设资源与服务一体化融合服务的综合平台"②，"通过技术和管理等多种手段的综合应用，对独立提供数字化信息服务所需的各类资源进行优化重组，构建面向用户的融合形态信息服务环境"③，提升图书馆、档案馆、博物馆共建共享治理能力，促进图书馆、档案馆、博物馆（艺术馆）信息服务融合发展。（2）推进传统档案资源服务与数字档案资源服务之间的融合发展。信息技术的发展为数字档案资源服务融合提供了技术支撑，尤其是在大数据、云计算、人工智能等信息前沿技术的应用推动下，有效推动着档案阅览、展览、编研等传统档案信息服务的深化与拓展，并在传统服务基础上实现档案信息服务的数字化、移动化、虚拟化、在线化、互动化与智能化等，有效提升数字档案资源服务能级，激活社会数字档案资源利用意识，满足社会大众对数字档案资源服务的新需求和新要求，持续增强数字档案资源的信息竞争力与社会影响力。（3）创新数字档案资源服务融合模式。随着信息社会的深入发展与信息技术的广泛应用，数字档案资源服务方式、服务方法、服务手段、服务空间等"数字赋能"效应明显，既有利于实现对各种数字档案资源融合服务模式的

---

①　倪代川，戚颖. 论数字档案馆生态系统融合发展[J]. 档案与建设，2017(5)：15-18.

②　朱学芳. 图博档信息资源数字化建设及服务融合探讨[J]. 情报资料工作，2011(5)：57-60.

③　赵生辉，朱学芳. 图书、档案、博物数字化服务融合策略探析[J]. 情报资料工作，2014(4)：68-74.

集成，为用户提供专业化、个性化、知识化、智能化的全方位集成服务；也有利于深化数字档案资源融合服务内涵，创新数字档案资源融合服务模式、服务方式与服务手段，优化数字档案资源融合服务的实现策略与实现机制，全面提升数字档案资源服务能力与服务能级，满足信息时代社会大众日益增长、日趋多元的数字档案资源利用需求。

二、数字档案资源生态培育释义

2021年7月6日，在庆祝中国共产党成立100周年的重大历史时刻，习近平总书记在中国第一历史档案馆新馆开馆之际作出重要批示："档案工作存史资政育人，是一项利国利民、惠及千秋万代的崇高事业"，"要把蕴含党的初心使命的红色档案保管好、利用好，把新时代党领导人民推进实现中华民族伟大复兴的奋斗历史记录好、留存好，更好地服务党和国家工作大局、服务人民群众！"①习近平总书记作出的这一重要批示，为做好新时代档案工作提供了根本遵循，为全面开启新时代档案事业发展的新征程指明了方向，提供了行动指南②，对全面推进数字档案资源生态培育具有战略指导意义。当前，大数据、云计算、物联网、人工智能、区块链等现代信息技术的发展应用，不仅对档案工作理念、技术、方法及其管理模式产生了深远影响，形成了新时期国家档案事业发展鲜明的数字导向，推动着国家档案事业发展的数字升级、数字转型与数字换代，而且为信息社会数字档案资源建设发展带来了战略机遇，需要档案部门与档案工作者紧密围绕数字档案资源数据化、开放化与融合化发展发展态势，秉承生态培育思维，明晰数字档案资源生态培

---

① 黄丽华. 深刻领会重要批示精神 为档案保护工作高质量发展贡献力量［N］. 中国档案报，2021-10-28（1）.
② 陆国强. 新时代档案事业高质量发展的根本遵循［J］. 档案学研究，2021（6）：4-5.

育内涵，为数字档案资源生态培育实践奠定理论基础，推动新时期数字档案资源建设的可持续发展。

（一）数字档案资源生态培育概念

培育是一种主动作为，强调目标驱动，旨在培育主体通过实施一系列培育举措促进培育客体即培育对象的成长与成熟，一般具有两方面含义："一是表明被培育对象整体或者部分还处在相对弱小状态，需要通过一系列措施和手段来优化被培育对象的成长环境，推动被培育对象的发展乃至成熟；二是体现出被培育对象需要通过针对性的战略规划和举措来保障其持续发展，为被培育对象提供发展动力，达到培育所预期的战略目标。"①

数字档案资源生态培育是指综合利用生态学思想、管理科学理论和现代信息技术，围绕数字档案资源建设现状与发展态势，直面数字档案资源建设发展面临的机遇挑战，秉承数字档案资源生态培育思维，对数字档案资源建设发展实施积极的人工干预，强化数字档案资源建设的顶层设计与整体规划，优化数字档案资源体系结构，激活数字档案资源生态活力，推动数字档案资源数据化发展、开放化发展与融合化发展，为数字档案资源建设发展提供良好的生态环境，保障数字档案资源可持续发展，增强数字档案资源信息竞争力、文化软实力与社会影响力，提高数字档案资源社会生态位。

（二）数字档案资源生态培育内涵

数字档案资源生态培育旨在立足数字档案资源数据化、开放化与融合化等发展态势，以生态学理论与知识为指导，聚焦数字档案资源生态健康目标，对数字档案资源建设进行积极的人工干预，破解数字档案资源建设发展难题，完善数字档案资源生态培育路径，

---

① 倪代川，金波. 数字档案馆生态系统培育内涵探析［J］. 上海档案，2017（11）：29-33.

激活数字档案资源生态活力，维护数字档案资源生态安全，激发社会数字档案资源信息消费，促进数字档案资源可持续发展。究其本质而言，数字档案资源生态培育就是用生态学的概念、理论和方法探究数字档案资源生态培育功能与培育路径，明确数字档案资源生态培育措施、培育内容与培育效果，为数字档案资源生态管理奠定基础。数字档案资源生态培育内涵主要体现为：

第一，明确数字档案资源战略地位。数字档案资源作为数字档案馆生态系统的核心生态因子，在数字时代国家档案事业发展中位居战略地位。当前，国家正大力推进"存量数字化""增量电子化""利用网络化"战略，全面系统推进数字档案资源建设。当前，需要牢牢把握数字档案资源战略发展期，强化生态培育，采取积极的人工干预，保持数字档案资源的战略优势，破解数字档案资源面临的现实难题，有利于深化数字档案资源的价值内涵，拓展数字档案资源的社会功能，夯实数字档案资源作为原生性信息资源的战略地位，不断增强数字档案资源核心竞争力，促进数字档案资源可持续发展。

第二，聚焦数字档案资源生存环境。数字档案资源是数字档案馆建设的核心内容，在对数字时代国家档案事业发展具有决定性影响的同时，其生存环境仍然面临着载体的脆弱性、系统的依赖性、利用的安全性等现实风险和难题，严重制约数字档案资源建设发展过程及其实际效果，亟待破解。在数字档案资源建设发展过程中，需要强化生态培育，协调数字档案资源与政治、经济、社会、文化、生态文明等各方面关系，畅通数字档案资源与其生存环境之间的物质循环、能量流动、信息传递、价值转化，不断优化数字档案资源社会生存环境，促进数字档案资源与生存环境之间相互协调、相互促进、相互发展，厚植数字档案资源的信息竞争力、文化软实力与社会影响力，促进数字档案资源生态位跃升。

第三，面向数字档案资源发展态势。数字档案资源是未来档案资源的主体形态，是数字时代档案事业建设发展的核心内容，已经呈现出数据化、开放化与融合化发展态势，攸关数字档案资源可持续发展。通过采取生态培育，以安全、发展、平衡、健康等生态理念为指导，面向社会、面向大众、面向未来，科学构建数字档案资源生态培育策略体系，主动调适数字档案资源建设发展生存环境，保障巩固数字档案资源战略地位，适应数字档案资源未来发展态势，为数字档案资源价值实现与功能拓展厚植基础。

第四，促进数字档案资源开放共享。开放是数字档案资源价值实现的前提，共享是数字档案资源服务利用的路径选择，数字档案资源的价值功能的实现始终离不开档案资源的开放共享。"档案信息资源对于社会经济文化的发展、人类文明的进步、国家民主政治体制的建设以及社会公众个体素质的提升，都具有十分重要的作用，存在明显的价值空间"①，通过强化生态培育，科学构建数字档案资源生态培育内容体系，有利于创新数字档案资源开发产品与信息服务，促进数字档案资源的开放共享，激活社会数字档案资源信息消费，最大程度地发挥数字档案资源的价值功能。

（三）数字档案资源生态培育功能

随着社会信息化的全面推进与档案信息化的深入发展，数字档案资源战略地位日益凸显，成为数字时代数字档案馆生态系统治理的重要对象，可以说是当下国家档案事业发展的"牛鼻子"，抓住了数字档案资源这一关键生态因子，可以达到"牵一发而动全身"的现实效果。当前，数字档案资源生态培育既是国家档案事业可持续发展的时代要求，也是数字档案资源生态健康的内在要求，其功能主要体现如下：

一是有利于优化数字档案资源生态环境。随着数字档案馆生态系统的演化发展，数字档案资源的收集采集、长期保存、整合集成、语义开发与开放利用等业务环节中正面临着诸多风险，亟待科学应对与有效破解。为此，在数字档案资源建设发展过程中，不仅需要强化数字档案资源主体的生态管理思维、生态安全意识培育，

---

① 周林兴. 面向社会的档案信息资源规划研究[M]. 北京：人民出版社，2019：32.

突出主体的自觉性与能动性，增强档案人的档案意识、生态意识、风险意识与网络意识等主体性意识，不断凝聚数字档案资源建设发展共识，促进数字时代国家档案事业可持续发展；而且需要聚焦数字档案资源建设发展自身要素，强化数字档案资源生态环境培育、信息竞争力培育、文化软实力培育与社会影响力培育等，激活社会数字档案资源信息消费，满足公众数字档案资源利用需求，提高数字档案资源社会生态位。

数字时代，"档案日益成为国家基础性战略资源；档案工作领域更加广泛、内容更加丰富、需求更加多样，地位和作用越来越重要"①。面对数字档案资源建设发展的战略机遇期，档案部门与档案工作者需要强化培育思维，完善培育举措，积极应对数字档案资源建设发展中的各类生态风险，确保数字档案资源建设发展过程中各类要素因子之间相互协调、相互影响、相互促进，努力打造一个相互依存、相互制约、相互发展的数字档案资源生态整体，优化数字档案资源建设发展生态环境，一方面要从宏观上强化顶层设计，围绕数字档案资源生命周期对数字档案资源生态培育进行整体设计，加强数字档案资源建设发展的全程控制，进一步明确数字档案资源建设方向、建设路径与建设目标，突出数字档案资源建设发展的战略思维与战略管理，促进数字档案资源建设的协调运行与有序发展，优化数字档案资源建设发展的外部社会环境，为数字档案资源数据化发展、开放化发展与融合化发展等提供战略保障；另一方面要从微观上直面数字档案资源建设发展的机遇挑战，优化数字档案资源建设发展中的内部微观生存环境，采取具体针对性的培育举措，进一步增强档案部门与档案工作者的风险意识与责任担当，不断凝聚共识，既对数字档案资源建设发展中的各类风险做到心中有数，始终绷紧档案安全之弦，筑牢档案安全之基；又要充分认识数字档案资源的战略地位，强化数字档案资源的收管存用，激活数字档案资源生态活力，提升数字档案资源信息竞争力与社会影响力。

393

---

① 国家档案局. 全国档案事业发展"十三五"规划纲要（档发〔2016〕4号）[Z].

二是有利于完善数字档案资源结构体系。"档案是一种具有独特价值的信息资源，它所承载的国家、民族、社群、个体的过往历程正是集体记忆所要留存、追溯的对象。"①强化档案资源体系建设是国家档案事业建设发展的重要内容，早在 2008 年初，国家档案局就明确提出，在档案资源建设过程中，要"转变重事轻人、重物轻人、重典型人物轻普通人物的传统观念和认识，重视所有涉及人的档案的价值，建立覆盖人民群众的档案资源体系"②。2014 年 5 月，中共中央办公厅、国务院办公厅联合印发《关于加强和改进新形势下档案工作的意见》（中办发〔2014〕15 号），将"建立健全覆盖人民群众的档案资源体系"列为新时期档案事业发展"三个体系建设"之首，既强调要"加大档案收集整理力度""完善归档制度"，狠抓档案资源建设基础性工作，又突出"重视做好民生档案工作"，将民生档案资源纳入国家档案资源体系范围；还提出要"科学整合档案信息资源"，促进档案资源科学配置和高效利用。2016 年 4 月，国家档案局印发《全国档案事业发展"十三五"规划纲要》（档发〔2016〕4 号），明确提出"十三五"期间实现"档案资源多样化"发展目标，明确要求"档案资源更加齐全完整、丰富多元，覆盖人民群众的档案资源体系更加完善。"③。当前，社会信息化快速发展，档案信息化全面推进，数字档案资源海量增长，成为数字时代档案资源的主体形态，其战略地位日益凸显，其价值功能日趋拓展。同时，数字档案资源来源广泛、类型多样、异构普遍，数字档案资源在快速建设发展的同时，仍然面临着数据污染、数据异构、数据冗余、数据安全、数据依赖、数据孤岛等突出问题，造成档案数据的不可知、不可控、不可取、不可联、不可用等现实难题，给数字档案资源的科学集成、有效利用与社会共享等带来严峻挑战。为此，

---

　　① 冯惠玲. 档案记忆观、资源观与"中国记忆"数字资源建设[J]. 档案学通讯，2012(3)：4-8.

　　② 潘积仁. "两个体系"建设思考[J]. 中国档案，2008(4)：14-15.

　　③ 国家档案局. 全国档案事业发展"十三五"规划纲要（档发〔2016〕4号）[Z].

需要直面数字档案资源建设发展难题，强化数字档案资源生态培育，对标国家档案资源体系建设战略要求，完善数字档案资源结构体系，有序推进档案强国战略建设。

"档案资源的建设水平集中体现为档案资源总量的增长和档案资源结构的协调……档案资源结构则反映的是档案资源的功能和效率，在一定程度上体现的是档案资源建设的层次和深度。"①与此同时，我们还应该认识到，"档案资源体系不是自然形成的，而是文件、档案的形成者、管理者有目的有意识地构建起来的"②，需要国家档案管理机构强化顶层设计，各项标准规范同步配套，广大档案工作者协同推进，不断强化数字档案资源生态培育，持续完善数字档案资源结构体系，面向社会提供优质丰富的数字档案资源，满足人民群众日益增长、日趋多元的数字档案资源利用需求。数字档案资源生态培育旨在以生态学思想为指导，立足数字档案资源战略地位和发展态势，直面数字档案资源建设发展过程中面临的现实问题，转变档案资源建设理念，聚焦"大档案观""档案资源观""档案记忆观""档案文化观""档案社会观"等档案资源建设思想，充分利用现代信息技术，广泛收集整合各类数字档案资源，探索优化数字档案资源建设路径、建设模式与建设方法，丰富数字档案资源内容，优化数字档案资源质量，完善数字档案资源结构体系，打造质量优异、内容丰富、类型多样、主题多元的数字档案资源，"构建覆盖社会、国家、家庭、个人四个层次的档案资源体系……实现档案资源体系建设多元化"③，推动我国由档案资源大国走向档案资源强国。

三是有利于推动数字档案资源内容开发。"资源为王"已经成为图书情报档案界的共识，一方面体现出信息资源在国家经济社会

---

① 加小双. 档案资源社会化：档案资源结构的历史性变化[M]. 杭州：浙江大学出版社，2019：1-2.

② 冯惠玲. 档案记忆观、资源观与"中国记忆"数字资源建设[J]. 档案学通讯，2012(3)：4-8.

③ 胡燕. 我国档案资源体系建设多元化探析[J]. 档案学通讯，2013(5)：67-70.

发展中的战略地位，是国家信息竞争力、文化软实力乃至综合国力的重要体现；另一方面也反映出当前国家公共文化服务事业的建设导向，无论是在图书馆界还是在档案界，"资源"的基础性、战略性、全局性地位不容置疑、无可撼动。当前，社会档案意识普遍增强，"档案资源体系"已经位列新时期国家档案事业"四个体系"建设战略之中，"档案资源观"共识逐渐清晰并不断强化，普遍认识到"档案是一种重要的不可替代的文化财富和社会资源"，"数字档案已成为档案资源的重要组成"，"档案工作者是档案资源的积极建设者，对于资源质量、价值和易用性承担重要责任"等①。数字时代，数字档案资源是数字档案馆建设的核心内容，代表着档案资源建设的发展方向，需要充分发挥网络优势和数字优势，进一步拓展数字档案资源建设路径，丰富数字档案资源内容，促进数字档案资源开发，面向社会提供更多、更优的数字档案资源开发产品，激活社会数字档案资源信息消费，提高数字档案资源开放率与利用率。

信息技术的发展与应用为数字档案资源内容开发带来了无限便利。一方面，技术作为档案事业发展的动力之源，不仅是数字档案资源产生的直接推动力，而且是数字档案资源开发的力量之源，有利于促进数字档案资源信息开放、资源整合与产品创新，推动数字档案资源内容开发，提高数字档案资源共建共享共治。另一方面，通过加强数字档案资源生态培育，直面数字档案资源建设发展中遇到无序与有序、分散与集成、孤立与互通、异构与统一之间的现实矛盾与实践难题，探索数字时代数字档案资源的健康可持续发展之路，不仅有利于优化数字档案资源生态环境、完善数字档案资源结构体系，而且对数字档案资源的内容开发具有直接推动作用，有利于创新数字档案资源整合策略、整合模式和整合方法，力争将离散、多元、异构的数字档案资源通过逻辑方式或物理方式组织成一个有机整体，为构建精细、精简、精准、智慧的数字档案资源公共

---

① 冯惠玲. 档案记忆观、资源观与"中国记忆"数字资源建设[J]. 档案学通讯，2012(3)：4-8.

服务体系奠定资源基础；有利于强化数字档案资源安全保障，确保数字档案资源的管理安全与利用安全，推动国家档案开放政策的落地生效，提高国家档案资源开放率，提升数字档案资源利用率；有利于围绕大数据时代档案数据资源开放、挖掘及服务创新等主题，推动数字档案资源语义开发，创新数字档案资源开发产品形式与内容，促进数字档案资源的深度开发，实现数字档案资源服务的智能化、社会化、个性化，推动数字档案资源的科学集成、有效利用与社会共享，将传"死档案"变成"活信息"，把"档案库"变成"思想库"。

四是有利于激活社会档案资源信息消费。当前，人类社会已经步入信息时代，信息资源被誉为与物质、能量并举的现代社会发展三大资源之一，"全球范围内信息技术创新不断加快，信息领域新产品、新服务、新业态大量涌现，不断激发新的消费需求，成为日益活跃的消费热点。"①随着信息产业的发展和社会信息化程度的提高，信息消费作为"社会信息生产和交流过程的延续，是信息消费者获取信息、认知信息内容和再生信息等基本环节所构成的社会活动"②，必然成为信息时代新的消费热点，对经济发展的正面影响呈现为"替代效应""收入效应""赋能效应""创新效应""平台效应""风险规避效应"等六大效应③，为数字时代信息资源开发利用提供着不竭动力。2013年8月，国务院印发《国务院关于促进信息消费扩大内需的若干意见》(国发〔2013〕32号)，明确提出："加快促进信息消费，能够有效拉动需求，催生新的经济增长点，促进消费升级、产业转型和民生改善，是一项既利当前又利长远、既稳增长又调结构的重要举措"④，这为数字时代社会档案资源信息消费建

---

① 国务院.关于促进信息消费扩大内需的若干意见[N].中国电子报，2013-08-16(3).

② 贺修铭.信息消费概念的确立及其理论基础——兼论信息消费学的建设[J].图书情报工作，1996(4)：45-51.

③ 赵付春.我国信息消费构成、影响和发展重点研究[J].社会科学，2014(1)：64-73.

④ 国务院.关于促进信息消费扩大内需的若干意见[N].中国电子报，2013-8-16(3).

设指明了方向。档案资源作为最真实、最原生的信息资源，应看作是一种具有特殊价值的信息资源，是国家信息资源体系中的核心成员，"在'宽带中国'和'信息消费'的大环境下，档案信息资源建设应该得以大力建设，从各个独立的、条块分割的组织机构中，对该收集的进行收集，该开放的给予开放，并逐步走上'信息消费'的快车道"①。

随着社会信息消费的快速崛起，"档案信息作为社会信息的重要组成部分，日益被社会公众所关注并发挥着独特的作用，在信息消费中呈逐年递增趋势"②，不仅有利于推动档案资源的开放利用，提高档案资源的社会利用率，激活档案资源的社会价值，提升档案资源的信息竞争力与社会影响力；而且有利于进一步创新档案资源利用服务方式，"加强对档案信息的分析研究、综合加工、深度开发，提供深层次、高质量档案信息产品，不断挖掘档案的价值，努力把'死档案'变成'活信息'、把'档案库'变成'思想库'，更好为各级党委和政府决策、管理提供参考"③，提高档案资源社会共享率，激发档案资源生态活力。同时，我们必须直面数字档案资源发展现状，一方面大量的数字档案资源当前仍处于分割状态，不仅造成数字档案馆数字档案资源严重缺乏，而且"信息孤岛"现象严重，缺少共建共享机制；另一方面大量数字档案资源未能得到有效开发，仍处于"休眠"状态，与用户的多样性、便捷性、知识性需求差距较大，数字档案资源的价值潜能未能得到充分发挥。数字时代，信息技术的发展与应用、信息服务的转型与创新、信息消费演变与崛起等，推动着数字档案资源的建设发展，促进数字档案资源的开发利用的继续前行，为信息社会档案信息消费注入了新的动力与活力，一方面随着社会信息化、网络化与智慧化的融合发展与档

---

① 江善东. 信息消费、宽带中国 档案人的机会[J]. 中国档案，2013(9)：35.

② 张东华，刘名福. 信息消费环境下的档案信息服务研究[J]. 档案，2010(2)：9-11.

③ 中共中央办公厅，国务院办公厅. 中共中央办公厅国务院办公厅印发《关于加强和改进新形势下档案工作的意见》(中办发〔2014〕15号[Z].

案事业发展的数字升级、数字换代与数字崛起，公众信息权利意识、档案利用意识等进一步增强，推动着社会档案意识的普遍提高，激发了社会大众的档案信息利用需求，大大拓宽了档案资源的社会利用空间；另一方面数字档案资源作为原生性信息资源的特殊形态，其最大特点体现为收集整合便捷、存储密度大、传播速度快，有利于建立强大的数字档案资源利用体系，推动数字档案资源开发利用的纵深发展，厚植数字档案资源价值功能，激活社会档案资源信息消费需求，通过各种途径理顺社会档案资源信息消费供给与需求之间关系，以用户需求为导向，创新数字档案资源开发路径、开发方式与开发产品等，强化数字档案资源信息消费"供给侧改革"，拓展社会数字档案资源信息消费渠道，完善数字档案资源建设管理体系与利用服务网络，促进数字档案资源信息消费者与生产者之间的双向交流，提升档案部门的数字档案资源信息服务能力与服务能级，促进数字档案资源的社会共建共享共治，增强数字档案资源信息竞争力、文化软实力与社会影响力，提升数字档案资源社会生态位。

三、数字档案资源生态培育路径

　　无论是从档案馆的数量还是从档案资源的数量来看，我国的确是一个档案大国，档案机构完善，档案制度健全，档案资源丰富。随着"档案强国"战略的持续推进，我国档案事业发展必将呈现出"四个强大"，即"强大的事业发展保障体系，强大的档案资源体系，强大的档案利用体系，强大的专业人才队伍"[1]，成为名副其实的世界档案强国。信息时代，无论是数字档案馆生态系统的建设、运行与发展，还是国家档案事业的可持续发展，均对数字档案资源这一生态因子高度依赖，数字档案资源已经成为数字档案馆建

399

---

　　① 崔志华. 为实现档案强国新战略目标而努力奋斗——记者专访国家档案局局长、中央档案馆馆长杨冬权[N]. 中国档案报，2012-6-7(1).

设的核心指标，其"数量与质量决定着数字档案馆信息资源开发的广度和深度，也决定了数字档案馆的服务内容和服务水平。"①数字档案资源生态培育是数字档案馆生态系统健康发展的资源保障，有利于破解数字档案资源建设发展中的风险因子与突出难题，为数字档案资源健康可持续发展创造良好的生态环境。当前，社会转型加速、信息技术广泛应用、档案信息化快速发展等为实施数字档案资源生态管理提供了战略契机；同时，数字档案资源建设发展还面临着一些现实挑战，主要体现为"如何适应法治中国建设推进依法治档、如何适应政务公开推进档案信息开放、如何适应社会多样需求改进档案服务、如何适应信息技术发展加强电子档案管理"等②。可见，直面数字档案资源建设发展面临的机遇和挑战，准确把握数字档案资源发展态势，抢抓档案强国建设战略机遇，不仅需要在理论层面系统阐释数字档案馆生态系统培育内涵，厘清数字档案资源生态培育功能，而且需要聚焦数字档案资源生态培育内容、培育措施和培育效果，在实践层面全面探索数字档案资源生态培育路径，系统构建数字档案资源生态培育内容体系，科学选择数字档案资源生态培育实施策略，提升数字档案资源生态培育效果，为数字档案资源生态管理奠定基础。

数字档案资源生态培育是一项综合性系统工程，涉及数字档案资源建设发展的方方面面，其培育内容具有多元性特质，需要围绕国家档案事业发展目标、档案信息化发展水平、数字档案馆生态系统发展态势，聚焦数字档案资源数据化、开放化、融合化等发展态势，对数字档案资源建设进行顶层设计与战略部署，厘清数字档案资源生态培育目标，完善数字档案资源生态培育内容体系实践路径，为数字档案资源生态培育实践提供理论指导与行动指南。随着社会信息化与档案现代化的系统演进，数字档案馆（室）蓬勃发展，

①　金波，汤黎华，何伟祺. 数字档案馆生态系统的建构[J]. 档案学通讯，2010(1)：53-57.

②　国家档案局. 全国档案事业发展"十三五"规划纲要（档发〔2016〕4号）[Z].

数字档案资源战略地位日趋凸显，需要围绕数字档案资源发展态势，聚焦数字档案资源生态管理过程中涉及的主体、客体及生存环境等核心主题，完善数字档案资源生态培育内容体系：一是聚焦数字档案资源生态管理主体，着力探索数字档案资源管理者生态管理思维、生态安全意识等生态意识，增强数字档案资源管理者的生态思维与风险意识；二是聚焦数字档案资源生态管理客体，围绕数字档案资源价值功能，着力探索提升数字档案资源信息竞争力与文化软实力培育内容、培育措施与培育效果等；三是聚焦数字档案资源生存环境，对数字档案资源建设发展实施积极的人工干预，防范数字档案资源生态失衡，维护数字档案资源的生态平衡，促进数字档案资源健康可持续发展。为此，本书重点从数字档案资源生态管理思维、生态安全意识、生态环境优化以及数字档案资源的信息竞争力、文化软实力等方面系统探索数字档案资源生态培育体系，优化数字档案资源建设发展环境，提升数字档案资源社会生态位。

（一）生态管理思维培育

当前，"生态"一词家喻户晓，全球生态意识显著增强，生态管理应用广泛，融入人类社会的方方面面；生态文明理念成为全球共识，人类正迎来生态文明新世纪。"生态管理"发端于 20 世纪 90 年代的美国，聚焦人与环境之间的和谐共处与协调发展。数字档案资源生态管理理念的提出，正是基于生态学思想与数字档案资源建设发展实践之间的科学融合而提出的创新性概念，旨在以生态学理论为指导探讨数字档案资源可持续发展之路，促进数字档案资源共建共享共治，提升数字档案资源社会生态位。

生态管理思维培育是数字档案资源生态管理主体培育的首要内容，旨在通过强化数字档案资源管理者的生态思维，聚焦数字档案资源生态健康目标，运用生态管理理念与方式对数字档案资源建设管理进行积极的人工干预，一方面有效防范数字档案资源生态失衡与生态风险，维护数字档案资源的生态安全；另一方面系统强化数字档案资源管理者的主体意识，增强数字档案资源管理者的生态意识，促进数字档案资源管理的经济效益、社会效益与环境效益的生态融合，提高数字档案资源生态管理效率与共享利用效益。当前，数字档案资源建设管理中涉及的生态思维主要有绿色管理、协同管理、风险管理、平衡管理、开放管理等内容，需要在数字档案资源生态管理实践中不断增强档案管理者的生态意识，全面拓展数字档案资源生态管理思维，自觉运用生态管理理念与方式开展数字档案资源建设管理，逐步完善数字档案资源生态管理实施策略，有效破解数字档案资源建设发展难题，激活数字档案资源生态活力，实现数字档案资源管理效率与效益的完美统一，不断增强数字档案资源生态效益，维护数字档案资源生态平衡，促进数字档案资源健康可持续发展。生态管理思维培育不仅是数字档案资源生态管理的内在要求，而且是数字档案资源生态管理主体培育的核心内容，攸关数字时代档案管理者生态意识、管理能力与专业素养的强弱，对数字档案资源建设管理的实际效果具有决定性影响。为此，需要从生态文明、生态意识、生态价值与技术生态等方面强化档案管理者生态管理思维培育，增强档案管理者生态管理意识与能力，确保绿色管理、协同管理、风险管理、平衡管理、开放管理等生态管理思维在数字档案资源建设发展实践中得到贯彻落实，全面提升数字档案资源生态管理能力，满足数字时代用户日益增长、日趋多元的数字档案资源利用需求。

一是强化生态文明培育。生态文明是人类文明发展的高级形态，它是"人类在适应自然、改造自然过程中建立的一种人与自然和谐共生的生产方式"①，"是一场以生态公正为目标、以生态安全为基础，以新能源革命为基石的全球性生态现代化运动"②，"包含着人类保护自然环境和生态安全的意识、法律、制度、政策，也包含维护生态平衡和可持续发展的科学技术、组织机构和实

---

① 贾卫列，杨永岗，等. 生态文明建设概论[M]. 北京：中央编译出版社，2013：2.

② 贾卫列，杨永岗，等. 生态文明建设概论[M]. 北京：中央编译出版社，2013：5.

际行动"①，不仅体现着物质文明与精神文明的统一，而且预示着人类文明发展走进新时代，我国高度重视生态文明建设，已经将生态文明建设纳入国家战略，并与物质文明、政治文明、精神文明、社会文明一起组成中国特色社会主义文明体系，并先后出台《中共中央国务院关于加快推进生态文明建设的意见》（2015 年 4 月）、《生态文明体制改革总体方案》（2015 年 9 月）等文件，推进新时期国家生态文明建设，"将生态文明纳入社会主义核心价值观体系，加强生态文化的宣传教育，倡导勤俭节约、绿色低碳、文明健康的生活方式和消费模式，提高全社会生态文明意识"②，开创社会主义生态文明新时代。数字档案资源生态管理思维培育，需要强化生态文明培育，确保档案管理者对生态文明内涵、理念能够深刻把握，全面了解生态文明发展现状与建设要求，准确落实生态文明建设政策与建设精神，不断提高档案管理者生态文明素养，确保数字档案资源生态管理与国家生态文明建设之间融合发展，为数字档案资源生态管理奠定理论基础与思想基础。

二是强化生态意识培育。生态意识是"最优地解决人、社会和自然关系的观点、理论和感情的总和。它是反映人与自然和谐发展的一种新的价值观念"③，具有全球性、和谐性、整体性、限制性、调节性、深层性等特点，强调全球村、人类与自然和谐共生、"人—社会—自然"组成整体复合生态系统、人类活动的生态阈值限制等④。随着全球生态危机的广泛产生、各国生态文明建设的持续推进、社会生态文明程度的显著提高，人们的生态意识日益增强，高度认同"人—社会—自然"间的和谐共生，对生态社会、生

---

① 秦谱德，崔晋生，蒲丽萍. 生态社会学［M］. 北京：社会科学文献出版社，2013：2.

② 中共中央国务院关于加快推进生态文明建设的意见［N］. 人民日报，2015-5-6(1).

③ 余谋昌. 文化新世纪——生态文化的理论阐释［M］. 哈尔滨：东北林业大学出版社，1996：60.

④ 叶峻. 社会生态学与协同发展论［M］. 北京：人民出版社，2012：128-129.

态危机、生态安全、生态保护、生态建设、生态文明、生态价值等认识日益提高，有利于推进档案管理者生态意识培育，增强档案管理者的生态素养，提高档案管理者生态思维，拓宽数字档案资源建设视野，拓宽数字档案资源发展空间，全面优化数字档案资源的收集方式、征集路径、整合方法、存储技术、保管模式、开发模式、服务手段、利用途径、管理机制等，系统提高数字档案资源生态管理效率与效益。

三是强化生态价值培育。生态价值与生态文明、生态意识、生态危机、生态安全等之间关系紧密，体现着人们对各类生态现象、生态活动的认识状况。生态价值就是生命现象与其环境之间的相互依赖和满足需要的关系，它是以自然环境为核心的价值关系，是生态哲学的核心内容，既包括生态系统及其要素的价值，也包括与生态环境有关的价值，泛指涉及生态的一切价值现象及其本质①。对于档案管理者而言，强化生态价值培育是数字档案资源生态管理思维培育的重要内容之一，这既有利于增强档案管理者的生态意识和生态素养，提高数字档案资源生态管理的能动性和主动性；也有利于深化档案管理者对生态保护、生态健康、生态文明的认识，系统理解生态管理的理论内涵及其应用价值，提高对数字档案资源生态管理的理论认知和价值认识，为数字档案资源生态管理实践提供理论支持。

四是强化技术生态培育。随着信息通信技术、计算机技术、网络技术、空间技术、生命技术等现代科学技术的快速发展与生态问题的全球崛起，技术生态应运而生，认为"技术进步不应以破坏生态平衡为代价，技术方式应与自然生态相协调，技术方式应符合人性"，强调要"以生态价值和人性价值标准来选择技术模式和技术发展方向的理念"②。技术生态的提出是源于生态问题和技术发展

---

① 胡安水. 生态价值的含义及其分类[J]. 东岳论丛，2006(2)：171-174.

② 戴锦，程砚昆. 技术生态化问题[J]. 科技管理研究，2007(2)：21-22.

之间的交叉、融合与渗透的结果，旨在探讨技术系统内部组织生态与外部环境生态问题，揭示分析技术与技术以及技术与环境之间的共生存在关系等①。随着现代科学技术的蓬勃发展，为了改变传统的技术发展观，协调人与自然、技术与社会等之间的关系，推动人类经济社会的可持续发展，人们对技术生态的重视程度日渐增强。众所周知，技术始终是推动档案事业发展的重要驱动力，无论是档案载体的演变还是档案信息记录方式的变革，技术始终如影相随，正是技术的快速发展与融合应用，不仅推动着档案形态的变革与档案业态的转型，驱动着档案事业发展的数字崛起、数字升级与数字转型，而且直接导致数字档案资源的急剧增长，使数字档案资源逐渐成为数字时代档案资源的主体形态，攸关国家档案事业发展全局。技术生态培育作为数字档案资源生态管理思维培育的重要内容，需要从技术生态层面深入思考技术与环境、技术决定论、技术伦理、数字鸿沟、信息污染、信息孤岛与信息烟囱等在数字档案资源生态管理中的表现，密切关注新技术的发展趋势和应用前景，主动研究大数据、云计算、物联网、人工智能、区块链等现代信息前沿技术在数字档案资源建设中的实际应用，保障数字档案资源的真实性、完整性、可靠性、可读性、安全性、丰富性，推动数字档案资源生态管理有序开展，促进数字档案资源健康可持续发展。

（二）生态安全意识培育

随着气候变化、温室效应、臭氧层破坏、水资源污染、食品安全、粮食危机、水土流失、空气污染、废弃物污染等全球生态危机问题的日益严重，不仅造成地球生态系统的严重失衡，而且严重威胁人类自身安全与生存发展，使生态安全问题不再是一个独立问题，而是与国家安全、政治安全、军事安全、经济安全等密切相

405

---

① 贾昆. 技术生态：技术论研究的新领域[J]. 自然辩证法研究，1992（9）：34-39.

关，成为跨越部门、行业、地区和国家的全球性的问题，"生态安全在国家安全体系中未必处于优先地位但应当始终处于基础性地位，它是国防军事、政治和经济安全的基础和载体，与国家安全、经济安全、社会安全等具有同等重要的战略地位"①。随着全球生态危机的加剧，生态安全已经成为人类生存安全潜在的最大威胁，并愈来愈成为新的社会不稳定因素，"生态安全意识的觉醒正成为世界各国人民维护国际和平稳定，促进人类健康持续发展的重要力量"②。生态安全意识是"人们对客观存在的生态安全状况的主观反映，其核心是对生态安全及相关问题的认识、判断、态度、价值导向和行为取向"，体现着人们对生态安全的反映，它是"有关'人与生态安全'所反映的哲学价值、思想价值、行为价值取向的有效融合"，在心理学知、意、行 三个层次上分别体现为生态安全知识、对生态安全的认识和为实现生态安全的作为③。

安全是档案工作的生命线。数字时代，"档案信息损毁、失泄密风险日益突出，档案安全处在事故'易发期''多发期'，档案安全形势依然严峻"④。数字档案资源来源广泛、保存分散，数据异构、系统异构现象严重，真实性、完整性、可靠性和有效等难以控制，数字档案资源建设面临诸多障碍，难以满足社会大众的档案信息利用需求，数字档案资源生态安全问题日益突出，攸关数字档案资源的产生、积聚、传递、开发、利用等各业务环节，需要全面"探索影响数字档案资源生态安全的风险因素以及数字档案资源生态安全的评估指标体系，寻求数字档案资源生态安全监测与预警的实现路径，从而构建包含法律法规、人文管理和技术支持三位一体

---

① 贾卫列，杨永岗，等. 生态文明建设概论[M]. 北京：中央编译出版社，2013：38.

② 李改，姜学军，杨英霞. 爱国主义视域下的生态安全意识教育[J]. 教育评论，2015(2)：109-111.

③ 苏美岩. 生态安全意识及其建构[J]. 安徽农业科学，2008(11)：4666-4668，4671.

④ 国家档案局. 关于进一步加强档案安全工作的意见(档发[2016]6号)[Z].

的数字档案资源生态安全综合解决方案"①，保障数字档案资源的
生态安全，推动数字档案资源的科学集成、有效利用与社会共享。
随着信息技术的快速发展与档案信息化的全面推进，数字档案资源
建设快速推进，不仅成为信息社会数字档案馆建设的核心内容，而
且代表着数字时代国家档案事业发展的基本方向。当前，数字档案
资源建设发展在迎来重大历史机遇的同时，也着实面临着载体异
构、数据异构、系统异构、信息孤岛、病毒侵袭、网络攻击等诸多
生态风险，严重制约数字档案资源生态安全，迫切需要强化生态安
全意识培育，提高档案管理者的生态风险认识与生态安全责任，破
解数字档案资源生态风险，促进数字档案资源的安全管理、安全开
发与安全利用，保障数字档案资源的生态健康，提高数字档案资源
的生态管理效益。数字档案资源生态安全是立足档案安全核心内
涵，从生态学视角提出的具有鲜明的时代性、整体性、系统性等特
征的档案安全理念，它既是对传统档案安全理念的继承与创新，也
是对数字时代档案资源安全理念的综合与升华，体现着新时期数
字档案资源安全保障的基本目标与时代要求。生态安全意识培育是数
字档案资源生态培育的另一重要路径，旨在从生态安全知识、生态
安全认识以及生态安全保障等方面，不断提高档案管理者的生态素
养，增强档案管理者的生态管理能力，维护数字档案资源生态安全。

一是强化生态安全知识培育。数字档案资源生态安全是数字档
案资源建设管理的内在要求，是实现数字档案资源价值功能的基本
前提。作为数字档案资源建设发展的主要承担者，档案管理者肩负
着维护数字档案资源生态安全的重要责任，需要强化档案管理者生
态安全知识培育，一方面使档案管理者系统掌握生态安全理论与思
想，完善档案管理者生态安全知识体系，夯实档案管理者生态安全
知识素养与理论储备，为数字档案资源生态管理奠定理论基础；另
一方面使档案管理者深刻认识数字档案资源生态安全概念与内涵，
系统把握数字档案资源生态安全状况与特征，增强数字档案资源生

407

---

① 丁家友，聂云霞. 数字档案资源生态安全的演进路线探析[J]. 档案学研究，2016（2）：93-100.

态管理行动自觉。

二是强化生态安全意识培育。数字档案资源生态安全是一个综合性概念，既涉及到生态学理论与知识，也包含档案学理论与知识，体现着数字时代档案安全的新要求与新特征，不仅需要强化生态安全知识培育，提升档案管理者生态安全知识素养；而且需要推进生态安全认识培育，提升档案管理者生态安全认识水平，促进档案管理者生态安全意识觉醒，提高档案管理者在数字档案资源生态管理实践中的主观能动性，有效调动各方力量，确保数字档案资源生态安全。

三是强化生态安全保障培育。生态安全是数字档案资源生态管理的目标要求，具有强烈的现实性与实践性，不仅需要重视强化生态安全知识与生态安全意识培育，提升档案管理者的生态意识与安全责任；而且需要聚焦数字时代档案安全的时代内涵与基本特征，加强数字档案资源生态安全保障培育，科学构建数字档案资源生态安全保障体系，创新数字档案资源生态安全保障策略，积极实施数字档案资源风险管理、应急管理、协同管理、战略管理与法治管理，从制度、管理、技术、人才、经费等方面织密数字档案资源生态安全防护网，提升数字档案资源生态安全的保障力度，筑牢数字档案资源生态安全防火墙。

（三）生态环境优化培育

生态问题面临的首要问题便是环境问题，突出体现在环境污染方面，它是指"有害物质或因子进入环境，并在环境中扩散、迁移和转化，使生态环境系统的结构和功能发生变化，对人类或其他生物的正常生存和发展产生不利影响的现象"，"环境污染问题不仅是个生态问题，更是社会问题、政治问题，渗透在社会政治生活的方方面面，给人们的生产、生活和健康、生存造成了诸多负面影响"①，

---

① 秦谱德，崔晋生，蒲丽萍. 生态社会学[M]. 北京：社会科学文献出版社，2013：72.

并直接导致全球生态失衡，人口膨胀、气候变暖、臭氧层破坏、水资源危机、土地退化、海洋退化等生态危机日趋全球化。在此背景下，生态保护理念日趋深入，生态文明建设加速推进，生态环境逐渐优化，进一步引发人们对生态环境保护的认识和实践，"与地球和平相处"已经成为人类社会生存发展共识。数字档案资源作为数字时代档案资源的主体形态，不仅是数字档案馆建设的物质基础和核心内容，而且是数字档案馆健康运行的"货源"保障，攸关数字档案馆建设的成败，在国家政治、经济、社会、科技、文化等诸领域中具有重要的、全方位的、不可替代的"综合贡献力"。① 信息技术的快速发展与广泛应用为数字档案资源建设提供了动力支持，社会信息化的深入发展与系统演进为数字档案资源价值实现与作用发挥拓宽了无限空间，"数字档案资源建设必须根据自身的功能定位和环境的变化适时调整档案资源结构，协调各种档案信息资源，促进数字档案信息资源的合理配置和有效利用，提升数字档案馆协同竞争能力，进而促进数字档案馆生态系统的良性运行与健康发展。"②

环境是数字档案资源协调运行与健康发展的基石，攸关数字档案资源数据化发展、开放化发展与融合化发展。数字档案资源生存环境复杂，在数字档案资源建设发展过程中，既面临着来自档案事业发展自身的内部环境制约，也面对着来自政治、经济、社会、文化、技术等方面的外部环境制约，直接关涉数字档案资源形成、收集、管理、存储、利用等全过程，严重制约数字档案资源健康可持续发展。为此，需要强化数字档案资源生态环境培育思维，立足数字档案资源收集、整理、保存、开发、服务、利用等业务管理环节，对数字档案资源生存环境实施积极的人工干预，系统协调数字档案资源与环境之间的共生关系，为数字档案资源建设与发展提供

409

① 冯惠玲. 档案信息资源在国家经济社会发展中的综合贡献力[J]. 档案学研究，2006(3)：13-16.
② 金波，丁华东. 数字档案信息资源的协调与竞争[J]. 浙江档案，2013(9)：11-13.

良好的生态环境，有序推进数字档案资源生态管理，促进数字时代国家档案事业可持续发展。生态环境作为数字档案资源赖以生存的基础，它是数字档案资源建设发展中关涉的各类环境要素的综合体，包括数字档案资源建设发展中的治理环境、政策环境、制度环境、技术环境、经济环境、社会环境、文化环境等。面对数字档案资源的快速发展与战略作用，本书重点从治理环境、技术环境、经济环境、文化环境四个方面重点探索和分析优化数字档案资源生态环境的培育路径。

一是治理环境培育。治理是随着现代社会、政治、经济、文化高度发展而产生的，是后工业社会的产物，"20 世纪 90 年代以来，在西方学术界，特别是在经济学、政治学和管理学领域，'治理'一词十分流行。"①2013 年 11 月，党的"十八届三中全会"首次将"完善和发展中国特色社会主义制度、推进国家治理体系和治理能力现代化"确立为全面深化改革的总目标②。2019 年 10 月 31 日，党的"十九届四中全会"通过《中共中央关于坚持和完善中国特色社会主义制度 推进国家治理体系和治理能力现代化若干重大问题的决定》，明确提出"推进国家治理体系和治理能力现代化的总体目标"。③ 在此背景下，各领域、各行业都在全面深化改革，强化治理体系和治理能力建设。"档案事业作为国家治理的重要内容，国家管理方式的调整必然引起档案管理方式的变革。因此，推进档案治理成为国家档案事业建设和发展的重要任务，也是时代赋予档案人的神圣使命。"④2016 年 4 月，国家档案局印发《全国档案事业发

① 俞可平. 论国家治理现代化[M]. 北京：社会科学文献出版社，2014：15.

② 中共中央关于全面深化改革若干重大问题的决定（2013 年 11 月 12 日中国共产党第十八届中央委员会第三次全体会议通过）[J]. 求是，2013（22）：3-18.

③ 中共中央关于坚持和完善中国特色社会主义制度 推进国家治理体系和治理能力现代化若干重大问题的决定[N]. 人民日报，2019-11-6（1）.

④ 金波，晏秦. 从档案管理走向档案治理[J]. 档案学研究，2019（1）：46-55.

展《"十三五"规划纲要》，明确要求"加快完善档案治理体系、提升档案治理能力，为夺取全面建成小康社会决胜阶段的伟大胜利作出积极贡献"，并提出要实现"档案治理法治化"的目标："基本形成较为完整的档案法规标准、高效的档案法治实施、严密的档案法治监督、有力的档案法治保障的档案法治体系，档案法治治理能力和水平显著提升。"①随着信息社会的深度发展与档案信息化的持续推进，数字档案资源得以快速累积并蓬勃发展，不仅改变着国家档案资源体系结构，促使数字档案资源日益成为国家档案资源体系的主体形态，而且成为新时期国家档案工作变革与转型的直接驱动力，推动着国家档案事业发展的数字转型、数字升级与数字换代，系统改变国家数字档案资源治理环境。

　　档案作为一种原生性信息资源，理应在国家治理中发挥重要作用。大数据时代，数字档案资源急剧增长，信息污染、信息异构、信息冗余、信息安全、信息孤岛等问题普遍存在，造成数字档案资源的不可知、不可控、不可取、不可联、不可用等风险威胁，给数字档案资源的收集整理、服务创新、开放共享、安全合规、隐私保护等带来巨大挑战。究其根源，在于数字档案资源治理的缺失，难以适应数字时代档案事业发展需求与国家社会治理发展要求，迫切需要围绕数字档案资源质量控制、整合挖掘、共享利用、安全保障以及治理运行机制等内容科学构建数字档案资源治理体系、治理机制与治理路径，强化数字档案资源治理环境培育，优化数字档案资源治理环境，促进档案管理向档案治理范式转型，提升大数据时代数字档案资源治理能力。

　　二是技术环境培育。科技是第一生产力，是推动人类经济社会发展的不竭动力，深刻影响着人们的生活方式、工作方式、交流方式，直接攸关一个国家的综合国力。2016年4月，国家档案局印发《全国档案事业发展"十三五"规划纲要》(档发〔2016〕4号)，明确提出要积极"组织引导具有前瞻性、战略性、创新性、先进性和

411

---

　　① 国家档案局. 全国档案事业发展"十三五"规划纲要(档发〔2016〕4号)〔Z〕.

实用性的档案科技项目研究，解决关系档案事业发展全局和档案基础业务建设环节的重大理论和关键技术问题"①。技术环境是数字档案资源建设发展所高度依赖的核心生存环境，我们理应站在时代前列，以世界眼光迎接新科技革命带来的机遇和挑战，强化技术环境培育，推动档案技术研发与技术应用，为数字档案资源生态管理奠定技术基础。

数字档案资源生态管理中的技术环境培育应当聚焦大数据、云计算、物联网、人工智能、区块链等现代信息前沿技术在数字档案资源建设发展中的融合应用，有效提升档案部门技术集聚研发能力，推进档案信息化建设，优化数字档案资源生态管理技术环境，为数字档案资源数据化、开放化、融合化发展储备技术资源，一方面通过系统化、制度化、专题化的现代信息技术素养培训，全面提升档案管理者的综合技术素养，增强档案管理者技术应用意识，熟练掌握现代信息技术发展及其应用，提高档案信息化应用水平与档案现代化管理水平；另一方面要建立健全数字档案馆人防、物防、技防"三位一体"的安全防范体系②，增强档案网络和信息系统风险管理能力，实现档案安全高效化，全面提升数字档案资源数据采集能力、处理能力、管理能力与服务能力③，维护国家数字档案资产数据安全、系统安全、网络安全等，提高数字档案资源信息竞争力、文化软实力与社会影响力。

三是经济环境培育。数字档案资源建设技术要求高，更新速度快，涉及范围广，相对于传统档案资源建设，经费投入十分巨大，对经济发展环境高度依赖，是典型的"烧钱工程"，无论是数字档案资源的加工、组织、维护与迁移，还是数字档案资源的存储、保管、备份与利用，乃至数字档案资源建设发展所高度依赖技术应

---

① 国家档案局. 全国档案事业发展"十三五"规划纲要（档发〔2016〕4号）［Z］.

② 国家档案局. 全国档案事业发展"十三五"规划纲要（档发〔2016〕4号）［Z］.

③ 刘永，庞宇飞，荆欣. 档案数据化之浅析：档案数据大脑的构建［J］. 档案管理，2019（3）：31-34.

用、系统研发、维护与更新等，无不需要源源不断的经费投入予以保障。一般说来，数字档案资源经济环境与宏观经济发展环境密切相关，宏观经济发展环境好，则数字档案资源建设的投入经费力度就会相应加大；一旦宏观经济发展环境差，则直接降低数字档案资源建设的经费投入，严重制约数字档案资源的健康可持续发展。经济环境作为数字档案资源生态管理的重要环境之一，主要包括社会经济发展水平、产业结构、消费方式、经济政策等，攸关数字档案资源建设发展的经费保障，对数字档案资源的管理信息系统、专业数据库、存储设备、利用服务平台等产生直接影响，决定着数字档案资源的建设规模、建设速度与建设能力。2014 年 5 月，中共中央办公厅、国务院办公厅联合印发《关于加强和改进新形势下档案工作的意见》（中办发〔2014〕15 号），提出各级党委和政府要"按照部门预算编制和管理有关规定，科学合理核定档案工作经费，将档案馆（室）在档案资料征集、抢救保护、安全保密、数字化、现代化管理、提供利用、编纂、陈列展览及设备购置和维护等方面的经费列入同级财政预算"①，为新时期数字档案资源建设发展的经费投入提供了政策基础，有利于推进各级政府完善数字档案资源建设投入机制，加大数字档案资源建设投入力度，促进新时期数字档案资源建设可持续发展。

当前，强化数字档案资源经济环境培育，优化数字档案资源生态管理经济环境，一方面，档案事业发展对经济环境高度依赖，其中，政府无疑是档案事业投资的主体，"放眼世界各国，由政府出资'供养'从事保存国家和民族'记忆'的档案馆，是天经地义的。"②同样，我们必须明确财政资金投入是数字档案资源建设发展经费投入的主流渠道，需要档案部门主动"讲好档案故事"，积极寻求政府支持，"建立档案事业与当地国民经济统筹发展的经费增长机制，切实把档案事业发展所需硬件、经费等纳入制度化轨道，

413

---

① 中共中央办公厅，国务院办公厅. 中共中央办公厅国务院办公厅印发《关于加强和改进新形势下档案工作的意见》（中办发〔2014〕15 号）[Z].

② 姜之茂. 论档案馆经费[J]. 上海档案，2000(5)：10-12.

确保档案事业投入有规可循、有章可依"①，提高财政资金支持力度，为数字档案资源可持续发展奠定资金投入基础；另一方面，"除了积极争取政府公共财政投入以外，世界各国公共档案馆也通过多途径扩大经费筹措渠道，形成多元化的经费保障机制"②，数字档案资源建设也不应例外，除了争取政府加大财政资金投入外，还要广泛动员、"广开财源"，与社会各方密切协调沟通，寻求包括基金会、企业、社会组织乃至个人在内的更为广泛的经济支持，拓宽数字档案资源经费支持渠道，创新数字档案资源社会共建共享路径，为数字档案资源建设发展创造良好的经济环境。

四是文化环境培育。2017 年，党的十九大报告明确指出："文化是一个国家、一个民族的灵魂。文化兴则国运兴，文化强民族强。"③当前，我国正处于全面建成小康社会决胜阶段，国家正在全面实施文化强国战略，全力推进"一带一路"倡议，积极推动中外文化交流，广泛传播中华优秀文化，努力提高国家文化软实力。文化环境作为数字档案资源生态管理的重要外部环境因素，文化的发展繁荣不仅推动着中华民族伟大复兴的历史进程，而且攸关数字档案资源文化属性的彰显与文化功能的实现，为数字档案资源建设发展创造了良好文化环境。

档案是人类创造的宝贵精神文化财富，是人类文化记忆、文化传承、文化创新的重要载体，被誉为"文化的母资源"。诚如挪威档案学家列威·米克伦所说："没有档案的世界，是一个没有记忆、没有文化、没有法律权利、没有历史的世界。"④随着新时期国家文化事业的发展与繁荣，需要进一步深化文化环境培育，这不仅

①　叶建强. 加大档案事业经费投入 建立经费增长机制[N]. 中国档案报，2015-3-16(1).

②　谭必勇. 中外公共档案馆发展路径比较及对策研究[M]. 北京：中国社会科学出版社，2019：211.

③　习近平. 决胜全面建成小康社会 夺取新时代中国特色社会主义伟大胜利——在中国共产党第十九次全国代表大会上的报告（2017 年 10 月 18 日）[N]. 人民日报，2017-10-28(1).

④　姜龙飞. 档案文化论[J]. 上海档案，2010(3)：17-20.

是数字档案资源自身文化属性和文化功能的内在要求，而且是数字档案馆资源生态环境培育的重要内容，有利于彰显数字档案资源文化属性，厚植数字档案资源文化价值，提升数字档案资源文化软实力。当前，加强数字档案资源生态管理文化环境培育，需要主动对接国家文化发展战略，尤其是国家公共文化服务战略与"一带一路"倡议，充分利用现代信息技术与馆藏档案文化资源优势，全面推进数字档案资源文化发展顶层设计，系统深化数字档案资源文化整合与内容挖掘，夯实深化数字档案资源文化内涵，广泛开发数字档案资源文化产品，努力打造优质数字档案资源文化精品，积极实施数字档案资源文化品牌战略，"使档案文化成为我国文化产品中的一种特色产品，成为我国文化的一道亮丽风景线，成为社会主义文化大发展大繁荣的一个新的增长点"①。

(四)信息竞争力培育

"信息竞争像是一块惊天动地的陨石，沿着宇宙时光的隧道从天而降，轰轰烈烈地闯入了人类的一切生存领域，不仅到了现实社会的传统结构和概念沉寂，而且也在迅速创造一个五彩缤纷的生存空间和竞争平台。"②全球化背景下，关于国家信息竞争力的问题已经成为研究热点，随着社会全球化、信息化、数字化的系统演进，国家信息竞争日益成为一种综合性竞争，涉及领域广泛，涵盖了信息资源、信息技术、信息人才、信息管理、信息治理、信息文化、信息服务等方面，"所谓国家信息竞争力，是指在国际竞争中，一个国家在信息资源的获取与组织、信息能力的培养与提高、信息化影响力的形成与扩散等方面所表现出来的竞争力总和。"③当前，信

415

---

① 杨冬权. 在全国档案工作暨表彰先进会议上的讲话[J]. 中国档案，2012(4)：12-19.

② 邢志强，韩淑芳. 信息竞争论[M]. 北京：人民出版社，2004：1.

③ 褚峻. 信息技术创新与国家信息竞争力提升[J]. 图书情报工作，2007(2)：6-9，91.

息的生产、存储和传递方式发生了革命性变化，数字信息资源因传统资源难以比拟的优势逐渐成为信息资源的主体，成为现代国家的重要数字资产，"一个国家的科技创新能力以及与此相关的国际竞争力都依赖其快速、有效地开发与利用数字资源信息资源的能力。"①

数字档案资源不仅是数字信息资源的重要组成部分，在数字信息资源家族中占据特殊地位，而且是数字时代国家档案资源的新形态，"不但具有传统档案信息的真实性、社会性和历史性，还具有内容的复杂性、形式的多样性和效用的多元性"②，呈现出"信息真实性、内容复杂性、形式多样性、效用多元性、价值公共性、利用便捷性、分布不平衡性、管理风险性等特征"③；不仅是信息社会数字记忆的重要载体与基本要素形态，而且是数字时代国家信息资产的重要构成，攸关一个国家信息竞争力的高低。在社会信息化发展与国家信息竞争力角逐背景下，数字档案资源信息竞争力日益凸显，已经成为数字档案资源建设发展的重要驱动力。当前，数字档案资源量大面广、增长迅速，建设力度空前，日渐呈现出数据化发展、开放化发展与融合化发展态势，是数字时代国家档案资源体系建设的核心内容，对国家档案事业可持续发展具有决定性影响；同时，数字档案资源建设也面临着现实风险与管理难题，一方面大量的数字档案资源仍处于分割状态，不仅造成数字档案馆数字档案资源严重缺乏，而且"信息孤岛"现象严重，缺少共建共享机制；另一方面大量数字档案资源未能得到有效开发，仍处于"休眠"状态，与用户的多样性、便捷性、知识性需求差距较大，数字档案资源的价值潜能未能得到充分发挥。为此，需要加强信息竞争力培育，充分利用现代信息技术发展应用优势，深化数字档案资源信息

---

① 马费成，等. 数字信息资源规划、管理与利用研究［M］. 北京：经济科学出版社，2012：1.

② 金波，丁华东，倪代川. 数字档案馆生态系统研究［M］. 北京：学习出版社，2014：206.

③ 戚颖，倪代川. 数字档案资源形态特征研究［J］. 兰台世界，2017（19）：28-33.

整合与内容挖掘，厚植数字档案资源信息价值内涵，着力解决数字档案资源的分散与集中、集成与共享、资源潜能与价值实现等之间的矛盾，并积极"借助大数据技术，评估数字档案资源的价值，挖掘出档案信息用户的隐形诉求，并基于用户需求以及自身特色建立数字档案信息资源库，使数字档案馆的资源生态位与其他信息机构形成错位，构建在该生态位内的竞争优势"①，凝聚数字档案资源原生信息属性与原始价值优势，深化数字档案资源信息整合与内容挖掘，促进数字档案资源的科学集成、有效利用与社会共享，为发挥数字档案资源信息竞争力夯实基础，提高数字档案资源信息生态位。

一是要强化数字档案资源信息整合。数字档案资源作为现代信息技术应用于人类社会生产生活中的产物，其信息内容呈现形式包括文本文件、数据文件、图形文件、图像文件、影像文件、声音文件等，广泛生成于国家机关、社会组织和个人等各类公私活动中，并在人类生产生活中发挥着越来越重要的作用，是数字时代信息资源的重要构成。与此同时，由于信息系统设计的独立性和技术设备配置的多样性，数字档案资源自产生以来，在其生成和管理上就一直存在技术系统异构、数据结构异构、业务流程异构、服务平台异构等严重问题，各系统、各单位、各部门的数字档案资源管理条块分割、各自为政、彼此孤立，形成一个个"信息孤岛"，大量的数字档案资源仍处于分割状态，未进行系统整合与开发，未形成共享的知识信息，大量的数字档案信息处于"睡眠"状态，与用户需求的多样性、便捷性、知识性等差距较大，难以实现其集成共享和有效利用，需要直面数字档案资源管理中无序与有序、分散与集成、孤立与互通、异构与统一之间的现实矛盾，从多视角、多维度、多层次和多方面视角加强数字档案资源信息整合的顶层设计，从理论框架建构、协同创新机制框架建构、信息基础架构实施、绩效评估与持续改进方案制定等方面提出数字档案资源信息整合策略，保障

417

---

① 周耀林，骆盈旭，赵跃. 数字档案馆信息生态位的优化研究[J]. 中国档案，2016(4)：70-71.

大数据时代数字档案资源信息的可信、可用、可追溯、可发现与可认同，促进数字档案资源信息的互联、互通、互信与互认，确保数字档案资源成为国家信息化建设的战略性资源与公共服务的竞争性资源①，助力国家信息化能力及其可持续发展能力的整体提升。

当前，需要充分利用现代信息技术与理论，强化数字档案资源信息整合，一方面不断完善数字档案资源信息整合策略、整合模式、整合体制、整合机制与整合方法等，力争将原本离散、多元、异构、分布的数字档案资源通过逻辑方式或物理方式组织成一个有机整体，促进数字档案资源的互联互通，实现数字档案资源集成共享，夯实数字档案资源价值内涵；另一方面要直面社会公众利用需求，"以满足公众的档案需求为目标，通过档案机构以及相关社会组织之间的协调与合作，利用一定的技术方法和管理手段，使分散管理的档案资源相互联结成为一个有序化、系统化、结构化的整体，实现档案资源的共建共享"②，激活社会数字档案资源信息消费，提高数字档案资源信息竞争力。

二是要创新数字档案资源信息服务。服务是数字档案资源建设发展中最活跃的生态因子，是输出档案信息内容、提供档案信息服务、发挥档案信息价值的关键。数字档案资源信息服务的实质就是挖掘数字档案资源中蕴藏的有现实利用价值的档案资源为用户提供档案信息服务，满足用户数字档案资源利用需求，实现数字档案资源价值。当前，数字档案资源利用服务与价值实现之间的矛盾仍然突出：一是数字档案资源信息服务能力与社会数字档案利用需求之间矛盾突出，数字档案资源广泛产生于社会各个领域，数字档案资源急剧增长，但服务理念、服务方式、服务手段仍相对滞后，难以实现数字档案资源的社会共享，与日益增长的社会档案信息利用需求相距甚远；二是数字档案资源巨大资源量与价值实现之间的矛盾

---

① 安小米，宋懿，等. 大数据时代数字档案资源整合与服务的机遇与挑战[J]. 档案学通讯，2017（6）：57-62.

② 周耀林，赵跃，等. 面向公众需求的档案资源建设与服务研究[M].
武汉：武汉大学出版社，2017：276.

明显，数字档案资源是国家重要战略信息资源，在经济社会发展中
作用巨大，并且随着数字档案资源量的增长，其价值潜能日益增
强，但目前社会难以对数字档案资源实现有效利用，其价值难以得
到有效实现。数字档案资源作为数字信息资源的重要组成部分，是
数字时代国家重要信息资产，其电子凭证、数字记忆、数字身份、
数字资产等特征明显，一方面，"数字档案资源应被视为政府信息
化建设中的重要组成部分，数字档案资源的建设、开发与利用应与
政府无纸化的业务信息流动实现对接，以提升政府公共服务能力，
支持政府职能目标实现"①，实现数字档案资源信息服务与政府信息
化之间的互联、互通和互动；另一方面，"总体来看，我国档案资源建
设与服务过程中，'面向公众'便是档案从封闭走向开放的必然。"②

当前，正是公民社会的日趋成熟"推动了广大社会公众理性地
认识档案、档案工作与档案事业，培养起良好的档案意识"③，
"公众不仅可以走进档案馆提出档案服务要求，而且可以通过档案
网站提供在线咨询服务、邮件查询，也可以利用微博、微信、手机
App 等新媒体进行主动服务"④，既拓展了数字档案资源信息服务
的社会空间，又拉近了数字档案资源与社会公众之间的距离，不仅
有利于增强社会档案意识，而且有利于激发社会档案利用需求，促
进数字档案资源信息服务创新，提升数字档案资源信息竞争力。为
此，档案部门需要直面数字档案资源信息服务时代背景，聚焦大数
据时代用户数字档案资源利用需求的个性化、便捷化、网络化、智
能化等特征，充分利用技术资源、档案资源、人力资源、经济资
源、制度资源等服务要素，完善数字档案资源信息服务体制机制，

①　安小米，宋懿，张斌. 国家数字档案资源整合与服务：概念、路径
和机制[J]. 档案学研究，2018(3)：81-88.
②　周耀林，赵跃，等. 面向公众需求的档案资源建设与服务研究[M].
武汉：武汉大学出版社，2017：15.
③　周林兴. 面向社会的档案信息资源规划研究[M]. 北京：人民出版
社，2019：63.
④　周耀林，赵跃，等. 面向公众需求的档案资源建设与服务研究[M].
武汉：武汉大学出版社，2017：15.

创新数字档案资源信息服务模式、服务方式与服务手段，构建数字档案资源信息服务体系，拓宽数字档案资源信息服务空间，破解数字档案资源服务能力与社会需求、数字档案巨大资源量与价值实现有限性之间的矛盾，促进数字档案资源有效利用和社会共享，充分发挥数字档案资源的信息价值，不断增强数字档案资源信息服务能力，有效提升数字时代档案事业的社会影响力。

三是要推动数字档案资源信息传播。一般来说，"传播本质上是一种社会的互动，人们通过传播行为进行相互影响和相互作用"①。从"意义构建"视角观察，"所谓传播，就是人类社会构建意义的基本活动和过程"，"传播的核心问题就是意义的构建。也就是在特定的传播情境中，包括传播者和受众，根据自己所处的社会文化环境，对传播的意义进行能动性的构建，从而不断地生产社会意义的社会过程"，其内涵主要体现为：①传播是一种社会化行为，是一种人类社会化过程的活动；②传播是一种动态化的过程，传播活动过程本身就是意义的生产和调适的过程；③传播的意义核心是人们在不同的社会文化背景中形成的对事物的理解框架，具有文化性和社会性；④传播具有构建性，传播过程是意义不断生产、减损，或是创造和再创造的反复循环的过程；⑤传播具有符号化特点，为了有效传播，构建共享意义，人类创造了包括语言、视觉图形、音乐等一整套的传播符号形态。② 档案信息传播是档案价值实现、档案机构功能发挥的实现载体，"提高档案信息的利用率、优化档案信息的传播效果，应着眼于档案信息传播的功能，将档案信息工作、档案信息利用、档案信息宣传、档案信息发布、档案信息的文化等视为一个档案信息传播系统"③。

当前，需要深化认识档案信息传播内涵，尤其是要聚焦数字环

---

① 周雪瀠. 传播定义：改变的世界中的多维视角[J]. 编辑之友，2011（12）：96-97.

② 姚君喜. 传播与意义的构建——关于"传播"定义的再思考[J]. 当代传播，2009（2）：22-25.

③ 程结晶，陈文娟，李媛. 档案信息传播的创新及其文化构建[J]. 中国档案，2008（9）：49-52.

境下档案信息传播的价值与功能，构建数字档案资源信息传播体系，创新数字档案资源信息传播路径、方法与手段，一方面要充分利用现代技术手段与馆藏数字档案资源，尤其聚焦新媒体环境，通过更新档案信息传播理念、改变档案信息传递模式、畅通档案用户参与渠道、借助外部社会力量等，推动"新媒体环境下档案信息服务的变革"①，用心"讲好档案故事"，传递档案信息、档案知识、档案文化、档案价值，增强社会档案意识，激活社会档案信息消费，提高数字档案资源信息传播的效率与效益；另一方面要不断完善数字档案资源开放政策与开放条件，创新数字档案资源传播形式，主动对接国家"互联网+""大数据""宽带中国""文化资源数字化"等重要国家战略和"一带一路"倡议，为国家经济社会发展大局服务，发挥好数字档案资源的战略性资源价值，系统提升数字档案资源信息竞争力。

四是要深化数字档案资源数据治理。数字时代，数字资源的数据价值凸显，数据资源、数据资本、数据资产、数据挖掘、数据管理、数据治理等理念与实践快速发展，推动着信息社会的数据化范式转型，人类社会正在从数字化时代走向数据化时代，深刻影响着人类生产生活的方方面面。2015 年 8 月，国务院印发《促进大数据发展行动纲要》，明确提出"大数据成为提升政府治理能力的新途径"，要求"建立'用数据说话、用数据决策、用数据管理、用数据创新'的管理机制，实现基于数据的科学决策，将推动政府管理理念和社会治理模式进步……逐步实现政府治理能力现代化"②。"在大数据时代，数据成为最宝贵的资产已成为不争的事实。然而，目前的数据状态与数据管理水平并不匹配，普遍存在着'重创造轻管理、重数量轻质量、重利用轻增值利用'的现象，在服务创新、数据质量、开放共享、安全合规以及隐私保护等方面面临着越

421

---

① 赵屹，汪艳. 新媒体环境下的档案信息服务[M]. 上海：世界图书出版公司，2015：175-181.

② 国务院. 国务院关于印发促进大数据发展行动纲要的通知（国发〔2015〕50 号）[Z].

来越严峻的挑战。"①随着大数据技术、数据管理、数据挖掘、数据科学的演进发展与迭代渗透，数据治理备受重视，不仅有利于保障数据质量并降低风险，而且有利于改善组织机构的决策能力并提高合规监管和安全控制。当前，如何从数据中发现、预警问题到用数据解决问题、创新应用数据、创造价值等日趋重要，尤其是"大数据时代的到来为各行业带来基于数据资产进行业务创新、管理创新的契机以及大数据技术建设需求，面向大数据环境和传统 IT 环境融合的趋势下，数据治理体系、方法、标准将产生新的思考和实践"②，推动着数据治理的快速发展与广泛应用。随着档案信息化与数字档案馆的快速发展，国家档案事业发展数字化转型加快，数字档案资源数据化发展加速推进，并呈现出来源多元化、价值多样化、质量标准化、开发关联化、利用智能化以及治理常态化等态势，为大数据时代数字档案资源价值实现、数字档案馆功能拓展、数字时代档案工作转型等创造了机遇，有利于推进数字档案资源的数据治理，完善数字档案资源数据治理环境、治理对象、治理主体、治理目标，创建大数据时代数字档案资源数据治理体系，强化数字档案资源数据质量控制、数据关联、语义开发与共享利用等，推动数字档案资源从数据管理走向数据治理，更好地发挥数字档案资源的数据价值，夯实数字档案资源价值基础，提升数字档案资源信息竞争力。

大数据时代，"档案部门作为数据资源与基础设施的提供者、数据开放和共享的参与者、政策制定的协助者、公民与政府互动的协调者，能够帮助提升政府大数据治理能力、创新政府大数据治理方式"③，为数字档案资源数据治理带来了新的发展机遇。强化数据治理是数字档案资源信息竞争力培育的重要路径选择，一方面要

---

① 刘桂锋，钱锦琳，卢章平. 国内外数据治理研究进展：内涵、要素、模型与框架[J]. 图书情报工作，2017(21)：137-144.

② 张明英，潘蓉.《数据治理白皮书》国际标准研究报告要点解读[J]. 信息技术与标准化，2015(6)：54-57.

③ 何玉颜. 档案部门参与政府大数据治理的路径研究[J]. 浙江档案，2018(8)：23-25.

主动对接国家大数据治理与档案治理体系建设战略，探索完善大数据时代数字档案资源数据治理理论与治理体系，厘清数字档案资源数据治理路径、治理手段与治理方法，为各级档案行政管理部门和业务部门开展数字档案资源数据治理实践等提供理论参考和决策支持，提高数字档案资源数据治理的社会化、专业化与现代化水平，助力新时期国家档案治理体系与治理能力现代化建设。另一方面要聚焦数字档案资源生态管理目标，围绕大数据时代国家档案事业治理战略，促进国家档案事业发展从档案管理走向档案治理、从"信息管理""数据监管""数据管理"等走向"数据治理"的治理范式转型，"从顶层设计、技术与管理标准规范建设、人才培养等多方面着力，加强自身数据管理能力，并积极寻求与政府各职能部门的合作，开创参与政府大数据治理的新局面"①，不断优化档案数据治理生态环境，完善档案数据治理体系，拓展档案数据治理路径，创新档案数据治理方法，深化档案数据治理内涵，增强档案数据治理能力，实现数字档案资源建设数据治理新范式。

（五）文化软实力培育

当前，国家与国家之间的综合国力竞争不仅体现在经济、军事、科技等"硬实力"方面，也体现在文化、制度、价值观等"软实力"方面，它们共同组成一个国家的综合实力；其中，"文化作为软实力的核心部分、第一要素，越来越受到世界各国和地区的高度重视，在国家和民族发展以及国际竞争中发挥了举足轻重的作用。"综合观察，"'文化软实力'是一个系统因素的整体体现，取决于政治制度和价值体系、科技与教育的实力、文化遗产和文化产品、国民素质与道德水准，也包括知识、体制的创造力和决策、外交等方面的智慧与实践等因素"②，主要体现为文化凝聚力、文化

423

---

① 何玉颜. 档案部门参与政府大数据治理的路径研究[J]. 浙江档案，2018(8)：23-25.

② 贾海涛. "文化软实力"理论的演进与新突破[J]. 社会科学，2011(5)：14-22.

生产力、文化创新力、文化传播力、文化整合力与文化影响力等。文化软实力的高低直接体现着一个国家综合国力的强弱，它为国家综合国力的提升提供精神动力与智力支持，攸关国家的国际影响力、竞争力与综合实力，"正如灵魂之于一个人一样，文化是一个国家或民族的精神之魂，而一个国家或民族的文化软实力又折射出它在国际社会的地位和影响力。"①我国作为一个历史文化大国，不仅具有近五千年连绵不绝的文明历史，而且形成了享誉世界的中华文化，在世界文明与世界文化的历史中占据突出地位，位居世界"四大文明古国"之列。提高国家文化软实力，是我们党和国家的一项重大战略任务。2007年10月15日，胡锦涛在党的"十七大"报告中明确提出"文化软实力"概念②。党的十八大以来，习近平高度重视国家文化软实力建设，多次就"文化软实力"发表重要论述，先后提出"提高国家文化软实力，关系'两个一百年'奋斗目标和中华民族伟大复兴中国梦的实现""提高国家文化软实力，要努力展示中华文化独特魅力"、"提高国家文化软实力，要努力夯实国家文化软实力的根基"、"提高国家文化软实力，要努力提高国际话语权，加强国际传播能力建设"等重要论述③，为中国特色社会主义新时期文化建设指明了方向。

"档案文化的外在表现形式往往浓缩为一种被人类接受和把握的形式，既有客观实物形式，又包括内嵌于社会主体所遵守的行为规范，还有凝结于主体意识中的价值观念体系"④，其文化性是与

---

① 谭文华. 文化软实力竞争、文化创新与我国文化软实力提升[J]. 广西社会科学，2020(1)：147-151.

② 胡锦涛. 高举中国特色社会主义伟大旗帜 为夺取全面建成小康社会新胜利而奋斗——在中国共产党第十七次全国代表大会上的报告[J]. 求是，2007(21)：3-22.

③ 习近平谈国家文化软实力：增强做中国人的骨气和底气[EB/OL].[2019-12-24]. http://cpc.people.com.cn/xuexi/n/2015/0625/c385474-27204268.html.

④ 任越. 文化哲学视阈下档案文化层次问题研究[J]. 档案学通讯，2016(1)：8-12.

生俱来的，"主要表现在档案本身就是一种文化成果，档案还是文化传承的载体，更为重要的是档案还是文化创新与发展的基础和资源，社会文化的创新与发展离不开档案"①，被誉为"文化的'母资源'，在人类社会文化记忆、文化传承、文化创新中发挥着重要作用"②；同时，"档案由于其原生性而成为文化的'元'资源，又因为其中隐含着选择和扼要的意向及相对真实可靠而成为文化之'核'"，使得档案也被誉为文化"元资源"，成为"国家软权力提升的重要倚靠资源，档案部门应该充分认识自身在国家软权力提升过程中的重要作用，在参与国家软权力提升的过程中发挥档案独特的价值"③。为此，档案部门需要充分利用档案的文化属性与档案馆的文化功能，厚植自身的文化内涵与文化优势，履行好自身文化职责，"围绕提升档案文化软实力，建立档案文化开发利用的新体制、新机制，规范各个环节的操作程序和质量标准，加大对档案文化开发利用质量的监督评价力度，推动档案文化实现大发展大繁荣"④。

随着社会信息化与档案信息化的发展融合，数字化成为新时期国家档案事业发展的主旋律，数字升级、数字换代、数字转型成为大数据时代档案事业发展的基本态势，数字档案馆生态系统逐步形成壮大，需要"强化数字档案馆文化空间、文化资源、文化服务等建设，夯实数字档案馆生态系统文化功能，提升数字档案馆文化服务能力，增强数字档案馆生态系统文化服务能级"⑤。数字档案资源兼具文化"母资源"特质，对数字档案馆文化功能的实现具有直

① 马学强. 档案馆文化功能研究[D]. 济南：山东大学，2006：15.

② 倪代川. 数字档案馆生态系统主体培育研究[J]. 档案学研究，2018（3）：89-94.

③ 覃兆刿，孟月. 论档案与国家软权力[J]. 档案学研究，2019（3）：10-15.

④ 鹿璐. 档案馆提升档案文化软实力的途径与对策[J]. 中国档案，2012（1）：62-63.

⑤ 倪代川，金波. 数字档案馆生态系统生存环境培育研究[J]. 档案学通讯，2017（4）：73-77.

接影响，是数字时代人类文化的重要载体与数字文化记忆的基本形式。尽管数字档案资源具有先天的文化质性和深厚的文化内涵，但在档案文化资源的开发利用工作中仍存在不少现实问题，如档案文化资源观念淡薄、档案文化价值认识不足、档案部门和档案工作者对自身文化使命认识不深、档案文化资源开发力度与档案文化资源总量相比不成比例、社会对档案部门文化服务缺乏了解、档案文化资源开发顶层设计不够、档案文化资源收集保护工作不力且资源流失与损毁情形严重等，严重制约数字档案资源的文化价值及其开发利用①；与此同时，作为集中保存数字档案资源机构的档案馆，当前还面临着"文化危机"的现实困境，如档案馆的文化地位边缘化与文化形象欠佳导致档案馆文化身份难以获得认同，档案馆文化服务职能薄弱、文化产品效益不好、文化服务方式滞后与文化服务基础薄弱等导致档案馆对档案文化资源开发利用的功能不显著，以及精英文化与大众文化、官方记忆与民间记忆、文化守夜人与文化挖掘者、技术与文化等观念冲击导致档案馆缺乏清晰的文化定位等，"不仅导致我们档案文化资源开发利用难以有效开展，更使得档案馆逐渐远离文化事业本色，游离于公共文化领域之外"②。为此，需要强化文化软实力培育，破解当前档案文化资源开发利用与档案馆文化功能彰显面临的现实问题与困境，着力深化数字档案资源文化软实力内涵，增强数字档案资源文化服务能力，助力国家文化软实力推进战略。当前，档案部门需要围绕文化软实力内涵、聚焦国家文化软实力战略，重点从档案工作者文化自觉、档案文化资源体系、档案文化资源开发、档案文化资源服务等方面系统推进数字档案资源文化软实力培育。

　　一是档案工作者档案文化自觉培育。1997 年，费孝通首次提出"文化自觉"概念，认为"'文化自觉'这个概念意义在于生活在一

---

　　①　王旭东. 档案文化资源开发利用研究[M]. 北京：中国社会科学出版社，2016：114.

　　②　王旭东. 档案文化资源开发利用研究[M]. 北京：中国社会科学出版社，2016：145-162.

定文化中的人对其文化有'自知之明',明白它的来历、形成的过程,所具有的特色和它的发展的趋向,自知之明是为了加强对文化转型的自主能力,取得决定适应新环境、新时代文化选择的自主地位。"①当前,文化自觉已经成为社会共识,对新时期档案事业可持续发展具有重要影响,尤其是在国家"文化大发展大繁荣"与"档案强国"战略的融合推进下,档案文化自觉日趋重要,档案工作者的文化自觉意识逐步增强,"有利于当今社会公众乃至档案从业者全面认识档案和档案工作的文化属性,了解档案文化的来龙去脉、特点和发展趋势,增强对档案文化转型的自主能力,使得档案文化在新的时代背景中获得新生。"②档案文化自觉主要包括档案文化意识自觉与档案文化实践自觉,前者是指"公众、档案从业者要对档案文化的形成历程、实质内容和重心有清醒的了解和认识,更重要的建立对传统档案文化观念的反思认识",后者则是指"在档案文化意识自觉的指导下开展的有序的档案文化实践活动"③。

数字档案资源文化自觉培育,主要面向广大档案工作者,旨在通过文化自觉培育,使得档案工作者在信息社会中充分把握文化自觉内涵及其时代要求,进一步扎根中华大地,坚定民族文化自信,深刻认识数字档案资源文化属性、文化内涵、文化价值与文化功能,系统推进数字时代的档案文化软实力建设,使数字档案资源成为国家文化软实力提升的重要倚靠资源,并在参与国家文化软实力提升过程中发挥数字档案资源的独特文化价值,体现档案部门的独特文化贡献。数字时代,档案工作者文化自觉培育根本目的主要体现在增强档案工作者的文化自觉意识、档案价值意识以及档案文化意识方面,旨在通过文化自觉培育,提升数字档案资源文化服务能力,增强数字档案资源文化软实力。第一,要聚焦档案工作者综合文化素养培育,着力提升档案工作者的基本文化素养与公共文化服务能力,使档案工作者不仅能够认识文化的内涵、价值与功能,提

---

① 费孝通. 关于"文化自觉"的一些自白[J]. 学术研究, 2003(7): 5-9.

② 金波. 档案学导论[M]. 上海:上海大学出版社, 2018: 190.

③ 金波. 档案学导论[M]. 上海:上海大学出版社, 2018: 191-199.

升自身的文化知识素养，而且要凝聚档案工作者的文化理念、文化意识与文化认知，提升自身的数字档案资源文化服务能力；第二，要围绕档案工作者档案文化理论自觉培育，从档案器物文化、制度文化、观念文化等层面系统提升档案工作者的档案文化认知，深度把握档案文化质性与文化内涵，深化"对数字档案资源、数字档案馆(室)文化属性、文化价值、文化功能等有清晰的认识和准确的把握，既要从社会宏观上提高文化自觉认识高度，放大档案现象的文化特质；又要从档案微观上深化档案文化自觉的内涵，拓展档案文化自觉的外延"①，凝聚数字档案资源档案文化认知，提高档案工作者档案文化自觉意识；第三，要围绕档案工作者文化实践自觉培育，主动承担档案工作者肩负的文化责任、文化担当与文化使命，在充分把握数字档案资源文化内涵、文化价值与文化功能基础上，深入推进数字档案资源文化价值挖掘与融合渗透，创新数字档案资源文化开发产品，发挥数字档案资源文化价值，提升数字档案资源文化软实力。

　　二是数字档案文化资源体系培育。我国作为一个档案文化资源大国，全国各地各类档案馆中蕴含着丰富的历史档案、民族档案、地方特色档案、文艺档案、科技档案、民生档案等档案文化资源，它们是人类创造的宝贵精神文化财富，反映了不同人类文明阶段、不同地域、不同民族的社会文化情况，是人类重要文化遗产与文化记忆，不仅有利于促进人类文明传承与文化创新，而且有利于推动人类社会发展与进步。自 20 世纪中后期始，"世界各国的档案资源结构都普遍正在或者即将经历着一种由二元对立转向多元共存的编配，即公、私档案资源之间的结构性关系由二元对立转向多元共存，这种转向必然带来对档案资源认识的变化以及档案资源图景的变迁。"②为此，有学者从档案资源结构变迁视角提出构建"'总体'

---

　　① 倪代川. 数字档案馆生态系统主体培育研究[J]. 档案学研究，2018（3）：89-94.

　　② 加小双. 档案资源社会化：档案资源结构的历史性变化[M]. 杭州：浙江大学出版社，2019：147.

档案资源信息平台"设想，认为"档案资源结构变化要求公共档案资源和私人档案资源应该在相互独立基础上彼此包容，共同存在于档案资源体系中并构筑一个反映更多声音的充满证据和记忆的'总体'档案资源体系"①，并实现"公、私档案资源的信息联通和整合，最终建立一个信息内容相互独立又彼此关联的'总体'档案资源信息平台"②。

　　档案文化资源体系培育是提升数字档案资源文化软实力的资源基础，直接攸关数字档案资源文化软实力的强弱。当前，加强数字档案资源文化体系培育，就是要在深入贯彻国家档案资源体系建设战略基础上，广泛收集历史档案资源、民生档案资源、民俗档案资源、区域档案文化资源、特色档案资源等专题数字档案文化资源，不断优化国家数字档案文化资源结构，构建覆盖范围广、涉及内容多、文化底蕴深厚的馆藏数字档案文化资源体系，提升数字档案资源的文化内涵、文化特色与文化亮点；与此同时，还要充分利用现代信息技术优势，加快推进大数据时代的数字档案文化资源的内容整合与信息挖掘，"以用户需求为导向，继续加强档案资源'三库'(目录库、全文库、专题库)建设，同时加大档案资源开发力度，整合相关社会信息资源，建设好'信息库'、'知识库'和'思想库'"③，满足数字时代社会大众日益增长的包括传承文化、追根寻脉、获取知识、文化休闲等在内的多元数字档案资源文化利用需求，在国家文化强国建设战略进程中充分发挥数字档案资源的文化价值与文化功能，彰显"档案特色""档案力量"与"档案贡献"。

　　三是数字档案文化资源开发培育。档案资源文化价值不仅仅体现在其自身先天的文化属性上，即我们所熟知的"档案具有得天独厚的文化价值，在实体文化产品中是纯'天然'的原始信息，是很

---

　　①　加小双. 档案资源社会化：档案资源结构的历史性变化[M]. 杭州：浙江大学出版社，2019：166.

　　②　加小双. 档案资源社会化：档案资源结构的历史性变化[M]. 杭州：浙江大学出版社，2019：167.

　　③　王英玮，陆红. 关于社会转型期我国档案文化建设与发展问题的思考[J]. 中国档案，2011(12)：30-32.

多文化产品的'母资源'"①；而且体现在其后天的文化产品开发中，即"档案中蕴藏的文化力量，不经开发就是'死文化'，只有被真正应用到现实生活中，成为现实文化的构成部分，才能为国家文化软实力增加力量"②。数字时代，数字档案资源作为国家档案资源的主体形态，是数字时代档案文化价值与文化功能彰显的主要载体，档案部门肩负着数字档案资源文化开发的神圣使命，不仅有利于推动国家文化建设，为国家文化建设发展增光添彩，而且有利于提升国家文化软实力，为增强国家文化软实力提供资源支撑。由此可见，在实现社会主义文化大发展大繁荣的伟大征程中，档案界尤其是广大档案工作者责无旁贷，理应把握时机，主动"参与到中华文化复兴的队伍中，以提升国家软实力为目标，对档案文化资源进行有效的开发利用"③，为国家文化软实力彰显贡献档案力量。

随着档案事业发展的数字升级、数字换代与数字崛起，数字档案资源文化开发培育，一方面，要充分利用大数据、云计算、人工智能等信息前沿技术与档案资源开发之间的融合应用，为数字档案文化资源开发提供技术支持，既要强化整合集成数字档案文化资源，加大对历史档案资源、民生档案资源、民俗档案资源、特色档案资源等专题档案文化资源开发，打造档案文化精品，又要深化数字档案文化资源的内容整合与信息挖掘，尤其是要加强信息时代数字档案资源的语义开发与数字人文研究，开创数字档案资源文化产品开发新局面，不断创新数字档案资源文化产品开发新形式，积极开展数字档案资源云存储、云系统、云平台等云产品，促进数字档案资源文化产品云共建、云共享与云利用。另一方面，"数字档案文化资源整合是国家数字档案资源整合、更好服务社会的必然要

430

———————————

① 覃兆刿. 档案文化建设是一项"社会健脑工程"——记忆·档案·文化研究的关系视角[J]. 浙江档案，2011(1)：22-25.

② 王旭东. 档案文化资源开发利用研究[M]. 北京：中国社会科学出版社，2016：106.

③ 王旭东. 档案文化资源开发利用研究[M]. 北京：中国社会科学出版社，2016：106.

求，是国家层面公共数字文化资源整合的重要分支"①，需要聚焦社会大众数字档案资源文化利用需求，加强同文化事业单位、新闻传媒机构、软件公司等部门合作，通过自主开发、联合开发、社会开发等形式，强化数字档案资源开发的"供给侧"结构性改革，创新档案文化产品形式，努力"把档案产品努力打造成文化精品，使档案产品在文化产品中具有一席之地，具有广泛影响，成为一种特色文化品牌"②，不断增强用户数字档案文化资源利用的互动性、趣味性与体验性，全面提升数字时代档案公共文化服务产品持续供给能力。

四是数字档案资源文化服务体系培育。当前，加强公共文化服务体系建设是国家公共文化服务战略的重要内容，主要包括健全公共文化投入机制、完善公共文化服务设施、壮大公共文化服务队伍、创新公共文化服务方式与提供优质公共文化产品等实现方式，"其实质就是整合重组各种文化资源，以达到社会效益最大化、服务最优化的目的。"③数字档案资源文化服务是国家公共文化服务体系的重要组成部分，为丰富和拓展国家公共文化服务提供了档案视角、档案参与和档案特色，不仅有利于深化数字档案资源文化服务内涵，而且有利于增强档案文化软实力，为国家文化软实力的提升谱写档案贡献、彰显档案特色。如江苏省常州市十分重视档案文化软实力建设，2010 年，常州市成功筹建"常州市档案博览中心"，形成以创意文化街区为依托，以老运河、老厂房、老机器、老档案等为载体，构建了一个具有常州特色的企业档案资源集约化管理和开发利用新模式，精心打造了"常州百年工商档案展示馆""常州市全国劳模档案展示馆""龙城记忆——常州档案史料陈列馆"等文化展览品牌，促进档案资源开发与旅游观光、文化产业、青少年教育

431

---

① 聂云霞. 公共文化服务视阈下数字档案文化资源整合的问题与策略[J]. 兰台世界，2017(9)：15-20.

② 杨冬权. 谈档案与文化建设——在 2012 年全国档案工作者年会上的讲话[J]. 档案学研究，2012(6)：4-9.

③ 闫平. 试论公共文化服务体系建设[J]. 理论学刊，2007(12)：112-116.

有机结合，促进档案工作走向社会、走向开放、走向公众，系统提升档案资源公共文化服务功能①。数字时代，随着档案信息化的深度推进，数字档案资源文化服务价值日趋凸显，数字档案资源文化服务方式日趋多元，数字档案资源文化服务内涵亟待深化。数字档案资源文化服务体系培育，旨在聚焦档案馆的文化服务能力与文化服务能级，积极融入国家公共文化服务体系，主动参与国家公共文化服务体系的构建与运行，在国家公共文化服务领域做出名实相符的数字档案资源文化贡献，在国家公共文化服务体系建设中彰显数字档案资源文化服务特色。

　　面对日益增长的数字档案文化资源、日趋多元的数字档案资源文化服务需求与日渐深化的数字档案资源文化服务内涵，数字档案资源文化服务体系培育成为新时期加强数字档案资源文化软实力培育的有效路径。推进数字档案资源文化服务体系培育，第一，要在政策规范方面强化制度设计，不断完善数字档案资源文化服务制度体系，为数字档案资源文化服务提供制度保障，确保数字档案资源文化服务的基本性、平等性、公益性、便利性；第二，要加强数字档案资源文化服务的基础设备设施投入，尤其是要加大计算机设备、数字化设备、网络设备、信息管理服务系统等档案信息化建设投入，提升数字档案资源文化服务的现代化水平，实现数字档案资源文化服务的个性化、便捷化、精准化、智能化；第三，强化数字档案资源文化服务产品的顶层设计，包括服务产品的内容、形式、数量等，尤其是要结合当前文化创意产业发展态势与用户档案文化利用需求，深化数字档案资源文化产品的创意开发，推进数字档案资源文化产品的供给侧结构性改革，精准满足用户数字档案资源文化利用需求；第四，要树立"以人为本"理念，强化"人力资源"意识，围绕数字档案资源文化服务要求，加强数字档案资源文化服务队伍建设，形成一支结构合理、背景多元且具备专业素养、职业精神与文化自觉的专业人才队伍，为数字档案资源文化服务提供强有

---

　　①　张慧. 常州市档案博览中心公共服务研究［D］. 大连：大连海事大学，2019：14-15.

力的人力资源支撑。第六，要建立健全经费保障机制，强化数字档案资源文化服务中的信息化设施设备投入、资源整合挖掘投入、文化产品开发投入、人力资源建设投入等经费投入，为数字档案资源文化服务提供有力的财政保障和经费支撑。

第十章　总结与展望

　　数字档案资源是数字信息资源的重要组成部分,是数字时代国家信息资产的重要构成,对信息社会国家信息竞争力与文化软实力具有直接影响。随着信息社会的深入发展与档案信息化的持续推进,数字档案资源快速累积,逐渐成为数字时代国家档案资源的主体形态,在国家档案事业发展中位居战略地位,是数字时代国家档案事业可持续发展的动力之源与中坚力量。本课题在广泛吸收国内外数字档案资源最新研究成果的基础上,以生态管理理论与思想为基础,综合运用档案学、生态学、信息学、管理学、社会学、文化学等学科理论与知识,在研究分析数字档案资源概念内涵、生存环境与生态风险基础上,科学阐释数字档案资源生态管理内涵,从生态预警、生态安全、生态健康、生态服务、生态培育等方面探索构建数字档案资源生态管理策略体系,开辟数字档案资源生态管理研究新范式,以期创新数字档案资源研究思维,拓展数字档案资源研究空间,丰富数字档案资源理论体系,为数字档案资源建设提供理论参考与决策依据。

一、研究回顾

　　2015年6月,"数字档案资源生态管理策略研究"获国家社科基金立项支持,课题以"数字档案资源"为研究对象,以"数字档案资源生态管理"为研究主题，以生态管理理论与思想为分析视角，立足数字档案资源来源、管理、服务与利用等生命周期，创新数字档案资源研究思维，对数字档案资源生态管理进行了深层次审视和多维度思考，科学阐释数字档案资源生态管理概念内涵，探索建构数字档案资源生态管理研究分析框架，旨在建立健全信息社会环境下数字档案资源生态管理体系、管理方式、管理方法与管理手段等，破解数字档案资源面临的风险威胁与现实问题，完善数字档案资源生态管理实践策略及其实现机制，为新时期国家数字档案资源建设提供理论参考与决策支持。本课题研究成果形式为"专著"，研究成果内容由十章组成。其中：

第一章为"绪论"，主要介绍课题的研究背景、研究意义、研究内容、研究现状、研究思路和研究创新等，为课题整体研究奠定研究框架与研究路径，明确课题研究思路，指导课题研究有序开展。

第二章为"数字档案资源生态环境"，研究探析数字档案资源生成背景，系统分析数字档案资源生存环境基本内涵、生态特征与实际分布，为探索构建数字档案资源生态管理策略体系提供分析依据。

第三章为"数字档案资源生态风险"，主要以风险、风险管理与风险社会为分析视角，阐释分析数字档案资源生态风险概念内涵、风险成因、风险危害、风险分布等，探索数字档案资源风险管理应对策略，为实施数字档案资源生态管理提供决策依据。

第四章为"数字档案资源生态管理"，主要研究分析数字档案资源生态管理概念内涵，阐释揭示数字档案资源绿色管理、协同管理、风险管理、平衡管理、开放管理等生态管理思维，从生态预警、生态安全、生态健康、生态服务、生态培育等方面探索构建数字档案资源生态管理研究分析框架体系，开辟数字档案资源生态管理研究新范式。

第五章为"数字档案资源生态预警策略"，主要在研究分析数字档案资源生态风险与生态危机基础上，阐释界定数字档案资源生态预警内涵，从预警方法、预警系统、预警流程、预警机制、预警功能等方面系统分析数字档案资源生态预警管理策略体系及其实现机制，强化数字档案资源风险监控与安全防范，为数字档案资源预警管理提供参考。

第六章为"数字档案资源生态安全策略"，主要在研究阐释数字档案资源生态安全观基础上，全面分析数字档案资源生态安全背景、生态安全内容与生态安全特征，研究探索数字档案资源生态安全应对策略与保障机制，筑牢数字档案资源生态安全防火墙。

第七章为"数字档案资源生态健康策略"，主要探讨分析数字档案资源生态健康内涵，研究探析数字档案资源生态健康评价概念、目的、流程、方式与指标，从管理保障、安全保障、标准保障和经济保障四个方面探索构建数字档案资源生态健康保障策略体系，以维护数字档案资源整体安全，推动数字档案资源健康可持续发展。

第八章为"数字档案资源生态服务策略"，主要在分析数字档案资源生态服务环境基础上，研究阐释数字档案资源生态服务概念、思维与功能，重点从绿色服务、低碳服务、众包服务、云服务、智能服务等方面探索分析数字档案资源生态服务方式及其实现策略，促进社会数字档案资源信息消费。

第九章为"数字档案资源生态培育策略"，主要研究分析数字档案资源数据化发展、开放化发展与融合化发展等发展态势，探讨分析数字档案资源生态培育背景、概念、内涵与功能等，重点从生态管理思维、生态安全意识、生态环境优、信息竞争力与文化软实力等五方面系统探索数字档案资源生态培育路径、培育内容、培育措施和培育效果，充分发挥数字档案资源价值与功能，提升数字档案资源社会生态位。

第十章为"总结与展望"，旨在全面回顾课题主要研究内容与分析研究框架，并对课题研究成果进行简要分析，总结评估课题研究存在的不足之处，探讨分析未来课题有待深化的主要研究领域与可进一步拓展的研究空间，为持续深化数字档案资源生态管理研究提出建议。

二、研究展望

数字档案资源作为档案事业发展过程中出现的新生事物，自其诞生之日起便被学术界密切关注，成为档案学研究的新对象，推动着档案学研究的深化与拓展。当前，学科交叉已经成为学科重要发展态势，跨学科研究业已成为基本学术研究范式，这既为新时期学术研究开辟了新的学术增长点，也进一步拓展了传统学术研究视角与研究空间，推动着新时期学术研究与学科建设的创新发展与研究转型。20世纪80年代末，档案界开始关注档案生态研究，积极尝试从生态学角度分析档案现象，为后期档案生态研究范式的形成奠定了学术基础，推动着生态学与档案学之间的联姻，催生出档案信息生态、档案文化生态、档案学术生态、档案生态安全、数字档案馆生态系统等新的研究命题，拉开了档案生态学研究的序幕，有效拓展了传统档案学研究领域和研究空间；同时，国家各类相关社科研究基金也纷纷为此研究立项，支持学术界持续探索档案生态主题，推动着档案生态研究的持续深化。2015年6月，"数字档案资源生态管理策略研究"获国家社科基金批准立项，既是对当前档案生态研究的持续推进，也是对数字档案资源研究的进一步深化，体现着国家社科基金对档案生态研究主题的肯定与支持。

随着大数据、云计算、物联网、人工智能等现代信息前沿技术的融合发展与广泛应用，数字档案资源应运而生并快速发展，不仅在规模上呈现越来越大之态势，而且在数量上呈几何级的指数增长态势，数字档案资源作为信息社会国家档案资源的主体形态，不仅是数字档案馆建设的核心内容，而且被视为数字档案馆生态系统的核心生态因子，必将在大数据驱动发展的档案事业发展过程中发挥更大作用，肩负重要使命，其地位日渐凸显，管理日益复杂，相关研究亟待深化与突破，学术研究空间巨大。当前，档案生态研究正处于发展阶段，已有的研究成果突出表现在生态学理论借鉴层面，研究主题相对分散，呈现出零星研究状态，缺乏系统深度研究，研究空间仍然广阔；与此同时，从生态学与生态管理视角对数字档案资源开展专题研究，相关研究成果仍然较少，本课题尚属一种探索性、尝试性研究，研究不足在所难免，研究提升空间广阔：一是课题尝试探索数字档案资源生态管理这一研究主题，研究领域涉及档案学、生态学、管理学、信息学、社会学、文化学以及计算机科学等学科理论与知识，如何以生态管理理论为基础，综合运用相关学科理论知识来解析阐释数字档案资源生态管理内涵，促进生态学等学科理论知识与数字档案资源之间的深度融合，提高数字档案资源生态管理策略研究分析体系的科学性，还有待进一步深化。二是课题对数字档案资源生态预警管理进行了初步理论探索，但在实践中如何具体实施，如何科学制定数字档案资源生态预警方案，还需要充分利用大数据、人工智能、风险管理等理论、方法与手段，进一步增强风险预警管理的可行性、可操作性与有效性，不断深化数字档案资源生态预警的实证研究，增强研究成果的可操作性。三是课题对数字档案资源生态健康评价进行了初步探索，提出了数字档案资源生态健康评估指标及其评估办法，但这仅属于理论层面的初步探讨，研究成果仅仅提出了相关研究领域及其发展空间，其实践性、可行性还有待进一步验证，需要后续进一步强化实证研究，通过实践验证等持续修订完善相关评价指标体系，提高数字档案资源生态健康管理的有科学性与有效性。

20 世纪 90 年代以来，随着现代信息技术的广泛应用，社会信息化深入发展，电子文件海量生成，电子档案大量产生，传统馆藏档案数字化转换步伐持续加快，数字档案资源急剧增长，日渐成为数字时代国家档案资源的主体形态。"十四五"时期是我国数字档案资源建设发展的重要成长期，深化数字档案资源生态管理研究是根据数字档案资源建设面临的战略机遇与风险挑战所提出的时代性、现实性课题，具有较强的针对性和紧迫性，对于探求解决数字档案资源建设发展过程中的内在矛盾及其与经济社会发展之间的协调平衡等，意义重大。随着信息社会的深入发展与国家档案事业发展的数字化导向，数字档案馆建设将不断推进，数字档案馆生态系统将日趋成熟，数字档案资源战略地位必将日益凸显，有关数字档

案资源的更多研究领域将会持续进入档案学研究视野。根据"数字
档案资源生态管理策略研究"的体会和对数字档案资源可持续发展
的现实思考，未来应重点关注数字档案资源数据治理、风险管理、
战略管理、语义开发以及数字人文等相关研究主题，不断深化数字
档案资源生态管理内涵，丰富数字档案资源生态管理理论内容，促
进数字档案资源健康可持续发展。

（一）数字档案资源数据治理研究

治理是随着现代社会、政治、经济、文化高度发展而产生的，
是后工业社会的产物，广泛应用于现代经济社会发展过程中，如公
司治理、社会治理、国家治理、信息治理、数据治理等。大数据时
代，"数据与信息作为新兴战略资源，其内容组织和服务能力的水
平构成了数字环境下一国综合竞争力的重要组成部分，美国、欧
洲、日本、韩国等众多国家和地区都将数字信息资源管理和服务能
力作为国家战略予以推进。"①随着数据资源的急剧增长，数据利用
和管理的重要性与日俱增，数据逐渐在信息化这个大舞台上扮演着
越来越重要的角色，数据治理应运而生，旨在管控数据的可获得
性、相关性、可用性、整体性安全性等，实现对数据的全面有效管
理，使得数据成为组织机构的战略资产加以重视和综合利用，为组
织机构的长期发展战略服务②。数据化发展作为数字档案资源重要
发展态势之一，为大数据环境下数字档案资源的价值拓展与功能再
造提供了动力之源，引发了档案数据管理在管理技术、人才培养和
实践操作层面的创新发展③，不仅为档案事业数据化转型奠定了理
论基础，而且为数据时代数字档案资源信息治理及其价值实现带来

439

① 张斌，马费成. 大数据环境下数字信息资源服务创新[J]. 情报理论
与实践，2014(6)：28-33.
② 祝守宇，蔡春久，等. 数据管理——工业企业数字化转型之道[M].
北京：电子工业出版社，2020：1.
③ 王向女，袁倩. 美梦还是陷阱？——论数据科学背景下的档案数据
管理[J]. 档案与建设，2019(9)：4-7，12.

了战略机遇。为此，需要紧密追踪大数据发展环境下数据科学的发展态势及其特点，深入思考和探究大数据时代数字档案资源数据治理主题，从数字时代的档案数据管理实际出发，综合运用生态学知识与治理理论，紧密围绕大数据时代数字档案资源数据治理主题，聚焦档案数据生态体系及其生态环境，科学阐释档案数据资源的采集、传输、存储、处理、交换、共享、分析、安全、销毁等数据生命周期过程中的成长演化规律，积极探索数字档案资源数据治理体系及其实现机制，不断优化数字档案资源数据治理生态环境，拓展数字档案资源数据治理路径，创新数字档案资源数据治理方法、手段与路径，深化数字档案资源数据治理内涵，提升国家档案数据治理能力，开启数字档案资源数据治理新范式，为数字时代国家档案数据治理、档案治理以及国家治理体系建设提供理论与智力支持。

（二）数字档案资源风险管理研究

信息时代，风险无处不在，风险社会成为社会共识，"风险管理不仅仅是一门技术、一种方法或是一种管理过程，而且是一门新兴的管理科学"①。当前，风险管理作为现代管理理论的重要分支，已经广泛应用于企业管理实践，成为现代企业管理的重要理论与方法。在数字档案资源的形成、收集、管理、保存与利用的过程中，风险因子及其威胁广泛分布，严重制约着数字档案资源的安全收集、安全管理、安全存储与安全利用，危及数字档案资源的生态安全。为此，需要在前期电子文件风险管理、档案安全、数字档案资源生态安全等研究基础上，进一步深化数字档案资源生态风险研究，着力探索在大数据、人工智能等信息前沿技术快速发展的时代背景下的数字档案资源风险管理理论与方法，尤其是要聚焦大数据、物联网、人工智能等信息前沿技术在数字档案资源生态管理中

440

---

① 王东. 国外风险管理理论研究综述[J]. 金融发展研究，2011（2）：23-27.

的实际应用，重点强化数字档案资源生态预警的实证研究和案例验证，探索构建可靠适用的数字档案资源生态管理风险预警方案、预警机制、预警策略等，并尝试依托数字档案馆个体积极开展数字档案资源风险管理个案研究，强化数字档案资源风险管理实践探索，深化数字档案资源生态风险预警理论与方法研究，积极探索实践可行的数字档案资源生态预警管理策略及其运行方案，不断完善数字档案资源风险管理体系及其实现机制，切实加强各级档案部门在面对突发公共危机事件中的数字档案资源应急管理、危机管理的反应与处置能力，防范破解数字档案资源面临的各类生态风险，维护数字档案资源的生态健康，保障数字档案资源生态安全，促进数字档案资源可持续发展。

（三）数字档案资源战略管理研究

"战略管理是组织为了长期的生存和发展，在充分分析组织外部环境和内部条件的基础上，确定和选择组织战略目标，并针对目标的落实和实现进行谋划，进而依靠组织内部能力将这种谋划和决策付诸实施以及在实施过程中进行控制与评价的一个动态管理过程"①，具有全局性、长远性、科学性、动态性等特征，广泛应用于军事、政治、经济、文化等领域。数字档案资源代表着档案资源的未来发展方向，既是数字档案馆建设的核心内容，又是数字档案馆生态系统核心生态因子，是国家数字信息资产的重要组成部分，对维护信息社会数字记忆、保护数字时代文化遗产、传承数字时代文化精神等具有战略意义，被誉为数字时代"文化的母资源"，需要秉承战略思维，广泛借鉴战略管理理论与思想，推进数字档案资源战略管理研究，强化国家数字档案资源建设发展的顶层设计和总体规划，完善数字档案资源建设发展的战略规划、战略目标与实施路径，科学配置数字档案资源建设发展过程中的战略资源，优化数

441

① 刘向兵，李立国. 从战略规划到战略管理——高校管理发展的重要选择[J]. 国家教育行政学院学报，2005(12)：41-45.

字档案资源建设发展生态环境，为数字档案资源健康可持续发展提供战略支持和战略保障。为此，未来的数字档案资源战略管理研究，需要牢固树立战略生态思维，强化系统顶层设计，一方面通过强化战略思维，注重顶层设计和整体规划，明确国家数字档案资源建设发展总体思路和战略导向，将数字档案资源建设与国家社会发展、经济发展、文化发展以及信息技术发展、信息资源建设等国家建设发展战略联系起来，制定具有全局性、前瞻性、长远性的数字档案资源建设发展战略及其行动方案，推进数字档案资源战略管理的实施，为国家数字档案资源建设提供理论指导和决策参考；另一方面要主动对接"'互联网+'行动计划""国家大数据战略""国家信息化发展战略""国家文化数字化战略"等国家战略，充分利用现代信息前沿技术，创新数字档案资源服务模式、服务方式与服务手段，促进大数据时代数字档案资源的数据化发展、开放化发展与融合化发展，为新时期国家数字档案资源建设提供建设依据和政策导向，不断增强数字档案资源的信息竞争力与文化软实力，提升数字档案资源社会生态位，从宏观上整体推进信息社会国家数字档案资源建设发展，充分发挥数字档案资源的信息价值、文化价值与社会功能，为数字档案资源可持续发展提供战略支撑。

（四）数字档案资源语义开发研究

随着大数据社会的深入发展，社会数据化发展态势日趋加强，数字信息资源数据化应用开发也日益广泛；与此同时，语义技术的产生和发展推动了对海量网络无序数据的结构化重组，使得机器能够更好地理解用户的自然语言和行为，为移动互联网应用提供了一种全新的交互方式和交互场景，业已受到社会各界的广泛认可，体现着大数据环境下人机交互、智能搜索的未来发展走向。面对大数据社会深入发展与数据资源应用开发的快速崛起，数字档案资源的数据价值也日益凸显，其在数字时代国家档案事业发展中的战略地位亦日渐巩固；同时，大数据、云计算、人工智能、区块链等现代信息前沿技术的快速发展与融合应用也为数字档案资源的数据化整合开发带来了时代契机，尤其是关联数据作为"互联网发展到语义网时代、提供对任何网上资源和数字对象进行'编目'和'规范控制'的基础性技术"①，必然成为推进数字档案资源语义开发的必备利器，需要对此进行深入研究，深入探索信息时代数字档案资源语义开发技术、开发路径和发展趋势，一方面需要从技术生态视角深入思考技术与环境、技术与文化、技术伦理、数字鸿沟、信息污染、信息孤岛、信息烟囱等在数字档案资源建设发展过程中的现实表现，主动研究大数据、云计算、物联网、人工智能等现代信息前沿技术在数字档案资源语义开发中的具体应用，探讨破解数字档案资源管理无序与有序、分散与集中、孤立与互通、异构与统一等之间的现实矛盾，探索建立语义环境下的数字档案资源的整合模式、整合机制、整合策略与整合方法，为新时期数字档案资源语义开发提供技术支持，实现数字档案资源的数据集成管理与共享利用服务，确保数字档案资源的有效管理和互联互通，着力提升数字档案资源社会生态位；另一方面要聚焦数字档案资源语义开发主题，把握数字档案资源语义开发态势，充分利用关联数据技术、语义开发技术等，探索构建数字档案资源知识关联组织框架模型，提升档案关联数据质量，优化档案数据关联关系与关联组织协调机制②，强化档案元数据、领域本体、桥本体和本体解析体系等核心语义要素研究，推进数字档案资源语义开发标准规范体系建设，促进数字档案资源的语义互联与语义开发，提升大数据时代数字档案资源的语义开发质量，拓展数字档案资源语义开发路径，丰富数字档案资源语义开发产品，为数字档案资源智能化、智慧化服务奠定基础，满足智能社会环境下用户个性化、多元化、在线化、智慧化、精准化等泛在网络环境下的数字档案资源利用需求。

---

①　刘炜. 关联数据：概念、技术及应用展望[J]. 大学图书馆学报，2011(2)：5-12.

②　吕元智. 数字档案资源知识"关联"组织研究[J]. 档案学研究，2012(6)：44-48.

（五）数字档案资源数字人文研究

当前，"数字人文"作为一个新兴交叉研究领域，已经成为学术研究热点与实践探索前沿，在学术界具有广泛影响，"数字人文，正在与世界上各种相互交织的生活体验产生积极互动"，"在这样的互动中，层层叠加的学术批判以'版本更新'的形式出现；思考、创造与实践形成了交互性的反馈循环"①。"数字人文是一个由人文知识、计算机网络基础设施、数据分析与可视化技术、算法模型等多方面技术和知识融合发展形成的新兴跨学科研究领域，代表了一种数字时代的新型知识生产范式。"②2019 年 1 月 8 日，由《学术月刊》编辑部、《光明日报》理论部与中国人民大学书报资料中心联合举办的"2018 年度中国十大学术热点"评选结果揭晓，其中，"大数据视域下数字人文研究"成为年度十大学术热点之一，引起学界广泛热议，推动着数字人文研究的进一步发展，也激发着图书情报档案界对"数字人文"研究主题的关注与探索，尤其是"在语义网和大数据时代，图档博机构不仅是智慧数据的提供者也是直接受益者，智慧数据建设不仅能有效促进数字人文的发展，也将成为图档博机构最重要的新兴工作。"③随着数字档案资源建设发展的快速推进与数字档案资源研究的持续深化，"数字人文"为数字档案资源生态管理研究提供新的研究视野，有利于深化数字档案资源整合开发研究，重新审视数字档案馆在"数字人文"时代的学术坐标与时代定位。武汉大学王晓光教授在解读"数字人文"这一学术热点时指出："如何借助新的数据资源和数字基础设施研究传统人文问题，同时逐渐吸纳跨学科、开放性、交叉性和计算型研究思

---

①　[美]安妮·伯迪克，翰娜·德鲁克，等. 数字人文：改变知识创新与分享的游戏规则[M]. 马林青，韩若画，译. 北京：中国人民大学出版社，2018：68.

②　2018 年度中国十大学术热点[J]. 学术月刊，2019(1)：5-10.

③　曾蕾，王晓光，范炜. 图档博领域的智慧数据及其在数字人文研究中的角色[J]. 中国图书馆学报，2018(1)：17-34.

维，还需要学界持续大胆探索。"①这为数字档案资源建设发展与学术探索提供了思考，有利于推进学科交叉，深化学界协作，促进学科融合，既能拓展数字档案资源生态管理研究领域，深化数字档案资源研究内涵，提升数字档案资源研究的学术影响力，又能为历史学、社会学、文学、艺术学以及计算机科学等学科提供研究素材和研究支撑，扩大数字档案资源社会影响力，提高数字档案资源生态位。

---

① 2018 年度中国十大学术热点[J]. 学术月刊，2019(1)：5-10.

主要参考文献

(一)学术著作

[1]毕强,陈晓美,等.数字信息资源建设与管理[M].北京:科学出版社,2010.

[2]蔡晓明,蔡博峰.生态系统的理论与实践[M].北京:化学工业出版社,2012.

[3]曹凑贵.生态学概论[M].北京:高等教育出版社,2002.

[4]查先进,严亚兰,李晶.数字信息资源配置[M].武汉:武汉大学出版社,2013.

[5]陈军.低碳管理[M].北京:海洋出版社,2010.

[6]陈威.公共文化服务体系研究[M].深圳:深圳报业集团出版社,2006.

[7]陈永生.档案学论衡[M].北京:中国档案出版社,1994.

[8]丁华东.档案与社会记忆研究[M].北京:人民出版社,2016.

[9]杜明娥,杨英姿.生态文明与生态现代化建设模式研究[M].北京:人民出版社,2013.

[10]冯惠玲,王健,等.电子文件风险管理[M].北京:中国人民大学出版社,2008.

[11]冯惠玲,刘越男,等.电子文件管理国家战略[M].北

446

京：中国人民大学出版社，2011.

［12］冯惠玲，赵国俊，钱明辉. 中国信息资源产业发展与政策［M］. 北京：中国人民大学出版社，2017.

［13］胡昌平. 创新型国家的信息服务与保障研究［M］. 北京：学习出版社，2013.

［14］黄霄羽. 社会转型期档案利用政策研究［M］. 北京：光明日报出版社，2011.

［15］加小双. 档案资源社会化：档案资源结构的历史性变化［M］. 杭州：浙江大学出版社，2019.

［16］贾卫列，杨永岗，等. 生态文明建设概论［M］. 北京：中央编译出版社，2013.

［17］蒋录全. 信息生态与社会可持续发展［M］. 北京：北京图书馆出版社，2003.

［18］金波，丁华东，倪代川. 数字档案馆生态系统研究［M］. 北京：学习出版社，2014.

［19］金波. 档案学导论［M］. 上海：上海大学出版社，2018.

［20］金东寒. 秩序的重构——人工智能与人类社会［M］. 上海：上海大学出版社，2017.

［21］金建方. 社会生态通论(第二版)［M］. 天津：南开大学出版社，2012.

［22］李宏煊. 生态社会学概论［M］. 北京：冶金工业出版社，2009.

［23］刘国能. 中国当代档案事业史［M］. 北京：中国文史出版社，2017.

［24］刘岩. 风险社会理论新探［M］. 北京：中国社会科学出版社，2008.

［25］娄策群，等. 信息生态系统理论及其应用研究［M］. 北京：中国社会科学出版社，2014.

［26］马费成，等. 数字信息资源规划、管理与利用研究［M］. 北京：经济科学出版社，2012.

［27］倪代川. 文化与空间——大学图书馆公共性研究［M］. 上

海：上海人民出版社，2018.

[28]聂曼影. 云环境下的文件档案可信性保障[M]. 北京：社会科学文献出版社，2018.

[29]聂云霞. 数字档案资源生态安全研究[M]. 北京：社会科学文献出版社，2021.

[30]彭远明. 中国档案文献遗产研究[M]. 北京：军事科学出版社，2014.

[31]秦谱德，崔晋生，蒲丽萍. 生态社会学[M]. 北京：社会科学文献出版社，2013.

[32]任汉中. 中国档案文化概论[M]. 北京：中国档案出版社，2000.

[33]涂子沛. 数据之巅：大数据革命，历史、现实与未来[M]. 北京：中信出版社，2014.

[34]王芳. 数字档案馆学[M]. 北京：中国人民大学出版社，2010.

[35]王旭东. 档案文化资源开发利用研究[M]. 北京：中国社会科学出版社，2016.

[36]王英玮. 知识经济时代档案部门的生存与发展策略[M]. 北京：中国人民大学出版社，2011.

[37]王玉珏. 档案文化创意服务的理论与实践[M]. 武汉：武汉大学出版社，2017.

[38]乌尔里希·贝克. 风险社会[M]. 何博闻，译. 北京：译林出版社，2004.

[39]肖希明，黄如花，等. 数字信息资源建设与服务研究[M]. 武汉：武汉大学出版社，2008.

[40]谢非. 风险管理原理与方法[M]. 重庆：重庆大学出版社，2013.

[41]谢永宪. 中国数字档案信息长期保存的策略体系研究[M]. 北京：研究出版社，2019.

[42]薛匡勇. 重大突发事件档案应急管理研究[M]. 上海：世界图书出版公司，2017.

［43］薛四新. 档案馆现代化管理：从数字档案馆到智慧档案馆［M］. 北京：电子工业出版社，2019.

［44］杨京平. 生态系统管理与技术［M］. 北京：化学化工出版社，2004.

［45］叶峻. 社会生态学与协同发展论［M］. 北京：人民出版社，2012.

［46］张斌. 档案价值论［M］. 北京：中央文献出版社，2000.

［47 张艳欣. 我国档案生态安全应急管理机制研究［M］. 北京：人民出版社，2021.

［48］张智雄，等. 数字资源长期保存技术的研究与实践［M］. 北京：国家图书馆出版社，2015.

［49］赵豪迈. 数字档案长期保存研究［M］. 西安：陕西师范大学出版总社，2015.

［50］赵屹. 档案馆的现在与未来［M］. 上海：世界图书出版公司，2015.

［51］郑磊. 开放的数林：政府数据开放的中国故事［M］. 上海：上海人民出版社，2018.

［52］中国首届档案学博士论坛论文集编委会 .21 世纪的社会记忆——中国首届档案学博士论文论文集［C］. 北京：中国人民大学出版社，2001.

［53］周宏仁. 信息化论［M］. 北京：人民出版社，2008.

［54］周林兴. 面向社会的档案信息资源规划研究［M］. 北京：人民出版社，2019.

［55］周晓英. 档案信息论［M］. 北京：中国人民大学出版社，2000.

［56］周耀林，赵跃，等. 面向公众需求的档案资源建设与服务研究［M］. 武汉：武汉大学出版社，2017.

［57］［美］安妮·伯迪克，翰娜·德鲁克，等. 数字人文：改变知识创新与分享的游戏规则［M］. 马林青，韩若画，译. 北京：中国人民大学出版社，2018.

［58］［美］约·贝·福斯特. 生态革命——与地球和平共处

[M].刘仁胜,李晶,董慧,译.北京:人民出版社,2015.

[59][美]Pickett. S. T. A., Kolasa J., Joness C. G..深入理解生态学:理论的本质与自然的理论(第2版)[M].赵设,等,译.北京:科学出版社,2014.

[60][美]Glenn W. Suter Ⅱ.生态风险评价(第2版)[M].尹大强,林志芬,等,译.北京:高等教育出版社,2011.

[61][美]布鲁斯·施奈尔.数据与监控:信息安全的隐形之战[M].李先奇,黎秋玲,译.北京:金城出版社,2018.

[62][英]E.马尔特比,等.生态系统管理:科学与社会问题[M].康乐,韩兴国,等,译.北京:科学出版社,2003.

[63][英]维克托·迈尔·舍恩伯格,肯尼思·库克耶.大数据时代:生活、工作与思维的大变革[M].盛杨艳,周涛,译.杭州:浙江人民出版社,2013.

[64]Tony Hey, Stewart Tansley, Kristin Tolle.第四范式:数据密集型科学发现[M].潘教峰,张晓林,等,译.北京:科学出版社,2012.

[65] Anne J Gilliland, Sue McKemmish, and Andrew J. Lau, (Eds.). Research in the Archival Multiverse[M]. Clayton: Monash University Publishing, 2017.

[66] Thomas H Davenport. Information Ecology: Mastering The Information and Knowledge[M]. Oxford: Oxford University Press, 1997.

(二)期刊论文

[1]安小米,宋懿,张斌.国家数字档案资源整合与服务:概念、路径和机制[J].档案学研究,2018(3):81-88.

[2]曾静怡,牛力.数字赋能视角下的档案价值创新研究[J].山西档案,2018(3):5-8.

[3]曾晓舵,常荣,郑习健.生态系统健康评价及其问题[J].生态环境,2004(2):287-289.

[4]常大伟，潘娜. 档案数据治理能力的结构体系与建设路径[J]. 浙江档案，2020(2)：27-29.

[5]陈传夫，陈义. 图书馆转型及其风险前瞻[J]. 中国图书馆学报，2017(4)：32-50.

[6]陈亮，张志强，等. 技术融合研究进展分析[J]. 情报杂志，2013(10)：99-105.

[7]陈涛，张永娟，等. 关联数据发布的若干规范及建议[J]. 中国图书馆学报，2019(1)：34-46.

[8]陈忠海，宋晶晶. 档案治理：理论根基、现实依据与研究难点[J]. 档案学研究，2018(2)：28-32.

[9]程结晶. 云技术中数字档案资源共享与管理体系的构建[J]. 档案学研究，2013(1)：38-41

[10]褚峻. 信息技术创新与国家信息竞争力提升[J]. 图书情报工作，2007(2)：6-9，91.

[11]邓君. 档案载体演变规律研究[J]. 档案学通讯，2011(4)：78-81.

[12]丁家友，聂云霞. 数字档案资源生态安全的演进路线探析[J]. 档案学研究，2016(2)：93-100.

[13]杜栋. 协同、协同管理与协同管理系统[J]. 现代管理科学，2008(2)：92-94.

[14]杜慧平，吕元智. 国外数字档案资源跨媒体集成知识服务研究热点分析[J]. 浙江档案，2018(6)：16-19.

[15]方昀，郭伟. 云计算技术对档案信息化的影响和启示[J]. 档案学研究，2010(4)：70-73.

[16]冯惠玲. 档案记忆观、资源观与"中国记忆"数字资源建设[J]. 档案学通讯，2012(3)：4-8.

[17]冯惠玲. 档案信息资源在国家经济社会发展中的综合贡献力[J]. 档案学研究，2006(3)：13-16.

[18]冯文龙. 生态管理：21世纪管理新趋势[J]. 成都大学学报(社会科学版)，2003(4)：22-23.

[19]傅华，冯惠玲. 国家档案资源建设研究[J]. 档案学通讯，

2005（5）：41-43.

[20]郭红解. 论档案职业道德［J］. 浙江档案，2006（5）：14-17.

[21]韩晓莉. 生态管理社会协同机制构建［J］. 社会科学家，2014（7）：73-77.

[22]何玉颜. 档案部门参与政府大数据治理的路径研究［J］. 浙江档案，2018（8）：23-25.

[23]何振，易臣何，杨文. 档案公共服务的理念创新与功能拓展［J］. 档案学研究，2015（3）：44-50.

[24]胡鸿杰. 档案与文化［J］. 档案学通讯，2004（5）：12-15.

[25]胡小琳，薛匡勇，等. 论档案资源的社会共享［J］. 档案学通讯，2003（5）：26-30.

[26]胡燕. 我国档案资源体系建设多元化探析［J］. 档案学通讯，2013（5）：67-70.

[27]胡子祥. 论绿色服务［J］. 西南交通大学学报（社会科学版），2004（2）：64-67.

[28]黄璜. 对"数据流动"的治理——论政府数据治理的理论嬗变与框架［J］. 南京社会科学，2018（2）：53-62.

[29]黄霄羽. 国外典型档案馆应用社交媒体创新档案服务的实践特点［J］. 档案学通讯，2016（3）：87-93.

[30]姜之茂. 论开放档案［J］. 档案学研究，2000（1）：16-21.

[31]金波，晏秦. 从档案管理走向档案治理［J］. 档案学研究，2019（1）：46-55.

[32]金波，晏秦. 数据管理与档案信息服务创新［J］. 档案学研究，2017（6）：99-104.

[33]靖继鹏. 信息生态理论研究发展前瞻［J］. 图书情报工作，2009（4）：5-7.

[34]李财富. 档案事业与社会环境之间的关系［J］. 档案，1992（5）：12-14.

[35]李明华. 中国的数字档案资源的建设［J］. 中国档案，2016（10）：14-15.

［36］李友梅，肖瑛，黄晓春．当代中国社会建设的公共性困境及其超越［J］．中国社会科学，2012（4）：125-139，207．

［37］刘洪顺．关于国家文化软实力的几点思考［J］．理论学刊，2008（1）：14-17．

［38］刘炜，夏翠娟，张春景．大数据与关联数据：正在到来的数据技术革命［J］．现代图书情报技术，2013（4）：2-9．

［39］刘永．档案信息资源共享云体系建设的思考［J］．档案管理，2017（6）：25-29．

［40］娄策群．信息生态位理论探讨［J］．图书情报知识，2006（5）：23-37．

［41］吕耀怀．论全球化时代的信息伦理［J］．现代国际关系，2002（12）：40-46．

［42］吕元智．国家档案信息资源"云"共享服务模式研究［J］．档案学研究，2011（4）：61-64

［43］马费成，赵红斌，等．基于关联数据的网络信息资源集成［J］．情报杂志，2011（2）：167-170，175．

［44］马海群．档案数据开放的发展路径及政策框架构建研究［J］．档案学通讯，2017（3）：50-56．

［45］马仁杰，汪向东，杨晓晴．关于档案信息伦理建设若干问题的思考［J］．档案学通讯，2008（1）：26-29．

［46］孟小峰，慈祥．大数据管理：概念、技术与挑战［J］．计算机研究与发展，2013（1）：146-169．

［47］倪代川，金波．数字档案馆生态系统发展动力探析［J］．档案学研究，2016（4）：97-102．

［48］聂勇浩，董子晗．档案信息资源建设中众包的实施框架与路径［J］．档案学通讯，2019（4）：63-69．

［49］聂云霞，方璐，曾松．数字档案信息安全风险与防范策略探讨［J］．档案与建设，2017（4）：4-8．

［50］牛力，赵迪，韩小汀．"数字记忆"背景下异构数据资源整合研究探析［J］．档案学研究，2018（6）：52-58．

［51］潘积仁．档案资源建设：原则 实践 策略［J］．中国档案，

2009(7)：16-18.

[52]彭璧玉. 组织生态学理论述评[J]. 经济学家, 2006(5)：111-117.

[53]彭远明. 档案全过程安全管理中的风险控制研究[J]. 档案学研究, 2017(1)：57-60.

[54]祁天娇. 美国数字档案资源长期保存战略的分析与启示[J]. 档案学研究, 2019(1)：108-113.

[55]钱明辉. 我国档案应急管理研究进展与启示[J]. 档案学通讯, 2013(2)：77-80.

[56]钱毅, 刘涛. 面向智能档案管理的企业数据治理路径研究[J]. 山西档案, 2018(2)：5-8.

[57]任汉中. 论档案的文化价值[J]. 档案学研究, 2005(2)：11-14.

[58]任越. 文化哲学视阈下档案文化层次问题研究[J]. 档案学通讯, 2016(1)：8-12.

[59]宋林飞. 生态文明理论与实践[J]. 南京社会科学, 2007(12)：3-8.

[60]宋淑琴. 大数据视野下档案管理思维方式的转变[J]. 档案学研究, 2015(3)：36-39.

[61]孙俐丽, 吴建华. 关于国家数字档案资源整合与服务机制顶层设计的初步思考[J]. 档案学研究, 2016(1)：57-61.

[62]覃兆刿, 孟月. 论档案与国家软权力[J]. 档案学研究, 2019(3)：10-15.

[63]谭必勇, 陈艳. 社会记忆视野下数字档案资源建设的多元化路径探析[J]. 档案学通讯, 2018(1)：62-66.

[64]唐皇凤. 数字利维坦的内在风险与数据治理[J]. 探索与争鸣, 2018(5)：42-45.

[65]涂江波, 龚舒. 生态化思维方式及其特性和基本原理[J]. 湖湘论坛, 2010(3)：9-11.

[66]王改娇. 公民利用档案的权利研究[J]. 档案学通讯, 2006(3)：43-45.

[67] 王国聘. 现代生态思维的价值视域[J]. 清华大学学报(哲学社会科学版), 2006(4): 138-144.

[68] 王良城. 档案安全保障体系建设基本任务探析[J]. 中国档案, 2010(4): 18-19.

[69] 王萍, 王毅, 赵红颖. 图书档案数字化融合服务评价模型研究[J]. 图书情报工作, 2013(12): 34-40.

[70] 王如松. 生态健康的科学内涵和系统调理方法[J]. 科技导报, 2005(3): 4-7.

[71] 王世伟. 论信息安全、网络安全、网络空间安全[J]. 中国图书馆学报, 2015(2): 72-84.

[72] 王英玮, 陆红. 关于社会转型期我国档案文化建设与发展问题的思考[J]. 中国档案, 2011(12): 30-32.

[73] 文军. 信息社会 信息犯罪与信息安全[J]. 电子科技大学学报(社科版), 2000(1): 21-25.

[74] 肖笃宁, 陈文波, 郭福良. 论生态安全的基本概念和研究内容[J]. 应用生态学报, 2002(3): 354-358.

[75] 肖秋会, 李珍. 大数据环境下档案信息安全保障体系研究[J]. 中国档案, 2018(4): 76-79.

[76] 谢丽, 王健, 马林青. InterPARES 项目: 成果回顾与未来方向[J]. 档案学研究, 2017(S1): 14-20.

[77] 徐拥军, 张臻, 任琼辉. 国家大数据战略背景下档案部门与数据管理部门的职能关系[J]. 图书情报工作, 2019(18): 5-13.

[78] 薛春刚. 档案信息生态系统的平衡与档案事业的可持续发展[J]. 档案与建设, 1998(4): 12-14.

[79] 薛匡勇. 生态学视阈下的数字档案馆研究——读《数字档案馆生态系统研究》有感[J]. 北京档案, 2015(8): 61.

[80] 闫平. 试论公共文化服务体系建设[J]. 理论学刊, 2007(12): 112-116.

[81] 阎耀军. 论社会预警的概念及概念体系[J]. 理论与现代化, 2002(5): 28-31.

[82] 杨冬权. 在全国数字档案馆(室)建设推进会上的讲话

[J].中国档案,2013(11):16-21.

[83]杨立人.档案公布与知识产权保护微观分析[J].档案学研究,2018(2):97-100.

[84]杨雪冬.风险社会理论述评[J].国家行政学院学报,2005(1):87-90.

[85]杨重高.数字档案资源的安全存储[J].中国档案,2004(11):54-57.

[86]于英香.大数据视域下档案数据管理研究的兴起:概念、缘由与发展[J].档案学研究,2018(1):44-48.

[87]余谋昌.论生态安全的概念及其主要特点[J].清华大学学报(哲学社会科学版),2004(2):29-35.

[88]张斌,徐拥军.档案事业:从"国家模式"到"社会模式"[J].中国档案,2008(9):8-10.

[89]张成福,谢一帆.风险社会及其有效治理的战略[J].中国人民大学学报,2009(5):25-42.

[90]张东华,鲁志华.数字档案馆信息生态平衡及其策略研究[J].湖北档案,2010(8):12-14.

[91]张帆,吴建华.基于档案治理的档案信息资源开发模式转型研究[J].档案学通讯,2019(6):18-26.

[92]张康之.数据治理:认识与建构的向度[J].电子政务,2018(1):2-13.

[93]张美芳,王良成.档案安全保障体系建设研究[J].档案学研究,2010(1):62-65.

[94]张卫东,孙振嘉.馆际合作视阈下我国档案文化资源整合路径研究[J].档案学通讯,2017(4):63-67.

[95]张晓林,吴振新,等.国家数字科技文献资源长期保存体系的战略与实践[J].图书馆杂志,2017(12):14-19.

[96]赵生辉,朱学芳.图书、档案、博物数字化服务融合策略探析[J].情报资料工作,2014(4):68-74.

[97]赵淑梅.数字档案资源的建设[J].辽宁大学学报(哲学社会科学版),2003(3):30-33.

[98]赵跃. 大数据时代档案数据化的前景展望：意义与困境[J]. 档案学研究，2019(5)：52-60.

[99]郑金月. 数据价值：大数据时代档案价值的新发现[J]. 浙江档案，2015(12)：11-14.

[100]周文泓. 公众参与理念下的档案信息资源开发研究[J]. 档案管理，2017(4)：31-34.

[101]周耀林，刘婧. 生态视角下我国数字档案馆建设探析[J]. 信息资源管理学报，2016(2)：107-112.

[102]朱学芳. 图博档信息资源数字化建设及服务融合探讨[J]. 情报资料工作，2011(5)：57-60.

[103]祝振媛，李广建. "数据—信息—知识"整体视角下的知识融合初探——数据融合、信息融合、知识融合的关联与比较[J]. 情报理论与实践，2017(2)：12-18.

[104] Adrian Cunningham. Digital Curation/Digital Archiving：A View from the National Archives of Australia [J] The American Archivist，2008(2)：530-543.

[105] Alexandra Yarrow, BarbaraClubb, Jennifer-Lynn. Publiclibraries，archives and museums：Trends in collaboration andcooperation [R]. IFLA Professional Reports，2008.

[106] Anne J. Gilliland. Reflections on the Value of Metadata Archaeology for Recordkeeping in a Global, Digital World[J]. Journal of the Society of Archivists，2011(1)：103-118.

[107] Anthony J. McMichael, Bert Bolin, Robert Costanza, Gretchen C. Daily, Carl Folke, Kerstin Lindahl-Kiessling, Elisabet Lindgren and Bo Niklasson. Globalization and the Sustainability of Human Health：An ecological perspective[J]. Bioscience，1999(3)：205-210.

[108] Black，S. The implications of digital collection takedown requests on archival appraisal [J]. Archival Science，2020 (1)：91-101.

[109]Carsten S, Monika J, Jörg N, et al. Smart Services [J].

Procedia-Social and Behavioral Sciences, 2018(1): 192-198.

[110]Cook T. Evidence, memory, identity, and community: four shifting archival paradigms [J]. Archival Science, 2013 (2/3): 95-120.

[111] Dominique Maurel, AïdaChebbi. Towards negotiated governance of digital records: individual and collective information practices in organizations[J]. Comma, 2013(1): 15-28.

[112]HOWE. J. The rise of crowdsouring[J]. Wired Magazine, 2006(6): 176-183.

[113]Luciana Duranti. The long-term preservation of accurate and authentic digital data: the InterPARES project [J]. Data Science Journal, 2005(4): 106-118.

[114] Margaret, Hedstrom. Electronic Archives: Integrity and Access in the Network Environment [J]. American Archivist, 1995 (3): 312-324.

[115]Moss M, ThomasD, GollinsT. The Reconfiguration of the Archive as Data to Be Mined[J]. Archivaria, 2018(Fall): 118-151.

[116] Peter F. Brussard, J. Michael Reed, C. Richard Tracy. Ecosystem management: what is it really? [J]. Landscape and Urban Planning, 1998(40): 9-20.

[117] Rapport D J. What Constitutes Ecosystem Health? [J]. Perspectives in Biology and Medicine, 1989(1): 120-132.

[118] Terry Cook. Electronic Records, Paper Minds: The Revolution in Information Management and Archives in the Post-Custodial and Post-Modernist Era[J]. Archives and Manuscripts, 1994 (2): 300-328.

(三) 报纸文献

[1]仇竹妮, 赵继伦. 增强全民生态意识[N]. 人民日报, 2013-8-20(7).

[2]崔珍珍.齐心协力打造中国档案学派——专访中国人民大学档案学院院长、教授张斌[N].中国档案报，2018-4-12(1).

[3]崔志华.为实现档案强国新战略目标而努力奋斗——记者专访国家档案局局长、中央档案馆馆长杨冬权[N].中国档案报，2012-6-7(1).

[4]冯惠玲.数字人文：在跨界中实现交融[N].中国社会科学报，2017-12-21(8).

[5]冯惠玲.数字时代的记忆风景[N].中国档案报，2015-11-19(3).

[6]黄丽华.中国档案数字化的策略与实施及电子档案管理情况[N].中国档案报，2020-2-6(3).

[7]李音，张轶哲.国际档案理事会权威对外发布的《档案利用原则》[N].中国档案报，2012-10-19(3).

[8]梁伟，赵欣，丁善海.绷紧档案数据"安全弦"[N].中国档案报，2011-12-16(2).

[9]鲁传颖.加强数据安全亟须国际共识[N].环球时报，2019-1-7(15).

[10]马费成.保存中国的数字记忆[N].人民日报，2016-3-4(7).

[11]马费成.数字时代不能没有"中国记忆"[N].中国社会科学报，2014-5-26(A04).

[12]王世伟.大数据与云环境下的信息安全[N].文汇报，2013-10-28(10).

[13]王忻，史书."数"说发展"图"现进步——党的十八大以来全国档案事业蓬勃发展[N].中国档案报，2017-8-14(1).

[14]杨冬权.在全国档案局长馆长会议上的讲话[N].中国档案报，2010-12-24(1).

[15]浙江省公共数据和电子政务管理办法[N].浙江日报，2017-4-24(9).

[16]中共中央国务院关于加快推进生态文明建设的意见[N].人民日报，2015-5-6(1).

［17］中共中央关于制定国民经济和社会发展第十四个五年规划和二〇三五年远景目标的建议［N］．人民日报，2020-11-4（1）．

（四）学位论文

［1］敖津京．电子健康档案信息生态系统运行机制研究［D］．河北大学，2014.

［2］陈愚．文化生态与中国传统档案文化［D］．四川大学，2005.

［3］程颖．论档案文化生态系统及控制［D］．湖北大学，2012.

［4］丁家友．知识生态视野下档案学知识网络计量研究［D］．武汉大学，2015.

［5］李珺瑶．解读韩国国家记录院的档案开发新视野［D］．山东大学，2013.

［6］马学强．档案馆文化功能研究［D］．山东大学，2006.

［7］聂云霞．国家层面数字资源长期保存策略研究［D］．武汉大学，2014.

［8］阮晶晶．文化生态视角下传统档案文化的历史考察与展望［D］．湖北大学，2015.

［9］王强．电子档案风险管理研究［D］．吉林大学，2007.

［10］熊华兰．基于语义本体的数字档案资源知识管理模型研究［D］．辽宁大学，2019.

［11］薛慧．人工系统生态服务研究［D］．浙江大学，2013：18.

［12］伊淑彪．产权安全制度与经济增长研究［D］．山东大学，2011.

［13］张加欣．信息生态视域下数字档案资源安全研究［D］．南昌大学，2017.

［14］赵红颖．图书档案资源数字化融合服务实现研究［D］．吉林大学，2015：1.

［15］邹悦．数字档案资源建设中的著作权问题研究［D］．武汉大学，2005.

(五) 法规标准

[1]《中华人民共和国档案法》(1987 年通过, 1996 年第一次修正, 2016 年第二次修正, 2020 年修订)[Z].

[2]国家档案局, 中央档案馆. 关于加强档案信息资源开发利用工作的意见(档发〔2005〕1 号)[Z].

[3]国家档案局, 中央档案馆. 全国档案信息化建设实施纲要(档发〔2002〕8 号)[Z].

[4]国家档案局、中央档案馆. 关于加强档案信息资源开发利用工作的意见(档发〔2005〕1 号)[Z].

[5]国家档案局. 数字档案室建设指南(档办〔2014〕4 号)[Z].

[6]国家档案局办公室. 数字档案馆系统测试办法(档办发〔2014〕6 号)[Z].

[7]国家档案局, 中央档案馆. 全国档案事业发展"十五"计划(档发〔2000〕15 号)[Z].

[8]国家档案局, 中央档案馆. 档案事业发展"十一五"规划(档发〔2006〕4 号)[Z].

[9]国家档案局, 中央档案馆. 全国档案事业发展"十二五"规划(档发〔2011〕1 号)[Z].

[10]国家档案局. 全国档案事业发展"十三五"规划纲要(档发〔2016〕4 号)[Z].

[11]中共中央办公厅, 国务院办公厅. "十四五"全国档案事业发展规划〔2021〕[Z].

[12]国家档案局. 关于进一步加强档案安全工作的意见(档发〔2016〕6 号)[Z].

[13]国家档案局. 数字档案馆建设指南(档办〔2010〕116 号)[Z].

[14]国家网络与信息安全协调小组. 关于开展信息安全风险评估工作的意见(国信办〔2006〕5 号)[Z].

[15]国务院. 促进大数据发展行动纲要(国发〔2015〕50 号)

[Z].

[16]国务院. 国务院关于印发促进大数据发展行动纲要的通知(国发〔2015〕50号)[Z].

[17]国务院. 国务院关于印发新一代人工智能发展规划的通知(国发〔2017〕35号)[Z].

[18]中共中央办公厅,国务院办公厅. 关于加强信息资源开发利用工作的若干意见(中办发〔2004〕34号)[Z].

[19]中共中央办公厅,国务院办公厅. 中共中央办公厅国务院办公厅关于印发《2006—2020年国家信息化发展战略》的通知(中办发〔2006〕11号)[Z].

[20]中共中央办公厅,国务院办公厅. 中共中央办公厅国务院办公厅印发《关于加强和改进新形势下档案工作的意见》(中办发〔2014〕15号)[Z].

[21]中共中央办公厅,国务院办公厅. 国家电子文件管理"十三五"规划(厅字〔2016〕37号)[Z].

[22]中共中央办公厅. 国家信息化领导小组关于加强信息安全保障工作的意见（中办发〔2003〕27号）[Z].

后　记

　　2015 年，始终对国家社科基金项目充满向往的我，经屡败屡战，幸功不唐捐，虽谈不上春风得意，但多年的坚持和努力总算初成正果，有幸收获自己首个独立主持的国家社科基金项目，也自此开启一段奇妙辛酸的课题研究新征程。说实话，2015 年对我来说是一个丰收年。就在那一年，悠悠出生、博士毕业、课题立项相继到来，给自己人生增彩不少，可喜可贺。"数字档案资源生态管理策略研究"获批立项，这不仅是自己获得一次主持国家社科基金项目研究的机会，更是自己立志从学的一种历史见证。实际上，这对我来说既是对个人既往学术追求的一种肯定，也是对自己后续学术生涯的一种鞭策。

　　《数字档案资源生态管理策略研究》的出版，既是自己博士毕业后撰写的第一部学术著作，也是自己工作以来独立出版的第二部学术著作；既是自己主持国家社科基金项目的结项成果，也是自己的首部档案学研究专著。其实，在我心中，这是一部承载着兼具个人专业情感和学术追求的用心之作，既是偶然也是必然。我既不算一个勤奋之人，也不是一个聪颖之人，但还算是一个真诚之人，既有自己的向往和追求，也有基本的底线和良知，能够始终在校园学习、生活，我备感荣幸。尽管自知学术能力有限，学术素养提升空间巨大，但自己的学术志趣始终如一。《数字档案资源生态管理策略研究》能够最终出版，着实是一件令人十分高兴的大事，需要表达的话语很多，但最需要表达的唯有感谢。

463

首先，要特别感谢的是我的两位导师陈永生教授与金波教授，能够拜学在两位恩师门下是我学术人生的幸运。硕士期间，有幸在康乐园跟随陈老师学习，开启自己的学术规训，并萌生自己的学术向往。陈老师幽默的教学方式、自由的学术思想与宽广的学术视野，使我深受感染。特别是在陈老师指导下完成的硕士学位论文《论网络环境下的档案馆馆藏资源开发》，开启了自己档案学研究之门，为后续数字档案资源研究方向奠定了学术基础。毕业之后，我从中山大学进入上海大学工作，后来有幸在金老师门下继续学习，并实现了自己的博士之梦。正是读博的这段珍贵经历，使我有幸跟随金老师一起体验学术研究的苦与乐，在学术研究的强化实训过程中收获满满，既有研究方法的启迪，更有学术精神的感染，特别是在持续参与金老师主持的多项国家社科基金项目研究过程中，金老师给予我诸多弥足珍贵的教诲、信任与鼓励，使我在档案学研究领域获益匪浅，既提高了自己的学术能力，也增强了自己的学术自信，还获得诸多学术荣誉，这不仅是个人学术生涯上的重大收获，更是对自己选择学术之路的重大褒奖。

其次，要感谢在"数字档案资源生态管理策略研究"立项、研究、结项和出版过程中给予帮助和支持的诸位专家。一是要感谢立项评审专家，正是你们的宽容和肯定，使我有机会从生态学视角对数字档案资源主题进行专题性研究，并促成了这部书稿的最终出版。正是你们的支持给予了我研究动力，能够获得立项支持，既是对项目选题价值的肯定，也是对我开展研究的鼓励。二是要感谢项目研究指导专家，特别是在项目研究过程中给予宝贵意见与建议的各位专家，使我在研究过程中获得诸多支持和帮助，支撑着我坚持完成项目研究。三是要感谢结项评审专家给予的意见与建议，不仅使该课题顺利结项，而且使得结项成果得以不断完善，正是你们的智慧与宽容，帮助我最终完成这部书稿并得以出版。四是要感谢武汉大学出版社詹蜜老师对本书出版的支持和帮助，以及在书稿修改、定稿过程中给予的辛苦付出和专业指导，使得本书得以面世，并成为自己首部独立完成的档案学著作。

最后，要感谢自己与档案学专业之间的结缘。记得 1999 年高考后的志愿填报，自己在懵懂中被"档案学（办公自动化方向）"所吸引，尤其是"办公自动化"的导引，使我与档案学之间开始了结缘，并在后续的专业学习和学术研究过程中，始终与档案学不离不弃，在本硕博之路上奋勇前行，不仅在学习上受到档案学专业诸位师长的教导和提携，使我与档案学之间始终保持着强关系，而且在学术之路上与档案学之间保持并进，如自己的第一篇见刊论文便是发表在《广州档案》上的档案学研究论文，发表最多的学术成果也是档案学研究论文，参与研究最多的项目是档案学课题，主持的第一个国家社科基金青年项目和一般项目也都是档案学课题，担任图书情报专硕导师也是被安排在档案管理方向，参与最多的专业活动便是当年由《档案管理》杂志社主办的"档案界论坛"系列活动，还连续多年担任电子期刊《档案界》的主编，结识了诸多档案界前辈和同仁，均与档案学息息相关；更奇妙的是，工作后成立的家庭也与档案密不可分，自己的爱人也是档案人，各自的工作均与档案之间保持关联，特别感激爱人对我选择学术之路的大力支持，主动承担了大量家庭事务，使我能够专心治学。可以说，正是档案学影响了我、塑造了我、成就了我，这不能不说是一种缘分。为此，我特别珍惜与档案学之间的这种缘分，且在档案专业领域持续耕耘，我既为自己的坚持与执着而感动，也为这部书稿的最终出版感到欣慰和自豪，这既是对自己学术志趣的一种肯定和鞭策，也是自己与档案学结缘的善果。

大数据时代，数字档案资源作为数字档案馆生态系统核心生态因子，在国家档案事业高质量发展过程中位居战略地位的同时，也面临着各类风险威胁和安全隐患，如何确保数字档案资源生态安全，保障数字档案资源的长期安全存储和长远有效利用？这既是当前档案界普遍关注的时代性课题，也是数字时代国家档案事业健康可持续发展面临的紧迫性课题。《数字档案资源生态管理策略研究》正是本人尝试从生态学视角思考和探究数字档案资源建设发展的阶段性成果，全书通过引入生态管理理论和思维，聚焦数字档案资源建设管理实践，以数字档案资源价值实现为归依，着重从生态预警、生态安全、生态健康、生态服务、生态培育等方面探索数字

465

档案资源生态管理策略及其实现机制，创新数字档案资源管理思维，推进大数据时代数字档案资源的共建共享共治，为新时期国家数字档案资源建设与发展提供参考和借鉴。

"数字档案资源生态管理策略研究"是一项跨学科研究课题，涉及档案学、生态学、信息学、管理学等学科理论与知识。本研究也仅仅是一种探索性思考和尝试性研究，其诸多领域亟待拓展和深化，需要各界同仁齐心协力、共思共研！本书正是在"数字档案资源生态管理策略研究"结项成果基础修改完善而成，并在定稿成书过程中对篇幅进行了适当压缩。由于本人学识所限，缺憾难免，不足和谬误之处，还敬请各位专家、学者、同仁提出批评指正。

倪代川